Rüdiger Dahlke

KRANKHEIT ALS SPRACHE DER SEELE

Rüdiger Dahlke

Krankheit als Sprache der Seele

Be-Deutung und Chance der Krankheitsbilder

unter Mitarbeit von
Dr. med. Peter Fricke
und Dr. med. Robert Hößl

C. BERTELSMANN

Für Anregungen und Korrekturen danke ich
Frau Angela Stargalla, Frau Alexandra Steinbeis,
Herrn Dr. med. Helmut Oberhofer, Herrn Dr. med. Felix Reimer,
Herrn Dr. med. dent. Ueli Egli, Herrn Dr. med. Erwin Stross
und meiner Mutter.

Umwelthinweis:
Dieses Buch und der Schutzumschlag
wurden auf chlorfrei gebleichtem Papier gedruckt.
Die Einschrumpffolie (zum Schutz vor Verschmutzung) besteht aus
umweltschonender und recyclingfähiger PE-Folie.

9. Auflage

Belichtung: Compusatz, München
Printed in Austria · Wiener Verlag, Himberg bei Wien
ISBN 3-570-01471-1

FÜR MARGIT

Inhaltsverzeichnis

TEIL II

Einleitung

10 Jahre nach der ersten Veröffentlichung von »Krankheit als Weg« ist die Zeit für eine Fortsetzung und Erweiterung des in diesem Buch beschriebenen Themenbereichs gekommen. Daß das Konzept auf Anhieb so viel Anklang fand, anfangs vor allem bei interessierten Laien, inzwischen auch zunehmend in medizinischen Fachkreisen, mag ein Zeichen für das wachsende Bedürfnis nach einem Krankheitsverständnis sein, das Form und Inhalt, Körper und Seele wieder vereinigt.

Aus Reaktionen von Patienten, Seminarteilnehmern und Lesern sprach das Bedürfnis nach weiteren Deutungen, besonders jener Krankheitsbilder, die im ersten Band nicht behandelt wurden. Diese Deutungen liegen nun in erweiterter Form vor. Vielen Anregungen folgend liegt der Schwerpunkt nicht auf der Menge der Krankheitsbilder. Vielmehr werden sie so vorgestellt, daß die Betroffenen die Richtung erkennen, in der es weiterzuarbeiten gilt.

Eine der Konsequenzen aus dem ersten Band war, die Zwischenschritte anschaulicher zu machen, aus denen sich Deutungen ergeben, wie auch auf das sogenannte »senkrechte Denken« einzugehen, das diesem ganzen Ansatz zugrunde liegt. In Beratungen hatte es sich ebenfalls als hilfreich erwiesen, ein Krankheitsbild nicht nur an Hand einiger besonders eindrucksvoller Schlaglichter zu beleuchten, sondern es von verschiedenen Seiten einzukreisen. Durch die Deutung vieler einzelner Symptome und Befunde desselben Bildes mag zwar der Lesegenuß Nichtbetroffener leiden, das Weiterarbeiten Betroffener aber wird fruchtbarer und konsequenter. Aus dieser Einsicht sind in der Zwischenzeit auch die Taschenbücher der Reihe »Heilen« entstanden, die große Themenkreise wie Herz-Kreislauf-, Verdauungs- und Gewichtsprobleme so ausführlich darstellen, daß sowohl eine vertiefte Auseinandersetzung mit den eigenen Krankheitsbildern als auch Lernen des Deutens möglich ist. Sie sind im Symptomenverzeichnis im Anhang dieses Bandes genauso wie auch die Krankheitsbilder des ersten Bandes mitberücksichtigt. Ziel eines übergreifenden Registers war es, alle bisher zu diesem Ansatz existierenden Deutungen an einem Ort zusammenzufassen.

Um das Umfeld des jeweiligen Krankheitsbildes besser ausleuchten zu können, wurde auf die Einteilung nach medizinischen Funktionskreisen zu Gunsten eines Kopf-Fuß-Schemas verzichtet. Lediglich die Themenkreise Krebs und Altersprobleme bilden eine Ausnahme und wurden an den Anfang bzw. Schluß gestellt. So ist es möglich, den Krankheitsbildern eine ausführliche Einführung nicht nur in die Symbolik des betroffenen Organs, sondern auch in die der angesprochenen Region vorauszuschicken.

In der praktischen psychotherapeutischen Arbeit mit diesem Konzept ergaben sich in einigen Punkten Erweiterungen und an anderen Korrekturen. So haben wir im ersten Band bei den Einlösungsvorschlägen den Grundsatz des homöopathischen Vorgehens stellenweise verlassen, etwa wenn den Patient(inn)en mit niedrigem Blutdruck empfohlen wurde, sich zu stellen und Stärke zu zeigen. Tatsächlich geht es auch in diesem Fall darum, sich zuerst dem direkten Auftrag des Symptoms zu fügen, also Schwäche akzeptieren zu lernen und Hingabe und Demut zu üben. Der Weg in den Gegenpol kann sich sinnvollerweise nur aus der Erlösung der direkten Aufgabe ergeben. Aus Hingabe und Demut wächst mit der Zeit Stärke, sie ist aber nicht das primäre Ziel. Um diesen grundsätzlichen Ansatz klarer zu machen, wird der homöopathischen Idee ein eigener Absatz gewidmet. Neben dem grundlegenden Konzept »Krankheit macht ehrlich« wurde in diesem Band immer auch die erlöste Form eines Krankheitsbildes entsprechend dem Grundsatz »Krankheit zeigt die Aufgabe« berücksichtigt. Die Fragen im Anschluß an jedes Kapitel zielen sowohl auf den unerlösten als auch den erlösten Bereich.

Das Kapitel »Einführung in die Philosophie der Krankheitsdeutung« ist lediglich eine Zusammenfassung der theoretischen Grundvoraussetzungen. Besonderes Augenmerk wird dabei auf jene Punkte gelegt, die nach unseren Erfahrungen häufig zu Mißverständnissen geführt haben. Der allgemeine Teil in »Krankheit als Weg« wird ansonsten zur Vermeidung von Wiederholungen vorausgesetzt. Die Einführung in diesen neuen Band ist teilweise geprägt von Reaktionen auf den ersten und setzt ihn schon insofern voraus. Wesentliche Themen wie »Polarität und Einheit«, »Gut und Böse« und »Schatten« werden nur noch gestreift, um darauf aufbauend Raum zu gewinnen für weiterführende Konzepte wie die der Entwicklungsfelder und Rituale.

Große Themenkreise wie etwa Herz, Niere und Leber, die entweder im ersten Band oder in den Taschenbüchern der Reihe »Heilen« behandelt sind, werden nicht wiederholt; statt dessen wird über den Anhang auf die entsprechende Stelle verwiesen. Sind im Text erwähnte Krankheitsbilder anderenorts ausführlicher behandelt, wird mit einem Sternchen* darauf hingewiesen. Die so markierten Krankheitsbilder sind über die Seitenangaben im Register zu finden.

Allerdings war es notwendig, das ganze Thema Krebs im Hinblick auf das häufigste Krebsleiden der Frauen, den Brustkrebs*, nochmals aufzugreifen und wesentlich zu erweitern. Ursprünglich als Schluß des ersten Bandes fungierend, hat sich das Krebskapitel in seiner Endaussage als irreführend für viele Patient(inn)en erwiesen, weil es zuviel Nachdruck auf den zweiten Lernschritt, die Liebe, legte, den Kampf aber als notwendigen ersten Schritt vernachlässigte.

Zum Schluß bleibt mir noch zu bedauern, daß Thorwald Dethlefsen, der diesen Ansatz entscheidend geprägt hat, sich so definitiv aus der Öffentlichkeit zurückgezogen hat, daß er nicht zur Fortsetzung der gemeinsam begonnenen Arbeit zu gewinnen war.

”

TEIL I

I. Einführung in die Philosophie der Krankheitsbilder-Be-Deutung

1. Deutung und Wertung

Der Titel »Krankheit als Weg« hat zu einigen Mißverständnissen geführt. Dabei ist er durchaus wörtlich und ohne Wertung gemeint. Krankheit ist ein gangbarer Weg, kein an sich guter oder schlechter. Es hängt ganz ausschließlich vom Betroffenen ab, was er daraus macht. Mit einer Reihe von Patienten konnte ich miterleben, wie sie diesen Weg bewußt gingen und rückwirkend feststellen konnten, daß »ihr Übergewicht«, »ihr Herzinfarkt« oder sogar »ihr Krebs« zur großen Chance geworden war. Bei der heiligen Theresa von Ávila muß man heute annehmen, daß sie gerade ihr Herzinfarkt auf ihren späteren Weg brachte. Von Hildegard von Bingen wissen wir, wie eng ihre Visionen mit ihrer Migräne zusammenhingen. Diese beiden herausragenden Frauen haben ganz offenbar die Botschaften ihrer Krankheitsbilder angenommen und beispielhaft in ihrem Leben umgesetzt. Genau das ist der Anspruch von »Krankheit als Weg«: an den eigenen Symptomen zu lernen und zu wachsen.

Dieses Konzept und die dahinterliegende Philosophie für Wertungen zu mißbrauchen, ist ein großes Mißverständnis. Esoterik hat gerade nichts mit Schuldverteilung zu tun, geht sie doch, wie im ersten Band ausführlich dargestellt, davon aus, daß jeder Mensch grundsätzlich schuldig, weil von der Einheit abgesondert ist. Schuldigwerden ist keine Frage von kleinen oder großen Fehlern im täglichen Leben, sondern eine grundsätzliche. Die menschliche Urschuld liegt im Verlassen der paradiesischen Einheit. Das Leben in dieser Welt der Gegensätze ist *not*wendigerweise voller Fehler und dient dazu, den Weg zurück zur Einheit zu finden. Jeder *Fehler* und jedes Krankheitsbild ver*deut*lichen so zur Vollkommenheit fehlende Elemente und werden damit zur Entwicklungschance.

Krankheitsdeutungen zur Bewertung anderer Menschen zu mißbrauchen, ist ein Mißverständnis in mehrfacher Hinsicht. Zur Schuldverteilung besteht zum einen keinerlei Anlaß, da die Urschuld längst verteilt ist und es dazu keiner menschlichen Mitarbeit bedarf. Genausogut könnte man den Betroffenen zu ihrer Krankheit wegen der darin enthaltenen Entwicklungs- und Lernmöglichkeiten gratulieren. Sogenannte »Primitive« sind uns diesbezüglich voraus, schätzen sie doch Krankheitssymptome als Eingriffe des Schicksals in ihr Leben und nehmen sie bereitwillig als Bewährungsproben an. In vielen Stämmen sehnt der angehende Schamane seine Einweihungskrankheit herbei, die ihn allein in neue Erfahrungsbereiche einführen kann. Dieser Gedanke wird manchmal so konsequent verfolgt, daß ein Heiler nur diejenigen Krankheitsbilder behandeln darf, die er selbst schon mit Leib und Seele durchlebt hat. Versteht sich der Heiler als Seelenführer durch die inneren Welten, ist diese Haltung zwingend, schließlich sollte ein Reiseführer das Land, durch das er führt, vorher kennengelernt haben.

Bei uns ist dieser Gedanke nur noch in Spuren vorhanden. So läßt sich in dem Wort Schicksal das »geschickte Heil« (von lat. salus = das Heil) erkennen. Auch an die Arzneimittelprüfungen der Homöopathen wäre zu denken. Der Arzt begibt sich hier freiwillig in den Erfahrungsraum der Krankheit, um das Muster seines Heilmittels kennenzulernen. Von einem Psychotherapeuten schließlich erwarten wir zu Recht, daß er die eigenen und die kollektiven Seelenlandschaften ausgiebig bereist hat und weiß, wohin er seine Patienten begleitet.

Die grundsätzliche und uns alle verbindende Tatsache des Krankseins einem Menschen anläßlich einer schweren Lernzeit mit entsprechenden Wachstumschancen vorzuwerfen, ergibt keinen Sinn. Das hat jedenfalls nichts mit dem Konzept von »Krankheit als Weg« zu tun, sondern eher mit der Lust, jemanden zu drangsalieren.

Wer seinen Zeigefinger zur Waffe macht und andere »deutend« ihrer Krankheitsbilder bezichtigt oder sich diesbezüglich selbst beschuldigt, verrät außerdem, daß er den ganzen Ansatz mißverstanden hat. Mit dem Mißbrauch der Deutung als Beschuldigung nach dem Motto »Du bist verstopft, weil du so ein Geizkragen bist!« verkennt er den Schattencharakter in jedem Krankheitssymptom. Schatten ist dem Betroffenen definitionsgemäß unbewußt. Insofern wird der solcherart Beschuldigte die Deutung sowieso nicht akzeptieren können. Wenn er wüßte, daß er geizig ist, gäbe es nicht den geringsten Grund, verstopft zu sein. Schatten eignet sich nicht als Vorwurf. Bei diesem schwierigsten Thema unserer Existenz ist im Gegenteil besonders behutsames Vorgehen *not*wendig. Der Betroffene braucht seine ganze Kraft und von seiten der Umwelt viel Raum, um in kleinen eigenen Schritten seinen Bezug zu dem im Krankheitsbild ausgedrückten Thema zu entdecken. Dabei erweist sich Wertung als ebenso hinderlich, wie Deutung sinnvoll ist.

Wer sich selbst in dieser Weise beschuldigt, verkennt ebenfalls die Wachstumschancen von Krankheit. Das Durchschauen eines Krankheitsbildes bis zur seelischen Ebene ändert weder an der grundsätzlichen Schuld noch an den konkreten Tatsachen des anstehenden Problems etwas. Man wird dadurch auch kein besserer oder schlechterer Mensch, sondern lediglich wissender und verantwortungs*bewußter*. Ignoriert man dieses Wissen und die damit einhergehende Verantwortung, ändert sich wenig, alles bleibt beim alten. Übernimmt man dagegen die Ver*antwort*ung für das eigene Schicksal, wird Krankheit zur Chance und ermöglicht es, auf die Hinweise des eigenen Musters zu antworten.

Das Vorgehen dabei ist nicht einmal schwer. Auf der körperlichen Ebene kann jeder deuten, nämlich mit dem Finger auf die Stelle, die ihm Beschwerden macht. Diese Erfahrung in Zusammenhang mit der seelischen Ebene zu bringen, ist Ziel dieses Buches. Früher war das einmal genauso selbstverständlich, wie es das körperliche Hindeuten mit dem Finger bis heute ist. Es geht darum, den Finger im übertragenen Sinne in die Wunde zu legen. Das erfordert Mut, aber auch wieder nicht soviel, denn die Wunde ist bereits da. Sie entsteht nicht erst, wenn man den Finger hineinlegt, dadurch wird sie lediglich bewußter. Langfristig bekommt sie durch diesen mutigen Schritt die Möglichkeit zu heilen.

2. Eigenblindheit und Projektion

Die eigentliche Chance liegt nicht in der Deutung fremder Krankheitsbilder, sondern eigener. Das wird erschwert durch die allgegenwärtige Eigenblindheit. Die Problematik der Projektion, unsere Tendenz, alles Unangenehme und Schwierige nach draußen zu verlagern und auch dort zu bearbeiten bzw. zu bekämpfen, erweist sich auch bei der Deutung von Krankheitsbildern als hinderlich. Während wir den Splitter im Auge des anderen deutlich erkennen, übersehen wir gerne den Balken im eigenen. Die Erfahrungen mit »Krankheit als Weg« ergaben ein bezeichnendes Muster. Den stimmigen Symptomdeutungen bei Freunden und Bekannten steht ein großes »Aber« gegenüber, was eigene Symptome betrifft. Was bei Partnern oder Schwiegereltern noch so überzeugend funktioniert hat, versagt plötzlich.

Die Deutung der Krankheitsbilder ist Arbeit am Schatten und deshalb häufig unangenehm. Man kann sogar geradezu davon ausgehen, daß stimmige Deutungen auf spontane Ablehnung stoßen. Erscheint eine Deutung auf Anhieb angenehm, ist sie entweder nicht richtig oder jedenfalls nicht tief genug. Insofern ist es am einfachsten, an fremden Krankheitsbildern zu lernen und diese Erfahrungen dann auf sich selbst anzuwenden. Nur wenn dieser harte Schritt folgt, ergibt das Konzept Sinn. Dann aber wird es zu einem ehrlichen Weg der Selbsterkenntnis und -verwirklichung.

Gegenüber anderen Deutungssystemen besonders aus dem esoterischen Bereich hat die Symbolik der Krankheitsbilder den Vorteil, daß sie kaum Mißverständnisse über die betroffene Ebene zuläßt. Es besteht wenig Gefahr, ein Magengeschwür als Zeichen unmittelbar bevorstehender Erleuchtung zu interpretieren. Der Körper steht dafür, daß es sich hier um eine handfeste Lernaufgabe handelt, die sehr wesentlich im Materiellen wurzelt.

3. Aufwertung der Symptome

Der auf den ersten Blick gravierendste Unterschied zur gängigen Medizin ist unsere positive Einschätzung der Symptome. Statt sich wie üblich mit dem Patienten gegen seine Symptome zu verbünden, geht es darum, sich gleichsam mit den Symptomen zu verbünden, um zu erkennen, was dem Patienten fehlt und ihm diese Symptome bzw. Fehler bescherte. Wird das Symptom von seiner negativen Bewertung befreit, kann es als wertvoller Wegweiser zu fehlenden Themen führen und helfen, vollständiger und heiler zu werden.

Hier liegt eine unübersehbare Wachstumschance, da jeder Mensch Symptome aufweist. In diesem letzten Punkt herrscht seltene Übereinstimmung zwischen allen Bereichen der Medizin. Die Schulmedizin findet mit ihren ständig raffinierter werdenden Untersuchungsmethoden praktisch bei jedem Menschen irgendeine Abweichung von der Norm. Die Gesundheitsstatistiken[1], die eher Krankheitsstatistiken sind, sprechen eine ebenso deutliche Sprache. Die Naturheilkunde mit ihren noch sensibleren Diagnoseverfahren findet erst recht keine gesunden Individuen mehr. Beide Richtungen beklagen diesen Zustand, während Religion und Esoterik ihn als unumstößliche Gegebenheit annehmen. Nach ihrer Auffassung ist der Mensch in einer polaren Welt notwendigerweise unheil und auf der Suche nach der verlorenen Einheit, die er im Paradies zurückgelassen hat, als er sich auf seinen Entwicklungsweg machte. Interessant ist, daß die der Schulmedizin verpflichtete WHO[2] Gesundheit in einer an die esoterische Tradition erinnernden Weise definiert. Sie sei ein Zustand frei von körperlichem, seelischem und sozialem Leid. Danach gibt es auf dieser Welt außer in Anatomie- und Physiologiebüchern keine gesunden Menschen.

Ob man unser aller Kranksein als gesundheitspolitischen Skandal oder als die notwendige Konsequenz aus unserer Absonderung von der Einheit empfindet, es bleibt die Tatsache, daß wir alle Symptome haben und damit die Chance, an ihnen zu wachsen. Die Frage ist: Wollen wir in dem seit Jahrtausenden fehlschlagenden Versuch fortfahren, sie aus der Welt zu schaffen, oder wollen wir uns die Mühe machen, sie als Wegweiser zu erkennen und ihnen zu folgen?

4. Symptomverschiebung in zwei Richtungen

Mit dem Glauben, Dinge aus der Welt schaffen zu können, stehen Mediziner völlig allein. Physiker oder Chemiker wissen und beweisen, daß lediglich Umwandlungen von einer Erscheinungsform in eine andere möglich sind, niemals aber ein ersatzloses Verschwinden.

Durch Erhitzen eines Eisblocks läßt sich feste Materie in flüssiges Wasser verwandeln. Erhitzt man weiter, wird aus der Flüssigkeit gasförmiger Dampf. Durch Abkühlung läßt sich dieser Prozeß wieder umkehren, Gas wird über Flüssigkeit zu festem Eis. Das ist uns selbstverständlich und wird von der Physik durch das Gesetz von der Erhaltung der Energie erklärt, wonach die Summe der Energie immer konstant bleibt. Niemals läßt sich etwas wirklich vernichten.

Die Physik lehrt weiter, daß die verschiedenen Erscheinungsformen des Wassers durch unterschiedliche Schwingungszustände seiner Moleküle bedingt sind. Im festen Zustand schwingen die Molekülbausteine mit relativ geringer Frequenz. Im flüssigen Bereich sind sie energetisch angeregter und schwingen schneller. Im gasförmigen Zustand ist ihre Anregung und damit Schwingungsebene am höchsten.

Esoterik geht von einem entsprechenden Verständnis aus, wenn sie im Festen das materielle Erd-, im Flüssigen das seelische Wasser- und im Gasförmigen das geistige Luftelement ausmacht. Die Schwingungsebene nimmt vom Körperlichen zum Geistigen hin zu. Auf unser Thema übertragen, bedeutet das: Der Körper als Ausdruck der materiellen Welt hat die niedrigste Schwingungsfrequenz, die seelische Ebene eine mittlere, die geistige die höchste. Um ein Thema, das sich auf der untersten Schwingungsebene als körperliches Symptom niedergeschlagen hat, auf die seelische Ebene zu heben, muß folglich Energie zugeführt werden. Noch mehr Energie ist notwendig, um auf die geistige Ebene zu gelangen. Diese Energie muß beim Deuten der Krankheitsbilder in Form von Bewußtheit und Zuwendung aufgebracht werden.

Beim umgekehrten Prozeß der **Krankheitsentstehung** wurde diese Energie eingespart. Wenn sich uns ein Thema nähert, mit dem wir uns nicht auseinandersetzen wollen, sparen wir Bewußtseinsenergie, indem wir das Thema in den seelischen Bereich und weiter in den Körper absinken lassen. Was wir im Bewußtsein nicht haben wollen und durch Ignorieren zu be*seit*igen glauben, landet tatsächlich in des Wortes Ursinn auf der Seite oder in C.G. Jungs Terminologie im **Schatten**. Der Schatten besteht folglich aus all dem, was wir nicht wahrhaben und nicht akzeptieren, sondern lieber übersehen wollen. Er steht dem *Ich*, das sich aus all dem aufbaut, was wir gern an uns akzeptieren und mit dem wir uns identifizieren, diametral gegenüber. Insofern hat kein *Ich* und kein Mensch Freude daran, den im Schatten angesammelten Themen wieder zu begegnen.

Da der Schatten aber ein für unsere Ganzheit notwendiger Teil ist, können wir nur durch seine Integration heil im Sinne von vollständig werden. Ein ganzer Mensch besteht aus Ich und Schatten. Beide zusammen ergeben das Selbst, das für den integrierten, *selbst*verwirklichten Menschen steht. Die Annahme und Aufarbeitung der in den Symptomen verkörperten Schattenthemen ist folglich ein Weg zur Selbstfindung. Krankheitsbilder sind Schattenmanifestationen, die wegen ihres Auftauchens aus den Tiefen der Seele an die Oberfläche der Körperwelt leicht zugänglich sind und damit hervorragende Wegweiser zur Vollkommenheit werden.

Am konkreten Beispiel eines Magengeschwürs mag das Phänomen der **Symptomverschiebung** mit seinen beiden unterschiedlichen Richtungen deutlicher werden. Den Begriff haben Schulmedizin und -psychologie geprägt, als man erkannte, daß »wegtherapierte« Symptome an anderer Stelle wieder auftauchten. Bei der auf den Körper fixierten Schulmedizin findet die Symptomverschiebung natürlich im Körper statt. Zynisch könnte man sagen: Symptome werden von Organ zu Organ, Patienten von Spezialist zu Spezialist verschoben.

Wer den Arzt wegen nervöser Magenbeschwerden aufsucht, bekommt heute in der Regel ein Psychopharmakon, das eine sogenannte psychovegetative Entkoppelung bewirkt. D. h., die Verbindung zwischen vegetativen Nerven des Magens und Psyche wird chemisch blockiert, was den Magen daran hindert, mit der Psyche mitzureagieren. Diese Schmerzbeseitigung, die an der grundsätzlichen Situation des Betroffenen nichts ändert, ist von zeitlich begrenzter Wirkung. Der nächste Eskalationsschritt der Schulmedizin wäre die psychovegetative Entkoppelung chirurgischer Art, bei der die entsprechenden Äste des zuständigen Nervus vagus durchtrennt werden. Ist es auch dafür schon zu spät, werden ein oder zwei Drittel des überstrapazierten Magens weggeschnitten. Was nicht mehr ist, kann nicht wehtun, ist die ebenso einfache wie kurzsichtige Logik, denn bei solcherart verkleinertem Magen stellen sich bald andere Verdauungsprobleme ein. All diese Schritte zielen ausschließlich auf den Körper. Die Symptome werden im Korporalen und damit gleichsam in der waagerechten Ebene verschoben.

Die Alternative wäre, sie in der Senkrechten zu verschieben: Von der körperlichen auf die seelische und schließlich auf die geistige Ebene. Um aber von einer niedrig schwingenden auf eine höher schwingende Ebene zu gelangen, ist Energie notwendig, die der Betroffene selbst aufbringen muß. Der Arzt kann hier lediglich die Rolle eines Katalysators[3] spielen. Mit bewußtem Engagement ist es möglich, die Magenschmerzen nach ihren seelischen Wurzeln zu hinterfragen. Was drückt da auf den Magen, was wird geschluckt an Unverdaulichem, was führt zu diesem Akt der Selbstzerfleischung, den jedes Magengeschwür abbildet? Hinter den gefühlsbetonten Themen lassen sich durch entsprechendes Forschen Bewußtseinsmuster finden und bearbeiten. Solche Symptomverschiebung in der Senkrechten hat den Vorteil, die Symptomatik nicht weiter eskalieren zu lassen, sondern sie im Gegenteil lösbar zu machen.

5. Form und Inhalt

Den senkrecht übereinanderliegenden Ebenen Körper und Seele bzw. Geist entsprechen die Bereiche Form und Inhalt. Der Körper steht für den Formaspekt, Seele bzw. Geist für den Inhalt. Aus der religiösen und esoterischen Weltsicht ist diese Parallelität selbstverständlich, für die Naturwissenschaft ist sie dagegen fremd. Der Antike galt jede Form und damit jedes Ding als Manifestation einer dahinter liegenden Idee. Noch Goethe formulierte unwidersprochen: »Alles Vergängliche ist nur ein Gleichnis.« In vielen Lebensbereichen, von der Kunst bis zur Technik, ist uns die Verbindung von Form und Inhalt bis heute selbstverständlich. Eine Plastik von Michelangelo schätzen wir wegen ihrer Aussage. So wichtig das Material sein mag, es tritt hinter dem Inhalt zurück. Blinkt eine Warnleuchte an einem technischen Gerät, ist uns das Anlaß, nach den zugrundeliegenden Ursachen zu forschen. Wir wollen wissen, was das Blinken zu be*deuten* hat. Wenn dagegen der Körper schmerzliche Warnsignale ausdrückt, versuchen viele Menschen, sie mit Pillen zu unterdrücken, ohne in der Tiefe nach den Ursachen zu fahnden. Warum sollten ausgerechnet die Zeichen des Körpers nichts zu bedeuten haben? Unserer Gesundheit wäre bereits gedient, wenn wir den Körper so bewußt wie jede beliebige Maschine behandeln würden.

Folgendes Beispiel mag das Verhältnis der wissenschaftlichen und der deutenden Medizin erhellen. Nehmen wir an, ein Bekannter antwortet auf die Frage nach dem neuesten Theaterstück: »Die Bühne war acht mal vier Meter lang und zwei Meter hoch. Es waren 14 Schauspieler beteiligt, davon acht Frauen und sechs Männer. Die Kostüme waren aus 86 m Leinen und 45 m Seidenstoffen genäht, die Bühne wurde mit 35 Scheinwerfern beleuchtet . . . usw.« Mit dieser Antwort wären wir höchst unzufrieden, wohingegen wir einen Arzt durchaus schätzen, der uns nach eingehenden Untersuchungen eine Fülle von Fakten und Daten über unseren Körper mitteilt. Dieser Arzt bleibt ebenso im Formalen hängen und läßt damit auch seinen Patienten gleichsam in der Luft hängen. Erst wenn er zum Schluß der ganzen Aufzählung von Meßergebnissen und erhobenen Befunden z.B. sagt, »das Ganze nennt man Lungenentzündung*«, fühlt sich der Patient etwas aufgeklärter. Nun hat der Arzt seine Zahlen und Befunde gedeutet, und sofort wird seine Aussage für den Betroffenen bedeutungsvoll.

Unser Ansatz geht an dieser Stelle lediglich einige Schritte weiter. Denn natürlich läßt sich in dieser *bedeutungsvollen* Richtung weiterfahren etwa mit der Frage: Was bedeutet denn Lungenentzündung? Aus dem Ort ergibt sich jeweils die betroffene Ebene. Die Lunge ist das Organ des Gasaustauschs, mit ihrer Hilfe kommunizieren wir auch, denn Sprache entsteht über die Modulation des Ausatemstromes. Wir atmen alle die gleiche Luft und sind so über die Lungen miteinander in Kontakt. Im Körper verbinden die beiden Lungenflügel die linke und die rechte Seite, so wie die Atmung auch Bewußtsein und Unbewußtes verbindet. Keine andere Organfunktion ist so gleichwertig beiden Ebenen zugänglich. Mit dem Organ Lunge ist also die Ebene des Problems gegeben und das Thema Kontakt, Kommunikation angesprochen. Die Entzündung* ist, wie die Befunde der Schulmedizin eindringlich zeigen, eine kriegerische Auseinandersetzung, ein Konflikt im Gewebe. Antikörper kämpfen gegen Erreger, es wird gerüstet, gekämpft, gestorben und gesiegt. Wir haben mit der Lungenentzündung folglich einen Konflikt im Kommunikationsbereich verkörpert. Auch nach dieser schon etwas weitergehenden Deutung ließe sich mit den entsprechenden Fragen fortfahren und -deuten: Warum passiert gerade mir, gerade das, gerade jetzt? Woran hindert es, wozu zwingt es mich?

Wirklich stimmige Be-Deutungen ergeben sich allerdings erst, wenn das individuelle Umfeld mit einbezogen und die jeweils spezifische Symptomatik berücksichtigt werden. Die Deutung von **Diagnosen** im Schnellverfahren, wie gerade geschehen, bleibt ähnlich plakativ wie die Diagnose selbst. Trotzdem ist es sinnvoll, Diagnosen zu deuten, auch wenn sie nur als kleines Steinchen zum großen Mosaik des Krankheitsbildes beitragen. Sind sie lateinisch oder neuerdings englisch, empfiehlt sich zuerst die Übersetzung. Multiple Sklerose* heißt dann »vielfache Verhärtungen«, eine Übersetzung, die durchaus einiges Licht auf das Krankheitsbild wirft. Andere Diagnosen stürzen in sich zusammen und verlieren dabei wenigstens ihren Schrecken. Durch das »Urteil« PCP[4] erschütterte Patienten können bei der Übersetzung wieder Mut fassen: **P**rimär (= *von Anfang an*) **C**hronische (= *schleichend verlaufende*) **P**oly (= *viele*) **A**rthritis (= *Gelenksentzündung*). Für diese Diagnose hätten Sie gar keinen Arzt gebraucht. Daß es von Anfang an schleichend an vielen Gelenken entzündlich begonnen hat, wissen sie selbst.

An der Gegenüberstellung von Form und Inhalt mag klargeworden sein, wie wichtig beide sind. Ohne Bühne und Schauspieler macht kein Theaterstück Sinn, ohne Kostüme wäre es zumindest peinlich, und ohne Beleuchtung müßte der Sinn im Dunkeln bleiben. All diese Dinge sind von Wichtigkeit, aber sie sind nicht alles. Analog verhält es sich mit den körperlichen Meßdaten und Befunden. Sie sind unerläßlich zur Beschreibung des formalen Aspektes, und wir benutzen sie selbstverständlich auch als Ausgangspunkt. Sie ermöglichen den ersten Schritt und werden damit zur Voraussetzung für den zweiten, die Sinnfindung bzw. Deutung. Aber natürlich ersetzen sie diesen nicht.

Die Schulmedizin liefert folglich eine wichtige Basis und wird durch die deutende Medizin nicht überflüssig, sondern *wesen*tlich erweitert. Von unserer Seite kann es daher keine grundsätzlichen Vorwürfe an sie geben. Zwar haben beide Richtungen mit dem Körper dieselbe Basis, aber ihre Hauptbetätigungsgebiete liegen auf verschiedenen Ebenen.

Die Schulmedizin hat sich auf den Körper beschränkt und leistet hier im Reparaturbereich oft Wunderbares. Die Sorge für die Seele hat sie neuerdings der Psychologie überlassen, um den Geist kümmerte sich schon frühzeitig die Theologie. Wer der Schulmedizin vorwirft, sie lasse seine Seele nicht gesunden, ähnelt dem Besucher eines städtischen Schwimmbades, der sich über den mangelnden Meeresblick beschwert. Der war ihm nicht versprochen worden, genau wie die Medizin heute nicht mehr Heilung von Körper, Seele und Geist verspricht, sondern sich bescheiden auf gute Reparaturarbeit im Körperbereich zurückzieht.

Den Rückzug von der Bedeutungsebene teilt die Schulmedizin mit den meisten Naturheilverfahren.[5] Beide sind sich ähnlicher als gemeinhin angenommen wird, beruhen sie doch auf demselben mechanistischen Weltbild. Sie suchen in der Vergangenheit nach Ursachen und konkurrieren darum, wer die tieferen findet und die Symptome am effektivsten wegtherapiert. Selbst in der Wahl der Waffen[6] sind sie verwandter als sie zugeben. Wer *gegen* Symptome *zu Felde zieht*, braucht Waffen und ver*ficht* offensichtlich den allopathischen Standpunkt, der sich gegen den Gegner richtet und versucht, ihn mit den besten Gegenmitteln auszuschalten.

Wenn Naturheilkundler der Schulmedizin vorwerfen, sie unterdrücke allzugern mit Kortison, wäre zu bedenken, daß Kortison ein körpereigenes Hormon ist und folglich eindeutig zur Natur, nämlich sogar unserer eigenen, gehört. Das beliebteste Herzpräparat der Schulmedizin, Digitalis, ist nichts anderes als der Fingerhut, dessen Natürlichkeit sich nicht bestreiten läßt. Selbst hinter dem ersten und beliebtesten Antibiotikum Penicillin steckt Aspergillus penicillinum, der Schimmelpilz. Überhaupt nicht natürlich ist dagegen die Homöopathie. Niemals kann eine Potenz wie eine C 30 oder D 200 natürlich auftreten. Homöopathie ist ein künstliches Verfahren, und die alten homöopathischen Ärzte scheuten sich nicht, sie als Kunst zu bezeichnen und auszuüben.

6. Homöopathie

Die Homöopathie und ihr Weltverständnis stehen sowohl der Schulmedizin als auch der gängigen Naturheilkunde diametral gegenüber und liefern die geistige Basis für eine wirklich alternative Medizin, der auch unser Ansatz verpflichtet ist. Hier geht es nicht darum, ein Symptom mit dem Gegenteil zu bekämpfen, sondern sich mit dem Symptom zu verbünden und es mit ähnlichen Alternativen letztlich sogar zu unterstützen bei seinem Versuch, ein fehlendes Prinzip ins Leben des Kranken zu bringen.

Daß die Medizin ursprünglich tief in diesem Denkansatz wurzelt, zeigt sich an ihrem Symbol, der am Äskulapstab aufgerichteten Schlange. Erst in den fünfziger Jahren von der Weltgesundheitsorganisation zum international *verbindlichen* Ärztezeichen erkoren, hat dieses Symbol eine Geschichte, die bis in die Anfangszeit der Menschheit zurückreicht. Im Paradies ist es die Schlange, die als verlängerter Arm des Teufels die Menschen auf den Entwicklungsweg verführt. Sie ist *das* Symbol der polaren Welt der Gegensätze und windet sich durch beide Pole der Wirklichkeit um vorwärtszukommen. Wie kein anderes Tier ist sie an die Erde gefesselt, sowohl durch göttlichen Bannspruch anläßlich des Sündenfalls, als auch durch ihre Form. Der Religionsphilosoph Hermann Weidelener sagt von ihr, sie sei ganz Fuß.[7] Sie verschlingt ihre Opfer im Ganzen wie die Unterwelt, deren Symbol sie zusätzlich ist. Neben ihren beiden Giftzähnen verfügt sie über die gespaltene Zunge, einem Symbol der Unehrlichkeit, Zwietracht und Ent*zwei*ung. Sie hat andererseits auch die Fähigkeit, das Alte und Überlebte radikal hinter sich zu lassen, und setzt mit ihrer Häutung einmal im Jahr einen völligen Neuanfang. Vor allem aber verfügt sie über das Gift, das töten und heilen kann. Das englische Wort »gift« für Geschenk mag für diesen widersprüchlichen Zusammenhang stehen.

Wie in jenen alten Zeiten, als die Schlangen im Heiltempel des

Äskulap (gr. Asklepios) gehalten wurden, ist es bis heute die eigentliche und vornehmste Aufgabe des Arztes, aus dem Gift[8] der Polarität ein Geschenk zu machen, an dem der Patient wachsen und heilwerden kann. Die homöopathische Medizin folgt diesem Weg von Anfang an in ihrem Denken und Handeln, ja bis in die Herstellung ihrer Mittel. Aus Giften wie Arsen oder Lachesis[9] macht die Homöopathie Heilmittel, indem sie sie durch Verschütteln allmählich von ihrer Stofflichkeit befreit. Dieses sogenannte Potenzieren ist kein Verdünnen, sondern ein Verschütteln bzw. Dynamisieren, wie die Homöopathen betonen. Dabei wird die Ursubstanz oder -tinktur pro Verschüttelungsschritt auf ein Zehntel (D-Potenzen für Dezimal) oder ein Hundertstel (C-Potenzen für Centesimal) reduziert und bei jedem Schritt ihr Muster durch Schütteln auf das Lösungsmedium[10] übertragen. Bei dieser Methode enthalten Potenzen über der D 23 keinerlei Ausgangsstoff mehr, aber noch die komplette, von ihrer ursprünglichen Giftigkeit vollständig befreite Information. Diese gehört dem geistigen Bereich an und hat die niedriger schwingende Materieebene überwunden. Von ihrer Körperlichkeit erlöst und auf eine höhere Ebene transportiert, kann sie als echtes Heilmittel wirken. Sie gibt dem Patienten eine Information, die ihm fehlt, und macht ihn so heiler.

Die homöopathischen Mittel werden über die bereits erwähnten Arzneiprüfungen gefunden. Dabei nehmen gesunde Ärzte die Mittel in niedrigen, d.h. Stoff enthaltenden Potenzierungen zu sich und registrieren die dadurch hervorgerufenen Symptome. Hat ein Patient dieselben oder ähnliche Symptome, bekommt er das Mittel meist in einer höheren, d.h. stofffreien Form. Als reine Information kann es nun zu seiner Heilung beitragen, sofern das Arzneimittelbild sich mit dem Symptomenbild deckt.

Jedes Krankheitsbild ist Ausdruck einer in den Körper gesunkenen Idee bzw. eines Musters, das im Bewußtsein fehlt. Dieses kann mit einer ähnlichen arzneilichen oder geistigen Information behandelt werden. Im ersten Fall sprechen wir von Homöopathie, im zweiten von Bewußtmachung des Musters oder Krankheitsbilderdeutung. Information ist ihrer Natur gemäß auf einer höheren Schwingungsebene als das körperliche Problem. Wenn es gelingt, die Problematik auf diese höhere Ebene zurückzuholen, wird aus dem

Gift ein Geschenk. Die Manifestation des Schattens in der Symptomatik führt so zu dessen Durchlichtung, und Krankheit wird zum Weg der Selbsterkenntnis.

7. Ursachen-Spiel

Der Schulmedizin steht bezüglich des Inhalts bzw. der Botschaft von Krankheitsbildern ihr Ursachenkonzept im Weg. Wie die Naturwissenschaften geht sie davon aus, daß alles eine in der Vergangenheit liegende Ursache hat. Diese zu finden und zu beseitigen ist ihr Anliegen. Andere Ansätze kritisiert die Schulmedizin gern als unwissenschaftlich, ein Vorwurf, der, wie sich noch zeigen wird, auf sie selbst zurückfällt.

Das Auffällige an diesem Ursachenkonzept ist seine Beschränkung. Es darf nur in eine Richtung, nämlich die Vergangenheit, und auch nur ein-, höchstens zweimal mit der Standardfrage »Warum?« nachgefragt werden. Natürlich könnte man auch in anderen Richtungen suchen oder beliebig lange weiterfragen. Warum habe ich eine Erkältung? »Weil ich vor zwei Tagen Erreger aufgeschnappt habe«, könnte die schulmedizinisch akzeptable Antwort lauten. Warum habe ich mir aber die Erreger geholt? – »Weil mein Immunsystem geschwächt war.« Auch hier läßt sich noch weiterfragen: Warum war das Immunsystem geschwächt? Irgendwann wird die Antwort auf das Erbgut hinauslaufen, nach dem Motto: »Weil ich dieses Abwehrsystem von meinen Eltern geerbt habe.« Warum aber haben mir die Eltern ausgerechnet diese Immunausstattung mitgegeben? Die Antwort führt bereits zu den Großeltern, die wieder von ihren Eltern geerbt haben usw. Zum Schluß landet man bei Adam und Eva und der Frage: Warum haben die ersten Menschen solch ein Immunsystem mit auf den Weg bekommen? »Wissenschaftlicher« könnten wir mit derselben Fragetechnik auch zum Urknall kommen. Die Antwort auf die nächste Frage bleibt allerdings ebenso offen: Warum – *um Gottes Willen* – hat es *ur*plötzlich geknallt?

Das Kausalitätsprinzip wirkt nur auf den ersten Blick so überzeugend, auf den zweiten verrät es deutliche Schwächen. Seine größte Schwäche ist, daß es nachweislich der Wirklichkeit nicht gerecht wird, wie uns die moderne Physik belegt. Als am weitesten fortgeschrittene Naturwissenschaft hat sie die Grenzen des mechanistischen, auf Kausalität aufgebauten Weltbildes überschritten und es widerlegt.

Zu diesem nicht nur für die Medizin entscheidenden Wendepunkt kamen die Physiker bei ihren Recherchen im Bereich der winzigen Teilchen im Atominnern. Sie fanden, daß alle Teilchen bis auf das Licht-Photon einen spiegelbildlichen Gegenpol besitzen.[11] Zu jedem Teilchen existiert also ein Zwillingsteilchen, das in allem gerade entgegengesetzt ist. Auf Einstein geht eine Versuchsanordnung zurück, bei der eines der beiden entstandenen Zwillingsteilchen beeinflußt, das andere aber in Ruhe gelassen wird. Verblüffender Weise stellte sich heraus, daß im Moment der Zustandsveränderung am beeinflußten Teilchen auch das andere unbeeinflußte sich so veränderte, daß beide weiterhin gegenpolar blieben. Noch erstaunlicher war, daß die beiden Veränderungen im selben Moment geschahen und damit jede Form von Nachrichtenübermittlung als Erklärung ausfiel.

Der Engländer John Bell konnte schließlich mathematisch beweisen, daß Teilchen aus einer Quelle, sogenannte phasenverriegelte Teilchen, auf immer zusammenhängen, und zwar auf eine logisch nicht faßbare, akausale Weise. Das Bell'sche Theorem geht noch einen Schritt weiter und belegt, daß das nicht nur für den subatomaren Bereich winzigster Teilchen gilt, sondern ganz generell. Damit war die Kausalität widerlegt bzw. zu einem Erklärungsmodell degradiert, das lediglich Annäherungen an die Wirklichkeit erlaubt.

Bedenkt man, daß laut Wissenschaft unser Universum aus einer Explosion, dem besagten Urknall, hervorgegangen ist, muß es aus lauter miteinander verbundenen Teilchen bestehen. Und genau davon gehen die heiligen Schriften des Ostens aus. Die hinduistischen Veden und die Sutren des Buddhismus beschreiben die Wirklichkeit als in all ihren Aspekten ständig mit allen anderen Aspekten in Verbindung stehend. Wo Physiker heute ähnlich metaphysisch anmutende Ergebnisse vorlegen, handelt es sich nicht um die Annäherung von modernem und ältestem Wissen, wie gern behauptet wird, sondern um ein einseitiges Näherrücken der Naturwissenschaft an das zeitlose Wissen der Weisheitslehren.

Wenn Kausalität widerlegt ist, bleibt die Frage: warum sich weiter daran halten? Ganz ohne Kausalität können wir, jedenfalls in dieser Gesellschaft[12], nicht auskommen, *weil* unser Denken bis in die Sprache hinein kausal geprägt ist (wie z.B. dieser Satz belegt). Es gibt allerdings keinen Grund, an einer beschränkten Unterform des Kausalitätsdenkens wie dem wissenschaftlichen System festzuhalten. Wir können die Kausalität als beste uns zur Verfügung stehende Annäherung an das synchron »geschehende« Universum erweitern, wie es bereits Aristoteles tat. Der Vorteil seines weiteren Kausalitätsverständnisses offenbart sich, sobald wir einen einfachen Vorgang wie ein Sportereignis wissenschaftlich unter die Lupe nehmen. Selbst ein Hundertmeterlauf ist noch zu lang, und so müssen wir einen kleinen Ausschnitt, etwa den Start, herausschneiden. Auf die wissenschaftliche Standardfrage: Was ist die Ursache für das plötzliche Losrennen der Sportler?, gibt es eine wissenschaftlich akzeptable Antwort: der Startschuß. Er wirkt aus der Vergangenheit auf die Gegenwart, ist immer vorhanden und reproduzierbar.

Wer allerdings etwas von Leichtathletik versteht, wird von dieser Erklärung wenig befriedigt sein. Er wird darauf hinweisen, daß die wesentlichere Ursache für das Aufspringen der Sportler ihr Wunsch nach einer Goldmedaille ist. Ein etwaiger Sieg liegt aber noch in der Zukunft und ist deshalb für die Wissenschaft als Ursache unakzeptabel. Jedem Geschehen liegt nach Aristoteles' Auffassung auch eine Musterursache zugrunde. Beim Hundertmeterlauf wären das die Spielregeln. Diese verbieten z.B., ein Fahrrad oder andere unerlaubte Hilfsmittel zu benutzen. Nur auf Grund des bereits seit langem existierenden Musters »Hundertmeterlauf« wissen die Sportler überhaupt, in welche Richtung sie lossprinten müssen. Schließlich gibt es noch die materielle Basis oder Ursache, die in der Aschenbahn, den Muskeln usw. liegt und auch von der Wissenschaft akzeptiert wird. Mit vier Ursachen statt einer werden wir der letzten Wirklichkeit immer noch nicht gerecht, kommen ihr aber näher. Wenn es letztlich sowieso keine Ursachen gibt, muß es erlaubt sein, die eine um drei weitere zu ergänzen. Ziehen wir zur Deutung der Krankheitsbilder diese vier Ursachen heran, wird die eine der Schulmedizin dadurch natürlich nicht falsch, sondern lediglich ergänzt und erweitert.

Auf Grund von Gewohnheit und Eigenblindheit wird es oft passieren, daß man sich gerade bei wichtigen eigenen Krankheitsbildern in die Arme der gewohnten Monokausalität flüchtet. Die eigene Lungenentzündung wird dann wieder allein auf die Erreger geschoben und darüber hinaus nicht weiter hinterfragt. Natürlich sind bei jeder Lungenentzündung Erreger im Spiel, sie liefern die aus der Vergangenheit wirkende Ursache. Daß sie nie allein verantwortlich sind, mag die Tatsache belegen, daß die meisten Gesunden entsprechende Erreger in ihrer Lunge beherbergen, ohne zu erkranken. Werden sie, etwa durch einen schweren Autounfall, auf eine Intensivstation verschlagen, können dieselben Erreger plötzlich aktiv werden. Auf Intensivstationen ist die Gefahr, an Lungenentzündung zu erkranken, nicht deshalb so groß, weil es hier so viele Erreger gibt, im Gegenteil, nirgends werden sie so verfolgt und dezimiert. Der wesentlichere Grund liegt in dem Kommunikationskonflikt, der sich verkörpert, sobald der ganze Kontakt nur noch über Plastikschläuche läuft. So wie man immer eine funktionale Ursache findet, wird sich auch immer eine Ziel- oder Sinnursache ergeben, wie auch ein Muster, in das das ganze Geschehen paßt.

8. Analogie und Symbolik

Auch wenn wir auf die vier Ursachen des Aristoteles zurückgreifen, beruht die Philosophie von »Krankheit als Weg« weniger auf kausalem als auf analogem Denken. Wieder ist es die Physik, die uns den Weg zu dieser Weltsicht öffnen kann. An Stelle der Kausalität setzten die Physiker die Symmetrie und erklärten, daß die letzten uns faßbaren Gesetze Symmetriesätze seien. Das Analogiedenken der alten Medizin, wie es sich in Paracelsus' Satz »Mikrokosmos = Makrokosmos« ausdrückt oder dem Grundsatz aller Esoterik »wie oben so unten bzw. wie innen so außen«, kommt diesem Symmetrieverständnis nahe. Wenn wir Form und Inhalt, Körper und Seele, Mensch und Welt[13] analog sehen, sind wir der Wirklichkeit näher, als wenn wir Ursachen suchen, denn die Physik belegt, daß nicht kausales Hintereinander, sondern synchrones Nebeneinander die Welt bestimmt.

Der Schlüssel zu diesem Weltverständnis liegt nicht in der Analyse, sondern in der Symbolik. Diese steht auch im Zentrum der

Symptomdeutung. Wie alle anderen Bilder lassen sich Krankheitsbilder nicht durch Analyse des Materials, sondern eher durch kontemplative[14] Betrachtung ihrer Ganzheit erfassen. Die Aussage eines Bildes entgleitet einem, wenn man versucht, sie in noch so raffinierter Analyse des Materials zu finden. Zum Schluß ist einiges Zahlenmaterial über die Zusammensetzung der Farbpigmente gewonnen, die Herbststimmung aber verloren. Sie liegt mehr in der Symbolik der Farben als in deren Chemie. Um ein Bild zu deuten, müssen alle Einzelheiten zu einem Gesamteindruck vereinigt werden. Das ganze ist mehr als die Summe seiner Teile.

Unser Wort »Symbol« stammt vom griechischen symballein, was soviel wie zusammenwerfen, zusammenfügen bedeutet. Um beim Deuten der Krankheitsbilder den Menschen in seiner Ganzheit zu erfassen, ist es notwendig, alle Einzeleindrücke zu einem Muster bzw. all die kleinen Symbole zu einem umfassenden Symbol zusammenzufügen.

Trotz der Legitimation durch die moderne Physik gerät analoges Denken gegenüber dem analytischen nach wie vor leicht ins Hintertreffen. Dabei prägt es unser Leben viel weitgehender, als wir uns eingestehen. Wenn wir einem Menschen das erste Mal begegnen, machen wir uns ein Bild von ihm, das auf Symbol- und Analogieverständnis beruht. Auch wenn uns der Intellekt suggerieren will, daß der erste Eindruck trügt, wissen wir es besser. Vertrauen wir dem Verstand, brauchen wir oft lange Zeit, um zum Schluß herauszufinden, daß doch alles schon im Anfang lag. Sobald wir jemanden in seiner Wohnung besuchen, machen wir uns über diese und damit über ihn ein Bild, ebenso wenn er seinem Auto entsteigt. All das beruht auf einem mehr oder weniger bewußten Symbolverständnis. Auch jeder religiöse Bezug beruht auf Symbolik und Analogie. Nur so lassen sich Gleichnisse verstehen. Wenn wir im Vaterunser beten »Dein Wille geschehe, *wie im Himmel, so auf Erden*«, benutzen wir nur eine andere Formulierung für »wie oben so unten« und bewegen uns auf dem Boden der Analogie.

Selbst die Naturwissenschaft beruht bei genauerem Hinsehen auf vergleichendem Denken, ist doch jeder Meßvorgang ein Vergleichen und In-Beziehung- bzw. Analogie-Setzen. Ob man eine Strecke mißt, die Temperatur oder den Druck, immer ist man auf den Vergleich mit einer geeichten Skala angewiesen. Da Messen die Basis der Naturwissenschaft ist, beruht sie letztlich auf vergleichendem Denken.

Die Nähe der Medizin zum Analogiedenken ist im Bereich der Statistik, einer ihrer Lieblingsdisziplinen, noch deutlicher erkennbar. Immer wieder stößt man sogar auf Versuche, mit Statistiken Beweise zu führen. Die Methode ist bekannt und verführerisch. Man befragt 100 Heroinabhängige, ob sie vorher Cannabisprodukte wie Haschisch oder Marihuana konsumiert haben. Wenn 90 % mit »Ja« antworten, ist der »Beweis« erbracht und Cannabis die Einstiegsdroge zu Heroin. Was so logisch klingt, ist jedoch ohne Beweiskraft. Denn anders gefragt, läßt sich statistisch »beweisen«, daß Milch die gefährlichste Einstiegsdroge der Welt ist, 100 % der Heroinabhängigen und alle Alkoholiker haben damit begonnen. Es geht hier in keiner Weise darum, Statistiken herabzusetzen, sondern im Gegenteil darum, das zugrundeliegende vergleichende Denken zu rehabilitieren. Statistiken können Wesentliches aussagen, nur beweisen können sie nie etwas, weil ihre Korrelationen nichts mit Kausalität zu tun haben. Sowohl Meßvorgänge als auch Statistiken zeigen, wie weit verbreitet analoges Denken ist. Die Tatsache, daß wir es nicht wahrhaben wollen, ändert wenig daran.

Selbst für die moderne Medizin ist Symbolik von entscheidender Bedeutung geblieben. Symbole und die daraus aufgebauten Rituale spielen, wie noch zu zeigen sein wird, im Gesundheitswesen nach wie vor eine ebenso beherrschende wie weitgehend übersehene Rolle. Das ist schon deswegen in Ordnung, weil sich auch Krankheitsbilder aus Symbolen zusammensetzen und richtiggehende Rituale erzwingen.

9. Formgebende Felder

Da es keine alte Kultur und auch keine moderne Gesellschaft ohne Rituale gibt, kann man davon ausgehen, daß sie zwingend zum menschlichen Leben gehören. Ihre Wirksamkeit ist, gemessen an ihrer Verbreitung, noch wenig erforscht. Erst im letzten Jahrzehnt hat sich mit Sheldrakes Theorie der morphogenetischen oder formgebenden Felder ein Erklärungsansatz gefunden. Sheldrake fand durch

Experimente bestätigt, daß es zwischen verschiedenen Lebewesen Beziehungen gibt, die sich logischen Erklärungen entziehen. Er postulierte sogenannte formgebende Felder, die diese Verbindungen vermitteln, ohne dazu Materie oder Informationsübertragung zu benötigen. Verschiedene Experimente belegen, daß Lebewesen in einem gemeinsamen Feld miteinander auf unerklärliche Weise verbunden sind, ganz ähnlich wie die Zwillingsteilchen der Atomphysiker. Sie schwingen im selben Moment in derselben Schwingungsebene und verhalten sich fast wie *ein* Wesen, vergleichbar etwa einem großen Fischschwarm oder einem Getreidefeld, über das der Wind streicht. Bei den beobachteten Situationen gibt es gar keine Zeit, miteinander im herkömmlichen Sinne in Verbindung zu treten.

Der Amerikaner Conden konnte Vergleichbares bei Menschen finden. Er ließ kommunizierende Personen von der Seite in extremer Zeitlupe filmen. Dabei stellte sich heraus, daß Sprecher und Zuhörer im selben Augenblick durch winzige, sogenannte Mikrobewegungen verbunden sind. Dieses Miteinanderschwingen zeigte sich bei allen Menschen mit Ausnahme von autistischen Kindern. Im Bereich des organischen Lebens ist man hier einem Zusammenhang auf der Spur, der jenen eigenartig unerklärlichen Zusammenhängen der Elementarteilchenphysik entspricht.

Erfahrungen solcher von Zeit und Raum unabhängiger Felder kann jeder in einem Konzertsaal machen, wo eine nach herkömmlichen Kriterien unerklärliche Harmonie herrscht. Wie, läßt sich naiv fragen, ist es möglich, daß so viele verschiedene Musiker mit so vielen verschiedenen Reaktionszeiten alle im selben Takt spielen? Natürlich sehen sie alle den gleichen Dirigenten, aber jeder müßte mit seiner individuellen Reaktionszeit dessen Signale in unterschiedlicher Zeit auf seinem Instrument umsetzen. Daß das nicht der Fall ist, liegt an dem verbindenden Muster der Musik. Statt dem logisch zu erwartenden Chaos kann eine Symphonie, ein Zusammenklang entstehen, weil die Musiker eins werden im Muster und wie ein Wesen agieren. Auch die Zuschauer können sich auf dieses Muster einlassen und eins werden in der Musik, mit dem Dirigenten, den Musikern und den anderen Zuhörern. Das ist das Geheimnis, warum selbst die technisch beste Wiedergabe das Konzert nicht ersetzen kann.

Praktische Erfahrungen mit diesen logisch nicht faßbaren, nicht sichtbaren, aber doch spürbaren Feldern ermöglicht auch Meditation. In fast allen Klöstern gab es Andachtsräume, die ausschließlich diesem Zweck vorbehalten waren, um die Atmosphäre nicht zu stören. Wer schon einmal in einem Klosterraum meditiert hat, in dem seit 1000 Jahren nur Meditation praktiziert wurde, kennt die Erfahrung. Hier fällt Meditation leichter und führt tiefer als zu Hause im eigenen Schlafzimmer oder gar im Flugzeug auf der Reise. Auch große Gruppen, die in Einklang sind, erzeugen ein spürbares Feld. Beim Tai Chi, einer alten chinesischen Bewegungsmeditation, wird das besonders spürbar. Bewegt sich eine Gruppe wie ein einziges Wesen, entsteht eine enorme Kraft. Eine alte militärische Erfahrung besagt, daß es sich im Gleichschritt leichter marschiert. Wie groß die Kraft des Einklangs, der Resonanz werden kann, sieht man an der (Einsturz-)Gefahr, die marschierende Kolonnen für Brücken darstellen.

Wie sich solche Felder auch über weite Strecken gleichsam unabhängig vom Raum aufbauen können, mag die Tatsache illustrieren, daß Erfindungen nicht selten in verschiedenen Teilen der Welt gleichzeitig gemacht werden und daß dieselben Ideen im selben Moment an verschiedenen Plätzen auftauchen. Selbst in der Politik hat sich diese Erfahrung niedergeschlagen. Im fast synchronen Zusammenbruch der Ostblockregimes zeigte sich die Kraft eines *muster*gültigen Feldes. Dessen Zeit war abgelaufen, und da konnten dieselben Panzer, die Jahrzehnte für Friedhofsruhe gesorgt hatten, plötzlich nichts mehr ausrichten. Während der in die Enge getriebene Intellekt bei all diesen Beispielen noch nach anderen Erklärungen suchen mag, stellt ihn ein drastisches Experiment vor diesbezüglich unlösbare Probleme. Man hatte einer Kaninchenmutter ihre Jungen weggenommen und auf einem Atom-U-Boot viele 1000 Kilometer entführt. Als man sie zu bestimmten festgelegten Zeiten tötete, »reagierte« die Mutter meßbar darauf. Das Wort »reagieren« ist hier eigentlich unangemessen, denn der Mutter fehlten alle Grundlagen, um auf irgend etwas zu reagieren, sie war wohl eher in einem Feld mit ihren Jungen verbunden. Reaktion braucht Zeit, hier geht es aber ohne Zeit.

Während wir noch glauben, daß es die verschiedensten Ursachen sind, die die Welt in Gang halten, belegt die moderne Physik bereits das Gegenteil: In Wirklichkeit herrscht eine uns unerklärliche Synchronizität, und Kausalität ist lediglich ein, wenn auch plausibler, Denkfehler. Die in den formgebenden Feldern auftretenden Phänomene geschehen synchron und sind nicht kausal zu erklären. Der Verdacht liegt nahe, daß hier Physik und Biologie jener tieferen Wirklichkeit auf der Spur sind, die in den heiligen Schriften des Ostens beschrieben ist als ein auf verschiedenen Ebenen synchron ablaufendes großes Muster, in dem alles seinen Platz hat, untereinander zusammenhängt, sich aber in keiner Weise ursächlich bedingt. Die Analogielehre ist mit den Vorstellungen von den formgebenden Feldern bestens im Einklang. Insofern ist es verständlich, wenn alte Lehren wie die von Paracelsus, daß Mensch und Welt eins sind[15], heute wieder Beachtung finden.

Es liegt nahe, die Wirkung der Rituale mit den formgebenden Feldern in Verbindung zu bringen. Rituale sind der direkteste Weg, solche Felder aufzubauen und in der Wirklichkeit zu verankern. Betrachtet man alte Initiations- und Heilungsrituale, wird der Verdacht zur Gewißheit. Bei Pubertätsritualen wurde den Jugendlichen nicht etwa die Erwachsenenwelt mit ihren Regeln erklärt, sondern sie wurden durch den Vollzug der rituellen Handlungen Teil derselben, ohne irgend etwas verstehen zu müssen. Einmal dem Feld der neuen Sphäre eingefügt, standen ihnen automatisch all dessen Möglichkeiten offen. Wir, die wir nicht mehr an Rituale glauben und deshalb auch keine starken Felder aufbauen, können uns dergleichen kaum noch vorstellen.

II. Krankheit und Ritual

1. Rituale in unserer Gesellschaft

Die uns bekannten alten Kuturen hatten ausnahmslos eine Gemeinsamkeit: Aus Symbolen formten sie Rituale für die besonderen Übergangsphasen des Lebens, aber auch für den Alltag und seine Anforderungen. Nur der moderne Mensch glaubt, ohne Rituale auszukommen, und hält sie für überholten Aberglauben. Auf diesem Hintergrund ist es um so erstaunlicher, wie viele Rituale sich in unsere aufgeklärte Zeit gerettet haben. Unbemerkt oder geflissentlich übersehen, beherrschen sie noch immer das Bild der Gesellschaft. Neben den wenigen verbliebenen bewußten Ritualen wie Taufe, Konfirmation, Firmung, Eheschließung und Begräbnis gibt es unzählige halb- und unbewußte Handlungen, die von ihrem Ritualcharakter leben. Kleine Zwangsrituale füllen den Alltag, etwa wenn erwachsene Menschen plötzlich nicht umhin können, eigenartige Schrittfolgen auf dem Muster des Trottoirs zu entwickeln, beim Eisenbahnfahren geradezu zwanghaft die vorbeihuschenden Masten zählen, wenn fünfmal nachgeprüft werden muß, ob das Auto wirklich zu, die Haustür verschlossen ist, die Stecker aus den Steckdosen gezogen sind und so weiter und so fort. Alle diese Handlungen haben keinen logisch faßbaren Sinn, es geht lediglich, wie für Rituale typisch, um das Tun an sich. Neben solch alltäglichen und scheinbar nebensächlichen gibt es auch eine Fülle von wichtigen Ritualen.

Unser Gerichtswesen baut darauf auf, daß die Mitglieder der Gesellschaft an dieses alte Ritual der Rechtsprechung glauben und es anerkennen. Der rituelle Charakter wird bei jeder Verhandlung im streng ritualisierten Ablauf deutlich. Die Gerichtsordnung entspricht fast der eines Ordens. Die Roben der Richter, Ankläger und Verteidiger sind bedeutungsschwangere Ritualgewänder. Aus welch anderem Grund sollte ein erwachsener Jurist ein Kleid und eine Perücke überstreifen, wenn nicht, um Justitia rituell zu dienen. Wie der Priester hat der Richter sein Amt ohne Ansehen der eigenen oder der abzuurteilenden Person zu versehen. Während er seines Amtes waltet, ist er nur den Regeln des Gerichtsrituals unterworfen und hat bis zum Ende der Verhandlung aufzuhören, eine individuelle Privatperson mit Privatmeinungen zu sein. Gelingt ihm dies nicht und ist er anderen als ausschließlich den gerichtlichen Regelbüchern verpflichtet, wird er als befangen abgelehnt.

Jeder Abschluß eines Vertrages, das bewußte Anerkennen eines Sachverhaltes durch die eigenhändige Unterschrift, erfüllt die Kriterien eines Rituals. Es ist eben nicht möglich, den Namen unter das Schriftstück zu tippen oder zu stempeln, obwohl er dann sogar besser lesbar wäre. Bei politischen Verträgen ist das Zelebrieren der Ratifizierung als Ritual der Anerkennung besonders augenfällig. Auch der gewöhnliche Verkehr der Menschen untereinander ist rituellen Regeln unterworfen, die an sich und funktional betrachtet wenig Sinn ergeben. Warum gibt man sich zur Begrüßung ausgerechnet die rechte offene Hand und nicht die linke Faust? Unser Leben ist durch Symbole und Zeichen bestimmt, von den Farben der Kleidung bis zu den Verkehrszeichen. Alle solcherart ausgestatteten rituellen Abläufe leben davon, daß sie anerkannt und befolgt werden. Verkehrsregeln und -zeichen machen an sich überhaupt keinen Sinn, aber von allen respektiert, regeln sie die schwierigsten Situationen. Rituale sind nicht logisch, sondern symbolisch, sie sind die wirkenden Muster. Ohne sie wäre gesellschaftliches Zusammenleben unmöglich.

Das Problem dabei ist, daß unbewußte Rituale nicht so gut funktionieren wie bewußte und in modernen Industriegesellschaften diesbezüglich eine starke Tendenz zur Unbewußtheit vorherrscht. Die Bedeutung der Rituale verliert ihre Verankerung im Bewußtsein immer nachhaltiger und sinkt in den Schatten. An der gesellschaftlichen Oberfläche verkommen sinnentleerte Formen zu Gewohnheiten. Diese sind auf Grund ihrer tiefen Wurzeln in den ehemals bewußten Mustern immer noch ausgesprochen zählebig. Wenn der ursprüngliche Sinn schon lange vergessen ist, überdauern Gewohnheiten und geben der Gesellschaft weiterhin einen Rahmen. Versuche, sie wegzureformieren, scheitern häufig an ihrer tiefen Verwurzelung. Mit wieviel Elan die französischen Revolutionäre von 1789 auch versuchten, die 7-Tage-Woche in einen logischeren und produktiveren Zehnerrhythmus umzuwandeln, der Siebenerrhythmus war zu tief in der Wirklichkeit verankert und überdauerte die Revolution.

Selbst wenn wir die Wurzeln nicht mehr kennen, aber den daraus gewachsenen Regeln weiter folgen, bleiben wir in der Geborgenheit der Muster. Die Gefahr ist lediglich, daß mit der Bewußtheit auch die seelische Ladung nachläßt. Werden die Regeln nur noch mechanisch ohne Bewußtheit vollzogen, verwässern sie. Wenn ihr Sinn nicht mehr erkannt wird, erscheinen sie uns sinnlos. Deshalb deuten wir sie nicht mehr, und notgedrungen verlieren sie an Bedeutung.

2. Rituale des Übergangs

Die Übergangsstadien des Lebens erfordern Rituale und bekamen sie zu allen Zeiten. Während archaische Kulturen auf die initiatische Kraft von Pubertätsriten vertrauten, haben wir deren letzte Relikte, Konfirmation und Firmung, weitgehend entwertet. Nicht ausreichend mit Bewußtheit geladen, degenerieren sie zu Gewohnheiten, die ihre Funktion kaum noch erfüllen. Für heutige Jugendliche ist es schwerer, erwachsen zu werden, fehlen ihnen doch bewußte Übergangsrituale, die sie im neuen Muster der Erwachsenenwelt mit seinen ganz anderen Regeln und Symbolen sicher verankern. Wo wir glaubten, ihnen die Greuel dunkelsten Aberglaubens ersparen zu können, beraubten wir sie wesentlicher Reifungschancen. So hart und grausam die entsprechenden Riten archaischer Kulturen gewesen sein mögen, vom tagelangen Aussetzen in der Wildnis oder in dunklen Erdhöhlen bis zu blutigen Mutproben und *Pan*ik auslösenden Geisterbegegnungen, es waren gangbare Schritte auf die neue Ebene.

Da es nicht ohne Rituale geht, müssen sich heutige Jugendliche um Ersatz bemühen. Die erste Zigarette*, im Kreise Gleichgesinnter quasi rituell geraucht, ist ein entsprechender Versuch. Wohl wissend, daß sie noch nicht erwachsen sind, wagen sie einen Vorgriff auf eines der eigentlich noch verbotenen Privilegien der Erwachsenenwelt. Mit dem Brechen dieses Tabus hoffen sie unbewußt, den Zugang zum neuen Muster zu erzwingen. Ähnlich wie bei archaischen Pubertätsritualen ist damit Angst verbunden. Die neue Ebene ist gefährlich, und die erste Zigarette zeigt es. Die meisten Ritualteilnehmer *bekommen* entsprechend *Schiß* zum Zeichen dafür, wie sehr sie *die Hosen voll haben.* Aber mutig und aggressiv hustend, trotzen sie diesen Anfangsschwierigkeiten.

Ein noch wichtigeres Ersatzritual ist die Führerscheinprüfung. Um Mitglied einer Autogesellschaft zu werden, muß man sich entsprechend ausweisen können. Ist diese eigentliche Reifeprüfung bestanden, beginnen Mutproben auf den Straßen. Zahl und Art der Unfälle im ersten Führerscheinjahr sprechen dafür, daß vor allem junge Männer auf diesem Weg ausziehen, das Fürchten zu lernen.

Das Problem solcher Ersatzhandlungen ist, daß sie durch die mangelnde Bewußtheit und vor allem durch das Fehlen einer helfenden Hand von der anderen, in diesem Fall erwachsenen Seite keine Sicherheit auf der neuen Ebene bieten können. So bleiben die Jugendlichen am Ersatzritual hängen, werden zu Kettenrauchern, Rasern und Geisterfahrern, aber nicht erwachsen.

Früher wurden die Handwerksburschen auf die Wanderschaft geschickt, und bis vor einigen Jahren gingen Au-pair-Mädchen in die Fremde, um Erfahrungen zu sammeln und »sich die Hörner abzustoßen«. Die Gesellschaft war sich noch bewußt, wie gefährlich die ahnungslosen jungen Menschen mit ihren nicht abgestoßenen Hörnern andernfalls werden konnten. Heute bleiben besonders Bürgerkinder, legitimiert durch gründlich reformierte Ausbildungsvorschriften und eigentümliche Auswüchse der Eltern- bzw. Mutterliebe häufig zu Hause hängen. Da sind die Straßen wenn auch ein gefährlicher, so doch ein Ausweg. Horrorfilme, deren Boom sich ebenfalls aus dem Defizit junger Menschen an Angst, *Pan*ik und Abenteuer erklärt, können das Vakuum nicht füllen, sie illustrieren es lediglich.

3. Rituale der modernen Medizin

Der Beginn des Lebens wurde in alten Zeiten mit einem Geburts-, das Ende mit einem Sterberitual begangen. Heute haben wir beides weitgehend in Kliniken verlegt, und damit an einen Hort unbewußter

Riten. Die in der Medizin herrschenden Rituale können uns helfen, den generellen Wert der Ritualistik für Heilungsprozesse zu durchschauen, und sollen deshalb ausführlicher betrachtet werden.

Mit entsprechend geschärftem Blick findet man in modernen Kliniken eine verblüffende Fülle von Zauber, der jedem Medizinmann Ehre machen würde. Begaben sich die Patienten der archaischen Zeit in die Obhut des Heilers, mußten sie sich ganz dessen anderer Welt anvertrauen, sie verloren alle Selbstbestimmungsrechte und überantworteten sich Gott bzw. dem Schamanen als dessen Stellvertreter. Heute inszenieren wir mit noch mehr Aufwand einen ähnlichen Effekt. Auch der moderne Patient gibt sein Selbstbestimmungsrecht meist gleich an der Pforte ab. Sie ist immer noch ein wesentlicher Ort jeder Klinik, bewacht sie doch die Schwelle zur anderen Welt wie seinerzeit die Tempelpforte, nach der sie wohl auch benannt ist. Die Welt hinter der Pforte macht in ihrer Unübersichtlichkeit und hinter allem spürbaren Krankheitsthematik Angst. Die Patienten fühlen sich nicht selten entsprechend beklemmt angesichts all der Dinge, die auf sie zukommen und die sie nicht durchschauen. Ähnlich, nur bewußter mögen sich Heilungsuchende der Antike beim Betreten eines Asklepiostempels gefühlt haben.

Nachdem die Patienten, einem strengen Schema folgend, registriert sind, geht es so schnell wie möglich ins Bett. Auch wenn sie völlig gesund lediglich am Abend vor einer Untersuchung oder einem Eingriff angereist sind, im Krankenhaus haben Patienten zu liegen. Der Kopf als Kommandozentrale darf hier nicht aufrecht getragen, sondern muß prinzipiell *abgelegt* werden. Damit ist auch gleich gesichert, daß die Patienten zumindest physisch den Ärzten zu Füßen liegen, und klargestellt, daß Verhandlungen auf gleicher Ebene nicht in Frage kommen. Für sie gibt es nun nicht mehr viel mitzureden und kaum etwas zu entscheiden. Förmlich und inhaltlich werden sie auf schnellstem Wege zu Patienten (=lat. die Geduldigen) gemacht. Daß sie wie Kinder von einer Schwester ins Bett gesteckt werden, nachdem sie sich auf Befehl ausgezogen haben, gehört genauso dazu wie die Tatsache, daß sie nicht mehr selbst entscheiden dürfen, wann ins Bett gegangen und wann aufgestanden wird. Die Rückstufung auf das Verantwortungsniveau eines Kindes nimmt ihren Lauf. In den meisten Kliniken ist man zu mehreren im Zimmer, ebenfalls wie seinerzeit in der Kindheit. Das hat zusätzlich den Effekt, daß die Schwester entscheiden muß, wann geschlafen wird, zum Besten der »lieben Kinder« natürlich: Licht aus, Augen zu! Am nächsten Morgen, nach dem Waschkommando gibt's dann nicht etwa, was die Patienten am liebsten frühstücken. Was am besten für sie ist, entscheiden wieder andere. Und wenn sie nicht aufessen, ernten sie milden Tadel und entsprechende Blicke. Manche Schwestern karikieren diese Situation noch unbewußt, indem sie in eine Art Babysprache verfallen, die lieb gemeint ist, dem Patienten jedoch recht eindeutig seine Rolle zuweist.

Hier wird ein großangelegtes Ritual zelebriert mit dem einen Ziel, die Menschen zu Patienten und eigentlich zu Kindern zurückzustufen. Viele Kleinigkeiten fördern diesen Prozeß: Wollen die Patienten spazierengehen, haben sie das in Schlafanzug, Nachthemd oder Bademantel zu tun, nur ja nicht wie normale mündige Erwachsene. So gesund können sie nicht sein, daß sie nicht bei der Visite im Bett zu liegen haben, geduldig darauf wartend, was die Halbgötter wohl äußern werden. Tatsächlich entscheiden sie weitgehend über das Schicksal der Patienten, denen lediglich Ergebnisse mitgeteilt werden. Während die Ärzte beraten, bedienen sie sich einer kaum verständlichen Geheimsprache, vergleichen Kurven, Grafiken und Meßergebnisse, die wie ein Buch mit sieben Siegeln erscheinen.

Die Visite, der ärztliche Besuch am Krankenbett, läuft nach strengen rituellen Regeln ab. Es wird zumeist ein Lehrstück in Hierarchie zelebriert. Hierarchie heißt wörtlich im Griechischen die »Herrschaft des Heiligen«. Da ist es nur konsequent, wenn der Chef als Spitze der Hierarchie wie ein Sonnenpriester herrscht und herrschen läßt. Freiheiten, die mit dem schwesterlichen Fußvolk möglich sind, schließen sich ihm gegenüber von selbst aus. Er macht den Eindruck, alles zu wissen, und braucht nichts zu begründen. Erinnerungen an den strengen Vater, den Familienvorstand, mögen in den Patienten aufsteigen. Respekt und Achtung werden, so sie sich nicht von selbst einstellen, mit Nachdruck durchgesetzt. Versuche dieser demokratischen Zeit, Hierarchien abzubauen, stoßen besonders in der Medizin auf tiefverwurzelte Widerstände.

Das ganze, sorgfältig geplante Regressionsritual hat für die Patienten auch angenehme Seiten, z. B. werden sie in ihrem Bett überall hingefahren, wo sie auch ohne weiteres hingehen könnten. Aber sie sollen sich nicht anstrengen und nicht zuviel nachdenken. Ruhe für Körper, Seele und Geist ist angesagt und heilend wirksam. So ist es nur konsequent, wenn nicht die Patienten selbst, sondern die Ärzte entscheiden, wann sie wieder selbst gehen und dann irgendwann auch heimgehen dürfen. Falls Patienten die Zeichen nicht erkennen und in gewohnter Weise eigene Vorstellungen entwickeln, werden sie zurechtgewiesen und durch Sanktionen in den vorgesehenen Rahmen zurückgenötigt. »Der von Nr. 17 ist schwierig«, registrieren die Schwestern und melden es gegebenenfalls nach oben. Ist er sehr schwierig, wird sich der Chef selbst mit Vorliebe im Plural majestatis an den Schwierigen wenden: »Was haben wir denn da für Probleme . . .«

Natürlich hat sich die Medizin viele Begründungen für all diese Maßnahmen einfallen lassen, ohne je das Wort Ritual zu gebrauchen. Ein Blick darauf entlarvt sie jedoch schnell als Rationalisierungen. Ärzte müßten soviel Latein sprechen, damit sie sich auch international verständigen könnten, heißt es. Während 20 Jahren in Studium und Praxis ist mir noch nie ein Arzt begegnet, der mit einem Kollegen Latein gesprochen hätte oder auch nur dazu in der Lage gewesen wäre. Würde es doch einmal einer versuchen, würde er mit Sicherheit von den Kollegen für verrückt gehalten. Es ist immer nur soviel Latein dabei, daß man unter sich bleiben kann. D. h., die entscheidenden Worte werden vor den Patienten verschlüsselt, denen man wie Kindern nicht die ganze Wahrheit zumuten will.

Ähnlich ist es mit dem »sterilen« Weiß des Klinikpersonals, bei dem es keine Ausnahme geben darf. Hygienische Gründe sprechen nicht mehr für Weiß als für Gelb. Warum also weltweit Weiß? Hat es vielleicht doch damit zu tun, daß auch der Papst Weiß trägt, wie auch die meisten Gurus? Brauchen auch die Halbgötter in Weiß Ritualgewänder für ihre heimlichen Rituale und wollen es nur nicht zugeben? Ist Weiß aus dem Medizinerleben nicht wegzudenken, weil es alle anderen Farben in sich vereint und damit die Farbe der Ganzheit und Vollkommenheit ist?

Vieles, wie auch etwa der Zauber um die Hygiene sprechen für solch tiefere Gründe. Ursprünglich von Semmelweiß gegen heftigsten Widerstand der Ärzteschaft durchgesetzt, hat sich die Hygiene einen Stammplatz in der Ersatzritualistik verschafft. Sie wird heute genauso heftig und stellenweise irrational verteidigt, wie sie ursprünglich bekämpft wurde. Solch hohe emotionale *Ladungen* sind generell ein Zeichen, daß mehr hinter einem Thema steckt. In diesem Fall sieht man rituelle Sauberkeitsvorschriften und Reinigungszeremonien aus der Tiefe durchscheinen. Hygienisch sinnvolle Reinigung kann man bei Chirurgen während der Operationsvorbereitung beobachten. Sie waschen sich ihre Hände einige Minuten unter fließend heißem Wasser, während sie sie mit aggressiver Seifenlösung und harten Bürsten bearbeiten. Die Zeit dieser Waschung ist genau vorgeschrieben und wird mit Zeitstelluhren peinlich genau überwacht. Nach dieser Prozedur sind die Hände immer noch so »schmutzig«, daß sie anschließend mit hochprozentigem Alkohol neuerlich längere Zeit gewaschen werden müssen. Danach sind sie vom hygienischen Standpunkt noch immer äußerst bedenklich und müssen in keimfreien Gummihandschuhen versteckt werden. Selbst in bewußt magischen Kulten gab es kaum aufwendigere Reinigungsrituale für die Hände.

Die vielen kleineren Reinigungsübungen, die den Klinikalltag durchziehen, werden vor diesem Hintergrund als Rituale durchschaubar, da sie hygienisch meist nichts bringen. Der Arzt *wäscht* sich bis heute ständig *die Hände in Unschuld.* Er desinfiziert auch die Hautstelle, in die er injizieren will, auf eine Art, von der seit langem nachgewiesen ist, daß sie keinen hygienischen Sinn erfüllt. Die Ärzte aber wollen von diesem liebgewonnenen Ritual mit Recht nicht lassen. Lieber finden sie die seltsamsten Rationalisierungen, um weiter in alter Schamanenmanier die Stelle der Verletzung vorher mit funktional sinnlosen, aber magisch wirksamen Strichen vorzubereiten. Der Alkohol hat in diesem Fall etwa die Funktion des Weihwassers am Kircheneingang. Im hygienischen Sinne reinigen beide nicht, und doch reinigen und weihen sie in tieferer Hinsicht. Die Ärzte bleiben mit Recht bei diesem Ritual, und die Patienten erwarten es zu Recht, weil Rituale in der Medizin wie in anderen Bereichen von größter Not*wend*igkeit sind. Manchmal sind die Begründungen etwas eigenartig, mit denen alte Rituale gegen Reformer verteidigt werden, die Grundrichtung aber stimmt.

Auch die normale Arztpraxis steckt voller unbewußter Rituale. Nachdem sie untergeordneten Hilfskräften ihre Legitimation in Form des Krankenscheins abgeliefert haben, werden die Patienten durch langes geduldiges Warten ihrem Namen gerecht gemacht. In einer Atmosphäre der Spannung inmitten von anderen Kranken fiebern sie dem entscheidenden Moment entgegen, wo sie vorgelassen werden. Sie erwarten und fürchten ihn gleichermaßen wie einige 1000 Jahre früher ein Patient die Begegnung mit Äskulap, dem Gott der Heilung. Endlich zu den Mysterien des Arztes vorgelassen, erweisen sich diese in der Tat als recht mysteriös. Sinn und Zweck der zur Anwendung kommenden Gerätschaften bleiben für die Patienten weitgehend im dunklen. Immerhin beruhigt es sie zu sehen, daß ihr Doktor für alle Fälle gerüstet ist, wodurch auch noch die gar nicht zum Einsatz gekommenen Apparate ihren Zweck erfüllen. Der Doktor selbst hat natürlich wenig Zeit, wie sollte er auch bei seiner Wichtigkeit! Allein der Gedanke, ihn, der einem eine Stunde Geduld abverlangte, eine Minute warten zu lassen, ist gänzlich undenkbar. Schließlich richtet er das Wort an die »Geduldigen« für einen entscheidenden winzigen Moment. Früher wären sie krankgesprochen worden, heute werden sie krankgeschrieben. Gleichzeitig wird auch ein Machtwort über die Krankheit gesprochen. Sie bekommt ihren (Zeit-)Raum und ihre Mittel, danach hat sie zu weichen. Mit der Krankschreibung setzt der Herr Doktor dem Patienten und seinem Symptom kraft seines Amtes eine Frist. Ist sie verstrichen, ist der Betroffene automatisch wieder gesundgeschrieben. Diese Drohung wird beurkundet (auf der Arbeitsunfähigkeitsbescheinigung), und mit einer zweiten Urkunde wird der Patient dann meist schnell wieder entlassen. Diese ist zweifach verschlüsselt, da einerseits die Schriftzeichen unleserlich, andererseits die Worte und Zeichen aus einer anderen Welt sind. Aber der ebenfalls weißgewandete und damit zur selben Zunft der Eingeweihten gehörende Apotheker entschlüsselt gekonnt das Rezept[16] und händigt die rettenden Tropfen oder Tabletten aus. Das Muster ist so alt wie wirksam.

Im Zentrum all diesen Zaubers haben die Ärzte ihre angesehene Position etabliert, der man ohne weiteres ansieht, wie besonders wichtig und letztlich entscheidend sie ist. Während eigentlich nur Gott über Leben und Tod entscheidet, hat sich hier eine Zunft ganz in seine Nähe manövriert. Betrachtet man all die Kriterien, die äußerlich einen Schamanen ausmachen, kommt immer auch ein Arzt dabei heraus. Die auffällige Tracht ist beiden gemeinsam und geht weit über Farben hinaus. Die hierarchischen Unterschiede sind bis in die Schnittmuster der Mäntel festgelegt. Zwar dürfen Schwestern inzwischen ihre Häubchen ablegen, aber wehe, sie zögen einen Mantel mit hohem Stehkragen an und versuchten sich so ein ärztliches Privileg anzumaßen. Richtige Schamanen werden kaum darauf verzichten, heilkräftige Amulette umzulegen. Ärzte tragen an dieser Stelle Stethoskope, die sie bei passender Gelegenheit dem Patienten aufs Herz oder andere wichtige Stellen *auflegen*. Schamanen bedienen sich häufig einer für die uneingeweihte Umwelt unverständlichen Sprache und vollziehen Ritualhandlungen, deren tiefere Bedeutung nur ihnen klar ist. In beidem stehen ihnen moderne Ärzte nicht nach. Die Würde der Heiler drückt sich häufig in einem Verhalten aus, das sich um weltliche Belange wenig kümmert. Sie können es sich leisten, die Patienten warten zu lassen und sie dem natürlichen Gefälle der Hierarchie entsprechend von oben herab zu behandeln. Mit den materiellen Gegebenheiten haben sie auf ihrer Stufe natürlich nichts zu tun, sie lassen Spenden einsammeln. Von diesen Möglichkeiten machen die Ärzte noch heute regen Gebrauch, in erster Linie bei den Patienten und ihren Kassen, in zweiter bei willigen Pharmafirmen. Und wie eh und je haben sie Helfer, die diese weniger würdevolle Aufgabe für sie übernehmen.[17] Schließlich werden sich Heiler auch mit magischen Zeichen umgeben, die Respekt erheischen, Uneingeweihte beeindrucken oder ihnen sogar Angst einflößen. In diesem Zusammenhang fällt der historisch gewachsene Bezug der Ärzte zur Schlange auf, jener Äskulapnatter, die sich gefährlich am gleichnamigen Stab hinaufwindet. Äskulap, der Ahnherr der Ärzte, hatte Macht über die Schlange und ihr Reich, die Polarität. Wahre Heiler zeichnet ihre Ausstrahlung aus, am sinnfälligsten verwirklicht in einem Strahlenkranz um den Kopf. In dieser Hinsicht können die modernen Ärzte nur Ersatz bieten. Es fällt aber doch auf, daß ihr Prototyp vielfach mit dem Augenspiegel der Hals-Nasen-Ohren-Ärzte dargestellt wird, der zumindest den Kranz imitiert und vorne an der Stirn noch ein strahlendes Sonnensymbol aufweist, jenen Spiegel, der neben den Lichtstrahlen vor allem auch die Aufmerksamkeit aller Uneingeweihten auf sich zieht.

Bei dieser ironisch klingenden Beschreibung vom Heiligen- bis zum Kranken*schein* mag der Eindruck entstehen, hier handle es sich um reformbedürftige Relikte ärztlichen Machtstrebens oder gar Größenwahns. Solche Einschätzung sieht aber nur die eine Seite der Medaille. Betrachtet man auch die andere, handelt es sich um die zentralen und nach wie vor wirksamen Muster einer Medizin, die selbst kaum noch weiß, warum sie funktioniert.

Krankheit ist immer auch Regression und bringt den Menschen ganz automatisch in eine Haltung des Ausgeliefertseins und der Ohnmacht. Die horizontale Körperhaltung rückt wieder einiges zurecht, das vorher offenbar leicht verrückt war: Nicht das Leben liegt uns zu Füßen, sondern wir dem Leben. Insofern macht jedwede Form von Krankheit ehrlich. Die Haltung der Demut in Verbindung mit der einkehrenden Ruhe und dem Zwang, sich dem Muster »Dein Wille geschehe!« zu fügen, hat heilende Wirkung. Krankheit erlaubt so, Urlaub zu nehmen von der anstrengendsten menschlichen Haltung überhaupt, dem »Mein Wille geschehe!«. Je bewußter das Eintauchen in das Ausgeliefertsein und der daraus im Idealfall folgenden Demut, desto wirksamer ist das Heilungsritual.

Insofern sind alle noch so gut gemeinten Versuche, dem Patienten zu Gleichberechtigung und Mündigkeit zu verhelfen, immer auch kontraproduktiv, gemessen an dem eigentlich heilenden Muster. Besonders deutlich wird das auf Privatstationen, wo die 1.-Klasse-Behandlung keineswegs bessere Heilungen ergibt. Es geht gerade nicht darum, daß der Patient in der Krankheitssituation fortfährt, seine bewährten Machtspiele und Ansprüche durchzudrücken. Was er braucht, ist die Möglichkeit, sich seiner grundsätzlich ausgelieferten Situation bewußt zu werden. Selbst die unbewußten modernen Krankenhausrituale verhelfen ihm dazu.

Wirklich gefährlich für seine Heilungschancen ist nicht die hierarchische Organisation der Klinik oder das dort zelebrierte Götterspiel, sondern die Allmachtsphantasien realitätsblinder Mediziner, die ihm suggerieren, *sie* hätten alles im Griff. In Wirklichkeit sind gerade diese Ärzte, auch bei noch so aufsehenerregenden Beiträgen zum Turmbau der Medizinwissenschaft, der wirklichen Spitze der Hierarchie, dem Heiligen, nie begegnet. Auch wenn sie heute mit Elfenbein bauen, teilen sie irgendwann das Schicksal ihrer ebenso emsigen Vorgänger an der Turmbaustelle zu Babel.

Der von wissenschaftlich denkenden Medizinern mit Argwohn betrachtete Placeboeffekt[18] und erst recht die »Droge Arzt« sind wesentliche Teile eines modernen Medizinrituals. Je besser Patienten in der Lage sind, wenigstens symbolisch in der Hierarchie die Herrschaft des Heiligen zu erkennen, desto größer sind ihre Heilungschancen. Der Arzt ist in diesem Fall Projektionsfläche für die Sehnsucht nach Führung und Leitung von höherer, ja höchster Stelle. Eine Medizin, die Gott bzw. das Prinzip der Einheit aus dem Spiel läßt, wird immer Ersatzgötter brauchen, oder Heilung wird ihr gänzlich entgleiten. Der Halbgott in Weiß ist nur eine Karikatur, aber immer noch besser als gar kein Gott. Selbst die naturwissenschaftliche Medizin, die versucht, ihr Handeln objektiv und frei von den Unwägbarkeiten der Seele zu halten, kann auf Gott nicht verzichten, bei ihr heißt er lediglich »Wissenschaft«. Für wissenschafts*gläubige* Menschen beinhaltet deshalb auch der Glaube an eine unfehlbare omnipotente Medizin eine Genesungschance. Durch die zur Wissenschaftsreligion gehörende Zweifelsucht ist das aber eine recht verzweifelte Möglichkeit zu gesunden.

4. Rituale der alten Medizin

Wie wirksam aus Ritualen geformte Felder im ärztlichen Bereich sind, zeigt die Medizin der Antike. Die damaligen Krankenhäuser waren die Tempel des Gottes Asklepios. Die Kranken und Hilfsbedürftigen machten sich von weither auf den Weg dorthin. Nach ihrer Ankunft wurden sie von Tempeldienern in vorbereitende Rituale der Einstimmung und Reinigung eingewiesen. Medizin in unserem heutigen Sinn fand nicht statt. Es wurden weder Operationen durchgeführt noch nach heutigem Verständnis wirksame Medikamente gegeben. Von den uns vertrauten Gebieten spielten lediglich Hygiene und Diätetik eine Rolle. Sie wurden damals allerdings viel umfassender verstanden als heutzutage.

Im Zentrum dieser Medizin stand der Asklepiostempel selbst als Raum. Durch viele Rituale war hier ein Feld entstanden, in dem Heilung geschehen konnte. Der Patient wurde wochenlang darauf vorbereitet, in der entscheidenden Nacht seines Aufenthaltes den

Tempelschlaf, die sogenannte Inkubation, zu erleben. In dieser besonderen Nacht, an dieser besonderen Stelle des Tempels legte er sich nieder, während die Atmosphäre durch entsprechendes Licht und Duftessenzen vorbereitet war, und schlief schließlich ein. Das Entscheidende geschah im Schlafzustand, nach dem Wort »Den Seinen gibt's der Herr im Schlaf«. Der Patient träumte die Lösung seines Problems. Entweder sah er sie in Bildern direkt vor sich, oder Asklepios erschien ihm und bedeutete ihm, wohin sein Weg führte.

Für unser modernes Verständnis klingt das naiv, und doch sollten wir uns klar machen, daß diese Medizin Erfolge hatte und Heilungen zu*wege* brachte. Nach unserem heutigen psychologischen Verständnis würden wir sagen, es wurde ein Raum geschaffen, in dem die Lösung aus dem Unbewußten aufsteigen konnte. Wenn man Heilung in einem tieferen Sinne versteht und nicht nur Reparatur darin sieht, braucht sich diese Medizin nicht hinter der heutigen zu verstecken. Im Gegenteil, sie hatte Bewußtsein für Prozesse, die wir gerade erst wiederentdecken. In dem Maße, wie wir lernen, uns der herrschenden Felder bewußt zu werden und mit ihnen umzugehen, werden wir auch wieder Respekt vor der antiken Medizin bekommen. Sie beruhte auf dem Wissen um Rituale.

Vieles spricht dafür, daß morphogenetische Felder die eigentlichen Strukturen darstellen, in denen sich Entwicklungen und auch Heilungen vollziehen. Selbst die große Entwicklung, die Evolution, läßt sich so stimmig erklären. Die Felder geben den Rahmen vor, in den hinein sich die Entwicklung vortastet. In einen bestimmten Rahmen passen aber nur ganz bestimmte Bilder, und so ist in der Evolution nicht alles möglich, sondern nur das, was in den vorgegebenen Rahmen paßt. Deshalb ist auch Heilung im Sinne vollständiger Wiederherstellung nicht in jedem Fall erreichbar, sondern nur, wenn sie in der Natur des Betroffenen angelegt bzw. in seinem Muster *vorgesehen* ist.[19] Heilung im Sinne der Er- bzw. Einlösung des eigenen Musters ist dagegen immer möglich.

5. Krankheit und Muster

Krankheitsbilder stellen Felder dar. Zu jedem Symptom gehört nicht nur seine körperliche Form, sondern auch ein Umfeld aus zugehörigen Verhaltensmustern und (Über-)Lebensstrategien. Im Krankheitsbild ist ein bestimmtes Maß an Energie zu einer festen Struktur geronnen, die tief im Unbewußten als Muster eingeritzt ist. Nur der Formaspekt reicht bis in die Sichtbarkeit hinauf, gleichsam wie die Spitze eines Eisberges. Sehr deutlich kann das am Beispiel der Süchte werden. Das eigentliche Problem sind hier nicht die körperlichen Symptome, die man im Entzug innerhalb von Tagen überwinden kann, sondern das zählebige Muster in der Tiefe, aus dem sich die Abhängigen nicht befreien können. All die gut gemeinten Therapien, die nicht bis auf die Ebene des zugrundeliegenden Musters vorstoßen, bringen langfristig wenig. Es ist eine Zeitfrage, wann das Muster die Betroffenen wieder in seinen Bann zieht. Gerade für die Suchtpatienten ist es von Bedeutung, sich klarzumachen, daß dieses Muster gar nicht geändert werden kann, daß die einzige Chance darin besteht, es in anderer Form zu leben.

Das formgebende Feld des Krankheitsbildes speist sich aus dem Muster in der Tiefe. Dieses ist einem Rahmen vergleichbar, der verschiedene Bilder zuläßt, die zu ihm passen, aber beileibe nicht alle. Der Rahmen legt das Prinzip fest, das sich in seinem Feld ausdrücken kann. Auf einem bestimmten Boden können beispielsweise verschiedene Pflanzen wachsen, aber nicht alle. Spargel, Kiefern und Palmen gedeihen gleichermaßen auf Sandboden, Tannen und Fichten dagegen nicht. Alle auf dem gleichen Boden gedeihenden Pflanzen müssen das Prinzip ihrer Basis widerspiegeln, beim Sand etwa das der Genügsamkeit.

Auf Krankheit übertragen heißt das: Eine Grundthematik wie beispielsweise ein Aggressionsproblem legt den Rahmen auf der Musterebene fest. An der Oberfläche kann es sich in scheinbar ganz unterschiedlichen Bildern ausformen, etwa in Allergien, Bluthochdruck, Gallensteinen oder Nägelbeißen. Damit ist aber erst die körperliche Ebene an der Oberfläche beschrieben. Auf der Ebene des Verhaltens gibt es ebenfalls eine Palette von Möglichkeiten, in denen sich dasselbe Muster ausdrücken kann. Häufige Wutanfälle, ein energievoller Umgang mit der eigenen Triebhaftigkeit oder offensive Annäherung an Schattenthemen wären solche Möglichkeiten. Auch auf der Ebene des Denkens könnte das Muster unterschiedliche Ausformungen annehmen: Aggressive Phantasien sexueller Art böten eine Möglichkeit, aber auch *radi*kales Denken schlechthin, das sich mit den Wurzeln einem prinzipiell dunklen Bereich zuwendet. Auf seelischer Ebene wären autoaggressive Gefühle eine Variante oder selbstzerfleischende Phantasien bis zu Depressionen, aber auch ein radikales Emotions- und Gefühlsleben.

Auf den verschiedenen Ebenen gibt es die verschiedensten Abbildungsmöglichkeiten, die jedoch alle im Rahmen der vom Grundmuster vorgegebenen Möglichkeiten bleiben. Erst genauere Untersuchung des Musters in der Tiefe spezifiziert die Thematik. Handelt es sich beispielsweise um Aggressionen, die sich an den dunklen »schmutzigen« Themen des Lebens entzünden, geraten die Allergien in die engere Wahl. Aber auch hier gibt es noch viele Möglichkeiten, die sich in der großen Zahl und reichen Symbolik der Allergene spiegeln.

Muster, die die Rahmenbedingungen festlegen, prägen unser Leben. Nach esoterischer Auffassung werden sie mit ins Leben gebracht, um im Lauf der Zeit erlebt zu werden. Selbsterkenntnis ist letztlich Bewußtmachung der Muster, Selbstverwirklichung ihr Annehmen und Erlösen. Das Arbeitsfeld der Selbsterkenntnis reicht folglich von den oberflächlichen Ebenen, Körper und Verhalten, bis zum göttlichen Wesenskern, dem Selbst. Das Gefangensein in unbewußten Mustern versperrt den Zugang zum wahren Wesen.

Der in »Krankheit als Weg« eingeschlagene Weg beginnt an der Oberfläche und schließt von den körperlich sicht- und spürbaren Symptombildern auf tiefere seelische Strukturen. Einen anderen, inzwischen generell akzeptierten Zugang zu den Mustern, liefert die Genetik.[20] Im genetischen Code der DNS ist die gesamte Information über uns enthalten. Hier sind nicht nur körperliche Rahmenbedingungen, sondern auch solche des Verhaltens festgelegt. Folglich müßten auch die Urmuster hier zu finden sein, allerdings ist die Forschung noch nicht soweit fortgeschritten.

Die Frage der Medizin »Erworben oder ererbt?« ist aus unserer Sicht müßig. Das Problem liegt in der scheinbaren Alternative, die sich bei grundsätzlicherer Betrachtung als Illusion entlarvt. Alles ist irgendwann einmal erworben worden, und alles ist im Muster festgelegt. Mit etwas Abstand betrachtet, verschwindet die Alternative. Bereits beim heutigen Wissensstand der Genetik ist mit der Empfängnis vieles festgelegt. Es ist ein ziemlich klarer Rahmen mit diesem Ereignis vorgegeben. So wird in jedem Fall ein Mensch aus der Befruchtung einer menschlichen Eizelle hervorgehen. Die Möglichkeiten Hund oder Känguruh sind in diesem Moment schon nicht mehr im vorgegebenen Rahmen enthalten. Auch wenn am Anfang äußerlich noch kein Unterschied zu einem werdenden Hund oder Känguruh besteht, sind die Würfel diesbezüglich gefallen. Das Muster ist da, und die Möglichkeiten, es zu erfahren, werden im Laufe des Lebens erworben. Im Rahmen des Vorgesehenen *fallen* sie einem mit der Zeit gesetzmäßig *zu*.

Eine andere Ebene, auf der Muster erkennbar werden, ist dieder Archetypen nach C.G. Jung. Ihnen nah verwandt sind die Urprinzipien, wie sie z.B. der Astrologie[21] zugrunde liegen. Die Urprinzipien sind lediglich sehr reine Archetypen. Während es nämlich sehr viele Archetypen gibt, arbeitet man meist nur mit sieben oder zehn[22], nach den Planeten benannten, Urprinzipien. Die Lernaufgaben, die der Mensch im Laufe seines Lebens zu bewältigen hat, sind in Mustern festgelegt. Die Muster wiederum bauen sich aus den Urprinzipien und ihren Beziehungen zueinander auf.

Es ist nicht zwingend, sich zum Verständnis der Krankheitsbilder-Deutung bis auf die Ebene der Urprinzipien zu begeben. Andererseits kann dieser Schritt, schwierig und faszinierend zugleich,vieles erleichtern, wie Erfahrungen in Krankheitsbilder-Seminaren gezeigt haben. Im Rahmen dieses Buches ist es lediglich möglich, einen Einblick in dieses Denken zu geben.[23]

6. Senkrechtes Denken und Urprinzipien

Nach unserem Weltverständnis gibt es horizontale und senkrechte Ebenen, die die Wirklichkeit durchziehen. Die Urprinzipien entsprechen senkrechten Ordnungsprinzipien, vergleichbar etwa den chemischen Elementen des Periodensystems. Da alles aus Elementen besteht, haben sie an den verschiedensten Erscheinungsformen Anteil. Kohle und Diamant bestehen beide aus Kohlenstoff und sind so durch dieses Element miteinander in einem »senkrechten« Sinn verbunden, obwohl sie auf der Erscheinungsebene wenig Ähnlichkeit aufweisen. Das Arbeiten mit »senkrechten Ebenen« ist eine Domäne der esoterischen Disziplinen, das Einordnen in die beschreibenden »waagrechten Ebenen« obliegt der Wissenschaft.

Folgende schematisierte Abbildung mag den unterschiedlichen Charakter beider Denkweisen an Hand eines kleinen Ausschnittes aus drei senkrechten und mehreren waagrechten Ketten veranschaulichen und dem Verständnis von Phänomenen wie Symptomverschiebung, -bearbeitung und -einlösung eine tiefere Basis geben.

URPRINZIP:	VENUS:	MARS:	SATURN:
PRINZIP:	Verbindung, Harmonie, Ausgleich	Energie	Konzentration, Verfestigung
SEELISCHE EBENE:	Liebe	Mut	Ausdauer
KÖRPER-EBENE:	Sinnlichkeit	Muskelkraft	Knochen
TYPISCHE TÄTIGKEIT:	Genießen, Essen	Kämpfen, Vorwärtsdrängen	Durchhalten
SOZIALES UMFELD:	Luxushotel, Freudenhaus	Arena, Sportplatz, Schlachtfeld	Gefängnis, Krankenhaus, Kloster
KÖRPERREGIONEN, -ORGANE:	Haut(Kontakt), Niere, Lippen	Muskel, Blut, Stirn, Penis	Haut(Grenze), Knie, Skelett
KRANKHEITSNEIGUNGEN:	Diabetes, Akne, Übergewicht	Verletzungen, akute Infektion	Steinbildung, Schuppenflechte, Arthrose
SPEISEN:	Süßigkeiten	Rohkost, Steak	Körner, Nüsse

»Waagrechtes« Denken in den gewohnten Kategorien liegt unserer wissenschaftlich orientierten Zeit viel näher, »senkrechtes« oder Analogiedenken mit Hilfe der Urprinzipien ist schwerer nachvollziehbar, weil es unserer gewohnten Logik trotzt. Lediglich in die Psychotherapie hat es Eingang gefunden. Die Welt der Psyche verhält sich weder logisch noch chronologisch, hier herrschen Synchronizität und Analogie, wie uns die Träume jeder Nacht zeigen.

Es ist noch gar nicht so lange her, daß alle Menschen dieses »psychische« Weltverständnis teilten. Aber auch der kleinere Teil der Menschheit, der dieses Weltbild verlassen hat und zu dem wir gehören, ist auf Grund der alten Wurzeln intuitiv und heimlich noch mehr damit verbunden, als er sich eingesteht. Die uralte Symbolik ist lebendig. Vielleicht schämen wir uns ihrer und denunzieren sie als Vorurteil und Aberglaube, doch wir hängen daran. Kaum eine der großen Zeitungen kann es sich leisten, auf Horoskope zu verzichten, und wieviel mehr Menschen lesen diese, als es zugeben würden.[24] Wir feiern noch immer Begräbnisse in Schwarz, obwohl wir dafür keinerlei vernünftige Erklärung haben. Wir sehen rot, wenn wir in Wut geraten, und nicht etwa gelb. Schwarz sehen wir, wenn wir ohne Hoffnung sind. Wenn wir jemanden für verrückt halten, zeigen wir ihm einen Vogel und keinen Esel, und wir tun das am Kopf und niemals am Knie. Das Knie steht für Demut und nicht für (verrückte) Ideen. Hartnäckigkeit sehen wir im Stiernacken symbolisiert, während uns der Schwanenhals für Eleganz und Arroganz steht. All diese und viele andere Zusammenhänge sind uns geläufig und entbehren doch jeder kausalen Erklärung. Sie entbehren der gängigen, nicht aber jeder Logik und beruhen statt dessen auf Analogik.

Krankheitsbilder sind Ausdruck von Mustern, die mit starken Wurzeln in der Matrix der Wirklichkeit verankert sind. Ihren abstraktesten Ausdruck finden sie im Muster der Urprinzipien und deren Beziehungen zueinander. Um Krankheitsbilder nachhaltig zu beeinflussen, genügt es nicht, an der Oberfläche kosmetische Veränderungen vorzunehmen. Ein Bild kann zudem niemals ersatzlos gestrichen werden, da das zugrundeliegende Muster nicht einfach verschwindet. Krankheitsbilder sind bestenfalls innerhalb ihres jeweiligen Rahmens austauschbar. Die Gefahr beim allopathischen Vorgehen der Schulmedizin, aber auch beim sogenannten positiven Denken liegt darin, auf oberflächlichen Ebenen das tiefergelegene Muster lediglich mit chemischen Medikamenten oder gutgemeinten Affirmationen zu überdecken.

Echte Heilung erfordert eine Alternative im Rahmen des vorgegebenen Musters. Einfach mit dem Gegenteil dagegenzu*halten*, verschafft zwar kurzfristig Erleichterung, eskaliert aber langfristig das Problem. Der Kampf macht das Bekämpfte ungewollt noch stärker, so daß mit der Zeit immer mächtigere Mauern dagegen errichtet werden müssen. Wer seinen Hautausschlag mit Cortison bekämpft, bekommt ihn zwar von der Haut weggezaubert, drängt die entsprechende Energie aber in die Tiefe, zumeist zur Lunge, unserem zweiten Kontaktorgan neben der Haut. Je mehr man auf der Haut den Ausschlag bekämpft, desto größer wird das Krankheitspotential in der Tiefe, es wächst gleichsam mit den Abwehrmaßnahmen. Prinzipiell Ähnliches geschieht, wenn man Traurigkeit mit fröhlichen Parolen bekämpft. Mit der oberflächlichen Schicht aus sogenannten positiven Affirmationen wächst das depressive Potential. Nach kurzfristigen Besserungen, fälschlich gern als Heilungen gedeutet, taucht das verdrängte Thema später an anderer Stelle wieder auf.

Krankheitssymptome können tatsächlich gegen seelische Inhalte oder Verhaltensmuster ausgetauscht werden, aber diese müssen in urprinzipieller Hinsicht stimmen, d. h., die Alternativen dürfen nicht vom Gegenpol stammen, sondern aus derselben Symbolkette. Sie müssen von ihrem urprinzipiellen Muster her möglichst ähnlich oder anders ausgedrückt homöopathisch sein. Um die Energie in ein anderes, aber entsprechendes Bildfeld lenken zu können, ist es daher notwendig, das Krankheitsbild zu durchschauen.

Da jedes Krankheitsbild den Betroffenen erst heil macht, kann er keines entbehren oder beliebig verändern. Ohne sein Symptom ist der Patient unheil und aus dem Gleichgewicht. Wird er allopathisch, also mit dem Gegenteil, behandelt, ist das mit Hilfe des Krankheitsbildes stabilisierte Gleichgewicht wieder gestört.

An einem Beispiel mag das klarer werden: Wer sich Kummerspeck* anfuttert, entwickelt ein Symptom, das den Zweck erfüllt, sein Gleichgewicht aufrecht zu erhalten. Im ganzen betrachtet ist das Übergewicht, das ihm eine gewisse Schutzschicht gegenüber seiner lieblosen Umwelt verleiht und ihm im Essen eine Ersatzbefriedigung ermöglicht, offensichtlich besser als etwa ein Selbstmord aus unbewältigtem Liebeskummer. Wenn man diesem Patienten nun allopathisch zu einer Nulldiät rät, bringt man ihn bezüglich seines Gleichgewichtes in Gefahr. Er verliert sein dickes Fell, ohne einen Ersatz für diese Schutzschicht und ohne eine andere Befriedigung zu bekommen. Vor allem erhält er nicht, was so dringend *not*wendig wäre, nämlich Liebe. Natürlich ist die Art der Liebe, die er sich in Form von Süßigkeiten zuführt und die so offensichtlich und ausschließlich durch den Magen geht, keine ideale Lösung, aber immerhin eine Bearbeitung des Themas. Über Süßigkeiten oder andere »gute Sachen« bekommt der Betroffene zwar nicht die Zuwendung, um die es eigentlich geht, aber immerhin eine Form von Zuwendung. Nulldiät bringt bezüglich seines Problems in diesem Fall gar nichts.

Ein homöopathischer Ansatz würde darauf zielen, dem Patienten etwas dem Essen vom Prinzip Ähnliches anzubieten. Auf der seelischen Ebene böte sich da sofort Liebe mit all ihren Entsprechungen im Sinne der Lustbefriedigung an. Der Patient müßte also wieder, wenn schon nicht einen Menschen, so doch wenigstens irgend etwas finden, was sein Bedürfnis nach Liebe befriedigt. Wenn er lernen würde, sich seine Eßlust bewußt zu machen und mit wirklichem Genuß zu essen, wäre das noch sinnvoller als totaler Verzicht. Un- oder halbbewußtes Naschen von Süßigkeiten ist lediglich eine Bearbeitung des Themas, obendrein auf eher ungeschickter Ebene. Die weitestgehende Einlösung wäre, sich selbst lieben zu lernen.

Der Mensch wird mit seinem Muster, das sich aus verschiedenen untergeordneten Mustern zusammensetzt, geboren. Es läßt sich in der genetischen Festlegung, in den Archetypen, im Horoskop, in den Krankheitsbildern oder auf anderen Projektionsebenen erkennen. Im Laufe des Lebens wird dieses Muster in seinen verschiedenen Aspekten aktuell. Niemand kann ihm entkommen, es muß erfüllt bzw. mit Leben gefüllt werden. Hat man z.B. durch Lebenserfahrungen oder Therapie Teile seiner Struktur erkannt und bis in die Tiefe durchschaut, werden Alternativen zur *Erfüllung* möglich. Dieser Austausch innerhalb der senkrechten Ebenen ist die Chance, die sich aus der Philosophie von »Krankheit als Weg« ergibt.

Krankheitsbilder entstehen, indem geistig-seelische Themen von der Bewußtseinsebene in den Körper rutschen. Umgekehrt lassen sich aus Krankheitsbildern auch wieder die geistig-seelischen Themen herausfiltern. Dabei erleichtert der Schritt zu den reinen Bildern der Urprinzipien anschließende Schritte auf andere Abbildungsebenen dieses Prinzips. Es ist vergleichbar der Situation beim Sprachenlernen. Will man Italienisch, Spanisch und Französisch lernen, ist es am einfachsten, zuerst Latein zu lernen. Von dieser gemeinsamen Basis gehen alle weiteren Schritte leichter.

Zähe Arbeit an der Partnerschaft statt Nierengrieß, wäre solch eine auf Urprinzipiendenken beruhende Therapieempfehlung. Die Niere untersteht dem Venusprinzip wie auch die Partnerschaft, Grieß bzw. Steine unterstehen dem Saturnprinzip, zu dem auch die zähe Arbeit zu rechnen ist. Der Nierengrieß symbolisiert auf der körperlichen Ebene den Sand im Getriebe der Partnerschaft. Die Betroffenen müssen sich mit beiden in die Körperlichkeit gerutschten Prinzipien auseinandersetzen, sie können lediglich die Ebene wählen.

Die aus diesem Denken folgenden Therapievorschläge sind herausfordernd, zwingen sie doch gerade das weggedrängte unangenehme Prinzip wieder an die Oberfläche des Bewußtseins. Wenn jemand keinen Widerstand gegen ein Thema hat, wird er es nicht in den Schatten drängen. Hat er das Thema aber gezwungen, sich als Problem zu verkörpern, werden ihm auch die seelischen Entsprechungen unangenehm sein. Sind sie es nicht, ist Vorsicht geboten. Der Verdacht liegt nahe, daß die Entsprechungen nicht stimmen.

Auf der Basis der Urprinzipien ergeben sich auch die Be-Deutungen der Organe und Körperbereiche leichter. Daß der Hals mit Einverleiben zu tun hat, ergibt sich noch sehr direkt aus seiner Funktion und den entsprechenden sprachlichen Hinweisen wie Geizkragen oder Gier- und Geizhals. Daß das Knie mit Demut verbunden ist, läßt sich aus den Funktionen des Kniebeugens und Kniens herauslesen, daß aber die Niere mit Partnerschaft verbunden ist, ergibt sich leichter und schneller aus der Kenntnis der Urprinzipien. Es kann auch aus der Nierenfunktion abgeleitet werden, dazu aber ist bereits einiges an medizinischem Verständnis nötig.

7. Krankheit als Ritual

Krankheit ist die problematische Verkörperung eines Musters. Der Patient wird dadurch gezwungen, dieses Muster, das ihm widerstrebt und das er bewußt nicht akzeptiert, zu (er)leben. Das bewußte Durchleben eines Musters ist ein Ritual. Ein Krankheitsgeschehen ist folglich ein unbewußtes bzw. in den Schatten gesunkenes Ritual. Der erste Schritt zur Heilung ist das Zurückholen dieses Rituals insBewußtsein. Eine wesentliche Hilfe dabei ist, das, was einem das Krankheitsbild sowieso aufzwingt, bewußt und freiwillig zu tun. Im Beispiel vom Kummerspeck hieße das z.B., *bewußt* zu naschen. Während man sich wach und aufmerksam all das Süße oder Gute einverleibt, wird ein Gefühl für den damit einhergehenden Genuß entstehen. So könnte sich ein Naschritual ergeben, das Spaß macht und Genuß vermittelt. Wichtig ist dabei, kein schlechtes Gewissen aufkommen zu lassen. Das schlechte Gewissen kommt vom allopathischen Pol und kann in diesem Fall nur schaden.

Beginnt man, anstatt sich mit schlechtem Gewissen vollzustopfen, bewußte Genußrituale, läßt der Druck des Symptoms bereits nach. Zum einen wird man sich bei bewußtem Genuß gar nicht mehr soviel einverleiben müssen; zum anderen kann man die daraus resultierenden Gewichtspolster besser akzeptieren. Man weiß nun, was man dafür bekommen hat. Taucht man in die Genußkette ein, werden sich auch andere Genußebenen wie von selbst erschließen. Im Reich der Venus gibt es neben der Eßlust weitere ansprechende Möglichkeiten. Der Genuß über andere Sinne entlastet bereits den überladenen Magen, ohne das Thema Sinnlichkeit brach liegen zu lassen. Genuß über die Augen, die Ohren, die Nase und die Haut erfüllt mehr oder weniger das gleiche Muster. Die Haut als Organ der Venus wird diesem Bereich neben dem Geschmack allerdings am besten gerecht. Folglich wäre sinnlicher Hautgenuß die stimmigste Alternative zum Futtern. Küssen etwa kann das Lutschen von Süßigkeiten sehr stimmig vertreten, geht hier doch der Genuß sogar von derselben Schleimhaut aus. Streicheln wird das Gefühl vermitteln, daß einem Gutes widerfährt, ähnlich wie man sich nach einem guten Essen wohlig über den Bauch streichen mag.

Aus dem unbewußten Muster des Krankheitsbildes ein bewußtes Ritual zu machen, ist der erste Schritt. Der nächste zielt darauf, von den leidvollen Bearbeitungs- auf entwicklungsträchtigere Einlösungsebenen zu wechseln. Das fällt um so leichter, je besser diese in das Muster bzw. unter das betroffene Urprinzip passen. Das Muster läßt sich nicht verändern, wohl aber die Ebene seiner **Bearbeitung** oder **Einlösung**.

Zwischen diesen beiden Begriffen liegt eine erhebliche Kluft. Die

Be*arbeit*ung ist vor allem Arbeit, die Ein*lösung* hat den Vorteil der Lösung auf ihrer Seite. Im vorhergehenden Beispiel des Kummerspecks wäre etwa ein Massageprogramm, das man sich gönnt, um den Forderungen des Venusprinzips gerecht zu werden, Bearbeitung des Themas, in diesem Fall natürlich eine genußvolle. Anstrengende oder schmerzhafte Massagearten würden dem Venusischen nicht gerecht. Liebe, die Körper, Seele und Geist einschließt, wäre dagegen eine Einlösung und sogar Erlösung des Themas.

Einlösungen sind nicht zweckorientiert, sie geschehen nicht, um etwas zu erreichen, sondern aus einem inneren Bedürfnis heraus und betreffen den Menschen in seiner Ganzheit. Darüber hinaus erfüllen sie das Prinzip auf umfassende und grundlegende Art. Bewußtes Bearbeiten ist der Gefahr ausgesetzt, nur einzelne Bereiche abzudecken. Die Massage betrifft ebenso wie das Naschen nur die Ebene körperlichen Genusses. Unbewußte Bearbeitung kann allerdings auch den ganzen Menschen einbeziehen, doch wird sie das Thema auf weniger tiefe Art und Weise berühren.

Hat jemand ein ihm nicht bewußtes Problem mit dem Urprinzip Mars, kann er seine Aggression z.B. als *Schlachten*bummler in Fußballarenen bearbeiten. Aber selbst wenn er mit Leib und Seele dabei ist, läßt sich das Thema durch Brüllen kämpferischer Parolen nicht erlösen. Wer dagegen sein Thema bewußt bearbeitet, hat den Vorteil, es zu kennen. Wenn er sich z.B. zur Ausübung einer Kampfsportart entschließt, um seiner Aggression ein Ventil zu schaffen, ist das sinnvoll, die Gefahr ist allerdings, daß er nur mit dem Leib, nicht aber mit der Seele dabei ist. Eine Einlösung wäre, wenn er sich hinreißen ließe, sein Leben *in Angriff* zu nehmen, sich mutig mit den anstehenden Aufgaben kon*front*ieren und beherzt drauflosleben würde.

Zu einem Ritual gehört Bewußtheit auf allen beteiligten Ebenen. Rituale sind zudem umso wirksamer, je mehr Ebenen sie einbeziehen. Hieraus ergibt sich auch die oft relativ geringe Wirksamkeit von Krankheit zur Einlösung eines Themas.[25] Symptome führen meist nur zur Bearbeitung, da die geistig-seelische Bewußtheit fehlt. Bringt man diese ins Symptom hinein und macht aus der Krankheitssymptomatik ein bewußtes, alle beteiligten Ebenen umfassendes Ritual, rückt die Chance näher, das Thema zu erlösen.

Das ist auch der Schlüssel, um aus Bearbeitungsversuchen doch noch Einlösungen zu machen. In obigem Beispiel wäre es möglich, sich der gewählten Kampfsportart so bewußt hinzugeben, daß sie auch Geist und Seele erfaßt und zur Kampfkunst wird, die aus ihrer Philosophie lebend das ganze Leben von der Oberfläche bis zu den Wurzeln erfaßt. So wird wie von selbst eine Offenheit gegenüber dem Thema »Aggression« wachsen, die der marsischen Energie auch in anderen Lebensbereichen Bahn *bricht* und dazu führt, daß der Betroffene es wagt, mutig zu leben. Wo Krankheitsbilder anregen, dem Leben rituellen Charakter zu geben, tragen sie nicht nur zur Selbsterkenntnis, sondern auch zur Selbstverwirklichung bei, ist doch das Ziel des Entwicklungsweges, das ganze Leben zu einem bewußten Ritual zu machen.

III. Praktische Hinweise zur Krankheitsbilder-Bearbeitung

1. Unser Wort*schatz*

Im Zentrum der Deutung steht die Körper- und insbesondere die Symptomsprache. Da alle Menschen Symptome haben, ist es die mit weitem Abstand verbreitetste Sprache auf dieser Erde. Obwohl von jedermann perfekt gesprochen, wird sie bewußt nur von wenigen verstanden. Je intellektueller die Menschen sind, desto geringer ist im allgemeinen ihr verbliebenes intuitives Verständnis dieser Ausdrucksweise. So kommt es, daß uns die sogenannten primitiven Völker diesbezüglich weit voraus sind, wie auch Kinder ihren Eltern überlegen sind.

Neben der Körpersprache kann auch die verbale Sprache sehr dienlich sein. Denn nicht nur der Körper spricht, die Sprache ist auch körperlich. Eine Fülle von psychosomatischen Ausdrücken wirft *deut*liches Licht auf Körper und Seele. Ein verstockter Mensch steckt nicht voller Blutgerinnsel, sondern sein Lebensfluß ist im übertragenen Sinn ins Stocken geraten, ein Verbissener setzt weder seine konkreten Zähne ein, noch verläßt ein Hartnäckiger sich auf starre Nackenmuskeln. Erst wenn solch innere Haltungen ihrem Besitzer nicht mehr bewußt sind, neigen sie zur Verkörperung. So ist es wenig erstaunlich, daß unser Körper nicht nur auf Be*hand*lung *anspricht*, sondern auch auf Be-Deutung.

Noch deutlicher als die Hochsprache bringt die Mundart entsprechende Zusammenhänge zum Ausdruck, besonders dort, wo sie derb und weniger gesellschaftsfähig ist. Auch Redewendungen und Sprichworte enthüllen oft tiefes Wissen um die Zusammenhänge von Körper und Seele. Daß die Liebe durch den Magen geht, wußte das Sprichwort lange, bevor die Psychologie belegen konnte, daß das Kind an der mütterlichen Brust mehr als Kalorien bekommt.

Ausdrücke wie »Kummerspeck« und »Bratkartoffelverhältnis« verraten, daß Liebe auch später noch auf die kindliche Ebene regredieren kann.

Die Weisheit der Sprache ist viel verläßlicher, als wir gemeinhin annehmen. Krankheitsbilder *sprechen* im wahrsten Sinne des Wortes auf Be*hand*lung an. Ein Wort wie *Kränk*ung verrät längst, was aufwendige psychosomatische Studien erst beweisen mußten, daß nämlich Kränkungen auf die Dauer krank machen.

Die wesentlichste Erkenntnishilfe von seiten der Körpersprache entspringt ihrer Ehrlichkeit. Diese geht weiter als oft angenehm ist, weshalb moderne Menschen von Kosmetik über Bräunungskuren bis zu chirurgischen Interventionen nichts unversucht lassen, um den allzu ehrlichen Eindruck ihrer Haut zu überarbeiten. »Eine ehrliche Haut« ist deshalb zu einem Ausdruck für leichtgläubige, unbedarfte Menschen geworden, die alle Gefühlslagen »oberflächlich« und ehrlich auf ihrer Haut *zu Markte tragen.* In der Psychotherapie nutzen wir diesen ehrlichen Weg und kommunizieren in schwierigen Phasen mit der Haut bzw. dem Hautwiderstand des Patienten. Der ehrlichen Haut sind alle Versteck- und Verstellspiele, die ihr Besitzer entwikkelt haben mag, fremd.

2. Mythos und Märchen

Gute Hilfe bei der Deutung können Bilder aus dem Bereich der Mythologie leisten oder Lebensbilder herausragender Persönlichkeiten, die zum Mythos wurden, sofern sie Ähnlichkeiten mit dem eigenen Muster aufweisen. Auch Märchen konfrontieren mit archetypischen Motiven, die nicht selten in modernen Gewändern in der eigenen Lebensinszenierung auftauchen. Solch zeitlose Muster, wie sie sich oft auch in der Dichtung finden, sind nichts anderes als verdichtete Essenz von Lebenserfahrung. Eines der Ziele der Reinkarnationstherapie ist es, nach solchen Mustern zu fahnden und den eigenen Mythos daran bewußt zu machen. Für die Deutung der Krankheitsbilder ist es ebenfalls förderlich, sich über den eigenen Lebensmythos klarzuwerden und herauszufinden, welche Rolle das Krankheitsmuster in ihm spielt.

Jeder Mensch hat auch sein Märchen, gleichgültig, ob er bewußt in dessen Bildern träumt oder nicht. Dieses Märchen aufzudecken, kann eine wesentliche Hilfe auf dem Weg zur Deutung des Krankheitsmusters sein, wie auch zur Erfassung der Bedeutung des ganzen Lebensmusters. An Hand der Märchen läßt sich darüber hinaus das Schichtenmodell der Muster verstehen. Die Königs- und Zaubermärchen, wie sie von den Brüdern Grimm gesammelt wurden, bilden im wesentlichen ein großes Muster ab, den Weg der Seele zur Vollkommenheit. Der Held muß sich von zu Hause losreißen, was ihm manchmal durch garstige Stiefmütter und äußere Not erleichtert wird. Anschließend hat er die Prüfungen des Lebens in der Welt zu bestehen, bevor er endlich seine andere Hälfte findet, sich mit ihr in der chymischen Hochzeit[26] verbindet und unsterblich wird. Dieses Grundmuster ist den meisten Märchen gemeinsam und bildet den allen Menschen gemeinsamen Seelenweg ab. Die Bedeutung der vielen Märchen liegt in den vielen verschiedenen individuelleren Archetypen, die sich dem Grundmuster überlagern und persönlichere Lebenswege abbilden.

3. Erkenntnisweg über den Gegenpol

Der Behandlungsweg über den Gegenpol, wie er in der Allopathie versucht wird, kann langfristig nicht zur Lösung einer Problematik führen, wenn er auch kurzfristig Zeitgewinn bringen mag. Beim Deuten hat es sich dagegen als hilfreich erwiesen, einen Blick auf den Gegenpol, das andere Extrem, zu werfen. Die Gegensätze sind sich viel näher, als unsere gewöhnliche Betrachtungsweise wahrhaben will. Wieder kann uns die Volksweisheit Hinweise geben, geht sie doch z.B. davon aus, daß die »Psychiater spinnen«, während sie in der bürgerlichen Idealvorstellung gerade die geistig gesündesten Menschen sein sollten. Bedenkt man, daß ein Psychiater freiwillig sein halbes Leben in einer Nervenheilanstalt verbringt, dürfte die Volksweisheit eher recht haben. Ein Mensch braucht eine enorme Faszination für die Irrwege der Seele, um diesen Beruf zu wählen. Wo aber sollte diese Vorliebe herkommen, wenn nicht aus der eigenen Betroffenheit. Das ist kein

Nachteil, sondern der eigentliche Garant für das Einfühlungsvermögen des Seelenarztes.

Deshalb ist es auch nicht erstaunlich, wenn Ärzte hypochondrische Züge aufweisen. Sie verbringen freiwillig das halbe Leben im Krankenhaus oder in einer Praxis. Sie tun es, genau wie andere Leute, weil sie Angst haben, krank zu sein und sterben zu müssen. Es ist geradezu ein Glück, daß die Motivation zum Arztberuf aus dem Wunsch erwächst, mit der Krankheit in dieser Welt und vor allem der eigenen fertig zu werden. So wird auch unter schwierigen Bedingungen das Engagement nicht erlahmen.

Auch andere Berufsmuster zeigen diesen auf den ersten Blick erstaunlichen Einklang gegensätzlicher Positionen. Würde der Kriminalist nicht genauso kriminell denken wie der Kriminelle, könnte er ihn niemals erwischen. Wäre dem Missionar Gott im Herzen begegnet, müßte er ihn nicht anderen Menschen verbissen einbleuen. Er ist in seinem tiefsten Herzen ein Ungläubiger und versucht sich selbst zu bekehren, indem er andere bekehrt.

Bezogen auf Krankheitsbilder gleichen sich die gegensätzlichen Positionen ebenso. Es geht um ein und dasselbe Thema genau wie bei Kriminalist und Kriminellem. Die Verstopften* und die Durchfallpatienten* bearbeiten über ihren Darm die Thematik Loslassen-Festhalten. Leidet man unter Bluthochdruck*, können einem Patienten mit niedrigem Druck* einiges über das eigene Problem ver*deut*lichen. In beiden Fällen steht die Frage, welchen Raum die eigene Lebenskraft einnimmt, im Mittelpunkt.

Noch offensichtlicher wird das, in diesem Fall kämpferisch, geteilte Thema bei Alkoholiker und Abstinenzler.[27] Der eine greift gierig nach jedem Glas, der andere geißelt jeden, der es tut. Beider Leben kreist um ein Thema: Alkohol. Was seine geistig-seelische Gesundheit angeht, ist der Abstinenzler auch ähnlich gefährdet. Der Alkoholiker sieht zwar häufig die Schuld für seine Misere bei anderen, im allgemeinen ist ihm aber noch Bewußtsein für seine ungesunde Situation zu vermitteln. Diesbezüglich macht es der Abstinenzler sich und seiner Umwelt schwerer. Er steckt meist so tief in der Projektion, ist so überzeugt von der Schuld der anderen, daß er sein eigenes Problem gar nicht mehr erkennen kann. In hehre Theorien von der Rettung der Menschheit vor dem Laster oder ähnlichem verstiegen, kann er den eigenen Extremismus nicht mehr sehen.

An diesem letzten Beispiel mag deutlich werden, daß jede extreme Ladung bezüglich eines beliebigen Themas verdächtig ist. Meist liegt gerade hier, wo es am wenigsten vermutet wird, der Gegenpol recht nahe.

IV. Zusammenfassung

1. Ausgangspunkte

1. Es geht in keiner Weise um Be-*Wertung*, sondern um Be-*Deutung*.
2. Jeder hat Symptome, weil alles Leben in der Polarität abgesondert von der Einheit und damit unheil ist.
3. Jedes Symptom ist Ausdruck eines Fehlers, da es etwas zur Ganzheit *Fehlendes* zeigt.
4. Nichts kann endgültig verschwinden, weshalb in jedem Fall nur Symptomverschiebung möglich ist; entweder horizontal auf einer Ebene (z.B. im Körper) oder vertikal zwischen verschiedenen Ebenen (Körper und Seele bzw. Geist).
5. Form und Inhalt entsprechen Körper und Seele und gehören zusammen. Die Form (das Körperliche) ist der notwendige Kontaktpunkt zum Inhalt (Seelischen), so wie die Bühne die Kontaktstelle zum Inhalt des Theaterstückes ist.
6. Es gibt letztlich keine Ursachen. Wo wir doch auf sie angewiesen sind, um uns der Wirklichkeit gedanklich anzunähern, ist es sinnvoll, von den klassischen vier Ursachen der Antike auszugehen: Causa efficiens (aus der Vergangenheit wirkend), Causa finalis (Zielursache), Causa formalis (Musterursache), Causa materialis (Materialursache bzw. materielle Basis).
7. Die Wirklichkeit besteht aus Symmetrieebenen. Analoges Denken entspricht diesen eher als kausales.
8. Der Zusammenhang aller Ebenen ist synchron und nicht kausal, auch nicht im üblichen Sinn logisch, sondern analog(isch).
9. Rituale formen das Grundgerüst menschlichen Zusammenlebens, entweder bewußt oder unbewußt als Schattenmuster.
10. Krankheitsbilder sind Schattenrituale, die den Menschen im Gleichgewicht halten und durch bewußte Rituale desselben urprinzipiellen Musters ersetzt werden können.

2. Richtlinien und Grundsatzfragen

Die vier »Ursachen« können beitragen, das Ritual zu entschlüsseln, zu dem das Symptom zwingt. Dazu ist das Feld, in dem der Betroffene lebt, zu erspüren. Die Ursachenfragen wären:

1. Woher kommt das Symptom? Was ist seine funktionale Basis?
Antwort für das Beispiel »Grippe«: Situation vor zwei Tagen, wo sich der Betroffene erkältete bzw. Grippe-Viren *aufschnappte.*
2. Auf welcher materiellen Basis läuft das Krankheitsbild ab und was sagt das betroffene Organ aus?
Beispiel: Organe des Nasenrachenraumes und die Sinnesorgane. Es geht um Austausch und Kontaktaufnahme mit der Außenwelt.
3. In welchem Rahmen breitet sich das Symptom aus? Was sind seine Spielregeln?
Beispiel: Man will nicht mehr aufmachen, sich nicht mehr für die jeweilige Situation erwärmen, hat die Nase voll, will nichts mehr hören und sehen. Der Außenkontakt wird verweigert bzw. nur noch aggressiv hergestellt. Man hustet (den anderen etwas), niest, schnaubt und spuckt.
4. Worauf zielt das Symptom? Wohin will es den Betroffenen bringen?
Beispielantwort: Er soll sich eingestehen, daß er *genug hat* und Aggressionen loswerden will.

Der »normale« Erkältungsverlauf zeigt das Ritual, das sich über die einzelnen Symptome sein Lebensrecht erzwingt. Der Akt des Sich-Verschließens wird auf der Körperbühne inszeniert: Die Sinnesorgane und die Atem- bzw. Kommunikationswege werden blockiert, die angestauten Aggressionen körperlich ausgelebt. Diese Signale erkennt die Umwelt an und entläßt die Betroffenen hustend und keuchend nach Hause. Es läuft ein kriegerisches Rückzugsritual ab, wobei der Krieg besonders im Gewebe tobt, der Rückzug vor allem im sozialen Umfeld vonstatten geht. Das Ritual sieht vor, daß die Erkälteten nun nicht mehr angegriffen werden, sondern sich geordnet zurückziehen können. Erkennen die Mitspieler nicht sofort die Zeichen, setzen sich die Betroffenen in freundlicher Direktheit durch: »Kommt mir nicht zu nahe, ich bin erkältet!« Wie notwendig dieses Ritual ist, geben Erkältete in aller Harmlosigkeit zu, wenn sie gestehen, daß sie sich *die Grippe geholt* haben. Natürlich holt man sich nur Dinge, die man braucht.

Fragen nach dem Krankheitsritual und seinem Rahmen:
1. Womit habe gerade ich mir dieses Problem eingehandelt?
2. Warum passiert es gerade jetzt? Bei chronischen Prozessen: Wann hat es mich zum ersten Mal getroffen? Wann besonders intensiv?
3. Warum (be)trifft mich gerade dieses Bild?
4. Welches wiederkehrende Muster meines Lebens deutet sich in dem Krankheitsritual an?

3. Krankheit als Chance

Krankheitsbilder lassen sich jeweils unter einem Doppelaspekt betrachten. Zuerst einmal machen sie ehrlich und zeigen uns, was wir bisher nicht wahrhaben wollten. Eine Lähmung mag dem Betroffenen z.B. andeuten, wie lahm und unbeweglich er im seelisch-geistigen Bereich (geworden) ist. Zum zweiten hat jedes Krankheitsbild Sinn und enthüllt eine Aufgabe. Die Lähmung könnte etwa verraten, daß es gilt, die bewußte Kontrolle zu lockern und sich der Ruhe hinzugeben. Nach dem Grundsatz »Krankheit macht ehrlich« wird die unerlöste, nach »Krankheit zeigt die Aufgabe« die erlöste Ebene des Musters deutlich.

Unter dem ersten Gesichtspunkt kommt ein leidvolles Muster zum Vorschein und ein Krankheitsablauf, dem die Bewußtheit fehlt. Das Annehmen dieses Musters und seiner Botschaft kann auf die zweite Ebene führen und aus der leidvollen Erfahrung ein Ritual machen, das Wachstum ermöglicht.

Ein Unbeteiligter kann von außen nie sicher beurteilen, auf welcher Ebene und in welcher Phase Betroffene gerade sind. Eine zur Schau gestellte leibliche Überfülle wird häufig die Kompensation mangelnder innerer Erfüllung sein nach dem Motto: »außen statt innen«. Sie könnte aber auch, »wie innen so außen«, die innere Erfüllung spiegeln. Mag letzteres auch seltener sein, ist es doch möglich. Bei Buddha wären wir geneigt anzunehmen, daß die äußere Fülle der eigenen Polster, auf denen er ruht, Ausdruck der inneren

Erfüllung ist. Und immerhin geht der Buddhismus davon aus, daß jeder Mensch in sich die Buddhanatur trägt. Dies als nochmaliger Hinweis, nicht durch Wertung ein Mittel zur Schuldenkrämerei verkommen zu lassen, das eigentlich ein wundervolles Werkzeug der Selbsterkenntnis ist.

TEIL II

I. Kopf-Fuß-Schema

Klassischerweise unterteilt die Medizin den Organismus in Funktionseinheiten, für die jeweils ein Facharzt zuständig ist. So ist der Gastroenterologe auf den Magen-Darm-Trakt, der Nephrologe auf die Nieren und der Neurologe auf die Nerven spezialisiert. Der Patient erlebt den Organismus dagegen eher als Einheit. Für seine Sichtweise spricht einiges, denn die Funktionseinheiten lassen sich strenggenommen nicht trennen, zu sehr hängt alles mit allem zusammen. Nerven und Blutgfäße gibt es fast überall im Körper und die einzelnen Organe wie Leber oder Nieren sind jeweils für den ganzen Organismus zuständig. Die *verbindliche* Sichtweise liegt dem Laien schon deshalb näher, weil er seine Beschwerden als Störung des Gesamtbefindens erlebt. Oft kann er lediglich vage wahrnehmen, von welcher Region die Störung ausgeht. Sowohl Einteilungen nach Funktionskreisen als auch nach Regionen haben Vorteile, für die ganzheitliche Einschätzung von Krankheitsbildern hat sich jedoch die regionale Betrachtung mehr bewährt. Deuten wir das Krankheitsbild ausgehend von seiner Region, beginnen wir mit seiner Basis bzw. der Bühne, auf der sich das geistig-seelische Drama verkörpert. Bei der Lungenentzündung zeigt die Lunge die Ebene, auf der sich der Konflikt abspielt. Beim Lungenemphysem ist dieselbe Ebene der Kommunikation betroffen, aber mit der Überblähung der Lungenbläschen und der Ausbildung eines sogenannten Faßthorax spielt ein anderes Stück auf dieser Bühne. Ganz verschiedene Probleme können so ausgehend von derselben Region eine gemeinsame Basis haben.

Um diese *deut*lich zu machen, wird von oben nach unten fortschreitend vor den spezifischen Problemen jeweils zuerst die betroffene Region abgehandelt. Die dabei auftauchenden Krankheitsbilder werden entsprechend ihrer Bedeutung und Häufigkeit gedeutet, soweit dies nicht schon früher geschehen ist.

Verschiedene Kulturen haben die Zentren des Körpers und ihre Beziehungen zueinander auf ihre jeweilige Art verstanden und bezeichnet. Was die Chinesen als Meridiane beschrieben, nannten die Inder Nadis. Auch viele archaische Völker entwickelten ein beeindruckendes Wissen um die energetischen Verbindungswege des Körpers. Orte konzentrierter Energie, wie sie im indischen Kulturkreis als Chakren bekannt sind, werden in verschiedenen Traditionen erwähnt. Im Osten geht man von sieben solcher Hauptchakren aus. Die beiden obersten finden sich im Kopf, die beiden untersten im Becken, das dritte liegt am Übergang vom Becken- zum Bauchbereich, das fünfte im Übergangsbereich des Halses, das mittlere vierte ist das Herzchakra. Somit ergeben sich in energetischer Hinsicht drei Schwerpunkte im Organismus: der Kopf als Gegenpol des Beckens, in der Mitte dazwischen die Brust mit dem Herzraum. Während sich das Wissen um diese drei Hauptzentren praktisch überall auf der Welt findet, werden die Schwerpunkte ganz unterschiedlich gesetzt. Die germanischen Völker des Nordens lernten im Laufe ihrer Entwicklung den Kopf betonen, während mediterrane Völker mehr aus dem Herzen leben und die vom Untergang bedrohten indianischen Kulturen sich auf ihr Bauchgefühl verließen. Gemessen am Erfolg anderer Kulturen waren sie damit ziemlich *verlassen.* Gestützt auf ihre Intuition konnten sie weder den heißblütigen mediterranen Völkern aus Spanien und Portugal noch der aggressiven Ratio der nördlichen Kulturen standhalten.

Während am Anfang der für uns erkennbaren Geschichte die Menschen aus dem Bauchgefühl und ihren Instinkten in enger Beziehung zu Mutter Erde lebten, rückte mit der spanisch-portugiesischen Weltherrschaft das Herzzentrum in den Mittelpunkt, um schließlich von der intellektuellen Macht des Kopfes abgelöst zu werden. Als oberste Körperinstanz lernte der Kopf im Laufe der Geschichte, die beiden anderen Zentren zu dominieren. Die kopfbetonten Kulturen haben sich die Erde untertan gemacht. Was aber in der Welt geschah, ereignete sich parallel auch in Körper und Seele. Der Kopf unterwarf Herz und Bauch und begann eine gnadenlose Vernunftherrschaft. Er verfügt mit Augen, Ohren, Nase und Geschmacksknospen über ein annähernd absolutes Informationsmonopol[28] und zusätzlich mit dem Gehirn über das Zentrum, diese Informationsflut in seinem Sinne zu verwalten. Seit der Homo erectus *den Kopf hoch trug,* hatte er nicht nur die Vorderbeine zur Durchsetzung seiner Interessen frei, er konnte auch sein Gehirn zum Großhirn ausbauen. Dieses wurde in der Folge zur entscheidenden Großmacht im Körperhaus, die sich aufschwang, alle anderen Organe zu dominieren und zu domestizieren. »Der Fuß muß (sprichwörtlich) gehen, wohin der Kopf will.« Als Ort solcher Machtkonzentration wurde der Kopf zum Haupt und Oberhaupt, zur *Haupt*sache im Leben. Wie die Hauptstadt eines zentralistischen Landes regiert er die Körperprovinzen. Begriffe wie *Häupt*ling und (Landes-)*Haupt*mann belegen es. Auch der *Kapit*än (von lat. caput = das Haupt), der das Schiff, und das *Kapit*al, das die Welt regiert, belegen, wer Herr im Haus bzw. in der Welt ist. Die Römer beherrschten ihr Weltreich vom *Kapit*ol aus und die Amerikaner regieren große Teile der Welt aus ihrer Hauptstadt Washington, die sie »capital« nennen.

Auf Fleiß (lat. industria = Fleiß) und Vernunft bauend, erlaubten die Menschen der Industriekulturen dem Kopf zusätzlich, sein Monopol über die Sinnesorgane zu nutzen, um deren Beziehung zur Sinnlichkeit zu unterbinden. Der ursprünglich dominierende, u.a. für die Aufnahme des Aromas der Speisen zuständige Geruchssinn, wurde von der ersten Stelle verbannt. Ihm liegt der sinnliche Genuß besonders nahe, und so verlor er an Bedeutung. Heute zeugt noch das große alte Riechhirn, das inzwischen als limbisches System mit der Gefühlsverarbeitung zu tun hat, von dieser Vergangenheit. Auch das Gehör mußte zurücktreten gegenüber den Augen, die mit der Aufrichtung auf die Hinterbeine von allen Sinnesorganen an die höchste Stelle rückten und vom gewonnenen Überblick als einzige profitierten. Die anderen Sinne erlitten dadurch eher Nachteile, entfernten sie sich doch von ihren Informationsquellen. Die Augen aber entdeckten nun eine Flut von weitreichenden Informationen, über deren Verarbeitung ihr sinnlicher Aspekt zunehmend zurücktrat.

Der Zustand, in dem sich die untertan gemachte Erde heute befindet, ist ebenso erschütternd wie derjenige der meisten untertan gemachten Körper und verweist darauf, daß die einseitige Herrschaft des Kopfes eine Sackgasse sein könnte. Trotz der hochentwickelten Intelligenz des Oberhauptes wachsen die Probleme schneller als die Lösungen, zumal Be*sinn*ung nicht zu seinen Stärken zählt.

Sinnliche Menschen sind offener für die Regungen des Herzens, die wiederum die Alleinherrschaft des Kopfes bedrohen. Im Zustand der Verliebtheit etwa muß der kühle Kopf hilflos zusehen, wie das heiße Herz die Macht übernimmt. Er kann solches nicht fair einstekken und beginnt sofort, Schuld zu verteilen, indem er be*haupt*et, ein anderer habe seinem Besitzer *den Kopf verdreht*, der habe sich *verschaut* und so *den Kopf verloren*. Bei normal funktionierendem Kopf hätte so etwas nicht passieren können. Bevor die Betreffenden gänzlich den Verstand verlieren bzw. dieser seine Vorrangstellung, wird der Intellekt die eigenartigsten Be*haupt*ungen aufstellen, um den göttlichen, für ihn so bedrohlichen Zustand wieder zu beenden. Praktisch immer sind es seine Vernunftargumente, die die Liebe (zer-)stören und den Ausflug ins Reich des Herzens beenden. Während er an der Herzfront seltene Niederlagen einstecken muß, hat der Kopf die Intuition des Bauches sicher im Griff. Lediglich dem unvernünftigen Volksempfinden ist noch bekannt, daß sich auch mit dem Herzen sehen und aus dem Bauchgefühl leben läßt. In Sprüchen wie »Liebe und Verstand gehen selten Hand in Hand« oder »Wenn das Herz brennt, muß der Kopf Wasser holen« drückt sich die Rivalität zwischen Kopf, Herz und Gefühl aus. »Feuer im Herzen, bringt Rauch in den Kopf«, weiß die volkstümliche »Medizin«, und ein *rauchender Kopf* tut natürlich weh.

Die Frage, ob der Kopf im Besitz des betreffenden Menschen ist oder dieser eher im Besitz seines Kopfes, läßt sich bei Intellektuellen oft kaum entscheiden. Jedenfalls ist er für uns Moderne die oberste und wichtigste Region, um die wir uns am intensivsten kümmern und sorgen. Die meisten Menschen verwenden auf seine Pflege mehr Zeit als auf den gesamten übrigen Körper. Wir be*dienen* uns in Beruf und Freizeit schwerpunktmäßig des Kopfes und verlassen uns auf die Kommandozentrale seines Gehirns.

Aus seiner gehobenen Position, sozusagen als Krönung der aufgerichteten Wirbelsäule, läßt sich ersehen, daß ihm tatsächlich die Rolle des Oberhauptes zukommt. Auch seine runde, dem Ideal der Kugel nahekommende Form verweist auf seine Sonderstellung. Allerdings wäre zu fragen, ob der typische Kopfmensch unserer Kultur sich noch bewußt ist, daß auch die anderen Zentren lebenswichtig sind und dem Kopf eigentlich nur die Rolle des »ersten unter gleichen« zukommt. Wir bräuchten nur auf die Sprache zu achten, um zu hören, daß der Kopf immer nur be*haupt*en, nicht aber be*greifen* kann. Dazu bräuchte er die Hände. Selbst seine Behauptungen hängen in der Luft, solange sie nicht be*gründ*et sind. Dem Kopf gebührt die erste Stelle, wie die Anatomie zeigt, aber er wäre nichts ohne den Körpergrund, auf dem er ruht. Der Volksmund weiß: »Das Herz vertrocknet, wenn der Kopf allein herrscht.« So ist es wenig erstaunlich, wenn die Herzkreislauferkrankungen* und hier besonders die Herzinfarkte* in unseren Todesstatistiken mit weitem Abstand den ersten Rang einnehmen. Beim Infarkt kommt es zu einer Mangelversorgung des Herzens mit Blut, es verhungert gleichsam.

Trotz der vielen vor Schmerz schreienden und Wirbel schlagenden Herzen bekommt die Kopfzentrale weiterhin unsere meiste Zuwendung. Mit dem Kopf behaupten wir uns, ihn im gesellschaftlichen Machtkampf oben zu behalten, ist unser höchstes Ziel. Nichts darf *über unseren Kopf hinweg gehen*, und wehe jemand tanzt uns darauf herum. »Kopf hoch!« muntern wir uns auf, wenn es einmal nicht so klappt, oder: »Nur nicht *unter*kriegen lassen!« Mit den unteren Bereichen wollen wir nichts zu tun haben. Bei solcher Kopf*last*igkeit müssen wir uns häufig gegenseitig erinnern »Laß den Kopf nicht hängen!« und warnen uns damit vor einem Rückfall in die (gute?) alte Zeit, als der Kopf noch nicht die absolute Nr. 1 war. In der Überzeugung, Krone der Schöpfung zu sein, richten wir unser *Augen*merk am liebsten auf unsere Krone. Daß der die Überbetonung gar nicht gut bekommt, verraten Häufigkeit und Verbreitung von Kopfschmerzen.

Im Zuge unseres kopfbetonten Ehrgeizes ist uns manches *über den Kopf gewachsen* und dieser zum *Brummschädel* geworden, der oft zu zerspringen droht. Was wir uns *in den Kopf setzen*, bleibt im Kopf und sorgt dort nicht selten für Überfülle und den entsprechenden Dickkopf. Es gibt kaum noch einen Menschen in unserer Gesellschaft, der das Gefühl, einen dicken Kopf zu haben, nicht kennt; so wie es kaum ein Mitglied sogenannter primitiver Kulturen gibt, das sich darunter etwas vorstellen kann. Obwohl wir *nicht auf den Kopf gefallen* sind, *wissen* wir oft *nicht* mehr, *wo uns der Kopf steht*. Menschen, die sich nicht ständig *den Kopf zerbrechen,* die nicht dazu neigen, *mit dem Kopf durch die Wand zu gehen*, sich nicht immerzu be*haupt*en müssen oder davon ausgehen, daß sich die Welt nur richtig entwickelt, wenn alles *nach ihrem Kopf geht*, wissen gar nicht, was Kopfschmerzen sind. Geborgen im Bewußtsein, daß sich die Schöpfung sowieso nach Gottes Plan entwickelt, fehlt ihnen das *Brett vorm Hirn*, das so vielen modernen Menschen schmerzhaft zu schaffen macht. Der Druck, unter den wir uns als Herren dieser Schöpfung setzen, drückt uns nicht selten in jener Region, mit deren Hilfe wir uns be*haupt*en. Nicht nur innen im Kopf, auch außen im Gesicht drückt es sich aus, wobei die Mehrzahl der Krankheitsbilder, die aus dieser unausgewogenen Situation folgen, den unterdrückten Körper (be)treffen.

Wahrscheinlich verdanken wir der Überbetonung des Kopfes nicht nur die einschlägigen Schmerzen, sondern das Gros aller psychosomatischen Beschwerden, sind diese doch bei den naturnah lebenden und auf Intellektualität verzichtenden sogenannten archaischen Kulturen weitestgehend unbekannt. Trotz dieser Erkenntnis macht es wenig Sinn, den Kopf herabzusetzen, heilsamer ist es, seine eigenen Warn- und Überlastungszeichen zu deuten und anderen Körperregionen zu der ihnen zukommenden Be-Deutung zu verhelfen.

Bevor wir diese Aufgabe beginnen und uns im Kopf-Fuß-Schema bis zu unseren Wurzeln hinabarbeiten, soll das Thema Krebs behandelt werden. Das geschieht sinnvollerweise außerhalb der Kopf-Fuß-Gliederung, weil der Krebs praktisch alle Organe und Gewebe befallen kann. Es empfiehlt sich auch in diesem Fall, zuerst die betroffene Region zu studieren, bevor man sich mit dem folgenden allgemeinen Krebskapitel beschäftigt.[29]

II. Krebs

1. Das Krebsbild unserer Zeit

Hinter der Diagnose Krebs verbirgt sich *ein* großes Muster, das sich in einer Vielzahl von Krankheitsbildern ausdrücken kann. Jedes davon betrifft den Menschen in seiner gesamten Existenz, gleichgültig von welchem Organ es ursprünglich ausging. Insofern ist das Krebsgeschehen viel zu komplex, um es nur auf das befallene Organ zu beziehen. Seine Ausbreitungstendenzen über den ganzen Körper zeigen, daß es um den ganzen Menschen geht. Als Schreckgespenst unserer Zeit berührt Krebs nicht nur die direkt Betroffenen, sondern die ganze Gesellschaft, die ihn wie kein anderes Krankheitsbild tabuisiert. Jährlich sterben 200 000 Menschen in Deutschland daran, für 1991 erwartet man 330 000 neue Erkrankungen. Mehr als die Hälfte der Betroffenen sterben, und die absolute Sterberate an Krebs steigt, trotz medizinischer Erfolge, weiter.

Bis auf die der Hunzas ist uns keine Kultur bekannt, die der Krebs gänzlich verschonte. Lediglich von diesem kleinen Bergvolk im Himalaja muß man annehmen, daß ihm Krebs bis zu seinem Anschluß an die moderne Zivilisation Mitte dieses Jahrhunderts gänzlich fremd war. Heute finden sich die Spuren dieses Krankheitsbildes überall und lassen sich durch moderne Untersuchungsverfahren bis in die Vergangenheit zurückverfolgen. Selbst in 500 Jahre alten Inka-Mumien ließen sich Tumore nachweisen. Trotz dieser generellen Verbreitung ist Krebs zu einem besonderen Kennzeichen moderner Industrienationen geworden. Nirgendwo sonst gewinnt er so rasant an Boden. Das Argument, er sei nur deshalb in Industrieländern häufiger, weil die Menschen dort älter würden, ist bezogen auf einige Kulturen richtig, im Prinzip trifft es aber nicht zu und ist an verschiedenen Punkten zu widerlegen. Zum einen gibt es Krebsarten, die in jungen Jahren ihren Erkrankungshöhepunkt haben, zum anderen weist die Schulmedizin selbst nach, daß bestimmte Krebsarten wie Lungenkrebs ganz eindeutig in Zusammenhang mit Gewohnheiten und Giften unserer Zivilisation stehen. Vor allem aber gab es alte Kulturen, die eine lange Lebensspanne bei geringerem Krebsrisiko ermöglichten. In der chinesischen Kultur taoistischer Prägung war Krebs extrem selten, obwohl die Menschen durchschnittlich älter wurden als im heutigen China. Hundertjährige galten als normal. Von den indianischen Ureinwohnern Nordamerikas weiß man, daß sie vor ihrer Unterwerfung älter wurden als in den »zivilisierten« Zeiten danach. Krebs kannten sie vorher kaum, danach aber mußten sie auch diesbezüglich den modernen Zeiten Tribut zahlen.

Wie sehr Krebs zur herausragenden gesundheitlichen Bedrohung unserer Zeit geworden ist, belegt auch die Tatsache, daß er uns von allen Krankheitsbildern das größte Grauen einflößt. Bereits die Krankheitsbezeichnung trägt den Stempel unserer Wertung: bösartig. Der weit mehr Leben fordernde Herzinfarkt, der mit dem schrecklichsten Schmerz konfrontiert, den Menschen kennen, löst kein vergleichbares Grauen aus. Krebs muß uns mit einem Thema konfrontieren, das noch tiefer im Schatten liegt als Schmerz und selbst Tod. Kein anderes Krankheitsbild macht auch den Zusammenhang zwischen Körper, Seele, Geist und Gesellschaft so deutlich wie Krebs. Ob wir von der Zellebene, der Persönlichkeitsstruktur oder der sozialen Situation ausgehen, überall stoßen wir auf analoge Muster, die wir nur zu gut kennen, die uns schockieren und die nicht loszuwerden sind, weil es die ureigenen sind.

2. Krebs auf der Zellebene

Die Medizin diagnostiziert Krebs am sichersten in Zellverbänden. Krebszellen unterscheiden sich von gesunden durch ihr ungeordnet chaotisches Wachstum. An der einzelnen Zelle beeindruckt ihr im Verhältnis zu großer Kern. Als Kopf des Unternehmens Zelle enthält er alle Informationen für ihren komplizierten Betrieb. Er steuert Stoffwechsel, Wachstum und Teilung. Die im überdimensionalen Kern zum Ausdruck kommende Kopflastigkeit hat ihre Ursache in der enormen Teilungsaktivität der Zelle, der es nicht mehr um die Erfüllung ihrer Aufgaben im Verband der anderen Zellen, sondern vor allem um die Vervielfältigung ihrer selbst geht. Während der Kern bei der normalen Stoffwechselsteuerung eher klein ist, wächst er bei der chaotischen Zellteilung des Krebsgeschehens im wahrsten Sinne des Wortes über sich hinaus und liefert eine Bauvorlage nach der anderen für seine Nachkommen. Sogar Regenerationsprozesse innerhalb des Zellkörpers bleiben auf der Strecke zu Gunsten unablässiger Produktion neuer Zellgenerationen.

Dieses Verhalten erinnert an die jugendliche Zelle bzw. das embryonale Stadium, in dem es vor allem um Vermehrung und Wachstum geht. Die Zellen der Morula, jenes Zellhaufens, in dem sich das frühe menschliche Leben konzentriert, haben noch keine spezialisierten Aufgaben zu erfüllen, sondern nur für ihre Vermehrung zu sorgen. Dem werden sie durch rege Teilungen und entsprechendes Wachstum gerecht. Sie gehen allerdings geregelter vor als die rücksichtslosen Krebszellen. Neben dem überdimensionalen Zellkern und seiner überzogenen Teilungstendenz erinnert auch die Entdifferenzierung der Zellen an unreife Frühformen. In ihrem Fortpflanzungswahn vernachlässigen sie vieles andere und verlieren häufig die Fähigkeit zu komplizierten Stoffwechselprozessen wie der Oxydation. Während sie einerseits auf die primitive Vorstufe der Gärung zurückfallen, gewinnen sie andererseits die Fähigkeit zurück, Substanzen zu bilden, wie es sonst nur embryonale und foetale Zellen vermögen. Dieses Wiedererwachen und Reaktivieren von Genen aus früheren Entwicklungsphasen nennt die Medizin Anaplasie. Was äußerlich wie ein Chaos anmutet, hat aus der Sicht des Krebses Sinn. Er gewinnt uralte Fähigkeiten zurück und verzichtet dafür auf Spezialisierung. Selbst in diesem Verzicht liegt noch ein Vorteil. Zwar ist z.B. die Oxidation wesentlich effizienter als die Gärung, dafür ist diese aber weitgehend unabhängig von Zulieferern. Während normale Zellen auf Atmung, d.h. Versorgung mit Sauerstoff bzw. frischem Blut angewiesen sind, ist eine auf Gärung beschränkte Zelle weitgehend autark.

Die Krebszelle ist folglich weniger auf Kommunikation mit ihren Nachbarn angewiesen, was bei ihren schlechten Nachbarschaftsbeziehungen vorteilhaft ist. Während normale Zellen eine sogenannte

Kontakthemmung haben, d.h. ihr Wachstum einstellen, wenn sie auf andere Zellwesen stoßen, verhält sich die Krebszelle gerade umgekehrt. Ohne Grenzen zu respektieren, dringt sie rücksichtslos in fremde Territorien ein. Verständlicher Weise schafft sie sich damit eine feindliche Nachbarschaft. Kürzlich fand man heraus, daß Krebszellen nicht einmal davor zurückschrecken, andere Zellen regelrecht zu versklaven. Selbst zu primitiv für differenzierte Stoffwechselprozesse, bedienen sie sich normaler Zellen und bringen sie um die Früchte ihrer Arbeit. Sogar gegenüber den eigenen Kindern, die alle exakt nach ihrem Abbild geformt sind, ist die Krebszelle skrupellos und auf ihren egoistischen Wachstumsvorteil bedacht. Nicht selten bleiben auch die eigenen Eltern, von der rasenden Entwicklung überholt und vom Nachschub abgeschnitten, auf der Strecke. Inmitten größerer Tumorknoten finden sich häufig tote Zellen, Nekrosen genannt, und deuten symbolisch an, daß die zentrale Botschaft dieses neuen Wachstums der Tod ist.

Die Regression der Krebszelle in ein frühes Lebensmuster zeigt sich auch in ihrer Schmarotzerhaltung. Sie nimmt, was sie bekommen kann, an Nahrung und Energie ohne die Bereitschaft, etwas zurückzugeben oder sich an den sozialen Aufgaben, die in jedem Organismus anfallen, zu beteiligen. Damit übertreibt sie ein Verhalten, das der embryonalen Zelle noch angemessen ist. Was aber dem Kleinkind selbstverständlich erlaubt ist, wird beim Erwachsenen zum Problem.

Im Ignorieren aller Grenzen enthüllt sich ein weitererRückschritt. So wie Kinder allmählich lernen, Grenzen zu achten, lernen auch die Zellen in ihrem Reifungs- und Differenzierungsprozeß gegebene Strukturen zu respektieren und im für sie vorgesehenen Rahmen zu bleiben.Krebszellen fallen dagegen aus dem Rahmen und lassen alles im Laufe der Entwicklung Gelernte hinter sich. Weder lebenswichtige Grenzen noch massive Körperstrukturen können sie im Zaum halten. Sie verlieren vollkommen den Bezug zu jenem Muster, für das sie ursprünglich gemeint waren. Eine normale Darmschleimhautzelle wird sich hin und wieder teilen, den Bedürfnissen des größeren Organismus Darm entsprechend, sie wird aber nicht aus dem für sie und ihresgleichen vorgesehenen Rahmen ausbrechen und über den Darm hinausstreben. Die krebsig entartende Darmzelle schlägt dagegen wirklich aus der Art, gibt alles Darmspezifische auf und geht ihre eigenen egoistischen Wege. Das vorgegebene Muster Darm wird ihr zu eng, und so sprengt sie in ebenso revolutionärer wie destruktiver Weise ihren Rahmen.

In dem Maße, wie die früher erwähnten morphogenetischen Felder weiter erforscht werden, mag es zu einem tieferen Verständnis der Krebsproblematik kommen. Ebenso *sinn*voll, wie das Problem auf genetischer Ebene in einer Mutation zu sehen, scheint es, sich ihm aus dem Blickwinkel der formgebenden Felder zu nähern. Das Problem liegt dann im Verlust des vorgegebenen Rahmens. Damit würde es über die einzelne Zelle hinausreichen und zum Problem des betroffenen Gewebes oder Organes werden, das nicht mehr in der Lage ist, sein Muster gegenüber allen Zellindividuen durchzusetzen. Dieser Ansatz könnte die genetische Erklärung ergänzen, zumal das Thema des Ausbruchs aus den vorgegebenen Normen in beiden Fällen gleichermaßen zum Ausdruck kommt. Tatsächlich ist Krebs ebenso ein Milieuproblem wie eines der Einzelzelle.[30]

Die angeführten Regressionstendenzen zeigen sich bis in den Namen, ist doch der Krebs jenes Tier, das vor allem für seinen Rückwärtsgang bekannt ist.Auch die Krabbe, die als Namensgeberin ebenfalls angeschuldigt wird, bewegt sich nicht auf geradem Weg voran, sondern seitwärts. Die Ausdrücke »krabbeln« und »herumkrebsen« für jene mühsamen Anstrengungen, die doch nicht recht weiterbringen, bezeichnen Fortbewegungsarten, die denen der Patienten vor Ausbruch des Krebses nicht unähnlich sind. Eindeutig läßt sich die Herkunft des Namens »Krebs« nicht klären. Aber sogar die medizinischerseits vorgebrachte Ableitung von einer Form des Brustkrebses, dessen Zellen sich scherenförmig ins Gewebe fressen, zielt noch in eine ähnliche Richtung.[31] Wer immer diesen Namen prägte, hat das *Wesen*tliche des Krankheitsbildes getroffen.

3. Krebsentstehung

Bezüglich der Krebsentstehung auf Zellniveau sind sich die Forscher heute weitgehend einig, daß Mutationen im Vordergrund stehen.[32] Das Wort kommt aus dem Lateinischen und bedeutet Veränderung. Wurde eine Zelle lange genug gereizt, ist sie zu drastischen, von der

Ebene des Erbgutes ausgehenden Veränderungen bereit. Die wegbereitenden Reize können vielfältig sein, von mechanischen über chemische bis zu physikalischen. Dauernder Druck, der Teer von Zigaretten oder *eindringliche* Strahlen kommen u.a. in Frage.

Lange mag es den entsprechenden Gewebezellen gelingen, sich gegen die anhaltende Reizüberflutung abzuschotten, irgendwann aber reagiert eine überreizt und entartet. Sie schlägt im wahrstenSinne des Wortes aus der Art und geht ihren eigenen Weg, der allerdings eher auf einen Ego-Trip hinausläuft. Sie beginnt etwas für ihre Verhältnisse völlig Neues, setzt auf Wachstum und Selbstverwirklichung. Einer der medizinischen Namen für Krebs ist Neoplasma. Er bringt dieses »neue Wachstum« zum Ausdruck. Was für den Körper Lebensgefahr bedeutet, ist für die über lange Zeit gemarterte Zelle ein Akt der Befreiung. Jetzt kommt alles darauf an, ob derKörper über genügend Stabilität und Abwehrkraft verfügt, um den Aufstand der Zelle niederzuschlagen. Krebsforscher gehen heute davon aus, daß relativ häufig Zellen entarten, auf Grund einer guten Abwehrlage aber unschädlich gemacht werden. Bei der Krebsentstehung ist folglich Abwehrschwäche von ausschlaggebender Bedeutung. Tatsächlich findet man rückwirkend häufig Situationen des Zusammenbruchs der Abwehr in jenem Zeitraum, in dem der Ausbruch zu vermuten ist. Allerdings ist dieser Punkt nicht immer leicht auszumachen. Die Entwicklungsgeschwindigkeit hängt zwar zum einen von der Tumorart ab, schwankt andererseits aber auch bei gleichartigen Tumoren in Abhängigkeit von der Gesamtsituation. Zu dem Zeitpunkt, wo der Tumor entdeckt wird, besteht er häufig schon Jahre, hat ein Gewicht von ca. einem Gramm und verfügt über Millionen von Zellen. Unter diesem Gesichtspunkt kann niemand mit Sicherheit wissen, ob nicht auch er Krebs hat. Wahrscheinlich bekommen wir alle ständig Krebs, nur bleibt das Immunsystem Herr der Lage. Auch das mag ein Grund für den beispiellosen Schrecken sein, den das Thema Krebs verbreitet.

4. Be-Deutungsebenen des Krebsgeschehens

Das Verhalten der Krebszelle zeigt als Grundthema eine **Wachstumsproblematik.** Nach zuviel Vor- und Rücksicht schlägt die Zelle ins Gegenteil um. Überschießendes chaotisches Wachstum ohne Vorsicht und Rücksicht schont weder fremde Territorien noch die eigene Lebensbasis. Die Gesetze gesunden Wachstums werden konsequent ignoriert. Die Krebszelle setzt sich über die Regeln normalen Zusammenlebens im Zellverband hinweg und bricht hemmungslos lebenswichtige Tabus. Statt ihren angestammten Platz einzunehmen und ihre Pflicht zu erfüllen, schlägt sie auf gefährliche Weise über die Stränge und aus der Art. In wilder, egozentrischer Teilungsaktivität teilt sie nach allen Seiten aus. Die Nachbarschaft und noch entfernteste Körperregionen bekommen ihre rücksichtslose Aggression zu spüren. Der Ego-Trip bildet sich in der Kopflastigkeit der Krebszellen mit ihren übergroßen Kernen und der Hektik in diesen wasserkopfartigen Zentren ab. Tatsächlich muß alles nach dem Kopf der Krebszelle gehen, all ihre Nachkommen sind exakt nach ihrem Vorbild geformt. Dabei ist sie völlig autark und (er)zeugt ihre Kinder ohne fremde Hilfe, sozusagen jungfräulich. Mit dieser Brut geht sie im wahrsten Sinne des Wortes mit dem Kopf durch die Wand. Nicht einmal Basalmembranen, die wichtigsten Grenzwände zwischen Geweben, können ihrer Aggression trotzen.

Ihr massives **Kommunikationsproblem** zeigt die Krebszelle ebenso unverblümt, reduziert sie doch alle nachbarschaftlichen Beziehungen auf eine aggressiv verdrängende Ellbogenpolitik. Mit ihrer aus jungfräulicher Unreife geborenen Kraft verficht sie skrupellos das Recht des Stärkeren und drückt ihre schwächeren Nachbarn an die Wand, zerstört oder versklavt sie. Den Zugang zum Muster der gewachsenen Strukturen opfert sie für ihre Unabhängigkeit. Die Kommunikation mit dem Entwicklungsfeld, für das sie bestimmt war, hat sie zu Gunsten von Egoismus, Omnipotenz- und Unsterblichkeitsansprüchen aufgegeben. Symbolisch drückt sich das Kommunikationsproblem in der gestörten Zellatmung aus, steht Atmung doch für Austausch und Kontakt.

5. Entwicklungsphasen des Krankheitsbildes

Das bisher gezeichnete Bild scheint nur einem kleinen Teil der Krebspatienten gerecht zu werden, im allgemeinen fallen diese eher durch gegenteilige Verhaltensmuster auf. Das liegt zum einen daran, daß der Krebs verdrängte Muster kompensiert, zum anderen beschreiben solche Persönlichkeitsprofile praktisch immer die Zeit vor dem Ausbruch des Krankheitsbildes. In dieser Phase zeigt aber auch der Körper ein ganz anderes Bild. Es ist das Stadium der Dauerreizung, die das Gewebe und seine Zellen reaktionslos tolerieren. Sie versuchen sich zu schützen und so gut es geht abzuschotten, um durch Stillhalten zu überleben bzw. die unerfreuliche Situation auszusitzen. Probt doch einmal eine Zelle den Aufstand gegen den andauernden Reiz und versucht eigene Wege zu gehen und aus der Art zu schlagen, wird dieser Ausbruch sofort vom Immunsystem unterdrückt.

In diesem Muster, das der ersten Krankheitsphase entspricht, findet sich die typischere Krebspersönlichkeit charakterisiert. Es sind Menschen, die extrem angepaßt versuchen, so unauffällig wie möglich zu leben, sich den Normen zu fügen und niemandem durch eigene Forderungen zur Last zu fallen. Herausforderungen zu persönlichem Wachstum und seelischer Entwicklung ignorieren sie weitgehend, da sie sich in keiner Weise exponieren wollen. Ihr Leben ist reizlos im doppelten Sinn: Zum einen vermeiden sie, wo immer möglich, neue Erfahrungen, die Bewegung in ihr Leben bringen könnten, indem sie sich kaum an ihre Grenzen wagen. Die wenigen Reize, die ihren Abwehrpanzer durchbrechen, versuchen sie zu ignorieren. Das Unterdrücken der Möglichkeiten zu Grenzerfahrungen spiegelt die unbemerkt im Körper ablaufende Abwehraktivität, die alles sicher unter Kontrolle hat. Grenzüberschreitende Erfahrungen oder auch nur harmloses Über-die-Stränge-Schlagen werden schon im Keim erstickt, um die gewohnte Situation um jeden Preis wie auch immer zu erhalten.

Die nächste Eskalationsstufe zeigt, wie hoch dieser Preis werden kann. Wenn die über Jahre angestaute Flut der Wachstumsimpulse den Damm der Unterdrückung durchbricht und sich unkontrolliert auslebt. Nach dem Dammbruch, gibt es kein Zurück und kein Halten mehr. Der Körper geht weit in jenes andere Extrem, das er bisher so aufopferungsvoll niedergehalten hat.

Das Unterdrückungsphänomen zeigt sich sowohl in den seelischen Lebens-, als auch häufig bis in den körperlichen Krankengeschichten. Nicht selten finden sich sogenannte leere Anamnesen, d.h., Jahre bis Jahrzehnte vor Ausbruch des Krebses waren die Betroffenen ohne das geringste Symptom. Was auf den ersten Blick wie makellose Gesundheit aussieht, entlarvt sich auf den zweiten als rigorose Unterdrückung. Nicht nur seelische, sondern auch körperliche Abweichungen von der Norm wurden vollständig niedergehalten. Der Psychoonkologe Wolf Büntig spricht in diesem Zusammenhang von »Normopathie«, bei der das unbedingte und unflexible Festhalten an Normen zur Krankheit wird. Was der Umwelt als angenehme oder vornehme Zurückhaltung erscheinen mag, kann so in Wahrheit Unterdrückung von Lebensimpulsen und letztlich nicht gelebtes Leben sein. Wie die unter stärksten Dauerreizen durchhaltende Zelle alles daran setzt, weiter ihrer Pflicht als Darm- oder Lungenzelle nachzukommen, versuchen die Patienten ihre Pflicht in ihrer Funktion als Tochter, Sohn, Mutter, Vater, Untergebene usw. zu aller Zufriedenheit und unabhängig von ihren eigenen Bedürfnissen durchzuhalten. Eigene Entwicklung muß zurückstehen wie bei der gemarterten Zelle.

Die Grundstimmung solch »ungelebten« Lebens ist entsprechend niedergedrückt. Häufig ist den Betroffenen ihre latente depressive Verfassung ähnlich unbewußt wie die Unterdrückung der körperlichen Ausbruchversuche. Die Umwelt bemerkt nichts, da sie kaum Tendenzen zeigen, sich diesbezüglich mitzu*teilen*, und noch weniger Bereitschaft, ihr Leben wirklich mit anderen zu teilen. Erst wenn der Damm gebrochen und das unterdrückte Leben ausgebrochen ist, kommt die Teilungsbereitschaft vehement und unerlöst zum Zuge.

In der Phase vor Ausbruch des Krankheitsbildes sind die Betroffenen tatsächlich schon »Patienten«, sind sie doch in erstaunlichem Ausmaß geduldig Duldende. Weitgehend abhängig von ihrer Umwelt und auf gutnachbarliche Beziehungen aus, geben sie sich rundherum freundlich und voller Rücksicht. Darüber hinaus sind sie gut berechenbar und verläßlich, wehren sie doch Veränderungsimpulse schon im Keim ab. In ihrem Bestreben, nicht auf- und niemandem zur Last zu fallen, fällt es den Patienten nicht schwer, Freunde zu gewinnen. Tiefe Freundschaften werden allerdings dadurch behindert, daß sie sich selbst in ihrer Individualität kaum kennen und sich so gar nicht wirklich zeigen können. Da sie nicht zu sich selbst stehen, scheint es anderen zunächst einfach, zu ihnen zu stehen. Kommen im Laufe der Erkrankung dann tiefere Wesenszüge zum Vorschein, weil sie beginnen, sich ihrem eigenen Leben zu stellen, ist es weder für die Patienten noch für die Umwelt leicht, diese gänzlich unvermuteten Seiten anzunehmen. Häufig haben normopathe Patienten Menschen um sich, die ihnen verpflichtet sind. Da sie stets bemüht waren, es allen recht zu machen, und eigenes Wachstum zurückstellten, werden Menschen mit entsprechender Resonanz nun für sie da sein.

Das soziale Verhalten der Patienten ist aus dem Blickwinkel der »schweigenden Mehrheit«, zu der sie häufig selbst gehören, als vorbildlich zu bezeichnen. Mit Recht dürfen sie sich zu den Stützen der Gesellschaft zählen. Hinter der Fassade aus wohlgeordneter Vorbildlichkeit aber lauern all jene konträren Eigenschaften,die im zweiten oder Ausbruchsstadium des Krebses auf der Ersatzebene des Körpers offenbar werden. Was im Bewußtsein nie zum Zuge kam, findet hier nun seine Bühne, eine Bühne, auf der vor allem Dramen bzw. »Schattenstücke« gegeben werden.

Die über Jahre abgewehrten Veränderungsimpulse machen sich im Körper in Mutationen breit. Was man tut und nicht tut, ist vergessen, es zählt nur noch der eigene Ego-Trip. Aus perfekter sozialer Anpassung wird egoistisches Schmarotzertum ohne Respekt für Tradition und fremde Rechte. Hatte man sich vorher nicht einmal eine eigene Meinung geleistet, kommt jetzt aus dem Schatten der lange verdrängte Anspruch, die ganze (Körper-)Welt nach dem eigenen Bild zu formen. Der Organismus wird mit Filiae, jenen todbringenden Töchtern, übersät. Die seelisch lange zurückgehaltene Saat geht nun körperlich in Rekordzeit auf und zeigt, wie stark der bisher ungelebte Wunsch nach Selbstverwirklichung und rücksichtsloser Durchsetzung der Eigeninteressen ist.

Mit Ausbruch des Krankheitsbildes kann ein unterschiedlich großer Teil des verdrängten Egoanspruchs im Verhalten der Patienten sichtbar werden. Drängen solche Schattenanteile an die Oberfläche, wird vor allem die Umwelt staunen. Die bisher friedlichsten Menschen verlangen plötzlich, daß sich alles um sie und »ihre Krankheit« dreht. Mit der Diagnose als Alibi trauen sie sich, den Spieß umzudrehen und nun die anderen nach ihrer Pfeife tanzen zu lassen. Dabei können die bisherige Zurückhaltung und der sprichwörtliche Takt über Bord gehen und ganz neue Töne durchklingen. Bestens angepaßte Menschen tanzen plötzlich aus der Reihe und schlagen über die Stränge. So unangenehm solcher Gesinnungswandel für die Umwelt sein mag, für die Betroffenen liegt eine große Chance darin. Werden die Prinzipien der Wandlung, der Selbstverwirklichung und Durchsetzung nämlich nun auf geistig-seelischer Ebene gelebt und auf sozialem Niveau sichtbar, wird die Körperebene entlastet. Viele Patienten sind allerdings so festgefahren in ihrem genormten Rollenspiel, daß sie ihre Dulderhaltung selbst im Angesicht des Todes noch durchhalten. Ohne Entlastung von den seelischen Ebenen bleibt das Egoprinzip ausschließlich auf die Körperbühne angewiesen. Die Chancen, mit Krebs *fertig* zu *werden*, sind ungleich besser, wenn sich der ganze Mensch auf die Auseinandersetzung einläßt und nicht nur seinen Körper als Stellvertreter in die Schlacht schickt. Um mit etwas wirklich fertig zu werden, ist es not-wendig, sich vorher darauf einzulassen.

Nach der ersten, oft Jahrzehnte währenden Phase der Zurückhaltung und der folgenden des Krebsausbruchs konfrontiert die letzte Phase der **Kachexie** mit einem dritten Muster. Der Körper ergibt sich in die Aufzehrung seiner Kräfte durch den Krebs. Er läßt sich im wahrsten Sinne des Wortes auffressen, ohne länger dagegen anzukämpfen. Ergebenheit und Offenheit für den Lauf des Schicksals werden stellvertretend vom Körper gelebt. Am Ende hat jeder Betroffene dieses Thema durchlebt: entweder bewußt, wenn es gelingt, die Thematik zurück auf die geistige Ebene zu heben, oder unbewußt, falls der Körper in seiner Ergebenheit alleingelassen wird und der Patient sich weiter gegen das Unausweichliche wehrt. Hier scheint ein Widerspruch zu liegen, unterstellten wir dem Betroffenen doch, daß er sich gerade nicht genug wehrt, sondern mit sich macht und machen läßt, was andere wollen. An diesem Punkt kommen zwei Ebenen zusammen, die uns im nächsten Kapitel beschäftigen werden. Der Patient wehrt sich nämlich tatsächlich einerseits zuwenig, andererseits zuviel. Gegenüber seiner Umwelt, die ihn auf bestimmte

Funktionen degradiert, wehrt er sich entschieden zuwenig. Dafür wehrt er sich um so mehr gegen seine Lebensaufgabe, seinen Weg und sein Schicksal. Diese Gegenwehr könnte er getrost aufgeben. Letztlich zwingt ihn sein Krankheitsbild in jedem Fall dazu, denn ob er den Krebs oder dieser ihn besiegt, die Stufe des Sich-Ergebens wird stattfinden.[33]

6. Regression und Religion

Parallel zum bisher Besprochenen wird in der Regression ein weiteres Grundmotiv der Krebserkrankung deutlich, das, ebenfalls in den Schatten gesunken, vom Körper stellvertretend gelebt wird. Regression ist das Zurückgehen zu den Anfängen, zum Ursprung. Die Betroffenen haben die Rückverbindung zu ihrem Urgrund verloren, die Zellen des Tumors müssen das Thema für sie leben und tun es körperlich auf ihre lebensgefährliche Art. Der Mensch braucht offenbar den lebendigen Rückbezug zu seinen Wurzeln, die Re-ligio.

Sie meint aber nicht nur den Schritt zurück, sondern auch Rückbindung. Rückschritt, der zur Rückverbindung wird, ermöglicht erst wirklichen Fortschritt. Dieser scheinbare Widerspruch drückt sich auch im Krebsbild aus. Einerseits setzen die Zellen auf Rückschritt zu jugendlich-primitiven Formen, andererseits auf rasenden Fortschritt mit der Tendenz zu Omnipotenz und Unsterblichkeit.

Solchem Widerspruch läßt sich nur über den Ursinn der Religion gerecht werden. Religio meint Rückverbindung zum Ursprung, zur Einheit. Diese, im Christentum auch Paradies genannt, ist aber andererseits auch das Ziel des christlichen Entwicklungsweges. Laut Bibel kommen die Menschen aus dem Paradies und sollen dereinst dorthin zurückkehren. Es ist der Weg von der unbewußten Einheit zur bewußten. Die Vertreibung aus dem Paradies findet ihre Ergänzung in der Heimkehr des Verlorenen Sohnes zum Vater. Wie tief dieses archetypische Muster des Weges in den Menschen verankert ist, zeigt die Tatsache, daß etwa die indische Religion den Weg ganz analog beschreibt: »Von Hier nach Hier«. Das alte Symbol des Uroboros, der Schlange, die sich in den eigenen Schwanz beißt, gibt das treffendste Bild dieses im wahrsten Sinne des Wortes *umfas-*

senden Musters. Religionen beschreiben den Weg zur Erleuchtung bzw. Unsterblichkeit immer als ein Vorwärtsgehen zum Ausgangspunkt und den Weg also als eine Kreisbewegung bzw. Spirale. Rücksicht und Vorsicht sind gleichermaßen notwendig und richten sich auf dasselbe Ziel, die Einheit.

Die Rückbesinnung auf den Ursprung mit der Frage »Woher komme ich?« wie auch die Voraussicht mit der Frage »Wohin gehe ich?« sind bei Krebspatienten aus dem Bewußtsein in den Schatten gesunken und werden körperlich dargestellt. Wie kurzsichtig in des Wortes direkter Bedeutung die Betroffenen geworden sind, zeigen ihre übertriebene Vorsicht und Rücksicht, die sich auf den engen Rahmen der ganz konkreten Nachbarschaft und Zukunft beschränken. Sie nehmen so viel Rücksicht auf andere Menschen, deren Moral und Lebensregeln und begegnen dem Morgen und allem Neuen und Fernen mit so viel Vorsicht, daß für die großen Fragen an Vergangenheit und Zukunft kein Raum bleibt. Der Krebsprozeß mit seiner Regression ins Bodenlose und seinem heillosen Fortschritt ist ein ebenso furchtbarer wie ehrlicher Spiegel der Situation.

Die *bewußte* Rückkehr zum Anfang mit seinen unbegrenzten Möglichkeiten und die Suche nach unsterblichen Werten sind durchaus sinnvolle Wege. Die Verdrängung ins Unbewußte führt dagegen zu »Krankheit als Weg«. Und auch dieser Weg ist immerhin ein Weg, der neben seiner Furchtbarkeit auch die Chance von Fruchtbarkeit in sich birgt. Es ist so etwas wie ein letzterAnstoß zum Aufwachen für die eigenen Bedürfnisse.

Dazu paßt die psychotherapeutische Erfahrung, daß Krebspatienten in einem tiefen Sinn oft »areligiös« sind. Wenn verschiedene Persönlichkeitsprofile dem zu widersprechen scheinen und Religiosität und Schicksalsergebenheit betonen, ist zumeist jene Kirchengläubigkeit gemeint, die mit Religio kaum Berührungspunkte hat, sondern das Leben von der Amtskirche verwalten und reglementieren läßt. Festklammern an religiösen Vorschriften ist eher das Gegenteil von Religio und läßt die Herzen kalt und leer. Was nach außen als eindrucksvoll religiöses Leben erscheint, kann im Innern doch hohl sein. Leblosigkeit im Zentrum überzogener Außenaktivität bilden viele Tumoren mit ihren zentralen Nekrosen(=abgestorbenen Bereichen) anatomisch ab. Ähnlich ist die von Medizinsoziologen gefundene Schicksalsergebenheit nicht mit der religiösen Haltung des »Dein Wille geschehe!« zu verwechseln. Meist handelt es sich um Resignation gegenüber einem als übermächtig empfundenen, aber eben nicht akzeptierten Schicksal. Im tiefsten Innern ist nicht Vertrauen auf Gottes Schöpfung die Basis der Ergebenheit, sondern im Gegenteil Verzweiflung und Ohnmacht. Statt sich dem Leben und seinen Möglichkeiten auszuliefern, sind potentielle Krebspatienten eher ihren kurzfristigen Rück- und Vorsichten und einer an die Grundfesten rührenden Existenzangst ausgeliefert.

7. Krebs als Karikatur unserer Wirklichkeit

Berichte über Krebskranke, die »in der Blüte ihrer Jahre, auf dem Höhepunkt ihrer Karriere und Verantwortung von der heimtückischen Krankheit unerwartet aus dem Leben gerissen« wurden, scheinen dem diametral zu widersprechen. Betrachtet man die dahinter verborgenen Lebensgeschichten, spiegeln solche Redewendungen erstaunliche Blindheit für Schattenthemen. Bei eingehender Betrachtung zeigt sich, daß das Ereignis durchaus nicht so plötzlich und ohne Warnsignale eintrat. Gerade das Fehlen aller körperlichen Reaktionen und Symptome ist ein Zeichen der »Normopathie«.

Die Betonung der hohen Verantwortung enthüllt bei genauerem Hinsehen, daß die Betroffenen ihren Verpflichtungen klaglos nachkamen. Verantwortung meint dagegen die Fähigkeit, auf die Bedürfnisse des Lebens zu antworten.[34] Diese Fähigkeit mangelt aber gerade potentiellen Krebspatienten. Da sie sich kaum abgrenzen und schlecht nein sagen können, lassen sie sich leicht Verpflichtungen aufbürden. Andererseits übernehmen sie sie auch gern, um ihrem Leben einen äußeren Sinn zu geben – in Ermangelung des inneren. Die aufgeführten Leistungen und Erfolge werden so zu guten Verschleierungen – dahinter wuchern Sinnlosigkeitsgefühle und Depressionen.

Die Psychiatrie kennt den Begriff der larvierten Depression für jene Depressionen, die sich hinter körperlichen Symptomen verbergen. Beim Krebsgeschehen finden sich nicht selten hinter äußerem Erfolg versteckte Depressionen. Die *Larve* ist hier gesellschaftlich so hoch geschätzt, daß man gar nicht an ein Krankheitsbild denken mag. Die typische Krebspersönlichkeit gilt in vieler Hinsicht als Vorbild. Sie ist brav und nicht aggressiv, still und duldsam, wirkt ausgeglichen und so sympathisch, weil gar nicht egoistisch, dafür selbstlos und hilfsbereit, pünktlich und ordentlich – kaum eines der Ideale dieser Gesellschaft fehlt, und so ist ihre enge Verbundenheit mit diesem Krankheitsbild nicht erstaunlich. Sozialer Erfolg, trotz oder gerade wegen der inneren Starre, verläßt zwar den Bereich der typischen Untergebenenideale, paßt aber nahtlos ins Idealbild des modernen Menschen. Auch dem Krebs kann man beeindruckenden Erfolg auf der vordergründigen Ebene nicht absprechen. Kaum ein anderes Krankheitsgeschehen kann einen Organismus so schnell unterwerfen und den eigenen Vorstellungen anpassen, keines ist so hartnäckig und widerstandsfähig gegenüber Abwehr- und Therapiemaßnahmen.

Kein Wunder, daß wir so gewaltigen Schrecken vor Krebs haben, ist doch kein anderes Krankheitsbild besser geeignet, uns den Spiegel vorzuhalten. Krebs verkörpert das Umschlagen der ehrenwerten Untergebenenideale in den Gegenpol, das totale Egoprinzip. Die körperliche Karikatur dieser Ideale wird wie jede Karikatur gerne übelgenommen. Wann immer aber einer Karikatur dieses Schicksal widerfährt, so geschieht es nicht, weil sie falsch wäre, sondern im Gegenteil, weil sie zutrifft und dabei auch noch übertreibt.

8. Krebs und Abwehr

Aus den besprochenen Befunden und Symptombildern stellt sich Krebs als ein in den Körper gesunkener Wachstums- und Regressionsprozeß dar. Zu diesen beiden kommt als dritte Komponente noch die der Abwehr hinzu. Die Grundsituation des Krebses kann über Jahre bestehen, ohne daß es zur Tumorbildung kommt. Medizin und vor allem Naturheilkunde kennen diese Situation und nennen sie Präkanzerose. Die beschriebenen seelischen Voraussetzungen mögen seit langem bestehen, die physischen Voraussetzungen in Form der entsprechenden Karzinogene und Reizzustände vorhanden sein, und doch kann der Krebs erst nach bestimmten Auslösereizen ausbrechen. Bis dahin ist er wie gefangen und beherrscht von einem dominierenden Immunsystem. Erst der Zusammenbruch der Körperabwehr gibt ihm die Chance, einen Primärtumor zu bilden. Der Kollaps der Immunabwehr wird von manchen Patienten gespürt und rückwirkend als eine Zeit besonderer Spannungs- und Angstzustände charakterisiert.

Der enge Zusammenhang von Krebs und Abwehrsystem zeigt sich auch in der Tatsache, daß der Krebs das Abwehrsystem, das ihn eigentlich bekämpfen sollte, benutzt, um sich auszubreiten. Er wird von den Lymphozyten aus den Lymphknoten angegriffen und bedient sich der Lymphbahnen, um vorwärtszukommen. Die Lymphknoten sind Orte bevorzugten Befalls. Mit der Besetzung der Kasernen des körpereigenen Militärs und dem Vordringen auf seinen Heerstraßen demonstriert der Krebs, wie mutig sein Angriff ist und daß er bereit ist, in einer totalen Konfrontation alles zu wagen. Andererseits zeigt sich darin auch die Ohnmacht der Abwehr. Ihr sind im wahrsten Sinne die Hände gebunden. Der Krebs erreicht diese Situation durch perfekte Tarnung. Ähnlich wie er in der Lage ist, in seinen Zellen die »Alterungsgene« abzuschalten, gelingt es ihm, jenes System außer Kraft zu setzen, das Zellen nach außen erkennbar macht. Unter dieser Tarnkappe können sich die Krebszellen direkt in der Höhle des Löwen, im Abwehrzentrum, unerkannt und vor allem ungestraft bewegen. An diesem Punkt liegt auf der funktionalen Ebene die Chance einer biologisch-schulmedizinischen Therapie. Gelingt es, die Krebszellen immunologisch zu enttarnen, geraten sie in größte Gefahr.

Die Frage, was auf tieferer Ebene zum Versagen der Körperabwehr und der entsprechend demütigenden Situation führt, läßt sich generell beantworten und ist nicht auf den Krebsprozeß beschränkt. Jede Erkältung zeigt das Phänomen: Sobald man im übertragenen Sinne *die Nase voll* hat und seelisch zumacht, öffnet sich der Körper stellvertretend den entsprechenden Errregern, und die konkrete Nase verschließt sich. Medizinisch ausgedrückt macht eine Abwehrschwäche die Betreffenden anfällig. Wo sich das Bewußtsein erregenden Themen verschließt, muß sich die Körperebene den entsprechenden Erregern ersatzweise öffnen. Die Immunabwehr wird also immer dann schwächer, wenn die Abwehr auf der Bewußtseinsebene übertrieben wird.

Grundsätzlich ist der Mensch mit einer gesunden Abwehr für beide Ebenen gerüstet. Es ist offensichtlich wichtig, seine Körpergrenzen mit Hilfe eines vitalen Immunsystems gegenüber einer fremden Welt voller Gefahren zu schützen. Genauso bedürfen wir einer gewissen seelischen Abwehr, um nicht von zu starken Eindrücken überschwemmt und in die Psychose gerissen zu werden. Die Mitte zwischen totaler Offenheit und absoluter Verschlossenheit[35] auf beiden Ebenen ist das Ziel. Geht man auf der einen Ebene zu weit, zwingt man die andere in der Gegenrichtung aus dem Gleichgewicht. Wer im Bewußtsein zu verschlossen, d.h. zu konfliktfeindlich ist, zwingt die Offenheit in den Schatten, wo sie im Körper als Anfälligkeit für Erreger wieder auftaucht.

Der Idealzustand ist geprägt von weitgehender seelischer Offenheit auf dem Boden von Stärke. Man kann alles Mögliche hereinlassen, ohne für seine seelische Gesundheit fürchten zu müssen. Das ist möglich auf dem Boden einer potentiell starken Abwehr, die allerdings kaum zum Einsatz kommt. Ist sie einmal notwendig, kann sich ihr Besitzer auf ihre Durchschlagskraft verlassen. Gerade weil er sehr entschieden nein sagen und seinen Lebensraum verteidigen kann, hat er es selten nötig. Ihm entspricht eine körperliche Abwehr, die auf Grund ihres guten Trainingszustandes mit jeder Erreger-Herausforderung fertig wird. Gerade weil sie nicht geschont, sondern in einem mutigen Leben mit vielen Herausforderungen konfrontiert wurde, ist sie immer kampfbereit und siegesgewiß. Vor allem kommt sie nicht in Gefahr, Erregern zu unterliegen, weil sie von der seelischen Ebene nicht geschwächt wird. Wer sich im Bewußtsein erregen läßt und sich auch dort zu verteidigen weiß, muß das Thema nicht in den Körper schieben.

Viel häufiger als dieses Ideal ist in einer Welt, die sich ihre Kultur und Zivilisiertheit weitgehend mit Konfliktfeindlichkeit erkauft, übertriebene Verschlossenheit im Bewußtsein und damit verbunden zu große Offenheit im Körper. Wenn konfliktfeindliches Nicht-nein-sagen-Können in den Körper sinkt, wird es hier als Unfähigkeit, sich abzugrenzen, wieder sichtbar. Alltägliche Lebenserfahrung bestätigt dieses Prinzip. Ein dem Leben offen gegenüberstehender (=vitaler=lebendiger) Mensch verfügt über eine gesunde körperlicheAbwehr und ist so weniger anfällig für Infektionen. Ein enger, verängstigter Mensch, wird sich auf Grund seiner schlechten Abwehrlage häufiger Erreger »einfangen« und die entsprechenden Erkältungen *kult*ivieren. Umgekehrt kann sich ein begeisterter Mensch, der Feuer und Flamme für ein Thema ist, in dieser offenen Situation praktisch überhaupt nicht erkälten. Jeder kennt die Erfahrung, daß sich selbst ein fulminanter Schnupfen in nichts auflöst, wenn man sich zwei Stunden von einem spannenden Film begeistern läßt. Erst am Ende des Films, bei der Erinnerung, daß man ja eigentlich verschnupft war, bekommt man *die Nase* dann wieder *voll.*

Damit die Abwehr so vollständig zusammenbricht, daß ein Tumor entsteht, ist eine sehr tiefe Blockade und Verschlossenheit nötig. Solche Konstellationen treten auf, wenn ein Mensch sich einem wesentlichen Aspekt seines Lebens nicht mehr öffnet. Falls dieser Kontakt bereits am seidenen Faden hing und plötzlich abreißt, ist es, als sei der Lebensfaden gerissen. Stirbt einem depressiven Menschen, der kaum Kommunikation mit seiner Umwelt hatte, die einzige Bezugsperson, kann es soweit sein. Da er ohne diesen Menschen nicht weiter am Leben(sfluß) teilhat, mag er sich weigern, den unerhörten Verlust an sich heranzulassen. Im selben Maße, wie er sein Bewußtsein vor dem Verlust verschließt, seine seelische Abwehr also sprunghaft zunimmt, bricht die körperliche Abwehr zusammen. So wird das Immunsystem geradezu zum Anzeiger für Offenheit und Vitalität.

Bei Patienten, die mit einer Depression zu tun haben, kann alles, was diese labile Situation aktualisiert, zur entscheidenden Schwächung der Immunabwehr führen. Die Kündigung einer Arbeit, die zum Lebensinhalt geworden war, mag bereits genügen oder eine endgültige *Ent*täuschung in einer Partnerschaft nach jahrelanger Täuschung. Der typische Krebspatient neigt aus seinem inneren Muster dazu, in solche Situationen zu geraten. Sein angepaßtes und dabei niedergedrücktes Wesen wird sich hin und wieder unter dem Druck rühren und einen Wiederbelebungsversuch riskieren. Jeder solche Versuch kann das mühsam niedergehaltene Sinnlosigkeitsgefühl aktualisieren und ein neuerliches plötzliches »Zumachen« den Krankheitsausbruch auslösen. Auch der in den Erfolg geflüchtete Krebspatient findet eine Fülle von Möglichkeiten, um sich der Lebensenergie zu verschließen. Was immer die Maske seiner Depression, den Erfolg, in Frage stellt, eignet sich dazu.

9. »Krebs« auf der sozialen Ebene

Die Krebszelle will die ganze (Körper-)Welt erobern und alles zu ihrer Art machen. Deshalb dringt sie überall ein bzw. sendet ihre aggressiven »Missionare« bis in die entferntesten Bereiche des(Körper-)Landes. Die Medizin nennt sie »Filiae« (lat.: Töchter) oder Metastasen. Letzteres ist griechisch und heißt Umwandlung, Versetzung oder Wanderung. Der Anspruch, überall bis in entfernteste Körperabschnitte »mitmischen« zu können, ist für die embryonale Zelle angemessen, die in ihrer Undifferenziertheit noch alle Möglichkeiten in sich trägt. Entwicklung bedeutet aber u.a. Einschränkung und Spezialisierung. Beides hat die Krebszelle je nach Blickwinkel verloren oder überwunden.

Die Unreife solcher Haltung ergibt sich aus dem Vergleich von erwachsenem und kindlichem Verhalten. Das Kind hat noch das Recht, sich in allen Berufen und Lebensarten zu sehen und zu glauben, daß sein Papa, als Vergrößerung des eigenen Ichs, alles kann. Es darf davon träumen, überall auf der Welt hinzureisen, ohne sich um konkrete Versorgungsfragen zu kümmern. Sein Anspruch auf alles Spielzeug des Spielplatzes und darauf, bei allen Spielen mitzumachen, mag den Eltern Ärger einbringen, ist aber in dieser frühen Phase noch kein Problem. Ein Erwachsener mit diesem Anspruch wird für seine Umwelt dagegen schnell zu einer Herausforderung, die nur zwei Alternativen läßt: entweder er oder die Umwelt. Paßt ihn die Umwelt mit Überzeugungskraft oder Gewalt ihren Bedürfnissen an, zwingt sie ihn zu einer Art verspäteter Nachreifung, Resozialisierungsversuchen im Strafvollzug entsprechend, oder sie grenzt ihn definitv aus.

Die zweite Möglichkeit, daß dieser Mensch sich gegen seine Umwelt durchsetzt und ihr seinen Willen aufzwingt, ist seltener.Auf der geistig-seelischen Ebene werden entsprechende Versuche als Größenwahn abgetan, fast immer niedergeschlagen und in psychiatrischen Anstalten »erfolgreich« ausgegrenzt. Nur relativ selten gelingt es einem »Verrückten«, wirklich Macht zu erlangen. Im politischen Bereich werden entsprechende Versuche als Terrorismus bekämpft und meist mit Gewalt, seltener mit Überzeugungskraft, niedergerungen. Terroristen nennen sich selbst Revolutionäre, manchmal auch revolutionäre *Zellen*, gelten dem betroffenen Staat aber als Schwerverbrecher und haben weder Gnade noch Achtung zu erwarten. Siegen sie allerdings, wird ihre Macht respektiert, sind sie doch die neuen Herren im Lande.

Im wirtschaftlichen Bereich bekommen Vertreter der entsprechenden Haltung von Anfang an Applaus, verdeutlicht der Krebs doch jene Haltung, die unternehmerischen Erfolg ausmacht. Der typische Unternehmer des Frühkapitalismus setzt sich über bestehende Grenzen hinweg und schlägt die Konkurrenz ohne Erbarmen aus dem Feld, indem er sie mit der Macht seiner Ellbogen an die Wand drückt und aus dem Geschäft drängt, ihr das Wasser abgräbt oder wenigstens ihre Märkte infiltriert. Statt Metastasen, Absiedlungen und Filiae werden hier Filialen, Tochtergesellschaften und Dependancen gegründet. Zuerst wächst die Mutterfirma wie die entsprechende Geschwulst über sich selbst hinaus, dann infiltriert sie die Umgebung, schließlich wird sie landesweit aktiv und endlich im Idealfall weltweit. Man will überall präsent sein und alles selbst in den Griff bekommen. Das ist das Credo des Kapitalismus und die angestammte Verhaltensweise großer Konzerne. Ganz selbstverständlich wird dabei aggressiv und rücksichtslos vorgegangen.

Die Absiedlungen des Krebses und die Niederlassungen vonKonzernen haben analoge Ziele. Sie streben danach, möglichst viel vom eigenen Programm abzusetzen und den einheimischen Kräften keine Chance zu lassen. Die »Vorbildlichkeit« des Krebses verdeutlicht die Weltkarte in einem Unternehmensbüro. In der Mitte markiert ein dicker roter Kreis die Muttergesellschaft, die ihre nähere Umgebung mit kleineren rot markierten *Filia*len infiltriert. Zur Peripherie hin nehmen diese Metastasen ab. Einige Länder sind noch frei davon, während es in anderen größere Kolonien gibt, die ihrerseits kleinere Filialen um sich scharen. Die so markierte Landkarte ähnelt verblüffend den mit Diagnoseverfahren wie der Szintigraphie gewonnenen Bildern krebsbefallener Körperwelten.

Eine weniger emotionsgeladene, weil weitgehend von der Geschichte überholte Parallele zum Krebsgeschehen ist der Kolonialismus. Die Bildung von Kolonien außerhalb des eigenen Landes war vom einzelnen Imperium aus betrachtet eine Krebsstrategie. Man wollte möglichst die ganze Welt unter den eigenen Einfluß bringen und schreckte keineswegs vor gewaltsamen Grenzverletzungen und brutalen Überfällen auf zumeist intakte, lediglich weniger aggressive Kulturen zurück. Fremde Lebensverhältnisse wurden weder respektiert noch am Leben erhalten, vorgefundene Menschen für minderwertig erklärt und versklavt. Das jeweilige Imperium war von seinem eigenen Größenwahn derart überzeugt, daß es überall auf der Welt kleine oder größere Ausgaben von England, Spanien, Portugal, Frankreich oder Deutschland machen wollte. Lediglich die anderen ebenfalls krebsartig wuchernden Imperien setzten dem invasiven Wachstum Grenzen. Wie ihr anatomisches Pendant bekamen die Kolonialreiche häufig Versorgungsprobleme, ging es doch vor allem um Expansion und wenig um die dafür notwendige Infratruktur. Ähnlich wie in Tumoren findet man noch heute in den Resten etwa des portugiesischen Kolonialreiches einen auffälligen Mangel an Infrastrukturen. Vieles ging zugrunde bei dieser Art undifferenzierten Wachstums in den metastasierenden Kolonien wie auch im Mutterland der vielen ungeratenen Töchter. An winzigen »Muttergeschwülsten« wie Portugal oder England hingen schlußendlich riesige, immer weiter wuchernde und kräftezehrende Imperien.Besonders England kam mit seinen sich völlig von der »Muttergeschwulst« lossagenden Kolonien (USA, Kanada, Australien, Rhodesien oder Südafrika) dem Krebsbild nahe. Daß es den nationalen Geschwülsten mehr um Ausdehnung und imperiale Machtentfaltung denn um Handel und Austausch ging, macht die Geschichte der Kolonialzeit deutlich. Wasserköpfen nicht unähnlich, schmarotzten aufgeblähte Kolonialverwaltungen in wirtschaftlich darbenden, ihrer Eigenstruktur beraubten Ländern auf dem Rücken von versklavten »Primitiven«, die allerdings in ihrem Charakter kaum je die Primitivität ihrer Kolonialisten erreichten. Eine ähnlich überlegene Primitivität weisen mit überblähten Kernen die Krebszellen gegenüber ihrer Umwelt auf.

Nicht nur in den großen Zügen bestimmt das Muster des Krebses unsere Welt, bis ins Detail verfolgt es denjenigen, der ein Auge dafür hat. Ein anschauliches Bild krebsartiger Expansionsbestrebungen bietet das Wachstum moderner Großstädte. Auf Satellitenphotos zeigt sich, wie sie sich geschwürig in die umgebende Landschaft fressen. Wie die Krebsgeschwulst vertrauen sie dabei auf verdrängendes, infiltrierendes Wachstum, während sie gleichzeitig einzelne

Sendboten in Form von Trabantenstädten, Industrie- und Gewerbezonen und anderen metastatischen Aktivitäten vorschieben.

Betrachtet man die Erde im Ganzen, wie sie an allen Ecken und Enden auf krebsige Art und Weise angefressen, ohne Rücksicht ausgebeutet und ihrer Widerstandskraft beraubt wird, entspricht ihr Bild dem des vom Krebs befallenen Körpers. Bei der Einschätzung, ob sie sich noch im Stadium des Abwehrkampfes oder bereits in jenem des Siechtums befindet, sind sich die Öko-, Bio- Theo- und anderen -logen uneins. Kachexie heißt der entsprechende Zustand der Resignation des Körpers vor der jugendlich-vitalen Kraft des Krebses. Er ergibt sich der Auszehrung und demonstriert in seiner Ergebenheit bereits Offenheit für den Übergang in die andere Welt. Da unsere Erde immer noch Regenerationsversuche macht und sich des auf ihr wuchernden Menschengeschlechts nach Kräften erwehrt, besteht wohl noch Hoffnung für sie.

Aber nicht nur die Prinzipien unseres Denkens bezüglich der Erde ähneln denen der Krebszelle, wir teilen auch den entscheidenden Denkfehler bzw. übersehen die Konsequenzen unseres Verhaltens: Der Tod des Gesamtorganismus zieht unweigerlich den Tod all seiner Zellen nach sich, auch den der Krebszellen. Nur der Beginn des ganzen Unternehmens ist vielversprechend für die Krebszelle. Sie sagt sich erfolgreich los von ihrer Umgebung und kommt dem Ideal von Autarkie, Omnipotenz und Allgegenwärtigkeit nahe. Wie der Einzeller, der ganz auf sich gestellt, alle Funktionen in einem Körper vereint, wird sie, mitten in einem Zellverband lebend, zum annähernd unabhängigen Einzelkämpfer. Für ihre hochspezialisierten Fähigkeiten tauscht sie potentielle Unsterblichkeit ein, wie sie auch der Einzeller besitzt. Solange die Nahrung reicht, bleiben Einzeller und Krebszelle am Leben. Alle anderen, in normalen Zellverbänden organisierten Zellen sind an eine natürliche, in ihrem Erbgut festgelegte Lebenserwartung gebunden. Krebszellen haben diese Schranke außer Kraft gesetzt und zeigen keine Alterungstendenzen, wie ein makabres Experiment belegt. Die Zellen eines Tumors, dessen Besitzer in den zwanziger Jahren an eben diesem Tumor gestorben ist, leben und teilen sich bis heute in einer Nährlösung ohne Alters- oder Ermüdungserscheinungen. Daß Krebszellen im Normalfall bald nach ihrem Wirt sterben, liegt am versiegenden Nahrungs- und Energieangebot. Während der Einzeller wirklich unabhängig und unsterblich in seiner vom Überfluß geprägten Wasserwelt lebt, übersieht die Krebszelle, daß sie lediglich potentiell unsterblich und schon gar nicht unabhängig werden kann. Genau wie der Mensch auf die Welt bleibt sie immer auf den Körper angewiesen, in dem sie lebt.

Daß unsere Erde bereits die Phase des Krankheitsausbruchs erreicht hat, wird an der Karikatur unserer Ideale durch den Krebs deutlich. Noch ernüchternder aber ist die sich aufdrängende Einsicht, daß wir selbst der Krebs der Erde sind. Das Wachstum unserer Wirtschaft ist ebenso wahnsinnig wie das des Krebses. Die Zuwachsraten sind enorm, aber das Unternehmen hat kein erreichbares Endziel. Fortschritt zielt auf neuen Fortschritt und damit prinzipiell in die Zukunft und aus unserer Reichweite. Auch der Krebs hat ein unrealistisches Ziel. Es liegt in seinem Schatten und ist der Untergang des Organismus. Wären wir ehrlicher, müßten wir uns eingestehen, daß das letzte Ziel unseres Fortschritts ebenfalls der Untergang des Organismus Erde ist.Wenn auch nur die frommen Wünsche der Politiker in Erfüllung gingen und die Entwicklungsländer ihren technologischen Rückstand aufholten, versetzte dies der bereits bedrohten Ökologie dieses Planeten den Todesstoß. Allerdings darf man wohl beruhigt davon ausgehen, daß solche Wünsche nicht besonders ernst gemeint sind. Jene Wünsche aber, die für unseren Teil der Welt weiteren linearen Fortschritt anpeilen, sind es durchaus, und sie haben etwas Entartetes und Artgefährdendes. Ohne Rückbesinnung auf unsere Herkunft aus der Natur und ohne Vorausschau auf ein Ziel im spirituellen Bereich laufen wir Gefahr, zum nicht mehr beherrschbaren Krebs zu werden. Die entsprechenden Kriterien erfüllen wir bereits.

Zeigt diese bösartige Krankheit ihr furchtbares Angesicht, erschrecken wir, weil wir uns selbst erkennen. So ehrlich wollen wir uns nicht sehen, einen so deutlichen Spiegel lehnen wir ab. Das hat die Menschheit mit jedem einzelnen Patienten gemeinsam.

10. (Er-)Lösung des Krebsproblems

Selbst im Krebs noch die Abbildung einer (Er-)Lösung zu sehen, ist auf dem Boden unserer Betroffenheit einerseits und unserer Wertung andererseits schwierig. Als Gemeinschaft haben wir große Angst vor den eigenen in uns schlummernden Kräften und Energien. Gestützt auf eine Fülle von sozialen Alibis drängen wir sie in den Schatten. Obwohl die Gesellschaft die freie Entfaltung des einzelnen und das freie Unternehmertum zur höchsten Maxime hochstilisiert, sind ihre meisten Einzelmitglieder diesbezüglich von erheblichen Ängsten geplagt. Die geistig-seelischen Zuwachsraten bleiben hinter den wirtschaftlichen weit zurück. Unser grandioses Bruttosozialprodukt kann uns auf die Dauer für den Mangel an innerem Wachstum nicht entschädigen. Mit gesellschaftlicher Rückendeckung, aber aus eigener Kraft gelingt es vielen Menschen ihre Selbstentfaltung abzublocken und sich in vorgegebene Strukturen zwanglos oder nicht selten auch zwanghaft einzufügen. Äußere Belohnungen erleichtern den Verzicht auf die *Ent*wicklung der Individualität und fördern die *Ver*wicklung zum Massenmenschen. Von diesem zum »Normopathen« ist es nur ein kleiner Schritt.

Da Selbstverwirklichung zum menschlichen Entwicklungsweg gehört, kann sie nicht aus der Welt geschafft, sondern höchstens be*seit*igt werden. Auf die Seite geschoben, landet sie im Schatten. In der materiellen Welt hat dieser zwei Ausdrucksmöglichkeiten: Die innere Körperwelt (Mikrokosmos) und die äußere (Um-)Welt (Makrokosmos). Der Weg der verdrängten Wachstumsprozesse führt folglich aus dem Bewußtsein in die Schattenwelt des Unbewußten und von hier auf die Körperebene oder in die äußere Welt. Da das Prinzip bei jedem Schritt erhalten bleibt und sich in seinen Ausdrucksmöglichkeiten der jeweiligen Ebene anpaßt, muß es überall zu finden sein, entweder in seiner erlösten oder in seiner unerlösten Erscheinungsform. Je weiter es verdrängt wird, desto unerlöster wird es sich präsentieren, aber selbst in der unerlöstesten Form muß im Prinzip auch die erlöste Ebene noch durchscheinen.

Im allgemeinen gilt uns die stoffliche Ebene als unerlöster, die geistig-seelische als erlöster. Beim Krebsgeschehen erklären wir so z.B. für bösartig, was uns im übertragenen Sinne durchaus wünschenswert erscheint: das Prinzip der Expansion. Der Krebs überwindet alle Grenzen und Hindernisse, dehnt sich auf alles aus, dringt in alles ein, teilt sich allem mit, vereinigt sich mit allen auch noch so fremden Strukturen, macht vor nichts halt, ist durch fast nichts zu bremsen, ist fast unsterblich und fürchtet nicht einmal den Tod. Krebs ist in den (Körper-)Schatten gesunkene Expansion. Folglich ginge es darum, im Bewußtsein zu expandieren, die Grenzenlosigkeit und Unsterblichkeit der Seele zu entdecken. Daß durch das bösartigste aller Krankheitsbilder das höchste Prinzip scheint, braucht uns nicht zu verwundern. Der dunkelste Schatten wirft immer das hellste Licht. Mit der Selbstverwirklichung ist beim Krebs jenes Thema in den Schatten gesunken, das auf das letzte Ziel aller Entwicklung, das Selbst, hinstrebt.

Obwohl die Mitte das letzte Ziel bleibt, ist es am Anfang des Weges notwendig, sie zu verlassen und in die Extreme zu gehen. Wenn Christus sagt,»Sei heiß oder kalt, die Lauwarmen will ich ausspeien«, spricht er über eine Stufe des Weges. Die Mitte als fauler Kompromiß ist es, die es zu verlassen gilt. Hier liegt die schwerpunktmäßige Lernaufgabe der Krebspatienten. In diesem Sinne ist das ruhige Mittelmaß, in dem es sich der Normopath bequem gemacht hat, kein endgültiger Platz. Statt der Harmonie der Mitte herrscht Scheinharmonie. Die (»bösartigen«) Egokräfte kommen zwar nicht zum Vorschein, aber sie leben im Schatten um so intensiver. Zwar wird der Normopath niemanden durch ein kompromißloses egoistisches »Nein« verletzen, aber er wird auch niemanden durch ein bedingungsloses »Ja« beglücken. Er entschuldigt sich laufend für sein Dasein, wird aber die urmenschliche Schuld (der Absonderung von derEinheit) nicht los. Schein ist ihm wichtiger als Sein. Schlußendlich aber geht es um das Sein, und so findet er in seiner bequemen Mitte, in die er auf dem Weg des geringsten Widerstandes gelangt ist, keine letzte Ruhe, bzw. jene letzte Ruhe, die er hier finden kann, ist nicht die wirklich letzte.

Für ihn geht es zuallererst darum, sich in Bewegung zu setzen, zu wachsen, sich zu wandeln und zu entwickeln. Dazu gehört auch, nein sagen zu lernen, seinen egoistischen Willen zu spüren und zu leben, den Aufstand zu proben gegen starre Regeln, auszubrechen aus zu engen Strukturen, anderen nahe und zu nahe zu treten, Grenzen zu sprengen, Schranken zu ignorieren, all die Dinge zu leben, die sonst im Schatten als Krebsgeschehen stattfinden. Statt Mutationen auf Zellniveau könnte es Veränderungen im seelischen, geistigen und sozialen Bereich geben, statt aus der Art, könnte er über die (zu straffen) Stränge schlagen. Es geht darum, das eigene Ego kennenzulernen, auch und gerade wenn das kein sehr feiner Zeitgenosse ist und damit bei der Umwelt nicht viel Ehre einzulegen ist. Statt um Entartung geht es um das Finden der eigenen Art, der Eigenart genaugenommen. Statt Absonderung sind Eigenständigkeit und Eigenverantwortlichkeit gefragt.

Die Therapierichtung des amerikanischen Radiologen Carl Simonton vertritt diese Richtung auf sehr körperliche Weise.Simonton läßt seine Krebspatienten mit gutem Erfolg täglich mehrfach Krieg führen. In gelenkten Meditationen bekämpfen sie mit ihrer ganzen wiederentdeckten Aggressivität den Krebs auf Zellniveau. Mit inneren Bildern und Phantasievorstellungen wird das eigene Immunsystem in seinem Existenzkampf unterstützt und dabei die so lange verdrängte Aggression gelebt. Der Ratschlag, den Krebs auf Biegen und Brechen zu bekämpfen, erscheint nur auf den ersten Blick als Widerspruch zum homöopathischen Prinzip. Beim aggressiven Krebs ist Aggression ja gerade das homöopathische, weil ähnliche Mittel.

Wenn diese erste Stufe des Erwachens für die eigenen Bedürfnisse auch sehr wichtig und nicht zu ersetzen ist, führt der Weg doch darüber hinaus. Das christliche »Sei heiß oder kalt . . .« ist unverzichtbar, aber die Entwicklung geht weiter, und dann gilt schließlich: »Schlägt dich jemand auf die linke Wange, biete ihm auch die rechte.« Diese beiden konträren Sätze haben für viel Verwirrung gesorgt, weil sie sich auf verschiedene Stufen des Weges beziehen. Es ist geradezu gefährlich an dieser Stelle weiter zu schreiben, weil allen Erfahrungen nach, gerade jene Patienten, die gut und noch lange mit den bisher beschriebenen Schritten der aggressiven Selbstdurchsetzung zu tun hätten, dazu neigen, schnell in »höhere Ebenen« zu flüchten. Dahinter steckt die irrige Annahme, daß ihnen die Verwirklichung so hehrer Themen wie der Liebe leichterfiele als die Befreiung des Ego samt seiner aggressiven Energien aus den entsprechenden Fesseln. Beim Überspringen oder zu schnellen Verlassen einer vorhergehenden Ebene aber hat die nächste keine Chance. Wenn ein Lauwarmer nach einem Hieb auf seine Linke aus lauter Feigheit gleich noch seine rechte Wange hinhält, ist nichts gewonnen. Aus der Liebe wird dann eher ein lauwarmes Gefühl, aus dem Heil Scheinheiligkeit. Solche Fehler, wie sie so manches Licht-und-Liebe-Gesäusel aus der New-Age-Szene nahelegt, kann sich ein Krebspatient nicht leisten.

Trotz der Gefahr des Mißverständnisses ist es *not*wendig, ein wenn auch noch so fernes Ziel schon ins Auge zu fassen. Die folgenden Schritte und Aufgaben setzen aber das Bewältigen der vorherigen Schritte voraus, sonst werden sie leicht zum Bumerang, wie Erfahrungen mit dem Krebskapitel im ersten Band gezeigt haben.

So wichtig die Entfaltung der Egokräfte auf dem Weg ist, so wenig kann sie das letzte Ziel sein. Der weitere Weg und sein Ziel sind im Krebsgeschehen ebenfalls angedeutet. Statt um körperliches Wachstum geht es um geistig-seelisches. Etwa 20 Jahre wächst der Mensch physisch, danach muß er geistig-seelisch weiterwachsen, oder das Wachstum sinkt in den Schatten. Solches Wachsen kann sich lange Zeit in der äußeren Welt abspielen und dann durchaus z.B. auch die entsprechenden Möglichkeiten einer expandierenden Wirtschaft nutzen. Irgendwann zielt es aber auf Selbstverwirklichung in höherem Sinn. Letztendlich geht es darum, eins mit allem zu werden, heimzukehren ins Paradies bzw. das Ich und den Schatten im Selbst aufgehen zu lassen. Dieser Zustand, der in so vielen Kulturen so viele unterschiedliche Namen hat und doch immer dasselbe meint, läßt sich aus der Welt der Polarität heraus nicht treffend darstellen. Worte wie Ewigkeit, Nirvana, Himmelreich, Reich Gottes, Paradies, Sein oder Mitte kommen ihm lediglich nahe. Das Problem nicht nur des Krebspatienten, sondern aller Menschen sind die Stufen zu diesem Ziel und deren Reihenfolge.

Die im Krebsprozeß abgebildete Regression, die die Frage nach dem Ursprung verkörpert, weist den Weg. Statt um Regression im Körper geht es um Religio im Geistig-Seelischen. Das chaotisch in alle Richtungen wuchernde, entartete Wachstum zeigt die Gefahr, daß der Fortschritt ohne Ziel im Tod endet. Auch das Sterben, das beim Krebsgeschehen immer drohend im Hintergrund wartet, ist eine Form der Rückkehr aus der polaren Welt in die Einheit. Alle Hinweise gelten dem einen Ziel, der Einheit. Dieses aber ist mit Egokräften nicht zu verwirklichen. So wichtig es für den Patienten ist, sein Ego zu entdecken, so wichtig ist es später, darüber hinauszuwachsen. Nachdem er gerade gelernt hat, sich durchzusetzen, kommt schon der Gegenpol auf den Lehrplan: zu lernen, sich der größeren Einheit bewußt einzufügen. Zunächst mag es wichtig gewesen sein, gegen die engen Regeln des Arbeits- oder Gesellschaftslebens aufzubegehren, zu erkennen, daß der eigene Chef kein Gott ist. Ist das Ego aber entwickelt und im Vollbesitz der erstrittenen Macht, geht es darum zu erkennen, daß der Weg des Ego ebenso in die Katastrophe führt wie der seiner Unterdrückung. Nachdem die kleine Ordnung der kleinlichen Regeln gesprengt ist, gilt es, die große zu finden und zu akzeptieren. »Dein Wille geschehe« heißt es im Vaterunser, und das meint nicht wie früher den Vorgesetzten oder Partner oder das Ich, sondern Gott, oder wie immer man die Einheit nennen mag.

Hier liegt der Hauptirrtum des Krebses, und er ist wieder ein perfekter Spiegel des Hauptirrtums der modernen Menschheit. Die Krebszelle versucht ihre Unsterblichkeit im Alleingang und auf Kosten des restlichen Körpers zu erringen. Dabei verkennt sie, daß dieser Weg sie letztlich zusammen mit dem Körper umbringen muß, ebenso wie die Menschheit bisher verkennt, daß ihr Ego-Trip auf Kosten der Welt nur im gemeinsamen Untergang enden kann. Es gibt keine Unabhängigkeit von der größeren Einheit, zu der man gehört. Die berechtigten Ambitionen auf Selbstverwirklichung und Unsterblichkeit können nur in der spirituellen Erkenntnis gipfeln, daß das einzige Ziel das Selbst, die Einheit mit allem ist. Diese aber schließt nichts und niemanden aus und läßt sich nicht für sich persönlich in egoistischer Weise erringen. Sie beinhaltet die Individualität und die höhere Ordnung gleichermaßen. Sie liegt in der eigenen Mitte und der jeder Zelle und jedes Menschen und ist doch nur das Eine. Es gibt weder mein Selbst noch dein Selbst, sondern nur *das* Selbst.

Es geht darum, die Einheit, die Unsterblichkeit der Seele in sich zu finden und zu erkennen, daß das Ganze bereits in einem ist, so wie man selbst im Ganzen ist. Das aber ist der Schlußpunkt oder eigentlich der Mittelpunkt, den nur die Liebe erschließt. Und auch das ist im Krebsgeschehen bereits symbolisiert. Wie die Liebe überschreitet der Krebs alle Grenzen, überspringt alle Entfernungen, durchdringt alle Barrieren, überwindet alle Hindernisse, wie die Liebe macht er vor nichts halt, dehnt sich auf alles aus, dringt in alle Bereiche des Lebens, beherrscht das ganze Leben; wie die Liebe strebt der Krebs nach Unsterblichkeit, und wie sie fürchtet er dabei nicht einmal den Tod. So ist Krebs denn tatsächlich auch in den Schatten gesunkene Liebe.

11. Therapieansätze

Die beste Therapie beginnt früh bei der Einsicht, daß das Bild der Normopathie bereits ein Krankheitsbild ist, auch wenn es der Idealvorstellung unserer Zeit nahekommt. Daraus folgt umgekehrt, daß diese Zeit einen Traum träumt, der Krebs fördert. Gemessen an dieser Erkenntnis sind die täglich neu entdeckten Kanzerogene harmlos. Wenn in einem solch frühen Stadium mit Schritten in Richtung Individuation begonnen wird, dürfte man tatsächlich das Wort Vorbeugung benutzen, ohne es für die übliche Früherkennung[36] zu mißbrauchen. In diesem Stadium wären die notwendigen Schritte noch ohne großen Druck möglich. Ist die Diagnose bereits gestellt, ist der Druck ungeheuer. Er kann aber nicht nur niederdrücken, sondern auch Mut machen und die Entwicklung vorantreiben. Viele Patienten erleben die Nennung der Diagnose »Krebs« wie die Fällung eines Todesurteils. Ihr Weg zurück liegt dann in der *Re*signation, sie unterschreiben sozusagen dieses Leben nicht länger. Einige berichten sogar von einer gewissen Erleichterung, weil damit alles aus ihrer Verantwortung genommen sei. Andere Patienten nehmen die Herausforderung an nach dem Motto »Nun erst recht«. Auf sie wirkt die Diagnose wie die Initiation in einen neuen Lebensabschnitt, der nach anderen Gesetzen ablaufen muß. Was für die erste Gruppe das Ende von allem ist, wird für sie zum Anfang. Und gar nicht so selten liegt hier der Beginn zu einem neuen Leben. Die medizinische Prognose hat auch nach den Erfahrungen von Schulmedizinern viel weniger Einfluß auf die Lebenserwartung als die innere Einstellung. Es kommt entscheidend darauf an, ob die Betroffenen noch etwas vom Leben erwarten, dann erwartet auch sie noch etwas. Bei der Ausführung einer seiner 12, den archetypischen Aufgaben des Tierkreises entsprechenden Prüfungen wird Herakles beim Kampf mit der Hydra von einem fürchterlichen Krebs gebissen. Anstatt vor Schreck zurückzuweichen, stellt er sich dem Kampf und zertritt den Krebs, bevor er die Hydra überwältigt.

Nach der Diagnosestellung geht es darum, dem Schattenbereich möglichst viele Schritte abzunehmen. Was immer ins Bewußtsein zurückgeholt und gelebt wird, braucht nicht auf der Körperbühne dargestellt zu werden. Vorraussetzung dazu ist ehrliches Anschauen der eigenen Situation bis hin zu der Einsicht, daß nichts zufällig geschieht, sondern alles Sinn macht, selbst ein so erschreckendes Krankheitsbild. Auf dieser Basis wird manchmal erst die ganze Verzweiflung erlebbar, die die Diagnose Krebs auslöst. So hart das klingen mag, ist es doch wesentlich für weitere Schritte. Eine Medizin, die dem Patienten seine Diagnose verschweigt und ihn »zu seinem Besten« belügt, mag humaner scheinen. Andererseits blokkiert sie alle durchaus noch gegebenen Entwicklungschancen.

Zu den Möglichkeiten, dem Körper abzunehmen, was eigentlich Aufgabe der Seele wäre, gehört die ganze Bandbreite der Bilder, die der Krebs dem Organismus aufzwingt: vom Grenzüberschreiten bis zum Über-die-Stränge-Schlagen, vom vitalen Wachstum bis zur wilden Aggression. Es geht darum, die Position des Lauwarmen einzutauschen gegen die Höhen und Tiefen des eigenen Lebens. All der ungezügelten Kreativität, die sich im Krebsgeschehen ausdrückt, gilt es bewußt Lebensraum zu verschaffen, vom körperlichen bis in geistig-seelische Bereiche. Mutationen stehen an und verlangen Mut. Sie sind überall sinnvoller als im Körper. Während die biologische Evolution durch körperliche Mutationen vorankam, muß die individuelle Evolution durch geistig-seelische Veränderungen in die Wege geleitet werden. So wie die Krebszelle etwas aus sich macht, müssen die Patienten etwas aus ihrem Leben machen. Und es wird etwas Eigenes sein müssen – die Autarkiebestrebungen des Krebses legen es nahe. Die Fruchtbarkeit der Krebszellen gilt es selbst zu leben. Zu all dem ist Rückbesinnung auf die eigenen Wurzeln angezeigt – vielleicht ist es buchstäblich notwendig, von der hochspezialisierten Funktion, die man in Gesellschaft, Firma oder Familie eingenommen hat, zurückzutreten und wieder ein Mensch zu werden mit eigensinnigen Bedürfnissen und verrückten Ideen.

Jene Patienten, die das Blatt noch einmal gewendet haben, berichten, wie radikal sich ihr Leben durch die Krankheit geändert hat. An Stelle von Fremdbestimmung ist Selbstbestimmung getreten, an Stelle von subalterner Unterwürfigkeit der offene Aufstand. Bei den gesellschaftlich erfolgreichen Patienten kann es sein, daß der gelebte, aber von dem Betroffenen selbst nicht gesehene Ego-Trip ins Bewußtsein integriert werden muß. Es wird sich dann herausstellen, daß etwas anderes viel wesentlicher ist.

Die angeführten Kriterien gelten in ganz analoger Weise auch für körperbezogene Therapien, von Lebensenergie mobilisierenden bioenergetischen Übungen bis hin zu Injektionen. Wann immer Therapien die Prinzipien, die der Krebs auslebt, aufnehmen, haben sie besondere Chancen. So bringt z.B. die anthroposophische Medizin mit der Mistel[37] ein Gewächs ins Spiel, das dem Krebswachstum von der Signatur teilweise entspricht. Darüber hinaus führen die Injektionen zu Reizen des Organismus, die ihn zum Kampf anregen. Auch Simontons[38] erwähnte Form der Psychotherapie gehört hierher, schlägt sie doch zwei Fliegen mit einer Klappe, indem sie den Patienten zum Ausleben seiner Aggressionen anregt und damit gleichzeitig dem Tumor das Wasser abgräbt. Beim Bekämpfen der Krebszellen ist allerdings darauf zu achten, daß aus dem Kampf gegen die Krebszellen nicht einer gegen das eigene Schicksal wird. Vor jeder Heilung ist eine Phase des Annehmens *not*wendig, mit dem Schicksal hadern führt in die entgegengesetzte Richtung.[39]

Letztlich geht es darum, der Vitalität und Kreativität des Patienten auf die Sprünge zu helfen und sie nicht etwa zu untergraben wie durch »Stahl, Strahl und Chemie«. Wenn dergleichen trotzdem sinnvoll oder nicht zu umgehen ist, sollte man diese Maßnahmen lediglich als Möglichkeit zu einem teuer erkauften Zeitgewinn sehen und die vitalitätsfördernden Maßnahmen parallel und vor allem danach einsetzen. Methoden wie die von Simonton sind z.B. auch optimale Unterstützungen einer Chemo- oder Strahlentherapie. Allerdings gilt das durchaus nicht umgekehrt.

Ein wesentlicher Punkt ist der Atem. Atmung ist Kommunikation, und diese ist beim Krebs auf eine primitive und radikale Ebene gestürzt. Insofern ist radikale Atemtherapie eine gute Möglichkeit, zumal dabei der Körper jedesmal mit Sauerstoff überschwemmt wird.

Das ist bereits eine Methode der alternativen Medizin zur Krebsbehandlung. Hinzu kommt, daß bei vielen Krebspatienten der Atem als Ausdruck des Lebensflusses eingeschränkt und behindert ist. In der zunehmenden Befreiung des Atems liegt die große Chance, wieder offen für den Lebensfluß zu werden.

Die Mutation auf der Zellebene findet ihre Entsprechung in der Metamorphose des Geistig-Seelischen. Was immer den Bezug zur Religio stärkt und den Betroffenen Zugang zu ihren tieferen Ebenen verschafft, liegt auf diesem Weg. Wenn sie nach all dem notwendigen Aufstand gegen ihr opportunistisches Gesellschaftsspiel ihren wirklichen Platz finden und diesen aus ganzem Herzen annehmen und einnehmen, haben sie in jedem Fall gewonnen. Das bedeutet dann wieder das Ende aller Versuche, etwas Besonderes sein zu wollen, das Ende allen Egoismus. Sie erkennen, daß sie an ihrem Platz richtig stehen und eins mit allem sind.Das wäre auch die (Er-)Lösung für die Krebszelle: ihren Platz nicht aus Resignation und Mangel an Alternative zu behaupten, sondern ihn bewußt anzunehmen und ihre Einheit mit dem ganzen Körper zu erkennen.

Auf diesem Weg können aufdeckende Psychotherapien von entscheidendem Wert sein, vorausgesetzt, sie beziehen den Körper und die Gefühlsebene mit ein und bewegen sich nicht nur im Bereich des »Kopfdenkens«. Das Lebensmuster zu entschlüsseln, in dem der Krebs notwendig wurde, ist die große Chance. Das weitere ist eine Frage der Demut und der Gnade. Denn die allumfassende Liebe als Schlüssel zur Unsterblichkeit läßt sich nicht erzeugen und erst recht nicht therapeutisch erzwingen. Man kann sich lediglich bereit machen, um wach zu sein, wenn es einem geschieht. Einige Krebspatienten haben zu allen Zeiten die Chance, auf den Tod erkrankt zu sein, genutzt, sich *auf* zu *machen* für diesen großen Schritt. Obwohl auch sie als Normopathen begonnen haben, wandelten sie sich unter dem Druck ihres Krankheitsbildes zu Menschen, die andere allein durch ihr So-Sein beindrucken.

Fragen

1. Lebe ich mein Leben, oder lasse ich mich von außen bestimmen?
2. Riskiere ich es, meinen Kopf durchzusetzen, oder mache ich um des lieben Friedens willen faule Kompromisse?
3. Lasse ich meinen Energien ihren Raum, oder ordne ich sie in jedem Fall den vorgegebenen Regeln und Bestimmungen unter?
4. Erlaube ich es mir, Aggressionen *aus*zudrücken, oder mache ich alles in mir und mit mir selbst ab?
5. Welche Rolle spielen Veränderungen in meinem Leben? Habe ich den Mut, mich in neue Bereiche auszudehnen? Bin ich fruchtbar und kreativ?
6. Haben Kommunikation und lebendiger Austausch einen Stellenwert in meinem Leben, oder komme ich mit mir selbst am besten zurecht?
7. Erlaube ich mir hin und wieder, über die Stränge zu schlagen, oder geht mir Anpassung über alles?
8. Sind bei mir seelische und körperliche Abwehr in Harmonie, oder ist die körperliche zu Gunsten der seelischen geschwächt?
9. Welche Rolle spielen die beiden Grundfragen in meinem Leben: Woher komme ich? Und wohin gehe ich?
10. Hatte die große, alles umfassende Liebe je eine Chance in meinem Leben?
11. Welche Rolle spielt in meinem Leben der Weg unter dem Motto:
    »ERKENNE DICH SELBST –
    DAMIT DU GOTT ERKENNST«?

III. Der Kopf

1. Die Haare

Die Haare sind anatomisch gesehen am höchsten angesiedelt und bedecken die Schatten- oder Nachtseite unserer persönlichen Weltkugel. In ihrer Stärke und ihrem Glanz spiegeln sie unsere Stärke und unseren Glanz. Sind wir in Form und gesund, sind sie es auch. Ihre Symbolsprache enthüllt manch *haar*iges Thema. Als **Freiheitssymbol** machten sie Zeitgeschichte. Die Hippiezeit mit ihren Legenden, die sich um das Wassermannzeitalter und sein Musical »Hair« rankten, demonstrierte anschaulich die Beziehung zwischen Haarpracht und Freiheitsanspruch. Den Gegenpol zu den Hippies der Wassermannzeit bilden die Soldaten aller Zeiten und Länder. So gegensätzlich die Ideologien sein mögen, für die sie kämpfen, immer müssen sie Haare lassen - im übertragenen wie auch im konkreten Sinne. Alle regulären Armeen sind sich darin einig, ihren Rekruten die Haare zu scheren. Denn mit den Haaren wird ihnen symbolisch auch die Freiheit beschnitten. Bei den Zen-Mönchen begegnet man dem gleichen Phänomen, allerdings verzichten sie freiwillig und bewußt auf die Haare und die durch sie symbolisierte äußere Freiheit. Sie zielen auf jene tiefere innere Befreiung in spiritueller Hinsicht, bei deren Verwirklichung äußerliche Freiheiten nur störend wären. Mit Abstand betrachtet müssen Zen-Mönche aber genauso strikt auf ihren eigenen Willen verzichten wie Soldaten. Gehorsam steht an erster Stelle, und da wären eigene Locken und die Lockungen der äußeren Welt symbolisch im Wege. Freiheitskämpfern, die als eigenverantwortliche Individuen für ihr Land und ihre Unabhängigkeit kämpfen, sind die Haare dagegen keineswegs im Wege. Ihnen geht es ausdrücklich um äußere bzw. politische Freiheit. Leibeigenen dagegen wurde das Freiheitssymbol eigener Haarpracht verweigert. Sie waren die »Gescherten«, wovon noch der entsprechende bayerische Mundartausdruck zeugt. Er verdeutlicht zudem die Abwertung, die Menschen »ohne« Haare damals zu ertragen hatten und unter der manche »Glatzköpfe« auch heute leiden.

Haare sind ein beliebtes Schlachtfeld für symbolische Freiheitskämpfe. In China wurde mit den sprichwörtlichen Zöpfen eine überholte Gesellschaftsordnung abgeschnitten. Noch heute schneiden wir symbolisch alte Zöpfe ab. In seiner strengen Geordnetheit lebt der Zopf davon, daß jeder Strang genau seinen Platz hat und einhält. Allein das Flechten der Zöpfe ist ein Akt der Disziplinierung. Beginnt jeder Tag mit dieser symbolischen Selbstdisziplinierung, bekommt das Leben einen geordneten, aber auch peinlich kontrollierten Rahmen. Kein Haar darf da eigene Wege gehen, jede Strähne ist streng unter Kontrolle. Insofern ist das Abschneiden der Zöpfe auch heute noch ein Akt der Befreiung und Emanzipation, für viele Mädchen. In früheren Zeiten waren lange Haare für Frauen weniger ein Symbol der Freiheit als eine Selbstverständlichkeit. Insofern war das Brechen dieser Regel ein Akt der Emanzipation, und tatsächlich wollte die Frau sich damit von der typischen Frauenrolle befreien, die sie von der Unterhaltssorge, aber auch aller gesellschaftlichen Verantwortung freistellte.

Der Haarwildwuchs der Wassermanngeneration dürfte nur ein schwaches Wetterleuchten gewesen sein, verglichen mit dem Unwetter, das losbrach, als die ersten Frauen ihre langen geordneten Haarsträhnen preisgaben, um sich mit Pagenkopf und Garçonfrisur die Freiheiten der Männerwelt herauszunehmen. In beiden Fällen ging es darum, den eigenen Kopf durchzusetzen und sich nicht mehr auf ihm herumtanzen zu lassen. Hinter dem Motto: »Mein Haar gehört mir« stand entschiedener noch: »Ich habe meinen eigenen Kopf und kann unabhängig darüber bestimmen, was darauf wächst und darin vorgeht!«

Frisuren spiegeln Geisteshaltungen. So neigen Künstler häufig zu extravaganter Haartracht, während den Gesellschaftsnormen verpflichtete Menschen zu genormten und phantasielosen Einheitsfrisuren tendieren. Noch extremer als die Zöpfe waren die Duttfrisuren, wie man sie heute nur noch selten auf dem Land antrifft. Alles ist von der starren Form vorgegeben, kein Härchen darf überstehen, Freiheit und Kreativität haben keinen Platz, weder auf dem Kopf noch im

Leben. Auf dem Gegenpol sind die Frisuren der Punker ein bewußt gesetztes Zeichen, daß sie sich alle Freiheiten nehmen und mit Zucht und Ordnung, symbolisiert in den gängigen Frisuren, nichts mehr zu tun haben wollen.

So ist die Kopfhaut eine gute Bühne, um festzustellen, was in diesem Leben gespielt wird. Allerdings muß man heute auch an die Möglichkeit der Kompensation denken. Zur Zeit Ludwigs XIV. war es einem Manufakturarbeiter nicht möglich, seinen gesellschaftlichen Stand durch das Tragen einer gepuderten Lockenperücke äußerlich aufzubessern. Heute hat dagegen jeder die Möglichkeit, auf seinem Kopf seine Wunschträume zu inszenieren, ohne daß diese bereits seinem konkreten Leben entsprechen müßten. Wer das Leben einer grauen Maus in einem grauen Büro fristet, kann mit einer wilden roten Lockenpracht darauf hinweisen, daß noch ganz andere Themen der Entdeckung harren. Selbst wenn das ein noch ferner Traum sein mag, sind die entsprechenden Signale gesetzt. Die Wildheit der Locken kann so Kompensation des langweiligen Lebens sein, aber doch auch schon den entsprechenden Anspruch an die Zukunft anmelden. Besonders augenfällig und symptomatisch wird der ungelebte Traum, wenn sowohl Farbe als auch Form künstlich herbeigezaubert sind. Dann will man wirklich Neuland erobern. Ist die Pracht dagegen echt, spricht viel dafür, daß es um Bereiche geht, die einem *natürlich* zukommen und insofern auch zufliegen werden.

Eine weitere Bedeutungsebene der Haare kreist um das Thema **Macht**. Hier wäre an die biblische Geschichte von Simson zu denken, der mit seinen *mächt*igen Haaren auch die entsprechende Kraft und Macht einbüßte, oder an die fränkischen Könige des Mittelalters. Ihre unumschränkte Macht und Unantastbarkeit beruhte nicht unwesentlich auf von jedem Messer unberührten langen Haaren.Menschen verschiedenster Kulturen neigen dazu, sich zusätzliche Haarteile einzuflechten, um ihr »Ansehen« zu *erhöhen*. Bei symbolisch denkenden Kulturen müssen das nicht einmal echte Haarteile sein wie unsere Toupets und Perrücken, man schmückt sich auch gern mit Stoffen und *fremden Federn*. Der Kopfputz der Indianer ist dem Federkleid der Vögel nachempfunden. Das von einem *gewalt*igen Federschmuck umrahmte Häuptlingshaupt drückt Kraft, Macht und Würde aus, wie auch Nähe zum Himmel.

Keltische Krieger setzten in der Schlacht auf ihre Kampffrisuren, bei denen die Haare zu eindrucksvoll aufragenden Gebilden geformt waren. Als Frühform des Haarfestigers diente ihnen Lehm. Mit solcherart zu Berge stehenden Haaren zeigten sie den Feinden, daß sie nicht nur *Haare* auf dem Kopf, sondern auch *auf den Zähnen* hatten. Daß Machtdemonstration immer auch mit Angst zu tun hat, wird insofern deutlich, als wohl auch den Feinden bei diesem Anblick *die Haare zu Berge standen.* Vögel *plustern sich auf*, und Raubtieren *sträuben sich die Haare*, wenn sie Macht demonstrieren und allen Grund zur Angst haben. Menschen raufen sich in entsprechend schwierigen Situationen die Haare, was einerseits Verzweiflung ausdrückt, andererseits ein mächtigeres Aussehen verleiht. Wenn man jemandem »kein Haar krümmt«, läßt man seine Macht und Würde unangetastet. *Geraten* sich dagegen zwei *in die Haare*, zielt jeder darauf, den anderen zu erniedrigen und zu überwinden. Der Gegner soll *Haare lassen*, man selbst *läßt kein gutes Haar an ihm.* Das kann bis zur »Haarspalterei« führen und dazu, daß man in jedem Fall *ein Haar in der Suppe* findet.

Der Gegenpol der Macht zeigt sich im Haarverlust. Häftlinge und sogenannte Feindliebchen, Frauen, die sich mit gegnerischen Soldaten eingelassen hatten, wurden geschoren, um ihnen die Freiheit bzw. ihre weibliche Macht und Kraft zu nehmen, sie zu brandmarken und zu bestrafen. Ähnlich erging es früher den »Hexen«, galten doch deren vorzugsweise rote Haare als Zeichen weiblicher Macht, mit der sie die Köpfe »unschuldiger Männer« verdrehten.

Die mildere Variante dieser Vergewaltigung ist das bis heute übliche An-den-Haaren-Ziehen. Neben dem Strafaspekt ist dabei auch der Hinweis auf die absolute Ohnmacht schmerzhaft. Zog der Lehrer den Schüler an seinen Macht-, Würde- und Freiheitssymbolen aus der Bank, demonstrierte er damit die eigene Macht und die Ohnmacht seines Opfers. Wenn etwas »an den Haaren herbeigezogen« wird, klingt es gequält, die Wahrheit wird vergewaltigt und so hingebogen, wie man sie gerade braucht.

Die Hochfrisuren von Herrscherinnen im Stil der Nofretete verbanden das Thema Macht mit dem der **Würde**. Mit einer hoch-herrschaftlichen Frisur läßt sich die hochgestellte Geburt noch unterstreichen. Auf entsprechenden Bällen streben bis heute die Frisuren im Einklang mit ihren Trägerinnen nach Höherem. Wer sich die Haare zu eindrucksvollen Gebilden unter zeitlichen und finanziellen Opfern auftürmen läßt, will hoch hinaus und hofft, daß sich sein Ein- bzw. Aufsatz lohnt. So liegen hochgestellt und hochgesteckt nahe beieinander, und hochgesteckte Haare stehen nicht selten für entsprechende Ziele. Im Zusammenhang von Macht und Würde spielt auch der Zugewinn an Selbstbewußtsein eine Rolle, den jeder Teenager verspürt, der sich vor der Party die Haare sorgfältig wäscht oder toupiert, um ein bißchen mehr herzumachen.

Als Anhangsgebilde der Haut bringen die Haare auch venusische Qualitäten ins Spiel, etwa wenn sie, in Venus' eigener Farbe gefärbt, den Kopf zu einem Leuchtturm machen oder verführerisch weiche Wildheit in einer Löwenmähne zur Schau stellen. **Locken** haben etwas *Locken*des, und auf *lockere*, verspielte Art *locken* sie andere Spieler an. Ein *Locken*kopf verkörpert im wahrsten Sinne des Wortes »Ungebundenheit«, gehen die einzelnen Locken doch entgegen aller Ordnung ihre eigenen kreativen Wege. Löwenmähnen können und brauchen nicht gekämmt zu werden, es reicht sie zu schütteln. Wagt einer den Versuch, solch eine Raub- und Wildkatze zu zähmen, können die langen *lockigen* Haare auch von weicher Anschmiegsamkeit zeugen. Ihr seidiger Glanz verleiht ihrer Vitalität Ausdruck.

Schönes volles Haar kann aber auch in entgegengesetzte Richtung weisen, wenn es etwa in madonnenhafter Sittsamkeit in der Mitte gescheitelt, gerade über die Schultern fließt. Hier wird ebenfalls Kraft und Würde deutlich, aber sie ist in geordnete Bahnen gelenkt und durch die ausgewogene Aufteilung des Stromes unter dem Aspekt der Harmonie zu sehen. Um mit dieser Haartracht Eindruck zu machen, bedarf es allerdings einer enormen Fülle, denn naturgemäß machen Locken mehr her. Im Gegenpol, dem freiwilligen Verzicht auf Haarschmuck wird deutlich, wie wenig sich jemand aus seiner Wirkung auf das andere Geschlecht macht. Den Mönchen sollte es gleichgültig geworden sein, und für die Soldaten steht, jedenfalls offiziell, anderes auf dem Programm. Im Wehr*dienst dienen* sie ihrem Land, da muß das Ego geschliffen und persönliche Freiheit und Wirkung zurückgestellt werden.

Die Problematik des Ergrauens der Haare wird zum Schluß bei den Alterssymptomen behandelt. Nur die Betroffenen selbst können entscheiden, ob das äußere Grau inneres Grau(en) spiegelt, ob die Weißheit der Haare Weisheit verrät oder nur vortäuscht. Entscheidend ist dabei, ob sie unter der Verfärbung leiden. Leid spricht jeweils dafür, daß etwas aus dem Bewußtsein in den Körper gedrängt wurde und nun dort unangenehm berührt. Bei künstlich **gefärbten Haaren** liegt die Kompensationsebene näher. Ganz offensichtlich bringen die Punker jene Buntheit in ihre Frisuren, die sie im Leben vermissen. Wer sich in seine eintönigen Haare ein paar Strähnen färbt, will offenbar ein wenig Abwechslung in die Eintönigkeit auf (in?) seinem Kopf bringen. Das kann als Kompensation geschehen, aber auch programmatisch und wird dann von entsprechenden Versuchen begleitet, dieser Abwechslung auch auf anderen Ebenen Ausdruck zu verleihen.

Bei den Farbspielen ist Mittelmaß am wenigsten gefragt. Dunkle Haare werden mit Vorliebe pechschwarz, mittelblonde strohblond gefärbt. Der blonde (Rauschgold-)Engel und die geheimnisvoll dunkle Nacht stehen Pate. Der Hang zum äußerlichen Extrem kontrastiert nicht selten zur lauwarmen Einstellung im Innern. Der Christussatz »Sei heiß oder kalt, die Lauwarmen will ich ausspeien« bezieht sich zwar eindeutig auf die Seele, einfacher und bequemer ist es aber, ihn außen anzuwenden.

Schließlich sind die Haare als Anhangsgebilde der Haut auch **Antennen** im Dienste der Außenwahrnehmung und Wachsamkeit. An die Schnurrhaare der Katzen ist hier zu denken und an die feinen Körperhaare des Menschen. Ein Mensch ohne Haare hat demnach keine Antennen nach draußen. Bei den Soldaten ist die symbolische Isolierung von der Außenwelt, die auch in der Kasernierung zum Ausdruck kommt, erwünscht. Bei den Zen-Mönchen kommt dem Einziehen der äußeren Antennen beim Rückzug in die Abgeschiedenheit des Klosters noch tiefere Bedeutung zu.

Haare auf Brust und Beinen schließlich lassen animalisch-männliche Symbolik durchblicken und die entwicklungsgeschichtliche Vergangenheit voll urwüchsiger Kraft und tierischer Wildheit anklingen. Im Kinn- und Backenbereich gelten Barthaare klassischerweise als männliche Zierde. Ein Kinnbart kann den Aspekt des Willens und der Durchsetzungskraft betonen, ein Vollbart ihn aber natürlich auch verstecken bzw. im dunkeln lassen. Während sich Männer mit haarigen Andenken an unsere urwüchsige Vorzeit gerne *brüsten*, sind entsprechende Accessoires für Frauen unerträglich. Damenbart und Haare auf der Brust ruinieren die weibliche Ausstrahlung und werden Härchen für Härchen ausgerottet. Die ehrliche Natur aber ist hartnäkkig und läßt die männlichen *Auswüchse* immer wieder nachwachsen. Entsprechend bedeutungsschwangere Aussagen sind dem Organismus einiges Durchhaltevermögen wert.

Hirsutismus

Tritt starke und typisch männliche Körperbehaarung bei Frauen auf, entwickelt sich erheblicher Leidensdruck. Zu deutlich läßt dieses Symptom erkennen, daß hier männliche Anteile in den Schatten gedrängt wurden und von dort aus versuchen, im Körper die Oberhand zu gewinnen. Die Hormonsituation mit einem Überwiegen der männlichen Anteile spiegelt das Phänomen mehr, als sie es erklären könnte. Die betroffenen Frauen leben und entdecken ihren unbewußten männlichen Anspruch und Seelenanteil draußen auf der ehrlichen Haut. Tatsächlich ist es Aufgabe jeder Frau, ihren männlichen Pol, von Jung Animus genannt, zu entdecken und zu entwickeln. Das sollte aber im Bewußtsein statt im Körper geschehen. Besonders in den Wechseljahren steht diese Thematik an, und so ist diese Zeit prädestiniert für den Ausbruch körperlicher Männlichkeit, wenn die geistig-seelische keine Chance bekommt.

Der Durchbruch männlicher Energie im Bartwuchs verdeutlicht den unbewußten Anspruch an Willenskraft und Durchsetzungsfähigkeit. Dichtes Körperhaar verrät eine animalische Komponente. Leiden Betroffene unter diesem Symptom, spricht das dafür, daß sie ihren animalisch-männlichen Teil zu wenig leben und er sich im Körper ausdrücken muß. Ist, wie bei Männern häufig, kein Leid im Spiel, spiegelt das Außen das Innen. Das nicht auf den weiblichen Pol beschränkte Extrem wäre der sogenannte »**Haar- oder Hundemensch**«, bei dem der animalische Anteil zur vorrangigen Integrationsaufgabe wird. Wenn ein Mensch *auf den Hund gekommen* ist, meint das, er sei ganz unten gelandet. Bezüglich der Hierarchie der Evolution stimmt das auch für den Haarmenschen, der mit der tierischen Vergangenheit konfrontiert ist. Setzt sich beim Hirsutismus ein männliches Schamhaarmuster durch, wird die uneingestandene phallisch aggressive Ader im sexuellen Bereich betont. Häufig hinzukommende über den Haarwuchs hinausgehende Zeichen der »Vermännlichung« (Virilisierung von lat. vir = Mann) weisen in dieselbe Richtung. Der Umwelt ist meist sofort klar, daß diese Frau ein »haariger Typ« ist, d.h. eine Person, mit der man nicht so einfach umspringen kann und mit der *nicht gut Kirschen essen* ist. Das Symptom will, daß auch sie selbst das einsieht.

Die Lernaufgabe besteht also nicht im Kampf gegen das Männliche, sondern im Gegenteil in seiner Verwirklichung im eigenen Leben. Statt mit Bartwuchs das Kinn zu betonen, ginge es darum, dem eigenen Willen zum Durchbruch zu verhelfen. Statt sich in einen dichten Pelz zu hüllen, wäre es sinnvoller, sich im übertragenen Sinne Schutz durch Respekt zu verschaffen. Statt einer äußerlich männlichen will eine von tief innen kommende Ausstrahlung von Kraft und Macht wachsen. Statt als haariges Wesen sich vor der Welt zu verstecken, ginge es gerade darum, alle Welt wissen zu lassen, daß die Frau auch vor haarigen Angelegenheiten nicht zurückschreckt, gegebenenfalls auch Haare auf den Zähnen hat und sich recht stachelig (lat. hirsutus = stachelig) geben kann. Eine gewisse Widerborstigkeit liegt hier im Bereich der Lernaufgaben. Widerspenstigkeit und die Fähigkeit, sich zu sträuben, betonen den eigenen Willen und die Möglichkeit zu Oppositionsverhalten nachhaltiger als ein Kinnbart. Das Männliche ist einer der beiden Pole der Wirklichkeit, es gibt keine Chance, es mit einer Pinzette aus der Welt zu schaffen. Die einzige Möglichkeit ist, sich damit auszusöhnen.

Verlust aller Körperhaare

Bei Patienten, die unter diesem Krankheitsbild leiden, macht der Organismus mit der Aufgabe der Außenantennen eine starke unbewußte Rückzugstendenz auf radikale Weise deutlich. Die Haare sterben ohne ersichtlichen Grund von den Wurzeln her ab und lassen die Betroffenen buchstäblich kahl und nackt zurück. Weil sie sich schämen, ohne Haare in die Öffentlichkeit zu gehen, erzwingt das Symptom oft totale Isolierung. Damit aber hat es den Rückzug durchgesetzt, zu dem den Patienten bewußt der Mut fehlt. Der Körper zeigt ihnen im Symptom symbolisch die unbewußte Absicht, die Antennen einzuziehen und die Kontakte zur Umwelt abzubrechen, und setzt diesen Wunsch durch. Tatsächlich fühlen sie sich wohl schon länger nackt, schutzlos und bloßgestellt, ohne es sich einzugestehen. Das Krankheitsbild zeigt im doppelten Wortsinn ihre Scham. Auch der unbewußt empfundene Gesichtsverlust wird angedeutet, büßen sie doch neben den Scham- und Achsel- auch die Augenbrauen- und Wimpernhaare ein. Wenn sie lernen, mit Hilfe von Perücke und dezenter Kosmetik den Mangel zu überspielen, verliert das Symptom an Bedeutung und der Leidensdruck nimmt, wenn innerlich nichts geschehen ist, mit der Rückkehr ins Gesellschaftsleben wieder zu.

Die Lernaufgabe wird offen*sicht*lich: Es geht darum, sich auf sich selbst zurückzuziehen und die Antennen einzuziehen. Nackte Ehrlichkeit und schutzlose Offenheit sind gefordert wie bei einem Baby. Kosmetische Überdeckungsversuche tragen als Versuch, die Botschaft des Krankheitsbildes zu unterlaufen, nicht zur Heilung bei. Mit den Haaren wird die Freiheit genommen, z.B. jene, sich frei und unbefangen unter anderen Menschen zu bewegen. So geht auch ein Teil der Ausstrahlung und damit Macht über andere Menschen, speziell über das andere Geschlecht, verloren. Die Möglichkeit, mit den Haaren zu becircen, fällt aus, nicht vorhandene Wimpern können nicht mehr klimpern.

Das Krankheitsbild wirft auf die natürliche Scham zurück und zeigt die eigene ungeschütze Situation. Es unterbindet verschiedene Gesellschaftsspiele und vor allem das Spiel mit der gespielten Selbstsicherheit. Es ist gleichsam der Gegenpol zum Hirsutismus. Hatte dieser nahegelegt, sich bewußt zu Kraft und Macht durchzuringen, um den Körper von dieser Aufgabe zu entlasten, zwingt der komplette Haarverlust tiefer in kindliche Ohnmacht.

Haarausfall

Wenn die bedeutungsschwangeren Antennen, Schmuckstücke, Macht-, Freiheits- und Vitalitätssymbole jemanden unter der schnöden Symptomatik des **Haarausfall**s verlassen, ist an all die obigen Themen zu denken. Hinzu kommen die symbolträchtigen Situationen, in denen man *Haare lassen* muß. Ist die Notwendigkeit einer geistig-seelischen Mauserung übersehen worden, wird der Organismus gezwungen, das Thema stellvertretend zu verkörpern. Da es sich bei den Haaren um Hautanhangsgebilde handelt, wäre in diesem Zusammenhang auch an die Symbolik der Häutung zu denken, besonders wenn der Haarausfall mit **Schuppenbildung** einhergeht. Die Schlange legt ihre alte Haut ab, wenn sie reif für eine neue ist. Also drängt sich die Frage auf: Habe ich es versäumt, meine alte Haut abzustreifen und mir eine neue wachsen zu lassen?

Ausdrücke wie »Haare« oder »Federn lassen«, sich »wie gerupft fühlen« deuten an, daß man bezahlen bzw. ein Opfer bringen und etwas geben mußte, das man nicht gern und nicht freiwillig geben wollte. Man ist nicht *ungeschoren davongekommen*, sondern ziemlich *gerupft* und *bloßgestellt* worden. Hier ergibt sich die Frage: Wo und wann habe ich versäumt, zu zahlen bzw. das notwendige Opfer zu bringen?

Die in diesem Aspekt des Haarausfalls verborgene Lernaufgabe lautet folglich, Altes und von der Zeit Überholtes bewußt loszulassen, um Neuem Platz zu machen. Es ist wesentlich, diesen Schritt bewußt zu vollziehen, um den Körper von der Aufgabe des stellvertretenden Loslassens zu entlasten. Zusätzlich drängt sich der Hinweis auf, daß zuwenig Neues nachwächst. Vollkommener Ausfall fordert auf, sich radikal, nämlich bis an die (Haar-)Wurzeln gehend, von alten überholten Themen zu verabschieden.

Die andere Möglichkeit ist, sich den eingetretenen Freiheitsverlust einzugestehen und ihn zu akzeptieren. Auch dann wird der Körper das Thema nicht jeden Morgen von neuem auf dem Kopfkissen *präsent*ieren. Wer seine Freiheit darin sieht, freiwillig und bewußt zu tun, was getan werden muß, braucht nicht um seine Freiheitssymbole zu fürchten. Das ist besonders wichtig für unausweichliche Freiheitsverluste wie etwa das Erwachsenwerden. Patienten, die bereits in der Adoleszenz Haare lassen, verraten ungenügende Aussöhnung mit dem Erwachsenwerden. So zeigt die frühe Glatze ein doppeltes Gesicht. Einerseits wirken die Betroffenen äußerlich frühzeitig »gealtert«, ist die Glatze doch ein Zeichen »reiferer« Jahre. Andererseits erkennt der symbolgeschulte Blick auch die Haarlosigkeit des Neugeborenen, insbesondere, wenn sich statt nachwachsender Haare ein zarter Flaum bildet. Der Ausdruck »eine Glatze wie ein Kinderpopo« bringt den Doppelaspekt auf den Punkt. Die Lösung liegt selbst dann noch im geistig-seelischen Erwachsenwerden, wenn die Platte schon spiegelt. Es ist nie zu spät, die Flausen der Kindheit loszulassen bzw. die eigene Kindlichkeit auf höherer Ebene wiederzuentdecken.

Andere typische Haarausfallszeiten bieten sich kurz vor der Eheschließung an, vor dem Antritt einer festen Anstellung, vor der Verbeamtung usw. Hier ist im Prinzip dasselbe zu bedenken: Nicht das bewußte Aufgeben von Freiheit und Ungebundenheit bringt den männlichen Kopfschmuck in Gefahr, sondern die u.U. damit einhergehende Unbewußtheit und der Versuch, für in Anspruch genommene Vorteile nicht zu bezahlen. Wer mit Absicht und Leidenschaft Beamter wird und dafür gerne auf bestimmte Freiheiten verzichtet, dessen Haare sind in Sicherheit. Bedroht ist eher, wer sich als Künstler fühlt und hochfliegende Träume träumt, in Wirklichkeit aber wegen seiner uneingestandenen Existenzangst in den Beamtenstand tritt. Für solch einen *Fehl*tritt wird er bezahlen müssen, z.B. indem er symbolisch Federn läßt.

Haarwuchsveränderungen während der Schwangerschaft und nach der Geburt beleuchten dasselbe Thema aus einem anderen Blickwinkel. Viele Frauen bekommen in der Schwangerschaft dichteres und vitaleres Haar, einige verlieren diesen *Zuwachs* aber nach der Geburt sogleich wieder. Der Aspekt des Opferns ist in der Geburt deutlich. Um *einem Kind das Leben* zu *schenken,* muß sich die Frau von ihm trennen, und sie schenkt dabei, d.h., sie gibt etwas von sich weg. Besonders bei Frauen, die Probleme mit der Mutterrolle und ihrem Opferaspekt haben, findet sich verstärkter Haarausfall nach der Geburt. Einerseits bringen sie das nicht freiwillig gegebene Opfer stellvertretend auf dem Kopf, zum anderen leben sie auch den Wandelaspekt, der nach der Geburt des Kindes ihr Leben erfassen müßte, im Körper.

Beim kreisförmigen Haarausfall, der sogenannten **Alopecia areata**, handelt es sich um dieselbe Thematik bezogen auf einen eng umschriebenen Bereich. Die Aufgabe ist, diesen abgegrenzten Bereich ausfindig zu machen, sich hier von überlebten Strukturen zu lösen und an ihre Stelle neue Impulse treten zu lassen.

Davon abzugrenzen ist derAusfall der männlichen Haare an jener typischen Stelle, die an eine Mönchstonsur erinnert. Sollte es darum gehen, dem Archetyp des Mönchs näher zu treten, der ja mit Hilfe seiner Tonsur an der Stelle des obersten Chakras Offenheit nach oben signalisieren will? Liegt hier die Aufforderung, es dem Mönch gleichzutun und sich tendenziell von der äußeren Welt zu lösen, um sich mehr den höheren Welten zu öffnen?

Ähnlich ließen sich die sogenannten Geheimratsecken deuten, die die Denkerstirn verleihen und so den philosophischen Aspekt des Menschen betonen. Auch hier läßt sich nur vermuten, ob sich in geistig-seelischer Hinsicht Versäumtes auf der körperlichen Ebene Ausdruck verschafft oder die Denkerstirn den Denker auszeichnet.

Fragen

1. Bestrafe ich mich für etwas, oder lasse ich mich bestrafen?
2. Opfere ich meinen Kopfschmuck, das Zeichen meiner Macht und Würde, als Sühne? Wenn ja, wofür ?
3. Habe ich vergessen, für genossene Freiheit, Macht und Würde zu bezahlen?
4. Wo bin ich an unreifen kindlichen Freiheitsvorstellungen hängengeblieben?
5. Habe ich übersehen, alte überfällige Machtstrukturen zu opfern?
6. Habe ich überlebte Strukturen von Würde und Ansehen zu lange über die Zeit retten wollen?
7. Ist mir beim Festhalten an alten Strukturen wirkliche Freiheit, echte Macht und stimmige Würde unbemerkt abhanden gekommen?
8. Wo habe ich es versäumt, neue Impulse und Kräfte in meinem Leben sprießen zu lassen?

2. Das Gesicht

Das Gesicht ist nicht nur der Teil unseres Körpers, mit dem wir die Welt sehen, es ist auch der Teil von uns, den die Welt vor allem und zuerst zu sehen bekommt. Image und Ansehen stehen mit ihm auf dem Spiel. Jede Kontaktaufnahme beginnt über den Gesichtssinn, unsere Augen. Heute sind sie unsere wichtigsten Sinnesorgane. In der Frühzeit der Menschheit war die feine Nase noch wichtiger, dementsprechend älter und größer ist das Riechhirn. Auch ein scharfes Gehör war überlebenswichtig, solange natürliche Gefahren die Menschen bedrohten. Selbst der Geschmack, inzwischen fast ein Luxussinn, konnte über Leben und Tod entscheiden, wenn verdorbene von eßbarer Nahrung zu trennen war. Wenn wir heute das ganze Gesicht nach dem Gesichtssinn benennen, ist die Wertung klar. Dem Augenlicht gilt unser Haupt*augen*merk. Wir schätzen die Welt nach unserem *Augen*maß ein. Allerdings wirkt sich der Verlust des Gehörs noch gravierender auf das seelische Befinden aus als der des Gesichts, was uns zeigt, daß in der Tiefe der Seele eine andere ältere Wertung herrscht.

Und nicht nur die wichtigsten Sinne liegen im Gesicht, auch unsere Sinnlichkeit spiegelt sich darin, und unsere Stimmungen drücken sich in ihm aus. So ist es verständlich, daß ihm unsere meiste Aufmerksamkeit gilt. Wir versuchen beinahe um jeden Preis, *das Gesicht* zu *wahren* und haben Angst, es zu *verlieren.* Obwohl es der einzige Körperteil ist, den wir in unserem Kulturkreis der Welt unverhüllt zeigen, ist jenes Gesicht, das wir zeigen, nur selten unser wahres Gesicht. Im Laufe des Lebens erwerben wir eine Fülle von Masken, um nicht unsere wirkliche Befindlichkeit preisgeben zu müssen. Eine der verbreitetsten Masken erfreut sich trotz des amerikanischen Namens auch bei uns großer Beliebtheit: das Keep-smiling. Egal was geschieht, es wird gelächelt. »Gute Miene zum bösen Spiel machen«, nennt der Volksmund diese unehrliche Aufführung, bei der Höflichkeit und Feigheit eine nach außen fröhliche, für das Innenleben aber doch recht unerfreuliche Ehe eingehen. So lächeln wir uns gequält durch den Tag, auch wenn wir nichts zu lachen haben. Diese Diskrepanz zwischen unserem wahren und unserem gewahrten Gesicht ist für eine Fülle von muskulären Verspannungen verantwortlich. Asiaten haben uns diesbezüglich sogar noch einiges voraus. Ihr ewig lächelndes Antlitz sagt nur noch einem Kenner, was wirklich hinter der strahlenden Fassade steckt. DieKehrseite der lächelnden Fassade ist die bedächtige Maske ernster Verantwortlichkeit, die Politiker so gerne tragen.

Manche Menschen bedienen sich ihrer verschiedenen Masken ganz zwanglos und wechseln je nach Bedarf vom charmanten zum mitfühlenden Lächeln, vom bedeutungsschwangeren Blick zu vielsagendem Ernst. Andere tauschen die ganze Maske aus und setzen je nach Gelegenheit ein fröhliches Gesicht auf oder wenn nötig ein trauriges. Selbst nach dem Kalender kann man sich richten und nach dem sonntäglichen Feiertags- wieder das Montagmorgengesicht zeigen. Mit der Frage »Was machst du denn heute für ein Gesicht?« wird man unter Umständen daran erinnert, daß soviel Ehrlichkeit doch zu weit gehe. Von einem Pfarrer hörte ich, daß er über ein Tauf-, ein Hochzeits- und ein Beerdigungsgesicht verfüge. Solche Berufsmasken sind mindestens so verbreitet wie Berufskleidung. Bei Stewardessen und Kellnern gehört das Lächeln zur Uniform, Richter und Totengräber könnten in dieser Maske wenig ausrichten. Schauspieler spielen das an sich unehrliche Spiel schon wieder ehrlich, wenn sie vor der Szene »zur Maske« gehen und sich für den Auftritt zurechtschminken lassen. Im Gesicht zeigt sich, wie sehr wir schauspielern und dazu neigen, unseren wahren Ausdruck zu vertuschen. Es gibt so viele Gründe, nicht *sein wahres Gesicht* zu *zeigen.*

In einer Gesellschaft, die das Alter geringschätzt, ist es vielen Menschen unangenehm, wenn sich im Gesicht die Spuren des Lebens spiegeln. Am liebsten würde man die Narben, die die Zeit geschlagen hat, wegoperieren lassen, und einige plastische Chirurgen leben gut von diesem Geschäft mit der Angst vor dem Alter. Die Möglichkeit, chirurgisch die Wirklichkeit zu schönen, mag neu sein, der Gedanke ist uralt. Mit zum Teil martialischen Methoden wurde schon in grauer Vorzeit versucht, Stirn-, Nasen- und sogar Kopfformen zu korrigieren.

Und nirgends wird soviel übertüncht wie im Gesicht, denn nirgends ist soviel zu vertuschen. Wagt man es, die Maske zu lüften, am Lack zu kratzen und unter die Tusche zu sehen, ist die zutage tretende Ehrlichkeit ent*larve*nd. Eine ganze Industrie lebt davon, mit Kosmetik, Bräunungsstudios usw. vorzutäuschen, was nicht ist, und was ist, zu kaschieren.

Trotz all dem ist das Retouchieren nicht grundsätzlich (als unehrlich) abzutun. Es kommt auf die Absicht an. Wenn sich ein Mensch im Lotossitz niederläßt, stimmen äußere und innere Wirklichkeit im allgemeinen auch nicht überein. Die perfekte äußere Form täuscht etwas vor, das innerlich (noch) nicht existiert. Trotzdem macht es Sinn, diese uralten Übungen durchzuführen, in der Hoffnung, daß das Innere sich mit der Zeit dem Äußeren angleicht. So gesehen bekommen auch bewußte kosmetische Versuche ihre Sinnhaftigkeit.

Die Lehre von der Physiognomie liefert stimmige Charakterbilder aus der Deutung der Gesichtsform. Teile dieser Lehre finden sich in Volksweisheit und Mundart wieder und gehören zum untergründigen, kaum bewußten, aber von fast allen Menschen benutzten Erfahrungsschatz der Menschenkenntnis. Daß breite Lippen besondere Sinnlichkeit spiegeln und eine ausgeprägte Kinnlade einen ebensolchen Willen verrät, wissen viele Menschen und spüren alle. Die fliehende Stirn zeigt weniger Intellektualität als die breite vorgewölbte, kleine tiefliegende Augen deuten Zurückgezogenheit an, während die weit vorspringenden der Basedow'schen Erkrankung etwas Vorwitziges und zugleich Erschrecktes haben. Die unbewußte Deutung des Gesichtsmusters geht im täglichen Leben weit. Sie entscheidet, ob uns ein Mensch sympathisch oder unsympathisch ist. Auch die Stimmung teilt sich uns spontan über den Gesichtsausdruck mit, und wieder wissen wir nicht, wie es geschieht.

Bei soviel Ehrlichkeit auf einem Fleck und so vielen Versuchen, diese zu beschönigen, kann es nicht verwundern, wenn Symptome die Verschleierung der Tatsachen *deut*lich und zum Teil schmerzhaft vereiteln. Auch im Gesicht sitzt der Organismus beim Thema Ehrlichkeit am längeren Hebel. Wenn wir das, was uns ins Gesicht geschrieben steht, mit Tricks verdecken, benutzt das Schicksal einen härteren Griffel, um seine Zeichen in die Matrix der Wirklichkeit, in diesem Fall unsere Gesichtshaut, zu ritzen.

Bevor es zu schmerzhaften und entstellenden Hinweisen kommt, stehen dem Schicksal mildere Signale zur Verfügung. Häufiges Erröten ist ein Phänomen, das dem Betroffenen ein Thema zu Bewußtsein bringen will, gegen das er sich sperrt. Die Situation hat etwas Theaterhaftes. Meist geht es um ein anzügliches Thema, das, z.B. in einen Witz verpackt, im Raum schwebt. Die Betroffenen versuchen, das Thema zu ignorieren und z.B. so zu tun, als würden sie den Witz gar nicht verstehen und hätten jedenfalls nichts damit zu tun. Während sie am liebsten in den Boden versinken und unsichtbar werden würden, verkündet ihre ehrliche (Gesichts-)Haut durch ihr Erröten, daß sie eben doch damit zu tun haben. Die »leuchtend rote Birne« zieht magisch die Aufmerksamkeit auf sich. Je mehr sich ihr Besitzer gegen diese Erkenntnis sträubt und abzuwiegeln sucht, desto roter und heißer wird sein Gesicht. Wie ein Leuchtturm verkündet es die peinliche Wahrheit. Sogar das Thema selbst deutet sich in der »roten Laterne« an, die ja in der äußeren Welt dieselbe Botschaft vor einschlägigen Etablissements verkündet. Was die Betroffenen nicht wahrhaben wollen, macht ihre Gesichtshaut unübersehbar.

Die Lernaufgabe ist deutlich. Erst wenn man sich bereit erklärt, das mißachtete Thema anzuerkennen und seinen Bezug dazu einzugestehen, wird die rote Ampel ausgehen. Was man als normal und natürlich erlebt, kann einem nicht die Schamesröte ins Gesicht treiben. Ist es konkret möglich, selbst einen entsprechenden Witz zu erzählen, ohne vor Scham zu vergehen, ist das Thema integriert, und die Warnleuchte bleibt aus. Vor allem kann der früher angst- und peinlichkeitsbeladene Bereich nun mit Offenheit und Freude erlebt und ins Leben integriert werden. Insofern ist auch ein scheinbar so kleines und harmloses Symptom in der Lage, große Lernaufgaben zu enthüllen.

Fragen

1. Welche Lebensbereiche sind mir peinlich? Wofür schäme ich mich?
2. Für welche Gedanken und Gefühle kann ich nicht einstehen?
3. Was für Situationen will ich auf alle Fälle vermeiden?
4. Was könnte und müßte ich gerade in diesen Situationen lernen?
5. Was bedeutet mir Öffentlichkeit und im Mittelpunkt stehen?
6. Wie könnte ich das Thema Erotik aus meinem Kopf in Herz und Genitalbereich verlegen?

Trigeminusneuralgie oder Nervenschmerzen im Gesicht

Der Trigeminus ist der fünfte der 12 Hirnnerven und u.a. für die sensiblen Empfindungen des Gesichts zuständig. Er umfaßt drei Äste. Der obere versorgt die Stirn, der mittlere den Oberkieferbereich, der untere die Unterkieferpartie. Der Ausdruck Neuralgie steht für schmerzhafte Sensationen im Ausbreitungsbereich eines Nervs, deren Ursachen der Medizin bei der Trigeminusneuralgie unklar sind. Das Phänomen wirkt tatsächlich sensationell auf das Leben des Betroffenen ein – im unangenehmsten Sinne. Die Schmerzen treten anfangs meist anfallsartig und oft einseitig auf. Sie können einzelne, aber auch mehrere Äste des Nervs betreffen und in einen chronischen Dauerschmerz übergehen. Den Patienten wird ihr Gesicht unter heftigen Schmerzen blitzartig oder ständig zu Bewußtsein gebracht. Schnell entwickelt sich eine Überempfindlichkeit (Hyperästhesie) der Gesichtshaut mit besonderer Schmerzempfindlichkeit der Nervenaustrittspunkte. Die Patienten fühlen sich nicht nur unwohl in ihrer Haut, ihnen ist zum Schreien hinter ihrer Maske. Es fällt ihnen unsäglich schwer, das Gesicht zu wahren. Manchmal kommt es so weit, daß die ansonsten wohl gehüteten Züge entgleisen und eine schmerzverzerrte Grimasse zum Vorschein kommt. In solchen Situationen, wenn die Muskulatur mitreagiert und es den Betroffenen die Gesichtszüge verreißt, spricht die Medizin vom Tic dolоureux, dem schmerzhaften Tic. Hinzu kommen intensive Gesichtsrötung,

Schweißausbruch und Tränenfluß. Die Patienten machen den Eindruck, als sei ihnen gleichzeitig zum Heulen, Schreien und Toben, als stünde ein Wutanfall oder jedenfalls furchterregender Ausbruch direkt bevor.

Wer vor Schmerzen droht, die Beherrschung zu verlieren, kann anderen Menschen und letztlich der Welt nicht mehr entspannt ins Angesicht schauen. Er windet sich vor Schmerzen und nimmt eher die Gestalt eines armen Wurmes an denn die eines aufrechten Menschen. Die schmerzgekrümmte Haltung und das verzerrte Gesicht deuten auf *Hintergründiges*. In der Tiefe stimmt etwas nicht, die Dinge sind nicht mehr gerade, sondern eben verzogen und krumm.

Wo Schmerzen eine so zentrale Rolle spielen, ist das Thema Aggression nicht weit. Der von der Trigeminusneuralgie Betroffene fühlt sich geschlagen, und tatsächlich ist er in der Situation des vom Schicksal Geohrfeigten. Das von Betroffenen immer wieder angedrohte Ausrasten vor Schmerz verweist ebenfalls auf die aggressive Problematik. Medizinisch ist nicht einsichtig, inwiefern sich die Schmerzsymptomatik durch das Ausagieren von aggressiven Regungen bessern sollte. Symbolisch ist die Beziehung zwischen Schmerz und Aggression aber offensichtlich, steht doch derselbe Kriegsgott Mars hinter beidem. Viele Patienten haben das Gefühl, Losschlagen würde ihnen Erleichterung verschaffen.

Therapeutisch ist in solch einer Situation interessant, in welche Richtung sie loslegen würden. Wem könnten die Ohrfeigen eher gelten als ihnen? Zurückgehaltene Schläge schlagen tatsächlich irgendwann auf einen selbst zurück. Wer sich ständig zurückhält und das Gesicht wahrt, muß damit rechnen, daß sich die Situation gegen ihn wendet und er Rückschläge provoziert. Alles Zurückgehaltene bleibt einem natürlich selbst. Insofern ist es besonders unangenehm, etwas so Unangenehmes wie Schläge zurückzuhalten. Wie schlecht dieser Zustand dem Patienten bekommt, sieht man ihm an, wenn er wie ein geprügelter Hund durch die Gegend schleicht und glaubhaft versichert, daß er *es* nicht mehr lange aushalten könne. Das aber heißt, daß er sich mit diesen Schmerzen bzw. Aggressionen nicht mehr erträgt. Die Lösung liegt dort, wo er es nicht mehr schafft, sich zurückzuhalten. Sein schmerzendes Gesicht brennt geradezu auf

Entladung und Entspannung. Äußerlich sieht man dem Gesicht dabei oft wenig an, die Gesichtsmuskeln sind noch in Form und machen weiter *gute Miene zum bösen Spiel*. Der Patient aber kann das Gefühl in der Tiefe hinter dieser Maske nicht mehr ertragen. Im Anfall, der immer auch Ausfall ist, bricht die Fassade dann für alle sichtbar zusammen, und er kann nicht mehr anders, als seinem Schmerz Luft zu machen.

Das Krankheitsbild hindert ihn gleichsam, noch länger durchzuhalten und nach außen die Form zu wahren, es zwingt ihn, *ausfällig* zu werden und hinauszuschreien, was ihn in seiner Tiefe schmerzt. Die empfundenen Höllenqualen muß er seiner Umwelt vermitteln. Es soll laut und publik werden, was für eine Qual das Leben hinter der Maske bedeutet und daß er es so nicht weiterführen wird, weil er das nicht aushalten könne, ohne um sich zu schlagen. Die, die seine Schläge wirklich treffen sollen, gilt es zu kon*front*ieren, danach verlangt brennend die schmerzende Stirn.

Ausagieren ist allerdings nur dann erleichternd, wenn es mit einer gewissen Bewußtheit geschieht. Die nörgelnde Gereiztheit, die sich bei jeder Gelegenheit entlädt und die sich oft in der Folge des Krankheitsbildes entwickelt, ist keine Lösung. Sie zeigt nur ehrlich, wer hinter dieser Fassade in Wirklichkeit wohnt. Die Überempfindlichkeit der Gesichtshaut und die Auslösung der Schmerz*attacken* durch geringfügige Reize verraten die Mimose, deren Mimik ehrlicher als sie selbst von unbewußten Aggressionen gequält ist. Die Rötung des Gesichts, der Austritt von Schweiß und Tränen und die Tatsache, wie wenig nötig ist, um die Schmerzen zu provozieren, verstärkt den Eindruck, daß es sich hier um einen bis zum äußersten provozierten und gereizten Menschen handelt, der sich seine Lage nicht eingesteht. Statt dessen muß sein Gesicht die explosive Situation verkörpern. Der Patient sagt selbst sehr deutlich, was mit ihm los ist: Er braucht all seine Kräfte, um an sich zu halten und nicht loszuschreien, und manchmal erlahmen sie bei dieser anstrengenden Aufgabe.

Die Tatsache, daß von der häufigsten, sogenannten essentiellen Form, vor allem Frauen über 50 betroffen sind, paßt gut in dieses Bild. Frauen haben es in einer männer*domini*erten Leistungsgesellschaft schwerer, ihr wahres Gesicht zu zeigen und jene Aggressionen auszuteilen, die sie eigentlich nicht auf sich sitzen lassen können. Aus Angst, dann selbst sitzen- oder links liegengelassen zu werden, neigen sie zum Keep-smiling, auch wo ihnen innerlich zum Heulen und Schreien ist. Wenn im fortgeschrittenen Alter der Stau unerträglich wird, leisten sie sich statt äußerer Wut- innere Schmerzanfälle, die nur selten bis in die Sichtbarkeit dringen.

Die medizinische Bezeichnung »essentiell«, die häufig Diagnosen ungeklärter Ursache vorangestellt wird, wie etwa auch der entsprechenden Hypertonie (Bluthochdruck), bringt ungewollt eine gewisse Ehrlichkeit ins Spiel. Die Symptomatik ist tatsächlich essentiell für die Betroffenen, ist sie doch ihre einzige Chance, auszudrücken, was sie sonst erdrücken würde.

Der Ort des Schmerzes verstärkt noch die Aussage: Die Stirn ist der natürliche Ort der Konfrontation (lat. frons = die Stirn) und Selbstbehauptung. Wer den eigenen Kopf durchsetzen will, ist hier gefordert und sei es, daß er mit dem Kopf durch die Wand gehen muß. Die Kiefer tragen die Zähne und sind zuständig, wenn es gilt, sich durchzubeißen und Zähne zu zeigen. Wo bei der Trigeminusneuralgie der Kieferbereich zum Schreien schmerzt, ist Biß gefragt bis hin zur Bissigkeit. Nicht Verbissenheit, sondern zähnefletschende Aggression, die Kiefer schreien geradezu nach Bewegung. Statt sich weiterhin »in die Fresse« schlagen zu lassen, ist »Fressen« und Beißen angesagt. Das aber hat bewußt und an den richtigen Stellen zu geschehen, sonst bringt es bestenfalls Bearbeitung, aber keine Lösung der Symptomatik und des zugrundeliegenden Konfliktes.

Die schulmedizinischen Therapievorschläge sind bezeichnenderweise kaum weniger aggressiv. Sie versuchen lediglich die Aggression nach innen und damit weiter gegen den Patienten selbst zu richten eine eher makabre Form des *Umweltschutzes*. Die Unterdrükkung des Schmerzes mit Hilfe von schweren Schmerzmitteln geht in diese Richtung. Mit dem Einsatz von Psychopharmaka wird die sowieso schon geknebelte Psyche noch weiter eingeengt, damit die Patienten nicht anecken und niemand Anstoß an ihnen nimmt. Es ist der verzweifelte Versuch, eine unerträgliche und nach Ehrlichkeit schreiende Situation am Ausbruch zu hindern. Noch ehrlicher wird als letztes Mittel die Chirurgie. Bei der handgreiflichen Durchschneidung des Nervs wird die not-wendige Schärfe und sogar Gewalt spürbar. Die Elektrokoagulation des Ganglion Gasseri geht noch weiter. In einem martialischen Therapieschritt wird dieses übergeordnete Nervenzentrum, aus dem der Trigeminus kommt, elektrisch verschmort. Auch die gewählteste wissenschaftliche Sprache kann das anstehende Thema nicht vertuschen: Es handelt sich um Aggression, die in zum Himmel schreienden Schmerzen zum Aus- und Aufbruch drängt und nach *radikalen Einschnitten* oder mutigem *In-Angriff-Nehmen* des Lebens verlangt.

Fragen

1. Welcher Schmerz steht mir ins Gesicht geschrieben? Wo ist meine Sensibilität gestört?
2. Was verhindert, daß ich mich in meiner Haut wohlfühle?
3. Welche Verkrümmungen, welche Verrisse muß ich überspielen?
4. Wie heißt das böse Spiel, zu dem ich gute Miene mache ? Was reizt und provoziert mich zutiefst?
5. Wem gelten die zurückgehaltenen Schläge, die mir im Gesicht brennen? Was hindert mich am Losschlagen?
6. Was gilt es zu konfrontieren? Wo fehlt mir die Selbstbehauptung, wo der notwendige Biß?
7. Was will meine gestaute Energie als nächstes in Angriff nehmen?

Fazialisparese oder Gesichtsnervenlähmung

Der Fazialis oder Gesichtsnerv ist der siebte Hirnnerv und für die motorische Versorgung der Gesichtsmuskulatur zuständig. Seine Aufgabe ist es, unser Mienenspiel zu ermöglichen vom Stirnrunzeln über das Augenschließen, Naserümpfen bis zum Mundverziehen. Was der Trigeminus für die Empfindungen, ist der Fazialis für die Bewegungen und den Gesichtsausdruck. Bei seiner Lähmung ist das gleiche Gebiet betroffen wie bei der Trigeminusneuralgie, an Stelle der inneren Empfindungen steht nun aber das äußere Erscheinungsbild im Mittelpunkt. Allerdings gibt es fließende Übergänge. Wie es am Höhepunkt eines Schmerzanfalls bei der Trigeminusneuralgie zu einem Verkrampfen der Gesichtsmuskeln kommen kann, gehen mit der Fazialislähmung manchmal Empfindungsstörungen einher, vor allem im Wangen- und Ohrbereich. Dabei kann es zur sogenannten Hyperakusis, einer extremen Geräuschempfindlichkeit, kommen.

Zum typischen Bild der Fazialisparese, die meistens einseitig auftritt, gehören das hängende Unterlid, die Unfähigkeit, das Auge der betroffenen Seite vollständig zu schließen, die Unmöglichkeit, die Stirn zu runzeln, das tendenzielle Verschwinden der Nasolabialfalte zwischen Nase und Mundwinkel und die unterschiedliche Lidspaltenweite der Augen. Das Befinden der Patienten ist vor allem wegen ihres gestörten Aussehens beeinträchtigt. Sie verziehen das Gesicht, können sich äußerlich nicht mehr zusammenreißen und lassen einen *Verriß* in einer tieferen Schicht ihres Wesens durchblikken. Mit einer Fazialisparese ist es schwer, einen makellosen oder auch nur guten Eindruck zu machen. Hinzu kommen häufig die äußerst unangenehmen Störungen der Speichel- und Tränensekretion, des Geschmacksempfindens der vorderen zwei Drittel der Zunge und die Geräuschempfindlichkeit.

Am eindrücklichsten nach außen ist die aufgehobene Symmetrie der Gesichtshälften. Jeder Mensch hat eine Gesichtshälftendifferenz, aber sie ist auf den ersten Blick kaum bemerkbar. Lediglich, wenn man photographisch das Gesicht aus zwei linken oder rechten Hälften rekonstruiert, staunt man, wie deutlich milder und weicher die linke weibliche gegenüber der rechten männlichen Hälfte ist. Insofern hat jeder Mensch zwei Gesichter. Bei der Fazialisparese wird das in erschreckender Weise sichtbar, weil die betroffene Seite so offensichtlich aus dem Rahmen fällt. Die Lähmung offenbart eine tiefe Zerrissenheit der Seele. Auf der einen Seite haben die Betroffenen alles wie gewohnt im Griff und halten die Fassade hoch, auf der anderen *lassen* sie *sich* schlagartig *hängen*. Der Zusammenbruch der äußeren Fassade kündet von einem inneren. Diese uneingestandene Spaltung wird durch das Krankheitsbild verkörpert. Besonders der Aspekt des Sich-Hängenlassens, der sowenig zu ihrer intakten Seite und dem nach außen gekehrten Wesen paßt, verlangt nach Öffentlichkeit und bekommt sie im Krankheitsbild. Zwei Seelen leben in ihrer Brust und schauen plötzlich auch aus ihrem Gesicht heraus. Die propere straffe Seite, die bisher das Ganze repräsentieren durfte, hat einen gänzlich unerzogenen Partner bekommen, der keinerlei Rücksichten mehr auf den guten Gesamteindruck nimmt.

Es ist eine ziemlich *heruntergekommene* Seite, die sich hier in den Vordergrund spielt und ihre *Gelassen*heit gegenüber der straffen Gegenseite demonstriert. Selten kommt Schatten so deutlich an die Oberfläche. Wer sich sein Grundbedürfnis nach Gelassenheit und Entspannung nicht eingesteht, muß damit rechnen, daß es in den Schatten sinkt und sich auf der Körperbühne darstellt. Dann schaut es einem in unerlöster Form aus jedem Spiegel entgegen. Die Entspannung ist in der Lähmung karikiert, die lässige Gelassenheit wird zum Hängenlassen der Lider und gibt dem Gesicht etwas Niedergedrücktes, Unaufgeräumtes. Die kranke Seite demonstriert allen sichtbar Wurstigkeitsgefühl und »ihr könnt mich alle!«. In den bayrischen Umgangsformen gibt es eine Geste, die genau das ausdrückt: Man zieht das Augenunterlid einer Seite mit dem Finger herab. Patienten mit Fazialisparese leben ständig auf der einen Seite diesen Ausdruck. Die verstrichene Falte zwischen Nase und Mundwinkel, die beim Magenpatienten Gram und das In-sich-hinein-Fressen von Emotionen anzeigt, demonstriert bei der Fazialislähmung, wie weit diese Seite des Patienten davon entfernt ist, sich weiterhin zusammenzureißen. Daß die Stirn nicht mehr in Falten zu legen ist, paßt dazu. Dieser Teil der Persönlichkeit hat genug vom Grübeln. Der hängende Mundwinkel schließlich will sagen, daß es hier jemandem reicht, die Stimmung ist griesgrämig bis beleidigt, und das soll ruhig jeder sehen. Der Gegenpol zum Keep-smiling ist erreicht. Dieser Mundwinkel wird sich nicht mehr heben, um lustige Miene zum traurigen Spiel zu machen. Das Auge geht nicht mehr ganz auf, als gäbe es nichts Wesentliches zu sehen und lohne sich solche Offenheit nicht. Es geht aber auch nicht mehr richtig zu, als fände der Patient sowieso keine Ruhe. Ganz schlapp und entspannt verharrt es in einer lauwarmen Mittelposition. Es besteht die Gefahr der Hornhautschädigung durch Austrocknung, weshalb die Medizin das betroffene Auge mit dem sogenannten Uhrglasverband verschließt und den Patienten zu seinem Schutz ehrlicherweise einäugig macht. Bei einer Hornhautaustrocknung droht über definitive Einäugigkeit hinaus der Verlust des räumlichen Sehens und damit der Dimensionalität. Die Sicht würde verflachen.

Der traurige Ausdruck wird oft noch durch eine dicke Träne unterstrichen, die unschlüssig am Lidrand hängt. Diese Seite des Patienten verkündet, daß ihr zum Heulen ist. Daß sie keinen Geschmack mehr am Leben findet, zeigt sie mit dem Ausfall der Geschmacksempfindungen. Wer gar nichts mehr schmeckt, dem schmeckt alles gleich fad. Die Überempfindlichkeit des Gehörs deutet an, daß die Geräusche der Umwelt als zu eindringlich und damit störend empfunden werden. Im ganzen ergibt sich ein Bild der Resignation. Die eine Hälfte mag nicht mehr. Sie hat alle Anstrengungen aufgegeben, sich noch länger zusammenzunehmen, und läßt die Züge entgleisen und die Erscheinung auseinanderfallen. Dahinter steht drohend das Schreckgespenst einer auseinanderbrechenden Persönlichkeit.

In der Diskrepanz zwischen den Seiten kommt dieses Gespenst als etwas Drittes, noch Ehrlicheres zum Vorschein. Die bisherige Maske verzerrt sich zur Fratze. Das halbgeschlossene Auge verleiht etwas Einäugiges, die Verkniffenheit, die aus dem Versuch entsteht, aus den der Kontrolle entglittenen Zügen noch das beste zu machen, etwas Verschlagenes. Der tropfende Speichel erinnert an Gier und Geifern und uneingestandene Lust. Aus dem charmantesten Lächeln wird ein geradezu satanisches Grinsen. Satan, der Herr der Zweiheit, kommt sehr offensichtlich in diesen zweigeteilten und ver*zwei*felten Zügen zum Ausdruck und schneidet der gutbürgerlichen Existenz der Betroffenen böse Grimassen.

Die Lernaufgabe steht dem Patienten ins Gesicht geschrieben. Er bräuchte sie nur vor dem Spiegel abzulesen und sich einzugestehen, daß er zwei verschiedene Seiten hat. Die bisher ignorierte gilt es nun anzuerkennen und ins Leben zu integrieren. In der unbewußten Zerrissenheit will die aufgetretene Diskrepanz zwischen äußerem Erscheinungsbild und innerer Wirklichkeit angenommen werden. Das ist in einer Zeit so heftiger Kritik von innen nicht leicht, aber auch nicht zu umgehen. Wem es das Gesicht verreißt, der fühlt sich im Ganzen *verrissen* und angeprangert. Ein *Verriß* ist nur dann unangenehm und schmerzhaft, wenn etwas Wahres daran ist. Die

Disharmonie des Gesichts ist ein Ausgleich der nach außen demonstrierten Scheinharmonie. Für die Betroffenen ist es besonders schwer, sich einzugestehen, daß wahre Harmonie aus Krieg und Frieden erwächst. Erst Konfliktbereitschaft ermöglicht Friedensfähigkeit. Zu beachten ist außerdem, welche Seite von der Lähmung betroffen ist, die linke weibliche oder rechte männliche.

Die Symptome verdeutlichen die einzelnen Aspekte der anstehenden Lernaufgaben. Im Herunterhängen des Gewebes somatisiert sich das Bedürfnis nach Entspannung und Geschehenlassen. Anstatt immer alles zu lenken und zu kontrollieren, wäre es wichtig, den Dingen einmal ihren Lauf zu lassen. Die schlaffe Lähmung ist ja nichts anderes als ein Kontrollverlust. Der traurige Gesichtsausdruck spricht von der Sehnsucht der dunkleren Seiten der Persönlichkeit, ebenfalls ernst genommen zu werden. Entgleist ist das Mienenspiel nur aus der Sicht der auf Keep-smiling eingeschworenen Seite. Die Zeit des Versteckspiels hinter einer intakten Fassade ist vorbei. Es geht darum, sein wahres Gesicht auch im übertragenen Sinne zu zeigen und die ehrlichen Züge der anderen Seelenseite zum Zuge kommen zu lassen. Wie die mimischen Muskeln ihren Dienst im Verschleiern aufgekündigt haben, gilt es, sich auch im Seelischen auf die ehrliche Seite zu schlagen, selbst wenn hier ganz andere Saiten aufgezogen sind. Erst wenn sie erkannt und angenommen werden, ist die Gesichtsmuskulatur entlastet. Sogar ein Dämon verliert bereits durch seine Identifikation an Macht.

Die schulmedizinische Therapie hat gegen dieses ehrliche Drama nicht viel *einzuwenden*. In der akuten Anfangsphase gibt sie vielfach Kortison zur Unterdrückung des Prozesses, wobei meistens unklar ist, um was für einen Prozeß es sich handelt. Die häufigste Form wird hier nicht essentiell, sondern idiopathisch genannt. Das aber heißt soviel wie »aus sich selbst heraus leidend«. Ansonsten wird Ruhe, Schonung und Streßabbau empfohlen, mit anderen Worten, sich mal richtig hängenzulassen. So wird aus der medizinischen Hilflosigkeit noch ein brauchbarer Therapieansatz.

Das Krankheitsbild tut von sich aus einiges, damit das Therapieprogramm in Gang kommt, verleidet es dem Betroffenen doch recht nachdrücklich öffentliche Auftritte. Jeder wird ihn fragen, was denn los sei, und niemand wird ihm glauben, wenn er behauptet, »nichts

Fragen

1. Welche Seite meines Lebens vernachlässige ich?
2. Wo habe ich resigniert im Leben und lasse mich hängen? Wo verkneife ich mir etwas?
3. Wo habe ich Versteck hinter einer scheinbar intakten Fassade gespielt? Inwieweit verzerre ich die Wirklichkeit?
4. Woran hindert, wozu zwingt mich deren Zusammenbruch?
5. Wo leide ich unter Geschmacksstörungen und -verirrungen? Wo will ich nicht richtig hinschauen?
6. Wo kontrolliere ich zuviel um der Harmonie willen?
7. Wo bin ich in der Einseitigkeit gelandet, wo droht mein Leben auf Grund innerer Zerrissenheit zu entgleisen?
8. Was beleidigt mich im Leben? Womit beleidige ich das Leben?
9. Inwieweit fehlen mir Gelassenheit, Entspannung und Hingabe?
10. Welche andere Seite schlägt sich in meinem Gesicht nieder?

besonderes«. Unter diesem Druck ist die Prognose dann auch meist recht gut, die Lähmungserscheinungen bilden sich in dem Maße zurück, wie der Patient seinen Körper von dem dargestellten Drama ent- und seine Seele damit belastet.

Allerdings können in der Regenerationsphase Probleme auftauchen, wenn die freigewordenen Energien in die falsche Richtung gelenkt werden. Besonders eindrucksvoll ist das Phänomen der anfallsweisen Krokodilstränen. Wachsen Fasern des Gesichtsnervs bei ihren Regenerationsbemühungen nach der Lähmung anstatt in die Ohrspeicheldrüse in die Tränendrüse ein, fließen den Patienten bei jedem Bissen die Augen über. Wenn ihm das Wasser im Munde zusammenlaufen sollte, bilden sich statt dessen große Krokodilstränen. Beim Essen, einem Akt des Einverleibens der Welt, ist dem Patienten zum Weinen, d.h., seine ungelebte Trauer und überhaupt sein Bedürfnis, seine Seele überfließen zu lassen, vermischt sich mit der täglichen Nahrungsaufnahme. Es zeigt sich, daß er noch immer *genug von der Welt hat*, kaum läßt er sie ein, ist ihm schon zum Heulen.

Die Geräuschüberempfindlichkeit wäre ein guter Wegweiser, um solche Verirrungen zu vermeiden. Sie läßt den Betroffenen die Umwelt unerträglich laut erscheinen und unterstützt so ihre Rückzugstendenzen. Gleichzeitig schärft sie aber ihr Gehör und legt damit nahe, schärfer hinzuhorchen und aufzuwachen. Eine Zeit des Rückzuges ist eine ideale Gelegenheit, die eigene innere Stimme laut werden zu lassen und eine neue Harmonie in sich zu finden.

Gesichtsrose

Unter diesem Krankheitsbild wird ein im Gesicht auftretender Herpes zoster verstanden, jenes Krankheitsbild, das unter dem Namen Gürtelrose* bekannter ist. Dabei verbinden sich extreme Schmerzen wie bei der Trigeminusneuralgie mit deutlich sichtbaren äußeren Zeichen, wenn auch ganz anderer Art als bei der Fazialisparese. Es handelt sich um die Zweitinfektion mit dem Varizella-Zoster-Virus, das bei der ersten Infektion Windpocken beschert. Praktisch jeder trägt das Virus in sich, die Durchseuchung der Bevölkerung beträgt nahezu 100 Prozent. Die Windpocken sind eine harmlose, aber extrem ansteckende Kinderkrankheit. Die Übertragung geschieht nicht nur über Tröpfchen, sondern auch durch die Luft. Im Umkreis bis zu zwei Metern der Erkrankten schweben die Erreger in der Luft und können vom Winde verweht werden. Deshalb der Name *Wind*-pocken.

Äußerlich wird das Krankheitsbild praktisch immer gut überstanden, die Erreger verlassen den Körper aber nicht mehr, sondern setzen sich in den hinteren Wurzeln der Rückenmarksnerven fest. Es gibt im Kopfbereich allein 24 solcher Parkmöglichkeiten entsprechend den 12 Hirnnervenpaaren, weshalb die Infektion theoretisch überall auftauchen könnte. In der Praxis hat das Virus aber ganz entschiedene Vorlieben, und so wird im Gesicht vor allem die Haut, seltener das Ohr und noch seltener das Auge befallen. Der zeitliche Schwerpunkt liegt zwischen 50 und 70 Jahren, aber jedes andere Alter kann ebenfalls heimgesucht werden.

Der Verlauf ist der einer typischen Entzündung. Dem Ausbruch des Ausschlages gehen meist heftig brennende und ziehende Schmerzen voraus. Anschließend entwickeln sich Bläschen, streng auf das Ausbreitungsgebiet des betroffenen Nervs beschränkt und fast immer einseitig. Nur sehr selten kommt es zu beidseitigem Befall oder Ausbreitung über zwei oder mehr Nervensegmente. Die flüssigkeitsgefüllten Bläschen trocknen schließlich ein und verkrusten, meist ohne Narben zu hinterlassen. Damit muß die Angelegenheit aber noch nicht erledigt sein, das Virus beweist weiterhin seine Hinterhältigkeit. Manchmal macht es noch ein bis zwei Jahre nach Abklingen der Hauterscheinungen durch heftige Schmerzen und äußerste Empfindlichkeit von sich reden.

Da jedes Hautareal von Nerven versorgt ist, hat das Krankheitsbild die freie Wahl, jeden an seiner empfindlichsten Stelle zu treffen. Die typischen Erkrankungssituationen sind solche darniederliegender Abwehrkraft infolge von schweren Infektionen wie Lungenentzündungen, Tuberkulose oder auch Zuckerkrankheit, ferner zehrende Leiden wie Krebs, aber auch schwere Vergiftungen oder ein Zusammenbruch des Immunsystems bei Aids, Leukämien oder modernen Therapieformen, die auf Immununterdrückung setzen wie bei Organverpflanzungen. Etwa die Hälfte der Patienten, die Knochenmarksübertragungen zur Behandlung ihrer Leukämie benötigen, bekommen eine Herpes-zoster-Infektion. Insofern hat die moderne Medizin dessen Verbreitung sehr begünstigt.

Auch die Schulmedizin hat erkannt, daß neben der körperlichen Schwächung der Abwehrkraft die seelische Situation eine entscheidende Rolle bei diesem Krankheitsbild spielt. Zuviel Streß wird als Ursache angeschuldigt. Allerdings ist lediglich überfordernder Streß gefährlich. Streß im Sinne von Forderung bewirkt eher eine Förderung der Abwehrkraft. Bei Überforderung aber versucht der Patient sich zu schützen, indem er sich gegen die bedrängende Umwelt verschließt. Damit zwingt er den Körper stellvertretend aufzumachen und untergräbt seine Widerstandskraft.

Der Patient mit Gesichtsrose ist ein von seinem Symptom gezeichneter. Die mitten im Gesicht erblühende Rose kündet ihm und der Umwelt, daß hier etwas auf- und ausgebrochen ist. Das geduldig im Hinterhalt auf der Lauer liegende Virus nutzt die Situation allgemeiner Schwäche, um sein Anliegen vorzutragen. Das Thema heißt Konflikt, denn die Basis des Herpes zoster, der selbst einen Konflikt symbolisiert, ist wiederum ein Konflikt, wie die Grunderkrankungen der Vorgeschichte zeigen. Eine lange aufgeschobene Auseinandersetzung verschafft sich mit Hilfe fremder Truppen, an die sie sich hängt, Aufmerksamkeit. Wie bei der Trigeminusneuralgie ist die Aggressionsproblematik angesprochen, wie bei der Fazialisparese das Thema Entstellung bzw. Darstellung einer ganz anderen Wirklichkeit aus den Tiefen der Seele. Betont ist neben dem Zeitbombencharakter die Abwehr - und Widerstandsproblematik.

Hohen seelischen Widerstand legt bereits die Grunderkrankung nahe. Ist auf den ersten Blick keine erkennbar, wird die Schulmedizin nach einer versteckten fahnden, wie einem chronischen Entzündungsherd oder einem unentdeckten Karzinom. Ist auch diesbezüglich nichts zu finden, kann man davon ausgehen, daß der seelische Widerstand gegen einen zentralen Lebensbereich sehr stark ist und ausreicht, die körperliche Abwehr soweit zu schwächen, daß das lauernde Herpes-zoster-Virus losschlagen kann.

Das Krankheitsbild demonstriert, daß einem vor langer Zeit etwas *auf die Nerven* und *unter die Haut gegangen* ist, das jetzt wieder an die Oberfläche drängt. Das Schmerzhafteste und Schwierigste daran ist das Auf- und Herausbrechen. Der Widerstand gegen diesen Prozeß und die Angst davor somatisieren sich in brennendem und stechendem Schmerz und beengendem Spannungsgefühl. Ist die Barriere durchbrochen, trocknen die Bläschen meist innerhalb von zwei bis drei Wochen ein und heilen ab. Der Ausschlag schlägt einen gerade an der momentanen Schwachstelle, im Fall der Gesichtsrose direkt ins Gesicht. Wie bei einer Ohrfeige brennt nur die eine getroffene Backe. Man kann aber auch eins auf die Nase, aufs Ohr oder aufs Auge bekommen. Besonders die letzten Schläge sind manchmal so schlimm, daß einem auf dieser Seite Hören und Sehen vergehen. Während man sich auf Stirn und Wangen »nur« entstellt, gezeichnet und geschlagen fühlt, kann der äußerst gefährliche Herpes der Hornhaut die Betroffenen mit Blindheit, der des Ohres mit Taubheit schlagen. Das vielleicht schlimmste ist, daß diese Schläge treffen, während man in anderer Hinsicht (Grunderkrankung) bereits schwer angeschlagen ist. Eine gewisse Hinterhältigkeit ist immer mit dabei, wenn man sich vergegenwärtigt, daß die Viren jahrelang auf diesen Augenblick der Schwächung ihres Opfers lauern, um dann von hinten aus den Nervenwurzeln zuzuschlagen.

Früher hatte das Krankheitsbild den Namen »Ignis sacer«, heiliges

Fragen

1. Welcher Konflikt steht mir ins Gesicht geschrieben?
2. Was ging mir auf die Nerven und unter die Haut?
3. Welche Angst macht mich seelisch so eng, daß ich körperlich so weit aufmachen muß?
4. Von welchem Lebensbereich, welchem Thema bin ich überfordert?
5. Was blüht mir im Gesicht, das ich nicht unverblümt ausdrücken kann? Was will und muß in mir auf- und aus mir ausbrechen?
6. Wodurch bin ich gezeichnet? Wodurch ausgezeichnet?
7. Welche Zeitbomben liegen in meinem seelischen Hinterland?
8. Was sagt meine Gesichtsrose über meine seelischen Schwachstellen? Kommt mir etwas *über die Lippen*, was ich nicht sagen wollte? Brennen meine Wangen von nicht ausgeteilten Ohrfeigen?
9. Welche Rolle spielt Hinterhältigkeit in meinem Leben?
10. Kommen flammender Zorn und das Feuer der Begeisterung in meinem Leben zu ihrem Recht?

Feuer oder wildes Feuer. Es wurde mit magischen Mitteln behandelt, weil man ein Zeichen von einer höheren Ebene darin erblickte. Tatsächlich ist es ein Zeichen von einer anderen, wenn auch eigenen inneren Ebene. Wilder und bisher nie geäußerter Zorn brennt einem im Gesicht. Solch flammender Zorn kann natürlich blind und taub machen und jedenfalls unansehnlich.

Daß in solchen Zeichen auch die Chance der Transformierung liegt, mag daran deutlich werden, daß es auch den heiligen Zorn gibt, daß das Kainszeichen nicht nur Zeichnung, sondern auch Auszeichnung beinhaltete und seinen Namenspatron auf den Weg der Entwicklung brachte. Auch im Ausdruck Gesichtsrose liegen beide Möglichkeiten nahe beieinander: das Erblühen der Rose als Bild der Schönheit, das seinen Niederschlag in den Flammenrosen der Spätgotik findet, und in der Symbolik der roten Rose selbst, die ihre Dornen als Zeichen des Kriegsgottes Mars in unser Fleisch graben kann, immer aber auch verbunden ist mit Venus, der Göttin der Liebe. Hinter Zornesausbrüchen kann flammende Begeisterung und heiße Liebe lodern, aber auch ebenso temperierte Wut.

Die Lernaufgabe der Betroffenen liegt darin, wirklich aufzugehen, ja aufzubrechen, ihren anderen, ebenso wahren Wesenskern zur Blüte zu bringen und unver*blüm*t zu äußern, was sie im Innersten bewegt. Was sie bisher in der Hinterhand hielten und in der Tiefe schlummern ließen, will nun befreit werden. Ob der Zorn ein heiliger oder profaner ist, die Rache eine frische oder uralte, tritt zurück hinter der Notwendigkeit, sie zu äußern. Gerade dieser Aus- und Aufbruch mag die notwendige Energie in Bewegung setzen, um jene andere, in der Grundsymptomatik zu Tage tretende Abwehrproblematik anzugehen. Es gilt den seelischen Widerstand gegen das heikle Thema, nicht die körperliche Abwehrbereitschaft zu reduzieren.

Fieberblasen oder Herpes labialis

Das gerade beschriebene Zoster-Virus ist nur einer der zahlreichen Vertreter dieser über 90 Viren umfassenden Familie. Sie werden für eine ganze Reihe von Scheußlichkeiten verantwortlich gemacht bis hin zur Krebsbegünstigung. Vom Standpunkt der Viren aus gesehen, handelt es sich um eine der erfolgreichsten Familien. Ihre Vorgehensweise ist der der Mafia nicht unähnlich. Sie haben sich auf verschiedene, zum Teil benachbarte Branchen spezialisiert und teilen sich ihr Arbeitsfeld, den menschlichen Körper, sehr redlich, wobei ihre Arbeitsweise durchaus »unredlich« ist.

Im Gesicht ist neben dem Zoster- besonders das Herpes-simplex-Virus von Bedeutung. Es umfaßt zwei Typen, deren erster sich auf die Region oberhalb der Gürtellinie spezialisiert hat und hier für Fieberblasen, Lippenherpes oder Gletscherbrand verantwortlich *zeichnet*. Der nur geringgradig unterschiedene Typ II ist für die Körperhälfte unterhalb des Gürtels zuständig und die Basis der heute verbreitetsten Geschlechtskrankheit, des Herpes genitalis. Typ I, der Erreger des Herpes labialis, ist gutartiger, dafür aber weiter verbreitet. 99 Prozent der Menschen beherbergen ihn als Dauergast. Bereits im Einschulungsalter sind praktisch alle Kinder mit ihm in Berührung gekommen. Obwohl das Virus überall anzutreffen ist, sorgt es nur bei jedem Hundertsten seiner Träger für die immer wiederkehrenden typischen Beschwerden.

Unter ziehenden, kribbelnden, spannenden oder juckenden Schmerzen entwickeln sich an den Lippen Bläschen, wesentlich seltener auch an anderen Stellen, wie etwa dem Naseneingang. Sie sind anfangs mit klarer, später trübe werdender Flüssigkeit gefüllt, das umgebende Gewebe ist geschwollen und gerötet. Innerhalb der nächsten Tage platzen die Bläschen und trocknen aus, und spätestens nach anderthalb Wochen ist der ganze Spuk wieder vorbei. Sehr selten gibt es allerdings auch schwere Verläufe, die die Mundschleimhaut und noch seltener die Gehirnhäute betreffen.

Als Ursachen nennt die Schulmedizin ähnlich wie beim Herpes genitalis verschiedene Situationen, die die Abwehrkraft reduzieren. Die Nähe der Auslösesituationen ist bei der symbolischen Nähe von oberen und unteren Lippen naheliegend. Sonnenstrahlung, Fieber oder Lampenfieber sind die Auslöser. Selbst Hormonumstellungen im Rahmen der Periode können bereits ausreichen. Vor allem aber sind es seelische Erschütterungen und ganz besonders solche in Verbindung mit Ekelgefühlen oder einer nicht eingestandenen »verdrucksten« Lust, die Herpes *hervorbringen.*

Im Fieber werden neben Hitze und körperlicher Kampfeslust auch Phantasien und Träume frei und das fiebernde Verlangen nach Lösung. Beim Lampenfieber wird ein innerer Widerspruch besonders deutlich, sucht man doch mit Lust eine Situation, die anzieht und zugleich ängstigt. Man möchte Anerkennung und Zuwendung gerade von jenen Menschen, vor denen man sich fürchtet. Auch Reisefieber kann zu Fieberblasen führen, verdeutlicht es doch ebenfalls eine zweischneidige Situation. Einerseits *brennt* man auf die Reise, andererseits hat man uneingestandene Angst davor, die sich in Spannungen ausdrückt und auf den Lippen brennen kann. Nicht selten ist es das nicht ausgesprochene »Wollen wir die Reise nicht doch lieber lassen?«, das statt in Sprech- in Herpesblasen über die Lippen kommt.

Beim Trinken aus dem Glas eines anderen vermischen sich Ekel und die Furcht, Nähe und Zuwendung dieses Menschen zu verlieren. Man traut sich nicht, die Vertrautheit des gemeinsamen Glases zu verweigern, und steht deshalb nicht zu seinem Ekelgefühl. Der Herpes bringt dann, was man selbst nicht wagte, stellvertretend über die

Lippen. In seinen abstoßenden Blasen verkörpert er den unausgesprochenen Abscheu seines Besitzers. Die physische Ansteckung über das Glas spielt keine Rolle, denn das Virus ist sowieso in allen Beteiligten vorhanden.

Bei manchen Menschen reicht es bereits, jemanden zu sehen, der Herpes hat. Vor Ekel wenden sie sich innerlich ab,verschließen sich seelisch diesem Menschen gegenüber und müssen statt dessen die Schleimhäute ihrer Lippen öffnen. Tatsächlich verdeutlicht der Lippenherpes (ähnlich wie das Magengeschwür, allerdings harmloser) ein Mißverhältnis zwischen schützendem Schleim und aggressiver (Zer-)Störungskraft. Was den Betroffenen verbal nie über die Lippen käme, drückt sich im Herpes doch noch aus. Die Schleimhäute sind der prädestinierte Bereich für Ekelgefühle, gilt doch Schleim in unserer Kultur als ekelerregend. Den Indianern dagegen war er wertvoll und symbolisierte die Heimat des Lebens, weil ihnen bewußt war, daß er bei der Zeugung neuen Lebens wichtig ist. Deshalb können Indianer ihren Kindern oder Kranken z.B. ohne das geringste Ekelgefühl Nahrung vorkauen. Herpes labialis spielt bei ihnen keine Rolle.

Die Sonne ist das Symbol des männlichen Prinzips und der Vitalität, weshalb ihre Nähe auch lustvoll gesucht wird, obwohl sie ihren Anbetern nicht selten übel mitspielt. Besonders brisant wird es auf hohen Bergen, wo wir ihr in der reinen Luft besonders nahe kommen und wo sie mit Vorliebe den Herpes simplex hervorlockt. Wie Ikarus' Beispiel lehrt, können ihre Verbrennungen sogar lebensbedrohlich sein. Wer sich am physischen Prinzip der Vitalität die Lippen verbrennt, wird im Bewußtsein eine entsprechende uneingestandene Abwehr gegen dieses Prinzip haben. Jene modernen Helden, die sich auf Ikarus' Spuren in den Höhen der Gletscher und Berge der Sonne nähern und dabei ihren Herpes in Form von Gletscherbrand auspacken, tragen ambivalente Züge. Sie sollten ihre sonnenheldenhafte Vitalität in Frage stellen und zumindest nach deren Kehrseite fahnden. In der kühlen Klarheit der reinen Bergluft könnte dabei einiges Schwüle klar werden.

Seelische Erschütterungen zu Beginn der Periode können einen uneingestandenen Zwiespalt hinsichtlich eines Kinderwunsches verraten. Außerdem gilt die Monatsblutung vielen Frauen als etwas

Unreines, das sie mit Abscheu und Ekel erfüllt. Namen wie »große Schweinerei« oder »blutige Woche« zeugen davon.

Medizinisch gesehen ist der Herpes labialis ein ungefährliches, kaum behandlungsbedürftiges Symptom. Die Ladung hinter dem Thema stammt aus seiner Bewertung. Die Betroffenen fühlen sich entstellt und in ihrem Ekel und Abscheu vor aller Welt bloßgestellt. Viele meiden mit solch unsauberen Lippen die Öffentlichkeit, um ihre »Verunreinigung« nicht zeigen zu müssen. Die gutartigen Geschwüre an ihren Schleimhautgrenzen verraten seelisch zu Brisantes. Ihre oberen Eingangspforten sind entzündet und damit in Konflikt entbrannt. Die Lippen wirken wulstig vergrößert und deuten eine über den vorgesehenen Rahmen hinausgehende Sinnlichkeit an. Auch hier ist Ambivalenz im Spiel: Einerseits vergrößern sich die aufge*blase*nen Lippen und ziehen Aufmerksamkeit auf sich, andererseits signalisieren sie zugleich: »Rühr mich nicht an, ich bin abstoßend und ekelhaft.« In der Entstellung wird eine Verstellung sichtbar. Der ehrliche Körper stellt etwas heraus, zu dem sein Besitzer nicht stehen mag. Etwas Unsauberes kommt da hervor, und es kommt aus dem eigenen Innern.

Nun ekeln sich die anderen vor dem Betroffenen, und er spürt Abscheu von der anderen Seite. Was immer ihm auf den Lippen gebrannt hat und aus Anstand und scheinbarem Abstand nicht über seine Lippen kam, wird lebendig, nicht in Sprech-, sondern in Herpesblasen. Die Außenwirkung ist ruiniert, durch brennende Bläschen, an ein sabberndes Kind erinnernde Säfte, geschwürig übertriebene Offenheit oder schorfig verkrustete Unsauberkeit. Nichts muß mehr unausgesprochen bleiben. Was an Meckerei und Gegeifer, an ätzenden Worten, »unsauberen« Bemerkungen und verletzender Offenheit hinter verkniffenen Lippen zurückgehalten wurde, bekommt nun seine Chance. Der Lippenherpes wird zur somatisierten Abscheu vor dem eigenen Abgründigen. Er ist die körperliche Form für all die nicht ge*äußer*ten »Unsauberkeiten«. Wie abstoßend die Thematik für einen ist, läßt sich an dem Gedanken testen, Herpeslippen zu küssen.

An dieser Stelle ergibt sich die Chance, das Prinzip der **Ansteckung** tiefer zu verstehen. Beim Herpes labialis gibt es eindeutig das Phänomen der Ansteckung, und es hat hier ebenso eindeutig kaum etwas mit den Erregern zu tun. Das muß nicht so sein, beim Herpes genitalis werden wir erleben, daß die Übertragung der physischen Erreger eine größere Rolle spielt. Das Prinzip der Ansteckung aber bleibt dasselbe. Wir glauben dabei, etwas Äußeres Abstoßendes zu uns hereinzuholen und daran zu erkranken. In Wirklichkeit können wir etwas Äußeres nur dann abstoßend finden, wenn wir es bereits seelisch in uns haben. Nie kann uns draußen etwas erschrecken, wenn es nicht als Muster bereits in uns existiert. Die Erreger sind je nach Situation mehr oder weniger wichtige Überträger des Musters. Beim Herpes labialis ist dieses Muster nicht nur im Bewußtsein, sondern auch physisch bereits vorhanden. Insofern spielt die körperliche Ansteckung hier keine Rolle, und die seelische wird allein entscheidend. Ambivalenz, Abscheu und Ansteckungsangst können das im Körper unter Kontrolle gehaltene Virus außer Kontrolle geraten lassen, indem sie das seelische Gleichgewicht durcheinanderbringen. Ohne die Aktivierung des inneren Musters können auch die hinterhältigsten Viren nicht gefährlich werden. Das Leben und Wirken berühmter Seuchenärzte wie Nostradamus steht dafür. Sie hatten keine Angst, schienen im Gegenteil innerlich ausgesöhnt mit dem Krankheitsbild, und so konnten ihnen die bedrohlichsten Erreger nichts anhaben.

Beim Herpes liegt die Gefahr eines Teufelskreises besonders nahe, wenn Wertungen die Deutungen ersetzen. Wer Herpes nicht als Ausdruck des eigenen Ekels, sondern als Strafe für »unsaubere« Gedanken auffaßt, wird diesen Bereich noch weiter tabuisieren und damit tiefer in den Schatten schieben. Mehr Herpes labialis wird die ehrliche Reaktion des Körpers sein.

Die Lernaufgabe lautet vielmehr, die als »unsauber« eingestufte Sinnlichkeit und die weiteren zwiespältigen Themen als eigene zu erkennen, sie anzunehmen und auszudrücken. Sich entsprechende Gedanken einzugestehen und sie verbal, statt in Gestalt der Herpesbläschen zu *äußern*, ist lippenschonend. Man muß dann allerdings »eine Lippe riskieren« und läuft Gefahr, *sich den Mund* im übertragenen Sinne *zu verbrennen*. Dafür lockt die Chance, ein mündiger und offener Mensch zu werden.

In konkreter Hinsicht offene Herpeslippen bluten und verschorfen ganz ähnlich wie zerbissene Lippen.

Fragen

1. Welches Thema bringt mein seelisches Gleichgewicht durcheinander und bahnt dem Herpes den Weg?
2. Wovor ekelt mir? Was stößt mich ab? Wie (ver-)ekele ich andere? Was flößt mir Abscheu ein? Was halte ich für Ab*schaum*? Inwieweit ist an meinen Ekel auch Lust geknüpft?
3. Wie ist mein Verhältnis zu Schleim(-häuten)? Kann ich ihn dort, wo er hingehört, genießen?
4. Mit welchen »unsauberen« Gedanken halte ich hinter den Berg und lasse meine ausufernden Lippen sie ausdrücken? Welche Ausdrücke würde ich nie *über die Lippen* bringen?
5. Entstelle ich mich, um mich nicht stellen zu müssen, weder den in Frage kommenden Themen noch Partnern? Verhindere ich Küsse und anderen Kontakt über abstoßende Lippen?
6. Ist mir der Gedanke furchtbar, meine Probleme zu veröffentlichen, und erreiche ich gerade das über mein Symptom? Was gibt es unsagbar Un*säg*liches in meinem Leben?
7. Welcher Zwiespalt macht mir zu schaffen? An welches heiße Eisen wage ich mich nicht wirklich heran, obwohl ich es vorgebe?

Über den Ekel gilt es an die Sinnlichkeit heranzukommen, neben der abstoßenden Seite des Schleimes auch seine lebensspendende zu erkennen und zu genießen. Aus dem dunklen Ursumpf ist das Leben entstanden und aus dem dunklen Schoß jeder Mensch gekrochen, die Menstruation mit ihren dunklen Säften schafft erst die Voraussetzung für neues Leben und will als wesentlicher Teil des Lebens akzeptiert werden.

Die ätzenden Gedanken könnten dem eigenen Leben Schärfe und Würze verleihen, Impulse, zu meckern und zu geifern, in Form konstruktiver, vielleicht sogar beißender Kritik geäußert werden. In einer gesellschaftlichen Nische, dem Cabaret, gäbe es sogar die Möglichkeit, sie relativ direkt über die Lippen und an den Mann bzw. die Frau zu bringen. Hier geht es gerade darum, scharf gewürzte Wortcocktails zu servieren, die auf elegante Art gewisse Grenzen überschreiten und leicht anrüchig und manchmal sogar verletzend sein dürfen. Der Witz wäre eine weitere Form, diese Thematik durch die Blume und in noch tolerierter Weise loszuwerden.

Augenlicht und Sehen

Die häufigsten Augenprobleme haben wir im ersten Band ausführlich bearbeitet, die der Ohren weniger ausführlich, Geruchs- und Geschmacksausfälle gar nicht. Dies entspricht ziemlich genau dem Ausmaß unserer Beschwerden und drückt eine kulturtypische Wertschätzung aus, auf die einzugehen lohnt. Die Augen entsprechen von ihrer äußeren Signatur der Sonne und dem Männlichen.[40] Goethe formulierte: »Wär' nicht das Auge sonnenhaft, die Sonne könnt' es nie erblicken.« Das Hörorgan imponiert dagegen äußerlich durch die Ohrmuschel, die symbolisch dem Mond und dem Weiblichen nahesteht.

Die Augen sind der einzige Teil unseres Körpers, wo Gehirn sichtbar wird, denn entwicklungsgeschichtlich gehören sie mit Sehnerv und Netzhaut zum Zentralnervensystem. Von seiner Art liegt Sehen dem Bewußtsein nahe. Der Aufstieg der Augen zu Sinnesorganen erster Klasse ist mit der Vorrangstellung des Großhirns gewachsen. Das Denken prägt unser Sehen, das Sehen aber auch das Denken. Beide entsprechen einander in ihren Möglichkeiten und Fehlerquellen und haben sich gegenseitig gefördert. Das Denken hat dem Sehen über verschiedene Mängel elegant hinweggeholfen. Während wir nämlich in alle vier Richtungen hören und riechen können, sehen wir immer nur die Hälfte der Welt. Nur einige mehräugige Götter und der vieläugige Hirte Argus können das Ganze überblicken.

Sehen ist am Licht der Sonne orientiert, deren Strahlen immer den geraden und damit kürzesten Weg zu nehmen scheinen. Entsprechend versuchen wir, geradlinig und ohne Umwege zu denken und zu planen. Unsere künstliche Umwelt haben wir an der Geraden und am rechten Winkel ausgerichtet, wohingegen die Natur in Kurven und Rundungen lebt und weder Gerade noch rechten Winkel kennt. Unser Denken ist nicht nur auf den kürzesten Weg festgelegt, all unsere Vorstellungen und Erwartungen bezüglich weiterer Entwicklungen sind geradlinige Projektionen in die Zukunft. Da aber in Wirklichkeit nichts geradlinig verläuft, geht bei solchen Planungen jeweils einiges *schief.* Viel spricht dafür, daß die Vergewaltigung unserer natürlichen Umwelt mit der gleichsam gewalttätigen Durchsetzung der Geradlinigkeit zu tun hat. Diese aber beruht auf einem mit dem Sehen zusammenhängenden Denkfehler.

Wie eng Bewußtsein über Sehen mit dem Licht verbunden ist, zeigen Ausdrücke wie Geistesblitz, Erleuchtung, klarer Verstand, heller Kopf, finsteres Mittelalter usw. Wir sprechen ganz selbstverständlich vom Licht der Erkenntnis und nicht etwa von deren Ton, Geschmack oder Geruch. Zumindest der Ton könnte ein höheres Anrecht auf diese Ehre anmelden, denn nach den Mythen verschiedenster Völker war ein Ton an erster Stelle, und die ganze Schöpfung begann mit einem Klang. »Am Anfang war das Wort« lehrt die Bibel, den indischen Veden entnehmen wir, wie alles aus der Ursilbe Om entstand, in der Vorstellung australischer Ureinwohner sang Gott die Welt. Selbst in unserer entzauberten Welt lehrt die Physik, daß das Universum dem Ur*knall* entsprang.

In Verkennung dieser Situation haben wir Sehen am Hören vorbei befördert und unseren *glasklaren* Verstand an erste Stelle gesetzt. Wir *erblicken* zuerst *das Licht der Welt*, obwohl wir wissen, daß lange vor dem Licht der Welt der Ton des mütterlichen Herzens zu hören ist und daß es in entscheidenden Lebensphasen besser ist, auf das Herz zu horchen als nach dem Verstand zu schielen.

Der Aufbau des Auges enthüllt uns eine weitere, nicht unproblematische Eigenart unseres Sehens und damit auch Bewußtseins. Wir sehen nicht überall auf der Netzhaut gleich gut und scharf. Am Rande ist das Sehvermögen schwächer und das Farbempfinden mangelhaft, wohingegen es zum Mittelpunkt hin immer besser wird. Sehen ist bei uns zu einem konzentrativen Akt geworden, wir heften den Blick auf einen Punkt und blenden damit automatisch anderes aus. Entsprechend konzentrieren wir unser Bewußtsein auf das Wichtigste, wobei Unwichtiges oft unter den Tisch fällt. Auswählen hat einen Doppelcharakter, besteht es doch aus einem Hinein- und einem Hinauswählen. Vermutlich war das Sehen nicht immer so zentriert. Noch heute sehen »andere Säugetiere« wie etwa Pferde im ganzen Gesichtsfeld gleichmäßig gut. Neben dem Punkt des schärfsten Sehens hat unser Auge auch einen blinden Fleck, jenen Ort, wo der Sehnerv in die Netzhaut eintritt. Das auf Auswahl und eindeutige Standpunkte trainierte Bewußtsein produziert, auf rationelle Art dem kürzesten Weg verpflichtet, ebenfalls so manchen blinden Fleck. Jede Konzentration und daraus folgende Auswahl beruht auf (*Aus-*)Wertung und setzt Denkprozesse voraus.

Wie groß die Rolle der Wertung sowohl im Seh- wie im Denkprozeß ist, lehrt die Erfahrung der Perspektive. In Verzerrung der Wirklichkeit nehmen wir Nahes groß war, Fernes klein. Insofern finden wir die Egozentrik, die im Laufe der Geschichte unser Denken geprägt hat, bereits in der Art unseres Sehens. Nur was uns persönlich nahe ist, bekommt in unserem Denken und seiner Optik angemessenen Raum. Der Pickel auf der eigenen Nase ist uns näher und damit wichtiger als die Choleraepidemie in Lateinamerika.

Andererseits gibt es den scheinbar gegensätzlichen Effekt der Projektion, der ebenfalls *wesentlich* mit dem Auge zusammenhängt. Während wir den Balken im eigenen Auge geflissentlich übersehen, erkennen wir den Splitter im Auge des anderen sehr deutlich. Wir haben uns darauf festgelegt, alles draußen zu sehen, obwohl uns das Auge jederzeit das Gegenteil belegen kann. Alle Bilder entstehen immer nur auf der Netzhaut, die eindeutig innen ist. Nachbilder machen das sehr deutlich: Wer in die helle Sonne schaut und danach die Augen schließt, sieht bei geschlossenen Augen einen dunklen Fleck, ein Negativ der Sonne, das draußen mit Sicherheit nicht existiert.

Träume zeigen uns jede Nacht, daß noch nicht einmal die Netzhaut zum Sehen nötig ist. Alle Bilder, jene, die wir scheinbar von draußen nach innen holen, und erst recht Traumbilder, sind in Wirklichkeit immer innere Bilder. Es gibt keine anderen und kann prinzipiell keine geben. Trotzdem betrachten wir unser Auge als Photoapparat und gehen davon aus, daß das außen Photographierte wirklich dort draußen ist. Im ersten Band zeigten wir auf anderem Wege, wie problematisch diese uns so selbstverständliche Annahme ist. In Wirklichkeit sehen wir alles innen und erklären es zur Außenwelt. Das aber ist der Mechanismus der **Projektion**, mit dessen Hilfe wir alles, was wir in uns nicht leiden können, auf das Außen schieben.

So bietet das Auge wie schon für das Rationalisieren auch fürs Projizieren die Basis, es leistet unseren Wertungen Vorschub und fördert die Auswahl und damit Beschränkung der Welt. Da es all das im Dienste des Denkens und seines linearen, rationellen und wertenden Weltbildes tut, revanchiert sich das Bewußtsein mit einem gewagten Kunstgriff: Es suggeriert, daß all die Wahrnehmungen unserer Augen objektiv sind, d.h. daß alles, was wir uns da draußen *ein-bilden*, der Wahrheit entspricht.

Auf diesem Trick beruht unser Weltbild und die Herrschaft des Intellektes. Er verdankt sie letztlich den Augen und ihrer Anstrengung, die runde Welt künstlich gerade zu biegen. Wieviel Selbstverleugnung das Auge dabei aufbringen muß, zeigt seine eigene runde Gestalt. Heute wissen wir, daß in Wirklichkeit nichts in dieser Welt geradlinig verläuft. Was im Kleinen wie eine Gerade aussieht, ist in Wirklichkeit doch eine Kurve, wie die Erdkrümmung jederzeit belegt. Selbst das Licht kommt eben nicht in geradlinigen Strahlen von der Sonne, sondern in großen Spiralen. Wir wissen inzwischen auch, daß unser Auge überhaupt nur einen winzigen Teil des elektromagnetischen Wellenspektrums und damit unserer »Wirklichkeit« wahrnehmen kann. In dieser problematischen, ihre unumschränkte Herrschaft bedrohenden Situation haben Intellekt und Auge sich noch enger zusammengetan, und der Intellekt hat dem Auge zugearbeitet wie keinem anderen Sinn. Über technische Hilfen half er, die begrenzten Fähigkeiten des Auges auszuweiten, mit Mikroskopen für die Welt des Kleinen, mit Fernrohren und Teleskopen für die weiten Räume des Weltalls. Alle möglichen Tricks und technischen Hilfsmittel suggerieren, daß es um unsere Sicht nicht so schlecht steht, wie es die auch wieder ehrlichen individuellen Augen anzeigen. Brillen machen sehr deutlich, daß die meisten Intellektuellen die Welt nur durch ihre eigene Brille sehen können. Haftschalen sollen verhindern, daß der Schwindel offensichtlich wird. Daß über die Hälfte der Bevölkerung in den sogenannten hochentwickelten Ländern ohne Hilfsmittel kaum noch sieht, könnte zu denken geben. Bereits in der Erprobumg befindliche Dauerhaftschalen werden daran wenig ändern können.

Zu all diesen schmerzlich ehrlichen Erfahrungen kommt noch die moderne Physik, die mit der Heisenberg'schen Unschärferelation belegt, daß wir grundsätzlich nie in der Lage sind, objektiv *wahr*zunehmen, weil der subjektive Beobachter immer in den Prozeß der Wahrnehmung mit eingeht. Wir müssen einsehen, wie relativ unsere Sicht ist und wie leicht sie hinters Licht zu führen ist. Wahrnehmen ist die Vorlage jeder wissenschaftlichen Messung, aber eben wie diese immer auf Vergleichen aufgebaut und damit relativ. Folgende Abbildung mag das Dilemma veranschaulichen:

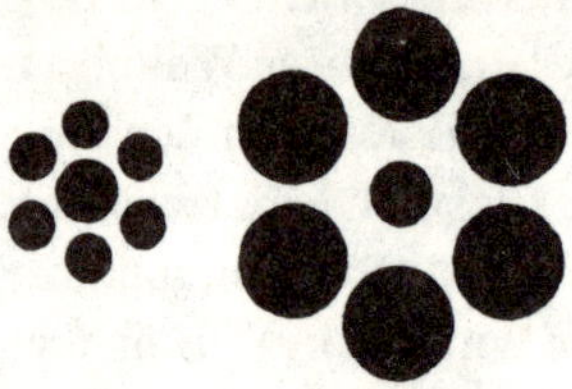

Die beiden mittleren Kreise sind gleich groß, aber in dem kleineren Umfeld wirkt der linke größer, während sein Zwillingsbruder rechts in dem großen Umfeld eher klein ausfällt. Was wie eine optische Täuschung imponiert, entspricht der alltäglichen Erfahrung, daß man um besonders großartig zu wirken, sich am besten ein möglichst kleinkariertes Umfeld sucht.

Aber nicht nur relativ, auch trügerisch ist unsere Sicht. In jedem Film erleben wir, wie in Wirklichkeit stillstehende Bilder uns die Illusion von Lebendigkeit vorgaukeln, in alten Filmen drehen sich die Kutschenräder plötzlich rückwärts usw.

Der vielleicht problematischste Aspekt unseres Sehens ist das Auswählen bzw. Werten, das an folgendem Bild deutlich werden mag:

nach W. E. Hill

Die alte und die junge Frau sind natürlich gleichzeitig und immer da. Durch unsere Auswahl können wir aber zuerst nur die wahrnehmen, zu der wir die größere Affinität haben. Selbst wenn wir schließlich beide entdeckt haben, ist es uns unmöglich, sie zugleich zu sehen, obwohl wir wissen, daß sie gleichzeitig da sind. Was bei einem Vexierbild amüsant erscheinen mag, bekommt eine ganz andere Qualität, wenn wir uns klarmachen, wie wir unser ganzes Leben durch solche Raster wahrnehmen, die nur bestimmte, uns genehme Dinge hindurchlassen und den Rest ausblenden. Wir werfen unsere Blicke nicht beliebig auf die Welt, sondern sehen einiges in sie hinein, während wir anderes übersehen. In Schopenhauers Ausdruck »Die Welt als Wille und Vorstellung« kommt diese Erfahrung ebenso zum Tragen wie in Herman Weideleners Ansicht, jedes Sehen sei auch ein Säen. So sind denn der ebenfalls mit dem Sehen verbundenen Spekulation (von lat. speculare = spähen) Tür und Tor geöffnet, und das Sehen wird noch su*spec*ter. Anschauungsunterricht liefert die Politik, wo Vertreter eines sozialen Rasters sich mit Anhängern eines konservativen oder liberalen über Jahre zusammensetzen können, nur um sich ergebnislos auseinanderzusetzen. Sowohl optisch als auch denkmäßig können wir uns im *Augenblick* immer nur auf einen (Blick-) Punkt konzentrieren. Wenn wir dazu neigen, diesen zum einzig vertretbaren Standpunkt zu machen, sind die bekannten Probleme vorprogrammiert.

Die Augen zeigen uns, wie sehr wir an die Polarität gefesselt sind. Aus der Gleichzeitigkeit machen sie ein Hintereinander und sind so die eigentlichen Garanten der Linearität. Aus der Einheit machen sie Zweiheit und haben so auch zentral mit unserer ver*zwei*felten Situation in der Welt zu tun. Einsicht in die Einheit ist mit den zwei physischen Augen prinzipiell unmöglich.

Bei dieser Lage ist es nicht erstaunlich, sondern typisch, wenn wir in solcher Häufigkeit Augenprobleme entwickeln. Daß wir ganz allgemein dazu neigen, unsere Augen zu überanstrengen, ergibt sich aus den Anforderungen unserer primär optischen Welt. Wobei sich Probleme nur dann ergeben, wenn wir die wahrgenommenen Dinge im Bewußtsein nicht wahrhaben wollen. Dieses nicht hinschauen, nicht für wahr nehmen wollen, somatisiert sich in den verschiedensten Formen und Krankheitsbildern. Daß diese Phänomene bei aller

Häufung spezifisch mit uns zu tun haben, zeigen sogenannte »primitive« Kulturen, die weniger einseitig visuell orientiert ihre Jugend ohne Kurzsichtig-, ihr Alter ohne Weitsichtigkeit überstehen.

Ohr und Gehör

Die Muschel, der äußere Teil des Ohres, hat aufnehmende weibliche Gestalt. Wo das Auge aktiver Kontrolle zugänglich ist, gehorcht das Ohr einem passiveren Gesetz. Es bleibt immer, auch nachts, in der weiblichen Hälfte des Tages, offen, läßt sich nicht richten und nicht kontrollieren und kann sich entsprechend weniger konzentrieren. So gibt es natürlich auch keinen Punkt des schärfsten Hörens. Während das Auge beliebig ausblendet und prinzipiell auf eine Hälfte der Wirklichkeit, den jeweiligen Gesichts(halb)kreis, beschränkt ist, kann das Ohr nicht abschalten und ist dadurch immer und umfassender informiert. Selbst wenn man sich *aufs Ohr legt*, bleibt das andere noch wachsam. Der auf der elektromagnetischen Skala wahrgenommene Frequenzbereich übersteigt den des Auges bei weitem. Die im Gegensatz zu den Augenlidern fehlende Beweglichkeit der Ohrmuscheln betont ebenfalls die passivere Art dieses Sinnes, der typischer Weise nicht im Zentrum wie die Augen, sondern in der Peripherie des Gesichtes liegt. Wir *leihen jemandem unser Ohr* oder *schenken* ihm *Gehör*, mit Blicken werfen wir dagegen nur um uns. Die Tatsache, daß Tiere zu Ohrbewegungen in der Lage sind und auch einige wenige Menschen noch rudimentäre aktive Bewegungsmöglichkeiten der Ohrmuscheln haben, läßt vermuten, daß sich diese Fähigkeit durch Vernachlässigung zurückentwickelt hat. Lediglich im übertragenen Sinne können wir noch *die Ohren spitzen* oder gegebenenfalls *steifhalten*. Wie weit wir gekommen sind, mag die Tatsache belegen, daß wir bewegliche Ohrmuscheln heute komisch finden, unbewegliche Augen aber tragisch. Die unterschiedliche Gewichtung beider Sinne zeigt sich auch darin, daß wir uns ständig auf unsere Optik verlassen, aber nur noch selten *ganz Ohr sind*, ja das Zuhören beinahe vergessen haben.

Die noch vor der Muschel wichtigste Signatur des Ohres ist die Schnecke, das eigentliche Gehörorgan im Innenohr. Das Bild der

Spirale ist ein Ursymbol, das im Gegensatz zur Geraden der Wirklichkeit viel näher kommt. Am Ort der Entstehung neuer Materie, im allerkleinsten Bereich, haben Atomphysiker ihre Signatur ebenso gefunden, wie sie Astrophysikern in der riesigen Dimension des Alls als Spiralnebel begegnet, in der Erbsubstanz der DNS sind ihr die Molekularbiologen auf die Spur gekommen, und Psychotherapeuten kennen sie als jenen Wirbel, mit dem der Kreis des Lebens bei der Empfängnis beginnt und sich am Lebensende schließt, wenn die Seele den Körper wieder verläßt. Die Wahrnehmung des Ohres kann folglich der Wirklichkeit nahe kommen, vor allem, wenn wir bedenken, daß sich alles in dieser Schöpfung auf Klang aufbaut. »Nada-Brahma, die Welt ist Klang.«[41] C.G. Carus sagte: »Das innere Ohr darf das wichtigste und vielsagendste Organ der psychischen Entwicklung genannt werden.« Schopenhauer und Kant wiesen auf den Bezug des Ohres zur Zeit hin, die wir seit alters her nach dem Lauf der Gestirne messen. Deren »Kreisbahnen« sind in Wirklichkeit Spiralen. Leben ist Rhythmus, erkannte Rudolf Steiner, und da auch die Zeit rhythmisch verläuft[42], ist sie eng mit unserem Leben verbunden. Wir sehen mit den Augen die Oberfläche der Welt, die Phänomene. Mit unseren Ohren aber lauschen wir in die Tiefe zu den Wurzeln unseres Lebens. Insofern stehen den »phänomenalen« Augen, die »radikalen« (lat. radix = Wurzel) Ohren gegenüber. Das macht die Ohren nicht grundsätzlich besser als die Augen, es zeigt nur, daß wir sie in anderer, tieferer Weise benutzen.

Das Verhältnis der beiden vorrangigen Sinnesorgane wird in der mitmenschlichen Beziehung offenbar. Wir sehen und hören einander. Über ersteres kommen wir in Kontakt, über letzteres lernen wir uns gegebenenfalls verstehen. Wieviel tiefer uns Hören berührt, zeigen die Reaktionen auf Erblindung und Schwerhörigkeit. Auf Grund der herrschenden Wertung halten wir die Erblindung für weit schlimmer, in der Praxis zeigt sich aber, daß sie leichter zu ertragen ist. Mit dem Hören verlieren wir das Mitschwingen und damit das Mitgefühl mit der Welt, woraus sich psychische Störungen bis zu Depressionen ergeben. Taubheit geht mit Gefühllosigkeit einher. Eine »taube Hand« kann nichts mehr fühlen, eine »taube Nuß« ist ein Ausfall auf der ganzen Linie. Das Sprichwort weiß, daß Hören und Fühlen einander vertreten können: »Wer nicht hören will, muß fühlen.«

Wird uns das Gehör genommen, leben wir in einer Welt ohne Ton. Es ist das Gefühl von Ausgestoßensein, von Außenseitertum im schlimmsten Sinne, das seelisch kaum zu ertragen ist. Wie am Anfang der Schöpfung ein Ton ist, hört auch jedes Geschöpf von Anfang an den Ton des mütterlichen Herzschlags. Wie wichtig diese akustische Nabelschnur ist, spürt jede Mutter, die ihr beunruhigtes Kind spontan und intuitiv ans Herz drückt. Beim *Still*en ist es nicht zuletzt dieser vertraute Klang, der das Kind still werden läßt. Noch jede Entenfamilie zeigt das Phänomen. Die Mutter quakt ununterbrochen, und solange die Jungen sie hören, ist alles in Ordnung. Sobald das Quaken schwächer wird, ist es Zeit zum Umkehren.

Im **Ertauben** bzw. in der Schwerhörigkeit* liegt der Hinweis, aufzuhören, nach draußen zu lauschen und von dort die Antworten zu erwarten. Nicht mehr dem Außen gilt es zu ge*horchen*, sondern der inneren Stimme, auf die allein man durch das Krankheitsbild hin- und angewiesen ist. Der innere Rhythmus will gefunden werden. Naturgemäß ist das eine Aufgabe des reiferen Lebensalters, weshalb das Krankheitsbild auch dieses bevorzugt trifft. Wer sich in vorgerückter Zeit weiter nur am Außen orientiert, muß damit rechnen, daß das Schicksal ihn korrigiert. Das aber kann durch das Verschließen der äußeren Ohren geschehen. Die eigene innere Stimme wie auch Gottes Stimme sind unabhängig von den physischen Ohren zu hören und bleiben im Extremfall die einzige Verbindung. Das kann man als Drama oder Chance empfinden. Hier wäre auch an die Komponisten Beethoven und Smetana zu denken, die trotz äußerer Ertaubung göttliche Musik komponierten und innerlich auch hörten.

Tinnitus oder Ohrgeräusche

Was auf den ersten Blick als harmloses kleines Symptom erscheinen mag, plagt inzwischen allein in Deutschland über sechs Millionen Menschen und hat damit den Rang einer Epidemie erreicht. Tinnitus kommt vom Lateinischen »tinnire«, was klingeln heißt. Oft wird es auch als Rauschen, Brausen, Brummen, Glockengeläute, Summen, Sausen, Klopfen, Pfeifen, Klirren oder gar Heulen beschrieben. Nicht alle, aber der überwiegende Teil der Betroffenen leidet unter dem inneren Lärm, fühlt sich gestört und manchmal sogar behindert.

Die Schulmedizin geht bei über der Hälfte der Betroffenen von Lärm als Ursache aus. Bei praktisch allen Patienten findet sich ein Zusammenhang mit unbewältigtem Streß. Letztlich sind Ohrgeräusche nach innen genommener Lärm, die Betroffenen stören sich selbst. Viel spricht dafür, daß sie, von äußerem »Lärm« gestört, sich nicht zur Wehr gesetzt, sondern ihre Aggression in sich hineingefressen bzw. -gehört haben. Statt mit Streß konstruktiv umzugehen und den Herausforderungen außen zu begegnen, neigen sie dazu, alles innen mit sich allein auszumachen. Kein Wunder, wenn innen einiges los ist. Die Töne im Innern sind (wie alle Symptome) als Signale zu verstehen, die eine Botschaft übermitteln wollen. Die Art der Botschaft ergibt sich aus der Art der Geräusche, die durchweg etwas Warnendes oder zumindest Aufmerksamkeit Erheischendes haben. Der klingelnde Wecker will wachrütteln, die Sirene aufschrekken, das Heulen einer Heulboje warnt genauso wie Alarmglocken, die Sturm läuten, wer anklopft, begehrt Einlaß und Aufmerksamkeit, Pfeifen warnt oder gibt Signale. Solche Laute mögen nicht angenehm sein, aber sie sind immer sinnvoll. Das Brausen eines Sturmes, das Summen eines Bienenschwarmes oder das Brummen eines Bären verheißen natürlich nichts Gutes, aber sie sind sehr von Nutzen, wenn man darauf hört, die Warnungen ernst nimmt und sich entsprechend verhält.

Die Tinnituspatienten haben die Flut des Stresses verinnerlicht, und nun tönt sie ihnen von innen entgegen und warnt aus nächster Nähe, nachdem distanziertere Signale überhört wurden. Der Punkt der Lebensgeschichte, an dem die Warnungen aus dem Innern begannen, zeigt an, wann das Faß voll war. Die Patienten machen nun in sich Stille unmöglich und lernen dadurch ihr tiefes Bedürfnis nach Ruhe kennen. Innere Stille kann sich aber erst ergeben, wenn außen das Notwendige getan ist. Diesbezüglich gleichen sie unserer modernen Gesellschaft, die ebenfalls Stille zunehmend unmöglich macht und die Menschen mit immer mehr (Lärm)Streß konfrontiert. Gerade dadurch aber weckt sie ein zunehmendes Bedürfnis nach Stille. Der wachsende Lärm entspricht den zunehmenden Ohrgeräuschen, wobei Lärm hier viel weiter zu fassen und nicht nur in Dezibel zu messen ist. Wenn die Tinnituskranken auch das Produkt einer Gesellschaft sind, die kaum noch Stille kennt, sind sie doch im besonderen von ihrem Symptom aufgerufen, sich dem Lärm zu stellen und damit ihn umgehen zu lernen. Bevor es darum geht, allopathisch den Lärm zu bekämpfen, wäre es Aufgabe, ihm abzulauschen, was er zu sagen hat. Meistens ist es die Aufforderung, nicht nur innerlich, sondern auch äußerlich laut zu werden.

Die Patienten sind einerseits zu gut angepaßt an die Bedürfnisse der Gesellschaft, andererseits zu schlecht an die des Lebens mit seinen ständig wechselnden Anforderungen. Sie haben den Streß, der die Lebenskräfte herausfordern und beleben könnte, nach innen genommen und sich bei gut funktionierendem äußerem Leben innerlich verbarrikadiert. Diese Situation schlägt sich häufig in gleichzeitigen Verkalkungsprozessen der Gefäße nieder. Der Aspekt der Verhärtung und fehlenden Anpassung an die Wechselfälle des Lebens wird in manchen Ohrgeräuschen akustisch deutlich: Zum aufweckenden Charakter der Geräusche kommt dann noch das Klingelnde, Klirrende verhärteter, erstarrter Strukturen.

Während Töne ein harmonisches Schwingen von Energie darstellen, zeichnen sich Geräusche durch unharmonische Schwingungen aus. In jedem Laut aber befreit sich Energie. An diesem Punkt lassen sich zwei Gruppen von Betroffenen unterscheiden, die große Gruppe der *gestörten* und die kleine, die ihren Tinnitus als Ton empfindet und mit ihm umgehen kann. Eine wesentliche Hilfe wäre es schon, aus der ersten in die zweite Gruppe zu wechseln, worauf auch die meisten Therapien zielen.

Die Erfahrung zeigt, daß ein entspanntes Akzeptieren der Geräusche aus dem wilden Sturmgeläute bereits annehmbare Töne macht, die einem den Weg weisen können. Es geht darum, den verinnerlichten Streß wieder draußen zu erkennen und zu konfrontieren. So mag es sein, daß die Glocken im wahrsten Sinne des Wortes zum Sturm läuten, man zurechtgepfiffen und mit Sausen und Brausen zur Ordnung gerufen wird. Den eigenen Standpunkt inmitten des äußeren Chaos nicht nur zu finden, sondern auch zu verteidigen und dem Ansturm der äußeren Bedrängungen *Stand* zu *halten*, ist eine *wesen*tliche Aufgabe der Betroffenen. Hinzu kommt, daß viele Tinnituspatienten auch Gleichgewichtsprobleme haben. Das Gleichgewichtsorgan liegt im selben Felsenbein wie das Innenohr und wird vom selben Nerv, dem Stato-acusticus, versorgt. Von hier werden letztlich alle Muskeln gesteuert, die uns erlauben, der Schwerkraft aufrecht zu begegnen. Die häufig hinzukommenden Hörprobleme erklären sich durch die störende innere Geräuschkulisse. Sie zeigen, wie schwierig das Thema Hören, Horchen und Gehorchen ist, wenn man alles Äußere zu sich hereinnimmt und für das Innere keinen Platz mehr hat.

Die primäre Lernaufgabe ist nun nicht, wie verhaltenstherapeutische Ansätze meinen, sich möglichst effektiv von dem inneren Störsender abzulenken, sondern im Gegenteil gerade darauf zu horchen. Wenn die Geräusche wütend machen, wollen sie auf die eigenen Aggressionen hinweisen, stören sie in der Konzentrationsfähigkeit, deuten sie Probleme an, beim Wesentlichen zu bleiben; vor allem aber sagen sie immer, daß die Wurzel im eigenen Innern liegt. Der äußere Lärm ist nicht schuld, verantwortlich ist der eigene Umgang damit. Er wird verinnerlicht und dafür die eigene Innenwelt vernachlässigt bzw. dem Lärm erlaubt, die innere Ordnung in ein Chaos zu verwandeln. Aufgabe ist, sich mit lauter Stimme vom nervenden Außen Ruhe zu verschaffen, um nach innen horchen zu lernen. Die Intuition als Weg zur eigenen Ordnung und Wahrheit will wieder belebt werden. In dem Maße, wie diese Abschottung mit anschließender Innenwendung stattfindet, hört erfahrungsgemäß die Karikatur der inneren Stimme, der Tinnitus, auf zu schreien. Lernt der Patient freiwillig zuzuhören, muß er nicht mehr angeschrien werden. Aus dem störenden Geräuch kann der berühmte »kleine Mann im Ohr« werden, der als Ratgeber und Mahner von großem Nutzen ist. Patienten, die diese Umpolung bewältigt haben, berichten, wie ihnen ihre Töne als feines und verläßliches Anzeigeinstrument dienen, gleichsam als eingebauter Wecker, der sie hindert, zurück in die Unbewußtheit zu sinken. Der Wecker weckt und signalisiert, daß man in diesem Augenblick gefordert ist. Drohen die Betroffenen, aus ihrer inneren Balance zu geraten, werden die Töne lauter, fressen sie Aggressionen wieder in sich hinein, werden sie aggressiver usw.

Als mißachtete und in den Schatten gesunkene innere Stimme ist der Tinnitus in Ordnung und wie der Froschkönig zurückverwandelbar. Die erlösteste Variante der inneren Töne ist jene von Mystikern beschriebene innere Musik, die Sphärenklänge des inneren Universums. Verschiedene spirituelle Traditionen legen großen Wert auf das Hören solcher Töne und interpretieren sie als Zeichen des Fortschritts auf dem Weg.

Fragen

1. Wie gehe ich mit Streß bzw. An- und Herausforderungen meiner Umwelt um, wie mit Überforderungen?
2. Was war los, als mich die Töne das erste Mal ansprachen? Wie habe ich darauf reagiert?
3. Was will ich nicht mehr hören, wem nicht zuhören und gehorchen?
4. Wie steht es um Gleichgewicht, Standfestigkeit, Selbständigkeit und Durchsetzungsfähigkeit? Stehe ich auf festem Boden?
5. Was haben mir die inneren Töne zu sagen? Was meine innere Stimme? Welche Rolle spielen Intuition und Innenschau in meinem Leben?

Gleichgewichtsorgan und Stabilität

Entsprach die Schnecke im Innenohr der Zeitspirale, dient das Labyrinth mit seinen Bogengängen unserer Orientierung im Raum. Drei Bogengänge sind rechtwinklig zueinander angeordnet und entsprechen den drei Dimensionen unseres räumlichen Koordinatensystems. Sogenannte Gehörsteinchen zeigen, ihrer eigenen Schwere folgend, dem Organismus seine jeweilige Lage im Raum in bezug auf die Schwerkraft an. Sowohl die Bogengänge als auch die Gehörschnecke liegen im Innenohr, beide sind mit der gleichen Flüssigkeit gefüllt und stehen in Verbindung miteinander. Vom gleichen Gehirnnerv, dem 8. oder Statoacusticus versorgt, hängen die Sinnesorgane für Raum und Zeit so eng zusammen wie Raum und Zeit selbst. Nicht umsonst sprechen wir vom Zeitraum, die moderne Physik hat inzwischen die Raumzeit entdeckt. Die Anatomie bietet seit Urzeiten die Vorlage. Mit Hilfe der Innenohrorgane können wir *im Lot bleiben*, die Dinge wieder *ins Lot bringen* und uns im Gleichgewicht halten.

Beim Schwindel ist nicht viel zu deuten: Nomen est omen. Schwindel verweist auf einen Schwindel in tieferer Hinsicht. Am Prototyp des Krankheitsbildes, der See- oder Reisekrankheit, läßt er sich durchschauen. Sein gehäuftes Auftreten bei Seereisen hat zu der Bezeichnung geführt, wobei er auch auf Autofahrten, in Vergnügungsbahnen auf Rummelplätzen und sogar in Fahrstühlen auftritt. Die Entstehungsbedingungen sind im Prinzip immer identisch. Eine typische Situation spielt sich etwa folgendermaßen ab: Man ist auf einer Seereise und sitzt unter Deck beim Essen. Die Augen sehen einen gedeckten Tisch vor sich, der fest auf dem Boden steht und sich nicht bewegt. Folglich melden sie an die Zentrale: »Alles in Ruhe und Ordnung.« Zur gleichen Zeit meldet aber das Gleichgewichtsorgan aus dem Innenohr zur selben Zentrale »schlingernde Bewegungen«. Damit entsteht eine Art Double-Bind-Situation[43], in der es für die Zentrale keine Lösung gibt. Entweder herrscht Ruhe oder Bewegung, aber beides gleichzeitig ist offensichtlich nicht möglich. In dieser Situation verkörpert der Organismus den offenbaren Schwindel und zeigt ihn damit dem Bewußtsein an. Hier wird besonders deutlich, wie ehrlich Krankheit macht. Das Symptom bildet den Betroffenen im eigenen Körper ab, was sie draußen nicht erkennen können, daß nämlich der Boden unter ihnen schwankt.

Bei der Reisekrankheit ist diese Aussage harmlos, weil es tatsächlich der konkrete Boden ist, der sich bewegt. Bei Krankheitsbildern wie der Multiplen Sklerose (MS) zeigt das Symptom ebenfalls an, daß der Boden, auf dem man steht, schwankt. Hier ist es aber im übertragenen Sinn gemeint und damit entsprechend bedrohlicher. In der Reisekrankheit deutet der Körper gleichzeitig mit Übelkeit an, daß er sich »zum Kotzen« fühlt und diese Situation am liebsten auf dem schnellsten Wege wieder von sich geben würde. Die Kranken fühlen sich im wahrsten Sinne des Wortes nicht in ihrem Element. Sie sind im Gegenteil zwischen die Elemente geraten, leben in der Illusion, noch auf der vertrauten ruhigen Erde zu stehen, während sie längst auf den Wogen des Meeres schaukeln. Diese Situation müßten sie sich nur ganz, d.h. mit allen Sinnen, eingestehen und sich voll auf das wirklich tragende Wasserelement einlassen, dann kämen sie schnell wieder in Ordnung. Sie bräuchten sich weniger im konkreten zu übergeben, würden sie sich im übertragenen Sinne der Situation ergeben.

Das Krankheitsbild enthält die Lösung schon in sich und zwingt die Betroffenen durch das Erbrechen an Deck. Dort sehen ihre Augen die Bewegungen des Wassers und des Schiffes, und die Informationen stimmen wieder mit denen aus dem Innenohr überein. Schwindel und Übelkeit können sich legen. Gibt man in einem Segelboot dem »Schwindler« die Ruderpinne in die Hand, wird sogleich wieder Ehrlichkeit eintreten: Er muß sich aufs Wasser konzentrieren, und die Augen sehen ihren Irrtum ein. Das ist auch der Grund, warum beim Schwimmen nie Seekrankheit auftritt. Niemals ist auch der Fahrer eines Autos selbst betroffen, sondern immer nur Mitreisende. Vor allem Kinder neigen zum »Schwindeln«. Im Gegensatz zum Fahrer schauen sie meist nicht auf die Straße, sondern bleiben mit ihren Augen beim Spielen im Innenraum des Wagens. Das aber ist die Situation, wo die Zweideutigkeit Einzug hält. Die betroffenen Sinnesorgane melden Unvereinbares. Mit der auftretenden Übelkeit zeigen Kinder natürlich auch, daß sie im Auto nicht gerade in ihrem Element sind. Eine einfache Lösung ist, sie zu bewegen, vorne hinauszuschauen, indem man ihnen irgendwelche spannenden Dinge zeigt. Eine andere in allen entsprechenden Fällen bewährte Methode liegt in der vorübergehenden Ausschaltung der fehlerhaften Meldungen, indem man einfach die Augen schließt. Dann werden die vorher unangenehm krankmachenden Bewegungen angenehm und schaukeln einen in den Schlaf. Man ist wieder in seinem Element, denn genau so hat das Leben im Fruchtwasser begonnen, weshalb viele Erwachsene ebenso wie Kinder *für ihr Leben* gern geschaukelt werden. Wichtig ist, die Augen zu schließen, die Kontrolle aufzugeben und sich dieser Ursituation anzuvertrauen.

Das selbe Prinzip gilt für alle Arten von Schwindel, auch für den viel häufigeren **Kreislauf-Schwindel**, der Menschen mit niedrigem Blutdruck ereilt, wenn sie zu schnell aufstehen. Ihr Schwindel liegt in dem »zu schnell«. Sie tun so, als wollten sie sich dem neuen Tag oder einer neuen Situation mit Schwung und Elan stellen. Wenn das nicht auch von einer inneren Haltung getragen ist, muß der Körper diesen Schwindel aufdecken bzw. verkörpern. Die Betroffenen sinken wieder nieder und bekommen eine neue Chance in der ihnen entsprechenden langsamen, aber ehrlichen Geschwindigkeit.

Ménièresche Krankheit

Hier handelt es sich weniger um ein umschriebenes Krankheitsbild als um einen Symptomenkomplex, in dessen Mittelpunkt Schwindelanfälle mit Erbrechen, Schweißausbrüchen und Blässe stehen. Hinzu kommen Hörverlust und/oder Ohrensausen und von seiten der Augen ein Nystagmus genanntes Phänomen. Das Wort stammt aus dem Griechischen und bedeutet Augenzittern oder Augenrucken. Es tritt bei verschiedenen Nervenleiden wie der Multiplen Sklerose (MS) auf und häufig auch bei Innenohrerkrankungen. Dazu muß auch der Morbus Ménière gerechnet werden, handelt es sich doch sehr wahrscheinlich um ein Druckproblem im Labyrinthsystem der Bogengänge. Das Krankheitsbild taucht plötzlich aus scheinbar heiterem Himmel auf und sucht den Betroffenen in Anfällen heim, wobei die beschwerdefreien Zwischenzeiten ganz verschieden lang sein können.

Wie bei der MS ist hier der Schwindel sehr ernst zu nehmen. Der Körper verdeutlicht den Betroffenen zum einen, daß sie auf schwankenden Boden geraten sind. Manchmal vermittelt er auch das Gefühl, daß ihnen der Boden plötzlich unter den Füßen weggezogen wird. Zum anderen täuscht er ihnen nicht vorhandene Bewegungen im Raum vor. Der Grund, auf dem sie gründen, ist unsicher geworden, und sie können sich auch ihres Umfeldes nicht mehr sicher sein. Eigenständigkeit und Selbstständigkeit sind ständig bedroht, die Standfestigkeit ist in Frage gestellt.

Auf der therapeutischen Suche nach dem geistig-seelischen Umfeld findet man häufig, daß sich die Patienten in ethischer, moralischer, religiöser oder ehrgeiziger Hinsicht in *schwindelnde* Höhen *verstiegen* haben. Das Verstiegene und Überzogene ihrer Ansprüche an sich selbst verhindert, daß sie in ihren hochfliegenden Vorstellungen einen tragenden Lebensgrund finden. Sie müssen sich ständig bemühen und fallen durch eisernes Durchhaltevermögen auf, sind sie doch ständig auf Anerkennung von außen angewiesen. Bleibt diese einmal schlagartig aus, kommt es zu den typischen Auslösesituationen, die häufig mit einem Verlust des Lebensin*halt*s zu tun haben. Ist dieser Halt erst verloren, wird die ganze Verunsicherung und Hilflosigkeit deutlich - wenn nicht im Bewußtsein, dann im schwankenden Boden. Die Patienten sind sich ihres Lebens nicht mehr sicher. In solchen Situationen und zusätzlich verunsichert durch die Symptomatik geraten sie nicht selten in einen Teufelskreis. Da äußere Bewegungen ihre inneren Schwankbewegungen auslösen können, verhalten sie sich fast bewegungslos, ziehen sich von allem zurück und igeln sich ein. Die hinzutretende Schwerhörigkeit unter*mauert* noch die Isolation. Dieses Bild der völligen Unbeweglichkeit in einer von äußeren Bewegungsstürmen bedrohten kleinen Welt ist ein deprimierend ehrlicheres Abbild der Situation. Die Lebensbasis ist so eng, so klein, daß sie gar nicht mit beiden Beinen auf der Erde stehen können. Auf dem einen Bein ihrer Ideale aber stehen sie unsicher, denn sie stellen sich so hoch über die profanen Dinge dieser Welt, wie z.B. Sexualität als Ausdruck der Polarität, daß Schwindel nicht ausbleiben kann. Die Tatsache, daß der Körper das Drama in Szene setzen muß, zeigt, daß sich die Patienten ihrer Situation nicht bewußt sind.

Die medizinische Ursache für die schlagartig oder allmählich auftretende Schwerhörigkeit ist ebenfalls im Innenohr zu suchen, also in den tiefen Schichten des Hörens. Der Organismus verdeutlicht, daß die Betroffenen nicht mehr horchen und gehorchen können. Der Verdacht liegt nahe, daß wer nicht hören will, fühlen muß. Denn wenn die Ohren *dichtmachen*, treten tatsächlich äußerst unangenehme Mißempfindungen auf, wie die Übelkeit, die dem Kranken zeigt, daß er etwas für ihn Unverdauliches nicht schlucken, sondern in hohem Bogen wieder loswerden will. Das Augenzittern und der damit einhergehende unruhige Blick sind offensichtliche Zeichen von Gefahr (des Fallens?). Die Lösung liegt im Hauptsymptom: Der Betroffene schwindelt sich etwas vor bezüglich seiner Lebensbasis. Diese ist schwankend und unverläßlich, der Boden droht ihm jederzeit überfall- bzw. anfallartig unter den Füßen weggezogen zu werden.

Die in den Symptomen zum Ausdruck kommende Lernaufgabe heißt: sich den Schwankungen soweit hingeben, bis klar wird, daß das Leben aus Höhen und Tiefen be*steht* und daß es besser auf zwei Beinen als auf einem zu be*stehen* ist. Das Symptom zwingt die

Betroffenen geradezu, sich einen materiellen Halt zu suchen, sonst würden sie stürzen. Es will ihnen klarmachen, daß es sinnvoll wäre, für einen eigenen Lebensunter*halt* und vor allem -in*halt* zu sorgen. Das Schwanken weist darauf hin, wie nötig es dafür sein wird, die übertriebene Kontrolle aufzugeben. Bezüglich der Schwerhörigkeit heißt es: Nicht mehr auf das Draußen hören, nicht mehr den äußeren Befehlen gehorchen, sondern nach innen auf die innere Stimme horchen und ihr auch gehorchen bezüglich eines eigenen Weges. Übelkeit und Erbrechen legen nahe, wieder loszuwerden, was an Fremdem nicht brauchbar und nicht zu Eigenem zu verarbeiten ist, wenn notwendig sogar auf aggressive Weise. Vielmehr geht es darum, sich einen eigenen Lebens*grund* zu suchen und sich diesem zu *übergeben*. Die ruckartigen Augenbewegungen signalisieren, daß Eile geboten und keine Zeit zu verlieren ist.

In der Tiefe der Symptome deutet sich deren Erlösung an. Wenn die Lebensbasis sicher ist, kann der *Taumel* der Sinne beflügeln und Raum und Zeit vergessen lassen. Im Liebes*taumel* werden Höhen und Tiefen des Gefühls spürbar, und während man sich in *sinnenverwirrende* Abenteuer *stürzt*, bleibt das körperliche Gleichgewicht stabil und verläßlich und der Tanz des Lebens wird zum Genuß.

Fragen

1. Wo kann ich der Basis meines Lebens nicht trauen? Wie steht es um Lebensin- und -unterhalt?
2. Warum will ich nicht hören, was meine innere Stimme sagen will?
3. Was kann ich für meinen Lebensweg nicht mehr brauchen und muß es schnell wieder loswerden?
4. Wie steht es mit meiner Orientierung in Raum und Zeit, im Koordinatensystem des Lebens? Woran könnte ich mich halten?
5. Wo ist das Feste in meinem Leben, das Verläßliche? Gibt es in meiner schwankenden Welt etwas, das mich sicher hält?
6. Wie kann ich mich dem Tanz des Lebens hingeben bzw. mich darauf ein*stellen*?

Nase und Geruch

Die Nase ist unser prominentestes Sinnesorgan und gilt als das ehrlichste. An der Nasenspitze kann man im Zweifelsfall die Wahrheit ablesen. Durch ihre exponierte Lage ist sie zu einem besonders bedeutungsschwangeren und vielsagenden Bereich geworden. Wo der Weg *immer der Nase entlang* führt, kann eine schiefe Nase natürlich auf die schiefe Bahn bringen. Eine Hakennase steht für einen »verzinkten« Charakter, eine elegant geschwungene für entsprechende Eleganz, die Adlernase für Kühnheit, die grobe unförmige Nase für Plumpheit. Die Triefnase deutet Vernachlässigung und damit einhergehende Traurigkeit an, die von Warzen entstellte Nase erinnert an die Hexe und ihr gefährliches Wesen, während die Stupsnase naseweise Kindlichkeit anzeigt, die neugierig und aufgeweckt, ihrer Umgebung gern eine Nasenlänge voraus ist. Diese »Himmelfahrtsnase« gehört zum Kindchenschema, das uns tief eingeprägt ist und unser Verhalten mehr bestimmt, als dem rationalen Intellekt recht sein kann. Der Volksmund vermutet, daß eine lange spitze Nase vorwitzig überall hineingesteckt wird, während die runde rot leuchtende Knolle des Clowns ein Symbol für dessen Unverfrorenheit ist. Wo alle Welt versucht, die Nase unauffällig zu schminken, ihr mit Puder und Make-up den Glanz zu nehmen, die Schärfe ihrer Konturen dezent zu verharmlosen, kehren Clowns und Narren sie besonders heraus, so wie sie auch ansonsten gern die an*rüchig*sten Dinge ans Licht zerren und sich darüber lustig machen. Hier spielt besonders der sexuelle Bezug der Nase herein, der sich in dem ordinären Ausspruch »Wie die Nase des Mannes, so auch sein Johannes« niederschlägt. Wieder verrät die Volksweisheit viel Gespür, denn tatsächlich finden sich auf den Schleimhäuten der Nasenmuscheln Reflexzonen für die Geschlechtsorgane. So wird jedes Nasenbohren zu einer Art Reflexzonenbehandlung dieses heiklen Bereichs. Hier liegt auch der Grund, weshalb ausgerechnet Nasenbohren als unanständig gilt und so schlecht zu unterbinden ist. Es vermittelt den Nasenbohrern offenbar große Lust. Erst wenn diese sich im Laufe der Entwicklung nach unten in die genitalen Bereiche verlagert, läßt der »Bohrdruck« oben nach.

Riechen ist wie auch Schmecken in unserer Wertschätzung noch weiter in den Hintergrund gerückt als Hören. Verglichen mit dem ziemlich jungen Großhirn ist das Riechhirn uralt. Mit der Nase gehört es ursprünglich zu einem relativ bodenständigen Sinnesorgan. Die Witterung aufnehmende, schnüffelnde Nase war noch etwas gänzlich Tierisches. Darüber rümpfen wir heute die Nase. Stolz haben wir uns von der Erde erhoben, sind dabei hochnäsiger geworden und haben unseren guten Riecher weitgehend eingebüßt, wobei die Nasenlöcher noch immer nach unten in die Niederungen des Reiches der Mütter und der *mater*iellen Welt weisen. Nur wenn wir uns Dinge *unter die Nase reiben* oder auf dieselbe *binden*, können wir sie über diesen Weg noch sicher wahrnehmen. Während das Auge wie eine Kamera, das Ohr wie ein Musikinstrument aufgebaut ist, beruht Riechen auf einfachem, durch das Schlüssel-Schloß-Prinzip differenziertem körperlichem Berühren. Die Riechschleimhaut in der obersten Nasenmuschel besteht aus fünf Millionen, von Sinneshärchen übersäten, Geruchszellen, die durch Berührung gereizt werden. Sie fungieren als Schloß, die entsprechenden Duftstoffe als Schlüssel. Um den Duft einer Rose wahrnehmen zu können, müssen einige Schlüsselmoleküle des »Rosenparfums« ihr Schloß in der Nase finden. Dort er*schließen* sie uns im wahrsten Sinne des Wortes den Duft. Auch ein großer Teil der Geschmackswahrnehmung folgt diesem Weg, nehmen wir doch das Aroma der Speisen ebenfalls über die Riechschleimhaut wahr. Die praktische Bestätigung liefert der Schnupfen, bei dem alles gleich und nach nichts schmeckt.

Während Sehen über elektromagnetische Wellen geschieht, bedurfte es beim Hören schon der stofflichen Schallwellen, Riechen erfordert nun direkten physischen Kontakt zwischen Absender und Empfänger. Vergleicht man Hören und Sehen mit differenzierten Buchstabensprachen, entsprechen Riechen und Schmecken den älteren Bildersprachen, die für jeden Begriff ein eigenes Symbol brauchen. Riechen ist damit eine noch direktere und ursprünglichere Art der Wahrnehmung, die nicht nur physisch, sondern auch seelisch tiefer dringt. Die Fähigkeit zu riechen entspricht dem Grad unserer seelischen Erlebnisintensität. Über die Augen erfolgt der erste Kontakt, über den Klang der Stimmen lernen wir uns kennen, über den Geruch berühren sich erstmals die Körper. In einer fremden Runde beschnuppern sich die Mitglieder anfangs vorsichtig, bis sie vertraut miteinander sind, so wie unsere Vorfahren das schon vor Millionen Jahren taten. Wenn wir jemand nicht mehr sehen wollen, ist das eine relativ oberflächliche Distanzierung, wenn wir ihn aber nicht mehr riechen können, geht die Abneigung tief. In den frühen Zeiten unserer Geschichte reichte das Riechen bis in intuitive Bereiche; noch heute können manche Menschen Gefahren riechen. Sie *haben eine Nase* für brenzlige Situationen. Unsere diesbezügliche Witterung hat im Vergleich zu Tieren stark nachgelassen. Tiere wittern nicht nur Gefahren, sondern auch Nahrung und Partner. Sogenannte Primitive sind noch heute in der Lage, z.B. in der Wüste Wasser zu riechen. Uns Modernen stinkt es höchstens noch im übertragenen Sinne. Allerdings spielt bei der Partner- und Nahrungssuche auch bei uns die Nase eine weit größere Rolle, als wir uns oft eingestehen. Daß der Feinschmecker vor allem eine feine Nase braucht, ist uns vertraut. Wie wichtig der Geruch des Partners ist, mag der enorme Umfang der Parfumindustrie deutlich machen. Sie arbeitet fast ausschließlich mit Blumen- und insbesondere Blütendüften, weil diese uns sicher am Intellekt vorbei in archaische Bereiche des Unbewußten entführen. Frühlingsgefühle und auf der Musterebene gespeicherte Bilder des Paradieses tauchen auf, das nicht zufällig in so vielen Kulturen ein Garten ist.

Wir täuschen im Hinblick auf das andere Geschlecht gern solche ursprünglichen Düfte vor. Den für jeden Menschen typischen Körpergeruch empfinden wir nur noch selten als anziehend. Er ist uns zu ehrlich. Hier greifen die Parfumhersteller helfend ein und schenken uns neue Düfte, wenn der natürliche zu eher unangenehmem Geruch oder gar Gestank verkommen ist. Wir können uns nicht mehr riechen, und so ist die Entwicklung zu immer mehr »künstlichen« Duftstoffen zwingend. Inzwischen verwenden sie nicht mehr nur Frauen, die generell leistungsfähigere Nasen haben, sondern auch Männer. Man hat sein Parfum und hält das für seine persönliche Note. Dabei ist offensichtlich, daß es sich hier um Massenartikel handelt, die mit klingenden Namen und hohen Preisen lediglich versuchen, Individualität und Exklusivität vorzutäuschen. Damit wir nicht merken, wie wenig originell wir selbst sind, werden sie uns werbewirksam von ganz besonderen Menschen nahegebracht. Wobei ein köstliches Parfum einen Menschen natürlich auch noch kostbarer machen kann, wenn es nicht zur Überdeckung der eigenen Ausdünstung, sondern zur Verstärkung des eigenen Duftes dient.

Wir haben unsere eigenen Duftdrüsen im Bereich der sekundären Geschlechtsbehaarung unter den Achseln und im Schambereich. Daß wir deren Duft*marken*, unsere wirkliche eigene Duftnote, nicht mehr schätzen, hat vielerlei Gründe. Zum einen liegt es wohl daran, daß wir wirklich aufgehört haben, angenehm zu riechen. In Indien heißt es, ein Körper sei rein und unschuldig, wenn er nach der zuletzt genossenen Frucht dufte. Der angenehme Duft von Babys erinnert noch an diesen dem Paradies nahen Zustand. Diesbezüglich haben wir unsere paradiesische Unschuld verloren, wenn wir einmal von Knoblaucherfahrungen absehen. Indianer beschrieben die ersten Weißen als die Bleichgesichter, die aus dem Mund stinken. Die Art unseres Lebens und vor allem unserer Ernährung hat unsere Ausdünstungen übel beeinflußt. Daraufhin haben wir in der uns eigenen funktionalen Art reagiert. Mit verschiedensten Duftsprays und -wässerchen für jede Gelegenheit überdecken wir, was uns stinkt. Reinigung von innen und aus der Tiefe ist anstrengender. Wer sie riskiert, etwa in Form einer Fastenkur[44], wird dabei erleben, was für ein Sortiment an Abfall mit den entsprechenden Gerüchen aus seinen körperlichen Tiefen dringt.

Zum anderen werden wir in unserer industriellen Umwelt mit solch einer Flut von starken und unnatürlichen Gerüchen konfrontiert, daß Empfindlichkeit und Unterscheidungsfähigkeit nachgelassen haben. Schließlich schmeckt uns unsere Individualität nicht mehr besonders, weil wir tatsächlich zu Massenmenschen geworden sind. Statt die eigene individuelle Duftnote zu tragen, hängen wir uns gern an einige prominente Vorbilder und übernehmen deren angebliche (Duft-)Marken. Ganz werden wir es aber nicht schaffen, uns duftmäßig zu uniformieren, die eigene Komponente ist so stark, daß selbst Industrieparfums auf jeder Haut ein wenig anders riechen.

Schmetterlinge finden ihre Partner ausschließlich über Duftstoffe, und auch bei unserer Partnersuche spielt der Duft eine tragende Rolle. Untersuchungen zeigen, daß Düfte erotisierender wirken als optische Eindrücke. Die Unwiderstehlichkeit von Verliebten, das Ansteckende an der Liebe mag hier eine zusätzliche Erklärung finden. Ausstrahlung ist ganz wesentlich auch Ausströmung. Wir könnten sehr viel mehr vom Geruch haben, wenn wir ihn ernster nehmen und nicht nur bekämpfen und unterdrücken würden. Riechen wir schlecht, geht es uns schlecht, und wir *stinken* anderen. Wenn wir jemanden nicht riechen mögen, ist er nicht gut für uns. Riecht unser Schweiß schlecht, muß der Körper etwas Unbekömmliches loswerden, er entgiftet über die Haut. Die alten Ärzte legten großen Wert auf ihr Riechorgan bei der Diagnosestellung. Nicht nur einzelne Ausscheidungen, auch den ganzen Menschen beschnupperten sie intensiv. So konnte ihnen die Nase die richtige Spur und oft den richtigen Weg weisen.

Daß wir uns heute vor allem auf den oberflächengebundenen Gesichtssinn verlassen, zeigt, wie oberflächlich wir geworden sind. Auch das Riechen findet ausschließlich in uns statt, aber es erfüllt die Anforderungen an wirkliches *Wahr*nehmen besser. Die Schlüssel-Schloß-Methode ist ursprünglicher und weniger fehleranfällig als das komplizierte elektromagnetische Sehsystem. So sagt »jemanden riechen können« letztlich mehr, als ihn hübsch finden. Es ist eine auf tieferer Ebene getestete Attraktivität. Hier paßt etwas zueinander wie Schlüssel und Schloß.

Äußerlich betrachtet mag das Nachlassen unserer Riechfähigkeit kein Problem sein, wir könnten heute ganz darauf verzichten. Vor einigen tausend Jahren war sie dagegen für unsere Vorfahren überlebenswichtig. Andererseits zeigt die unbewußte Macht, die die Nase immer noch über uns und unsere Entscheidungen hat, wie tief wir in unserer Vergangenheit wurzeln. Das Symptom der **Hyperosmie**, eine gesteigerte Geruchswahrnehmung, wie sie als Aura bei der Epilepsie, bei Hysterikern und in der Schwangerschaft auftreten kann, zeigt einen Rückzug in archaische Zeiten, als die feine Nase noch etwas zu sagen hatte.

Würden wir Modernen wieder mehr der Nase nach leben und Wert aufs Riechen legen, wäre einiges einfacher und leichter. Wir würden uns eine andere als unsere derzeitige »optische Welt« schaffen. Die Abwendung von der Nase spiegelt sich in einer Welt, die in weiten Bereichen stinkt und die uns deshalb stinkt. *Eine Nase für etwas haben*, bedeutet ein sicheres Gefühl bezüglich dieser Angelegenheit zu haben: Es wäre uns und unserer Welt zu wünschen, daß wir wieder mehr der Nase vertrauen lernen.

Dann würden wir allerdings auch erleben, daß die Luft, die wir vielfach einatmen, nicht nur eine Beleidigung des Geruchs-, sondern auch des Atemorgans ist, denn die Nase ist ja nicht zuletzt auch der Beginn unserer Atemwege. Ihre diesbezügliche Aufgabe ist die erste Reinigung der Luft, indem sie große Schmutzpartikel in ihrem Netz aus feinen Härchen abfängt. Weiter hat sie die Atemluft für die Passage in die tieferen Atemwege vorzuwärmen, wozu ihr ein weites System von Höhlen zur Verfügung steht.

Nasen-Nebenhöhlen-Entzündung oder Sinusitis

Unser Kopf steht nicht zufällig und nicht von Anfang an ganz oben. Beim ursprünglichen Gang auf allen vieren war er auf gleicher Höhe mit Brust und Becken. Während sein Aufstieg aber den Augen ein weiteres Gesichtsfeld bescherte, entfernte er die Nase von Mutter Erde und brachte sie in eine schwierige Situation. Es entstand die Möglichkeit eines chronischen Staus in ihrer Tiefe und damit die Chance zur Nebenhöhlenentzündung, der Sinusitis.

Die Ausführungsgänge der Nasennebenhöhlen sind von Natur aus so angelegt, daß das Sekret ständig nach unten abfließen kann, vorausgesetzt der Mensch ist auf allen vieren unterwegs. Aufgerichtet kommen die Ausführungsgänge aber an höchster Stelle zu liegen, und die Sekrete können sich nicht mehr, dem natürlichen Gefälle folgend, entleeren. So mußten wir lernen, gegebenenfalls mehr zu schnauben, um unter erheblichem Druck das Sekret hinauszubefördern. Wenn das nicht rechtzeitig und ausreichend geschieht, ist eine Sinusitis die Folge.

Die nichteingestandene seelische Grundsituation, die dieses körperliche Drama *not*wendig macht, ergibt sich aus unserer psychosomatischen Sprache. Man muß schon über lange Zeit *die Nase voll haben* und keinen Weg finden, diese mißliche Situation auszudrükken, damit die physische Nase einspringt. Kommt Angst vor dem anstehenden Konflikt hinzu und unterbleibt die Bearbeitung des belastenden Themas, sinkt es in den Körper. Die Nasenhöhle und ihre Nebenhöhlen füllen sich und verkörpern den Stau, unter dem die Betroffenen leiden. In der Entzündung wird die Konflikthaftigkeit der verdrängten Situation deutlich. Besonders an die schleichende Form gewöhnen sich viele Patienten. Das Krankheitsbild zeigt, daß sie chronisch *die Nase* und ihre Nachbarhöhlen *voll haben* und immer zumindest ein bißchen *verschnupft* sind. Während sie selbst diesen Mißstand oft ignorieren, hört man ihnen beim Sprechen an, daß sie nicht genügend Luft bekommen und näseln.

Die umfangreichen *Höhlen* im Schädelbereich sind notwendig, um dem Kopf seine Gestalt zu geben, ohne zuviel schweres Knochenmaterial aufzuwenden. Sie sparen folglich Gewicht und dienen zusätzlich als Resonanz- und Klangräume. Auf oberer Ebene entsprechen sie den Höhlen des Darmes* und repräsentieren die Bewußtseinsräume der Unterwelt bzw. das Dunkle, Unbewußte. Ähnlich wie die Funktion der unteren Höhlen des Dickdarmes ist auch die der oberen Nebenhöhlen schwer zu erfassen. Das Unbewußte entzieht sich dem bewußten Verständnis. Sie entsprechen der Hölle auf oberer Ebene, wie das Dritte Auge in Höhe der Stirnhöhle dem Himmel nahesteht.Im blockierten Zustand bei der Sinusitis ist die Leichtigkeit im Kopfbereich dahin, und die Sprache bekommt einen ans Französische erinnernden nasalen Charakter. Die seelische Störung wird in dem Maße deutlich, wie der Sprache Resonanz fehlt. Wer die Nase voll hat und nicht mehr mitschwingt, verliert eine wesentliche Komponente zwischenmenschlichen Austauschs.

Die jeweiligen Nebenhöhlen differenzieren das Bild weiter.Eine chronische Stirnhöhlenentzündung legt das Bild vom *Brett vorm Hirn* nahe und betont die Denkhemmung. Die schmerzhafte Blokkade der Kieferhöhlen zeigt, wie weh es den Betroffenen tut, aggressiv zuzubeißen. In jedem Fall ist die Riechfähigkeit eingeschränkt. Möglicherweise *hat es* den Betroffenen so *gestunken*, daß sie auf jede Geruchswahrnehmung verzichten. Dabei müssen sie natürlich in Kauf nehmen, daß ihnen der »gute Riecher« auch in anderer Hinsicht abhanden kommt. Wer so zentral blockiert ist, blockt auch seine Intuition und Einsichtsfähigkeit ab. Viele Kulturen lokalisieren im Stirnhöhlenbereich das Dritte Auge oder sechste Chakra, Ajna, das mit *Ein*sicht im tieferen Sinne verbunden ist.

Die Lernaufgabe besteht darin, sich der Blockaden bewußt zu werden.Schmerzende Kiefer verweisen in doppelter Hinsicht auf im Körper tobende Aggression: Der Kiefer symbolisiert die Fähigkeit des Sich-Durchbeißens, und der Schmerz spricht die scharfe, verletzende Sprache des Mars. Das Symptom legt bereits einschlägige

Fragen

1. Gibt es in meinem Leben einen chronisch schwelenden Konflikt?
2. Gibt es einen faulen Kompromiß, zu dem ich wohl äußerlich, aber nicht innerlich stehe?
3. In welchen Bereichen neige ich zu beleidigten Reaktionen?
4. Was kann und will ich in meinem Leben nicht mehr riechen?
5. Bekomme ich genügend Luft, habe ich genügend Freiraum?
6. Habe ich genügend Austausch mit meiner Umwelt? Finde ich genügend Resonanz bei meinen Mitmenschen?
7. Wo blocke ich mich, wo meine Intuition, meinen 6. Sinn ab?
8. Wo müßte ich mich durchbeißen, wo mir mehr Luft verschaffen?

Maßnahmen nahe, zwingt es doch zum häufigen Schnauben, um *sich* wieder für einen Moment *Luft* zu *machen.* Eigentlich geht es darum, vor Wut zu schnauben und sich nach entsprechenden Befreiungsschlägen wieder Freiheit im Bewußtsein zu verschaffen. Mit einem Brett vorm Hirn sollte man besser innehalten und sich neu orientieren. Die Aufgabe lautet, noch einmal in die Hölle hinabzusteigen, herauszufinden, was im Unbewußten noch bindet, um dann zum Licht der Erkenntnis aufzusteigen. Ein *Kampf* um Selbst*bewußtsein* steht an bzw. drückt aufs Gemüt. Mut zur Kon*front*ation ist ebenso gefragt wie Beharrlichkeit in solch einer chronischen Lage.

Wirksame Therapien bringen die entsprechenden Komponenten zumindest symbolisch ins Spiel. Beim Kampf ums Licht der Erkenntnis spielen Licht und Sonne eine wesentliche Rolle. Noch die Kamille, deren Dämpfe lindernd wirken, trägt in ihrer Signatur die Sonne. Längeres Fasten schließlich ist die beste Therapie für die chronisch verstopften Höhlen des Organismus. Durch seinen Reinigungseffekt bringt es Licht ins Dunkel des Unbewußten und läßt die blokkierenden Massen im Konkreten und Übertragenen abfließen.

Was als kleines Randproblem unserer Entwicklungsgeschichte erscheinen mag, stellt sich bei genauerer Betrachtung doch als das typische Krankheitsbild schlechthin heraus. Nimmt man die akute

Erkältung* hinzu, die auch zur vollen Nase führt, haben wir das weltweit verbreitetste Krankheitsbild und damit auch das für unsere Welt bezeichnendste vor uns. Es hat nicht zufällig mit der Nase zu tun. Dieses altehrwürdige Organ wurde bei der rasanten Entwicklung links liegen gelassen und zeigt uns dafür seinen und auch unseren häufigsten Krankheitszustand: Verschnupft- bzw. Beleidigtsein.

Polypen

Die Polypen, deren Name umgangssprachlich auch für die Polizei gebraucht wird, gehören zum lymphatischen Abwehrsystem. Man kann sie auch als die Mandeln des Nasenrachenraumes bezeichnen. Ist der Mensch in Abwehrkämpfe verwickelt, die seelisch nicht bewußt werden, springen die Lymphorgane ein und kämpfen stellvertretend den anstehenden Krieg. Im Gewebe tobt die Schlacht zwischen angreifenden Erregern und Abwehrzellen, zu denen auch die Lymphozyten gehören. Sie sind wiederum eine Untergruppe der weißen Blutkörperchen, der wichtigsten Polizeitruppe des Körpers.

Die Polypen gehören mit den Gaumenmandeln zu den meist umkämpften Stellungen im Abwehrbereich und schwellen während der tobenden Auseinandersetzung entsprechend an. Wird aus dem akuten Konflikt ein »Dauerbrenner«, wird die Entzündung chronifizieren und wie jeder faule Kompromiß viel Energie verschlingen. In dieser Situation sieht man den Kindern deutlich an, wie blockiert und schlapp sie sind. Die verstopfte Nase führt zur chronischen Mundatmung. Der ständig offene Mund und die manchmal vor Erschöpfung leicht hängenden Augenlider spiegeln eine Situation des Energiemangels und verleihen den Kindern häufig einen dümmlichen Gesichtsausdruck als Zeichen der Blockade verschiedener Ebenen.

Das anstehende Thema hat mit Abwehrfähigkeit und Kampfbereitschaft zu tun und mit einer in falsche Bahnen geleiteten Kommunikation, nimmt doch die Atemluft den nicht vorgesehenen und weniger sinnvollen Weg durch den Mund. Es geht darum, diese Thematik ins Bewußtsein zu holen und den Körper zu entlasten. Da es sich bei Polypen weitgehend um ein Kinderproblem handelt, sind Eltern gefordert, eine auch für Konflikte tragfähige Basis zu schaffen. Während die Auseinandersetzung bei den Gaumenmandeln ums

Fragen für Eltern und Kinder:

1. Gibt es einen unterschwellig schwelenden Dauerkonflikt?
2. In welcher Auseinandersetzung bin ich festgefahren, komme nicht mehr voran und verbrauche nur noch Energie?
3. Gibt es in der Familie eine auch bei Konflikten tragfähige Vertrauensbeene, auf der gekämpft werden kann ?
4. In welchen Bereichen kommt es zur Überforderung und anschließenden Resignation?
5. Welche Strukturen verhindern Entwicklung in der Familie?

Schlucken kreist, dreht es sich bei Polypen um die Themen Genughaben und Überfordertsein. Das Kind wirkt verstockt. Bezüglich der auf falsche Wege geratenen Kommunikation ist an Umwege und Nachteile einbringende »Abkürzungen« wie auch an Ausreden zu denken.

Häufig wird in dieser Situation die fällige Aggression an den Chirurgen delegiert, der den Kampf mit dem Messer und bis aufs Blut führt und das Schlachtfeld einfach im ganzen herausschneidet. Die Ergebnisse sind unterschiedlich. Einem Teil der Kinder gelingt es, im Anschluß an die Operation die Auseinandersetzung, die nun im Körper an gewohnter Stelle keinen Raum mehr hat, ins Bewußtsein zurückzuholen. Ihnen geht es entsprechend besser, und die Eltern erklären nicht selten, das Kind hätte durch die Operation einen Entwicklungssprung gemacht. Einem anderen Teil der Kinder gelingt dieser Schritt nicht, und der Abwehrkampf bleibt körperlich. Er rutscht dann häufig in einen anderen Bereich der körpereigenen Abwehr, um hier weiterzuschwelen, während das Kind weiterkränkelt und seiner Umwelt signalisiert, daß es sich nicht richtig entwickeln kann. Aggression ist ein so gravierendes Thema, daß es sich nicht einmal kurzfristig umgehen läßt. Typischerweise entzündet es sich besonders in der Kindheit an den Organen der lymphatischen Abwehr, den verschiedenen Mandeln und dem Wurmfortsatz des Blinddarms. Die Abwehrschlacht, die das Kind bewußt nicht schlagen kann, nimmt im Körper Form an. Mit seiner blockierten Nase und dem ewig offenstehenden Mund ist es ein Bild der Verstocktheit, mit den geschwollenen Polypen blockiert es die Kommunikationswege und versucht sich dumm zu stellen. Das ist seine unbeholfene Art, sich gegen Übergriffe und Überforderungen zu wehren.

Unsere Haltung zum Thema Aggression erkennen wir an der Tatsache, daß bei uns kaum ein junger Mensch die Adoleszenz mit all seinen lymphatischen Abwehrorganen erreicht. Oft müssen die drei wichtigsten herausgenommen werden, wie wir vornehm verharmlosend sagen. Außer den USA gibt es auf dieser Welt kein Land, in dem auch nur annähernd so viele »Blinddärme« herausoperiert werden wie bei uns. Man könnte vermuten, wir machen Jagd auf sie. Dabei wird dann auch wieder deutlich, wie aggressiv wir in Wirklichkeit sind.

Nasenscheidewandverkrümmungen

Dieses Symptom beruht auf einer unsymmetrischen Nasenausbildung. Ähnlich wie die Wirbelsäule kann auch die Nasenscheidewand zu einer Seite neigen, die in diesem Fall mehr oder weniger eingeengt ist. Die Bedeutung dieses Symptoms wird am ehesten durch einen Blick in den Osten klar. Im System des indischen Yoga spielt Prana, die mit dem Atem fließende Lebenskraft, eine zentrale Rolle. Beim Pranayama, einer speziellen Atemübung, wird großer Wert auf den gleichmäßigen Atemfluß durch beide Nasenlöcher gelegt. Ein Mensch, der nur einseitig Luft bekommt, ist tatsächlich in seinem Austausch mit der Welt behindert und einseitig. Hier wäre darauf zu achten, ob mit dem linken Nasenloch der weibliche oder mit dem rechten der männliche Pol beengt ist.

Der Umgang mit diesem Symptom vermittelt eine auch für viele andere Bereiche gültige Erfahrung. Versucht man mit Gewalt, durch den Engpaß dieselbe Menge Luft zu pressen wie durch die weite Öffnung, wird das Problem nur noch stärker. Besser ist es, sich der Situation anzupassen und mit Sanftheit nur die Luft durch die Engstelle zu bewegen, die leicht hindurch geht. So ist es auch im Seelischen angezeigt, den reduzierten Pol zu entlasten und gerade nicht unter Druck zu setzen. Dann erschließt er sich einem am ehesten. Ist Entspannung bezüglich der beiden Pole dadurch eingekehrt, daß jede Seite in ihrer ganz unterschiedlichen Situation akzeptiert wird, kann es im Anschluß auch am ehesten zum Ausgleich in der Mitte kommen.

Das Symptom zeigt eine zumeist angeborene Einseitigkeit im Leben, denn der Atem ist Symbol unseres Lebens in der Polarität. In jedem Fall wird auch der Fluß der Kommunikation einseitig sein. Diese Einseitigkeit gilt es zu akzeptieren, bevor man sich Hoffnung auf Rückkehr zur Mitte machen kann. Die Operation kann in diesem Sinn eine Hilfe sein, wenn sie von den notwendigen Bewußtseinsschritten begleitet wird. Handelt es sich nur um eine funktionale Korrektur, die nicht mit Leben gefüllt wird, hat der Organismus noch verschiedene andere Möglichkeiten, ein bestehendes Ungleichgewicht als Lernaufgabe zu präsentieren.

Fragen

1. Auf welcher Seite bin ich beengt, auf der linken weiblichen oder der rechten männlichen?
2. Wie steht es um den Fluß meiner Lebensenergie? Wie könnte ich ihren freien Fluß fördern?
3. Wie gehe ich mit der Polarität um?
4. Was könnte mein Leben ins Lot und mich in die Mitte bringen?

Rhinophym oder Knollennase und Trinkernase

Dieses entstellende Symptom wird durch seinen Namen bereits in aller Deutlichkeit und Breite beschrieben. Rhino steht für Nase, Phyma bedeutet griechisch Geschwulst bzw. Gewächs. In Afrika ist »Rhino« ein Nashorn (von Rhinoceros). Der deutsche Ausdruck Knollen- oder Pfundnase läßt an Deutlichkeit ebenfalls nichts zu wünschen übrig. Häufig wird das Symptom durch ein zweites, die sogenannte **Rosacea**, noch verschlimmert. Rosacea, lateinisch für rosenfarben, ist eine rotfleckige Verfärbung des Gesichts, die später über Schuppen- in Pustel- und Papelbildung übergeht. Sie entsteht wie das Rhinophym häufig auf dem Boden einer sogenannten seborrhoischen Konstitution, d.h. einer Neigung zu Talgdrüsenproblemen.

Manchmal wird das Rhinophym auch als Unterform der Rosacea, als sogenannte Rosacea hypertrophicans, bezeichnet, da beide aus Talgdrüsen- und Bindegewebswucherungen hervorgehen.

Es handelt sich um Auswüchse mitten im Gesicht bzw. auf der Nase, die von den Hautdrüsen ausgehen. Diese sind für die Absonderung jener Fettschicht verantwortlich, die unsere Haut bedeckt. Bei Rosacea und Rhinophym übertreiben die Drüsen ihre Aufgabe maßlos, die Betroffenen schwimmen sozusagen im Fett. Im Rahmen der Überproduktion neigen die Talgdrüsen zu Verstopfungen, und daraus entstehen Entzündungen.

Das Symptom will für alle offensichtlich die Aufmerksamkeit ins Gesicht und speziell zur Nase lenken. Daß körperlich Schmierflüssigkeit in übertriebenem Maße abgesondert wird, legt den Verdacht nahe, daß hier eine seelisch fehlende Gleitfähigkeit kompensiert wird. Die Themen, mit denen es nicht so richtig »flutscht«, sind mehr als nur angedeutet. Die Nase wird vom Volksmund symbolisch als oberer Phallus ausgewiesen. Diese Beziehung läßt sich seriöser auch über die Reflexzonen der Geschlechtsorgane in den Nasenmuscheln belegen. Die Berührung der Nase ist in der Öffentlichkeit verpönt, Nasenbohren absolut tabu. Welche außer symbolischen Gründen sollten dahinterstecken? Hinzu kommt beim Rhinphym die flammende Rosenröte, die sowohl für Scham als auch für Zorn stehen kann, für sexuelle Erregung genauso wie für aggressive. Die Pusteln und vielen kleinen entzündlichen »Vulkane« erinnern an die Pubertätsakne, die ebenfalls auf dem Boden einer seborrhoischen Konstitution gedeiht. Vieles spricht dafür, daß es sich hier um einen letzten verzweifelten Pubertäts- und damit Versuch des Erwachsenwerdens handelt. Statt der pubertären ist es nun allerdings genitale Sexualität, die hier symbolisch ins Bewußtsein drängt. Der Erkrankungsgipfel liegt im fünften Lebensjahrzehnt, und es sind fast ausschließlich Männer betroffen. Deren Nase kann mit ihren Auswüchsen den übermäßigen Bezug zur phallischen Sexualität offenbaren und nicht eingelöste Wachstumsansprüche anmelden, bevor es endgültig zu spät ist. Gerade in dem Maße wie es sich bei der phallischen Kraft des Betroffenen nicht um eine Pfundssache handelt, wird die symbolisch stellvertretende Nase zur Pfundsnase und zeigt, welches Gewicht der angedeuteten Thematik zukommt.

Diese kann im Leben des Betroffenen unterschiedlichen Ausdruck finden, wird aber immer auf mangelnde Bewußtheit verweisen. Zum einen kann das Rhinophym die konkrete Lebenssituation in sexueller Hinsicht abbilden, zum anderen kann es auf ungelebte, aber bewußte Phantasien hinweisen oder drittens andeuten, was sich unbemerkt im Unbewußten abspielt. Selbst wenn sie gelebt werden, sind die *Auswüchse* und die *Verkommenheit* im sexuellen Bereich nicht bewußt. Die kleinen Vulkane verdeutlichen den Druck, unter dem der Betroffene steht. Die aggressive und venusische Komponente gehen Hand in Hand. Die Knollennase erinnert an einen *Wüstling*. Zu solch einem Muster kann man oberflächlich stehen und seine *rote Knolle* provozierend wie ein Clown tragen, man kann sich dafür schämen oder aber den ganzen inhaltlichen Bezug verdrängen und nichts von den eigenen *wuchernden* Phantasien und Träumen wissen wollen. Die im übertragenen Bereich zu kurz gekommenen Wachstumsschübe somatisieren sich an Ort und Stelle. Was an fruchtbarer Flüssigkeit konkret oder in Phantasien verschwendet wurde, wird nun stellvertretend in unerfreulichem Ausmaß von den Talgdrüsen abgesondert. Im regen Wachstum des Nasenbindegewebes meldet sich ebenfalls der Fruchtbarkeitsaspekt. Man wird sozusagen mit der Nase auf sein Problem gestoßen, und alle Welt sieht es einem an der Nasenspitze an.

Häufig ist das Symptom mit einer Alkoholproblematik vergesellschaftet, die die **rote Trinkernase** ins Spiel bringt. **Alkohol** ist die klassische Fluchtdroge unserer Gesellschaft. Gerade wo die Werbung gern das Gegenteil suggeriert, wird deutlich, daß besonders Menschen, die *ihren Mann* in keiner Hinsicht *stehen* können, weil sie zu weich sind, zurück zur Flasche tendieren. Während Flaschenkinder mit Recht an der Flasche hängen, zeigt sich bei den Großen darin Ab*häng*igkeit und die Tendenz zur Regression, zum Rückzug. Auch die anderen Alkoholsymptome betonen diese Richtung: Man torkelt wieder wie ein Kind, bevor es sicher laufen kann, und lallt, als sei man der Sprache noch nicht mächtig. Die Tatsache, daß Alkohol ein starkes Betäubungsmittel ist, verdeutlicht zusätzlich, daß jemand sich nicht stellen, sondern etwas zudecken und den Schmerz über den Mißerfolg betäuben will. Dieses Bild scheint dem geläufigeren vom brutalen Alkoholiker, der zu hart und zu männlich ist, völlig zu widersprechen. Solch oberflächliche Demonstrationen gewalttätiger

Fragen

1. Wo rutscht und flutscht es in meinem Leben nicht so, wie ich es mir wünsche?
2. (Wie) Bin ich mit meiner Pubertät fertig geworden? Wie reif ist meine Sexualität?
3. Was fehlt mir zum Erwachsensein?
4. Wie konnte und kann ich mich auf meine Männlichkeit verlassen? Warum habe ich sie übertrieben? Oder abgeschrieben?
5. Was will und muß noch wachsen in meinem Leben? Wie fruchtbar war es bisher?
6. Welche Rolle spielt Flucht für mich? Wo und wann habe ich es versäumt, mein Leben nach meiner Nase zu richten?

Männlichkeit wie auch protzendes Potenzgehabe sind aber nichts anderes als offensive Kompensationsversuche der eigenen Unsicherheit und Schwäche.

Der typische Teufelskreis kann sich schnell entwickeln: Alkohol ist die Droge der Impotenz auf allen Ebenen, man ertränkt seinen Kummer über die eigene Unfähigkeit. Andererseits macht weniges so schnell impotent wie regelmäßiger Alkoholgenuß. Es geht also nicht um starke Männer, sondern im Gegenteil um *Schlappschwänze.* Auch Versuche, sich Mut anzutrinken, sollten nicht darüber hinwegtäuschen, daß Feigheit der Vater des Gedankens ist, selbst wenn das Ganze in wüstem Imponiergehabe endet. Seine Mutter aber ist der Wunsch, sich zu betäuben, um nicht sehen zu müssen, wie man wirklich dasteht oder eben auch nicht. Das leuchtende Rot der Nase zeigt allen, was tatsächlich los ist, es zeichnet sich im wahrsten Sinne des Wortes an der Nasenspitze ab. Einerseits mag es Warnung sein, *seine Nase nicht überall hinein* und vor allem nicht zu *tief ins Glas* zu stecken, andererseits aber auch Aufforderung, sich an der eigenen Nase zu nehmen und die brennenden Themen anzugehen, die einem das Schicksal mit leuchtender Farbe und eigentlich mit Blut ins Gesicht geschrieben hat.

Die Lernaufgabe dreht sich bei Rhinophym und Trinkernase um die Anerkennung der triebhaften Sexualität und deren schließliche

Erlösung. Es geht darum, die Frau zu »erkennen«, was nur durch ein Einlassen auf alle Ebenen der geschlechtlichen Liebe möglich ist. Die phallische Kraft drängt in den Mittelpunkt und will beherrscht werden. Es geht um Stärke, nicht die grölende demonstrierte Variante, die nur laute Maskerade für Schwäche ist, sondern um Stärke und Macht auf tieferer Ebene.

Nasenbeinbruch

Ein Nasenbeinbruch ist kein Beinbruch, weiß der Volksmund und will damit sagen, daß der Nasenbeinbruch nicht so schlimm ist. Man kann damit leben, braucht meist nicht einmal einen Gipsverband und ist nur ein bißchen entstellt. Er zeigt an, daß man sich ein Stück zu weit vorgewagt und einen Schuß vor den Bug gebraucht hat. Solch ein Warnschuß vor den Bug des Körperschiffes will einen abhalten, den eingeschlagenen Weg blindlings weiterzuverfolgen. Die Nase als prominentester Teil des Körpers steht – wie oben so unten – in direkter symbolischer Beziehung zu jenem unteren, in einschlägigen Situationen ebenfalls prominenten Glied. Sie repräsentiert jene typisch männliche vorwärtsstürmende Kraft und Energie. Diese erfährt mit dem Bruch einen deutlichen Dämpfer. Wenn man jemandem die Nase einschlägt, entwürdigt man ihn an diesem empfindlichen Punkt. Insofern kommt dem Nasenbeinbruch auf dem Boden der symbolischen Anatomie dann doch einige Bedeutung zu. Wer eins auf die Nase kriegt, ist in seinem Vorwärtsdrang gebremst, wenn nicht schwer gekränkt. Wer von sich aus auf die Nase fällt, bekommt den selben Hinweis noch direkter vom Schicksal. In diese Richtung zielt auch die Volksweisheit, die davor warnt, seine Nase überall hineinzustecken. Neugierige bekommen eben leicht eins drauf.

Besonders junge Burschen sehen in dieser Symbolik die Chance, öffentlich zu demonstrieren, wie weit sie sich in gefährliche Bereiche vorgewagt und was sie alles riskiert haben. Wer Boxer wird, nimmt die gebrochene Nase selbstverständlich in Kauf, ja er ist vielleicht sogar stolz darauf, ähnlich wie Verbindungsstudenten oft stolz auf ihre Schmisse sind.

Das Symptom veranschaulicht, daß einem in bestimmten Bereichen eine gewisse Zurückhaltung besser zu Gesicht stünde und weniger schmerzhaft wäre. Die Lernaufgabe will einem nicht Grenzerfahrungen hinsichtlich des eigenen Mutes und der männlich phallischen Kraft nehmen, sondern zeigen, daß man auf ungeeignetem Grund übt und sich in eher fragwürdigen Bereichen zu weit aus dem Fenster lehnt. Es ist in Ordnung, etwas zu riskieren und ab und zu *etwas abzubekommen*, aber es wäre zu prüfen, ob die entsprechenden Anstrengungen nicht besser im übertragenen Sinne unternommen würden.

Die Tatsache, daß die Kontinuität des eigenen Nasenbeins unterbrochen wird, verweist ebenfalls darauf, daß der eingeschlagene Lebensweg – immer der Nase lang – eine Kurskorrektur nötig hat.

Fragen

1. Wo habe ich mich zu weit vorgewagt?
2. Wo und in welcher Hinsicht brauchte ich einen Dämpfer, und wie habe ich ihn mir besorgt?
3. Inwiefern habe ich mich in Dinge eingemischt, die mich nichts angingen?
4. Wo ist meine Lebensrichtung korrekturbedürftig?
5. Wie könnte ich sinnvoller neue Bereiche angehen?

Geschmack

Die Geschmackswahrnehmung ist neben der Oberflächensensibilität unserer Haut der direkteste Sinn. In den Geschmacksknospen, auf Zunge, Gaumen, Kehldeckel und Rachenschleimhaut gelegen, bedürfen die entsprechenden Chemorezeptoren des direkten stofflichen Kontaktes mit den Speisen für die Wahrnehmung. Es gibt lediglich die vier Wahrnehmungsqualitäten süß, sauer, salzig und bitter. Die große Bandbreite der Geschmäcker ergibt sich aus dem Aroma, das über die Riechschleimhaut der Nase aufgenommen wird. Geschmacksausfälle sind als Symptome nicht gefährlich, und so wird ihnen wenig Krankheitswert beigemessen.

Daß es nicht besonders gut um unsere Geschmacksnerven stehen kann, ergibt sich allein schon aus der großen Zahl von Rauchern*. Wo die Werbung ständig deren feinen Geschmack für ihr jeweiliges Tabakskraut anpreist, ist das genaue Gegenteil wahr. Nichts behindert unseren Geschmack so wie Rauchen. Von 100 Rauchern ist überhaupt nur noch einer in der Lage, seine Marke an ihrem angeblich einzigartigen Geschmack zu erkennen. Die anderen leiden bereits an zu großer Geschmacklosigkeit. Das ist auch der Grund, warum Raucher kaum Obst mögen. Sie sind gar nicht mehr in der Lage, dessen feine Geschmacksnuancen wahrzunehmen, und bevorzugen deftige, stark gewürzte Nahrung. Betrachtet man den Anstieg des Gewürz- und Geschmacksstoffverbrauchs in den letzten 200 Jahren, ergibt sich ein Bild der Überreizung, dem andererseits die Abnahme unseres Geschmacksempfindungsvermögens entspricht. Jede Fastenkur bringt mit der daran anschließenden Aufbauzeit einen Neuanfang mit sich und zeigt, wie wenig Geschmacksstoffe bei intaktem Wahrnehmungsvermögen notwendig sind. Unser gewohntes Überwürzen entspricht unserem normalen Überreizungszustand und dem krampfhaften Versuch, über diesen Weg dem Leben noch etwas Würze zu geben. Andererseits entsprechen die künstlichen Aromastoffe auch einem echten Bedürfnis, denn es kann auch dem abgestumpftesten Gaumen nicht verborgen bleiben, wie geschmacklos vieles geworden ist. Auf dem Boden unserer Kunstdünger- und Treibhauskultur haben wir der Mutter Natur Beine gemacht, und so liefert sie uns, was immer wir wann immer wollen. Aber sie gibt uns nur noch den Körper ihrer Pflanzen, die Seele[45] hält sie zurück. Äußerlich sind die Erdbeeren und Tomaten größer und schöner denn je, nur ihr Geschmack hat erstaunlich nachgelassen. Wir haben uns daran gewöhnt und kompensieren den Qualitätsverlust durch mehr Quantität oder künstlichen Geschmack. Dem haben sich unsere Geschmacksnerven angepaßt. Sie brauchen inzwischen »scharfe Sachen« und große Konzentrationen, um überhaupt noch anzusprechen. Unser Geschmackssinn zeigt, daß wir von immer mehr immer weniger haben.

Das finden wir auch in unserer Umwelt bestätigt. Was wir aus uns und unserer Welt gemacht haben, ist mit gutem Geschmack kaum vereinbar und entspricht eher einer Geschmacksverirrung. Herman Weidelener führt die Katastrophe des Abendlandes darauf zurück, daß wir die Sprache vom Geschmack getrennt haben, obwohl beide anatomisch in der Zunge untrennbar vereint sind. Beim Abendländer müßte der Mund auf der Stirn sein, da immer sein Gehirn und fast nie sein Geschmack spricht. Jedenfalls haben wir unserer Sprache dieselbe Vergröberungskur wie unseren Geschmacksknospen verordnet. Eine Verfeinerung des Sprach- und Geschmacksempfindens wäre, so gesehen, Therapie für unsere Sprach- und Geschmackskultur.

IV. Das Nervensystem

Das Zentrum unseres Zentralnervensystems ist das Gehirn. Wenn auch seine Krankheitsbilder den ganzen Organismus betreffen, sollen sie doch im Zusammenhang mit der Zentrale beim Kopf behandelt werden. Das Nervensystem ist das grundlegende Nachrichten- und Verbindungssystem im Körper. Es regelt die Beziehungen zwischen den verschiedensten Ebenen der Befehlsausgabe in der Zentrale und des Befehlsempfangs in der Peripherie. Zusammen mit dem Hormonsystem ist es für alle Übermittlungen verantwortlich.[46] Die Grenze zwischen den Kommunikationsnetzen des Körpers ist dabei nicht starr. Sie durchdringen sich zu einem mehrdimensionalen System. So verwendet etwa das Nervensystem an seinen Verbindungspunkten hormonähnliche Stoffe wie Adrenalin, Acetylcholin, Dopamin u. a., um die Information über diese Synapsen genannten Brücken zu transportieren. Man kann sich die Synapsen wie Steckdosen vorstellen, durch die verschiedene elektrische Schaltkreise verbunden werden. Überhaupt arbeitet das Nervensystem vor allem mit Elektrizität, während das Hormonsystem mit einem Botensystem zu vergleichen ist, das die Nachrichten in stofflicher Form transportiert. Insofern sind die Nerven die neuere und zukunftsträchtigere Variante.

Man unterscheidet ein willkürliches oder sensomotorisches von einem unwillkürlichen oder autonomen Nervensystem. Der vom Willen steuerbare Teil umfaßt z.B. die absichtlichen Bewegungsmuster der Skelettmuskulatur. Der unwillkürliche Teil ist für die willensunabhängigen Nerven der Eingeweide zuständig. Dieses sogenannte vegetative Eingeweidenervensystem umfaßt seinerseits zwei antagonistische Teile: den Sympathikus, den man auch den archetypisch männlichen Pol nennen könnte, weil er für die aktiven nach außen gerichteten Verhaltensweisen wie Kampf, Flucht, Arbeit und Konzentration zuständig ist, und den Gegenspieler, Parasympathikus oder Vagus, der für regenerative Vorgänge von der Verdauung bis zur Geschlechtlichkeit verantwortlich ist und deshalb dem archetypisch weiblichen Pol zuzurechnen wäre. Beide Pole des vegetativen Nervensystems verfügen über unterschiedliche chemische Überträgersubstanzen, die für die Informationsübermittlung zwischen einzelnen Nervenfasern zuständig sind. Zum männlichen oder sympathischen Eingeweidenervensystem gehören die sogenannten adrenergen Überträgerstoffe, wie Adrenalin und Noradrenalin oder im Gehirnbereich das Dopamin. Im weiblichen oder parasympathischen System sind es die cholinergen Stoffe, vor allem Acetylcholin.

Teilt man generell polar ein, entspräche das willkürliche Nervensystem dem männlichen oder Yang-Pol, während das vegetative oder Eingeweidenervensystem dem weiblichen oder Yin-Pol zukäme. Der Sympathikus ist dann der männliche Teil dieses an sich weiblichen Bereiches, der Parasympathikus der weibliche des weiblichen.

Neben der inhaltlichen ist eine sogenannte topographische Einteilung nach der räumlichen Anordnung gebräuchlich. Diese unterscheidet das zentrale Nervensystem, bestehend aus Gehirn und Rükkenmark, vom peripheren, das sich aus den sensiblen, den willkürlichen und unwillkürlichen Nervenbahnen zusammensetzt, die den ganzen Körper durchziehen. Das periphere System liefert dem zentralen alle Informationen aus Körper und Umwelt und verwirklicht all die sich daraus ergebenden Reaktionen. Die Zentrale ist also für alles verantwortlich, aber in jeder Hinsicht auf die Mitarbeit der peripheren Nerven angewiesen. Ohne dieses Zuarbeiten der Peripherie wäre sie einerseits vom Informationsfluß abgeschnitten, andererseits unfähig, ihren Befehlen Ausdruck zu verleihen.

1. Von der Nervosität bis zum Nervenzusammenbruch

Da Kommunikation die zentrale Aufgabe des Nervensystems ist, verbergen sich hinter nervlichen Problemen immer solche der Kommunikation. Wer sich *nervlich am Ende* fühlt, ist mit seiner Kommunikation gescheitert. Der Volksmund spricht vom *Nervenbündel.* Die Betroffenen selbst nehmen eher in der Projektion Zuflucht und gehen davon aus, daß sie ein sehr empfindliches Nervenkostüm haben und die anderen auf ihren Nerven herumtrampeln. Der Ausdruck »Du gehst mir auf die Nerven« spricht davon. Wie bei allen anderen Körperfunktionen werden wir uns auch der Nerven erst bewußt, wenn sie Probleme machen. Wer Nerven zeigt, macht damit deutlich, daß es ihm nicht gut geht. Er wirkt genervt und nervös, empfindet seine Umwelt und ihre Anforderungen als nervig. Wer dagegen über Nerven wie Drahtseile verfügt, kann es sich leisten, am Nerv der Zeit zu leben, d.h. in engem Kontakt zu den Themen der Gegenwart. Herausforderungen werden ihm ein willkommener Nervenkitzel sein und statt lästig zu fallen, ein Gefühl von Lebendigkeit vermitteln. Solch »ein Mensch ohne Nerven« ist einer, der es nicht nötig hat, Nerven zu zeigen, weil er sich ihrer problemlosen Funktion bis in Gefahren hinein sicher ist. Er hat in Wahrheit *Nerven wie Drahtseile*. Hiervon abzugrenzen sind jene Menschen, die keine Nerven zeigen, weil sie, stumpf und unsensibel, gar nicht wahrnehmen, was wirklich um sie herum geschieht. Der typisch Nervenstarke ist in seiner Selbstsicherheit geborgen, nicht darauf aus, seine Nerven zu schonen oder sie ständig zu beruhigen. Sie sind entspannt und ruhig, bis sie gefordert werden. Dann aber, in der Anspannung, ist Verlaß auf die Kommunikation im Innern und nach draußen. Ganz anders der Genervte. Schon im Normalfall deutlich überspannt, gerät er bei besonderen Anforderungen nervlich schnell an Grenzen.

Biologen kennen im Tierreich ebenfalls Nervosität, und zwar nicht nur bei hochgezüchteten Rennpferden weit ab von ihren natürlichen Lebensbedingungen. Kommt es in einer Population zur Überbevölkerung und damit Enge, entwickeln die einzelnen Tiere deutliche Nervositätszeichen, die Kommunikation bricht tendenziell zusammen, und sinnlose Aggressionsausbrüche treten auf. Die Enge fördert Angst (lat. angustus = eng), die die Sicherungen durchbrennen läßt. Analog dazu ist es wenig erstaunlich, wenn immer mehr Menschen, besonders in den *Ballungs*räumen der Großstädte, unter nervösen Beschwerden und Angst leiden.

Grundsätzlich steckt hinter Nervenproblemen ein Kommunikationsthema, bei nervösen Beschwerden ist es lediglich weniger tief in die Körperlichkeit gesunken als bei neurologischen. Einem genervten Menschen fehlt das Vertrauen, seine Umwelt von sich und seinem Wert überzeugen zu können. Er ist verunsichert und sucht ständig nach Rückversicherungen. Besonders deutlich wird das vor einer nervenaufreibenden Prüfung, wenn die bis zum Zerreißen gespannten Nerven zu versagen drohen, noch bevor alles begonnen hat. Solche Situationen werden von entsprechend *feinnervigen* Menschen als geradezu nervtötend empfunden. Kurz vor dem alles entscheidenden Ereignis erreicht das Nervenflattern seinen Höhepunkt, die Betreffenden wirken völlig *entnervt.* Vor der Nervenprobe geht ihnen vom kleinsten Geräusch bis zur geringsten Verzögerung alles auf die Nerven. Ihre Leitungen, auf deren reibungsloses Funktionieren nun alles ankäme, scheinen der Belastung nicht gewachsen und fühlen sich an, als würden sie roh und offen daliegen. Das mag die empfundene Schutzlosigkeit und Auslieferung verdeutlichen und zeigen, wie nahe es liegt, solche Nerven als Ausrede zu benutzen.

Im typischen nervösen Verhalten, das von Flatter- und Sprunghaftigkeit geprägt ist, zeigt sich das Verlangen, mit allem zugleich in Kommunikation zu sein. Dabei bricht zumeist die Hierarchie in den Kommunikationsstrukturen zusammen, und relativ Unwichtiges drängt sich in den Vordergrund, während wesentliche Dinge der Hetzjagd zum Opfer fallen. Der Nervöse jagt den Ereignissen hinterher, fühlt sich nicht selten von ihnen überrollt und überfordert. In der Mitte dieses Teufelskreises steht er mit seinem Ego und dem Bedürfnis, daß sich alles um ihn drehe. In dieser Situation der Verunsicherung mit völlig überspannten Nerven *drehen* die Betroffenen u.U. *durch* und erliegen einem Nervenzusammenbruch.

Dann dreht sich tatsächlich alles um sie. Sie haben ihr Ziel, wenn auch nur auf medizinischer Ebene, mit physischer Erpressung erreicht. Die einfache und wirkungsvolle Therapie versucht, sie von all den viel zu wichtig genommenen Dingen fernzuhalten und für äußere und vor allem innere Ruhe zu sorgen.

Die Diagnose Nervenzusammenbruch entspricht einem Verkehrszusammenbruch in der Stoßzeit. Vorgeschichte, Ablauf und Ergebnis gleichen sich. Wenn alle Autos ganz schnell und zugleich überallhin wollen und deshalb die Verkehrsregeln mißachten, kommt bald niemand mehr irgendwohin. Dabei mögen alle einzelnen Autofahrer gewichtige Gründe haben. Wenn die Kreuzung erst einmal blockiert ist, geht nichts mehr. Es kehrt Ruhe ein, wenn auch auf höchstem Streßniveau. Ähnlich verläuft der Selbsthilfeversuch des Körpers, der sich ebenfalls Ruhe auf dem Gipfel des Nervensturmes verschafft. Diese erzwungene Stille beruhigt die überlasteten Strukturen und trägt so wesentlich zur folgenden Entwirrung der eingetretenen Verwirrung bei. Weder die Straßen, noch die Nervenbahnen sind bei diesem Zusammenbruch ernsthaft beschädigt worden. Der Verkehrskollaps ähnelt auf beiden Ebenen dem Durchbrennen der Sicherungen in einem elektrischen Schaltkreis. Das aber verhindert auch im nervlichen Bereich tiefergehende Schäden.

Insofern ist der Nervenzusammenbruch die Therapie selbst. Er beendet einen überdrehten Zustand, indem die Kommunikation mit der Umwelt zusammenbricht und der Patient zusammenklappt. Wenn er für die äußere Welt auf Tauchstation geht, signalisiert er sehr nachdrücklich, daß es so nicht weitergehen kann in seinem Leben. Er kann das Ausmaß seiner Außenkontakte und Verpflichtungen nicht aufrechterhalten. Die *Aufgabe* wird hier sehr deutlich: Es

Fragen

1. Hat mein Kommunikationsmuster Reserven, oder bringt es mich wegen andauernder Überlastung an den Rand des Zusammenbruchs?
2. Halte ich Kontakt zu den heißen Themen meines Lebens? Oder benutze ich gerade die »schwachen Nerven«, um mich davor zu drücken?
3. Bei welchen Gelegenheiten spüre ich meine Nerven? Was geht mir auf die Nerven? Wem erlaube ich darauf herumzuspazieren?
4. Habe ich genug Raum, mich zu entfalten, oder fühle ich mich in die Enge getrieben?
5. Wie steht es um Selbstvertrauen und Selbstsicherheit? Verfüge ich darüber oder muß ich sie mir noch ständig beweisen?
6. Kann ich Ruhe in mir finden/ertragen? Gönne ich sie mir genug?
7. Sind die ins Auge gefaßten Ziele meine eigenen, und sind sie realisierbar? Oder steuert mein Leben auf einen Zusammenbruch infolge Überlastung zu?

geht darum, den Kampf im Außen *aufzugeben,* zu sich zurück zu finden und Kontakt zur eigenen Mitte herzustellen. Dann erst ist es sinnvoll, langsam wieder Verbindungen nach draußen zu knüpfen.

Der vorhergehende Zustand nervlicher Zerrissenheit mit der Angst, etwas zu verpassen und irgendwo nicht mit von der Partie zu sein, zeigt denen, die auf allen Hochzeiten tanzen wollen, ihre Grenzen, aber auch Chancen. Die Lernaufgabe lautet hier, Verbindungen nicht nur mit dem Außen, sondern vor allem mit dem Innen herzustellen. Der Betroffene ist ständig auf der Jagd nach dem jeweils Wichtigsten im Außen, seine Aufgabe wäre, sich mit dem Wichtigsten im Innern zu verbünden, also etwa mit seinem Herzen. Die in diesem Zusammenhang auftretenden Symptome vom Herzrasen bis zum -stolpern weisen in diese Richtung. Auch mehr Kontakt zur Bewußtseinszentrale könnte *not*wendig sein, wie die guten Erfolge geführter Bilderreisen in diesen Bereich belegen. Auf diese Weise finden die Patienten Zugang zu jener Ruhe und Stille, die im Zentrum jedes Menschen herrscht. Sie stellen fest, daß ihre in der Nervosität gespiegelte Verbindungssucht eine Karikatur der Suche nach innerer Verbundenheit mit ihrer Mitte ist. An Stelle der Hetzjagd nach Anerkennung tritt innere Verbindlichkeit, und daraus erwächst ein Gefühl für Zentriertheit und echte Kommunikation. Diese aber hat nicht nur sprachlich eine Nähe zur Kommunion, der Verbindung von Mitte zu Mitte bzw. Herz zu Herz.

2. Gehirnerschütterung

Dieses Krankheitsbild hat von der Entstehung wie auch von der Deutung eine gewisse Ähnlichkeit mit dem Nasenbeinbruch. Die Betroffenen sind zu weit gegangen und haben einen Schuß vor den Bug bekommen. Wie der Name sagt, wird das Gehirn erschüttert, vor allem das von Menschen, die sonst *nichts erschüttern* kann. Der Kopf verzeichnet jene Erschütterung, die die Betroffenen im geistig-seelischen Bereich nicht zulassen. Voraus geht ein Trauma, meist ein Sturz. Dessen tiefe Symbolik wird uns noch bei den Arm- und Beinbrüchen* beschäftigen. Redewendungen wie »Hochmut kommt vor dem Fall« oder der »Sturz vom hohen Roß« zeigen, daß es sich dabei häufig um die Korrektur eines Irrweges handelt, bei der die Betroffenen »eine aufs Haupt bekommen«. Sie wollten zu hoch hinaus und sind unsanft zurückgeholt worden.

Die einzelnen Symptome der **Gehirnerschütterung (Commotio)** sprechen eine deutliche Sprache. Der Kopfschmerz zeugt von aggressiven Versuchen, mit dem Kopf durch die Wand zu gehen. Der nachfolgende Schwindel sagt unumwunden, daß man sich etwas vorgemacht hat, von falschen Voraussetzungen ausgegangen oder einer Selbstüberschätzung erlegen ist. Übelkeit und Erbrechen zeigen, daß der Körper die Problematik, die er ausbaden soll, so schnell wie möglich wieder loswerden will. Das zuletzt genossene Erlebnis war unbekömmlich, heißt das in Magen-Darm-Sprache. Eine zumindest kurze Bewußtlosigkeit gehört zur Gehirnerschütterung und verrät, daß hier jemand die Verantwortung für sein Leben kurzzeitig abgibt. Die sogenannte retrograde Amnesie deutet an, wie wenig die Betroffenen sich an den Unfallhergang erinnern können. Darin wird eine noch weitergehende Verantwortungsverweigerung für die eigenen Aktionen offensichtlich. Man stiehlt sich aus der Verantwortung und drückt so aus, daß besser andere das Steuer übernehmen. »Mein Name ist Hase, ich weiß von nichts« nennt der Volksmund diese leicht durchschaubare Taktik, die hier unbewußt abläuft.

Bei der nächsten Eskalationsstufe, der **Gehirnprellung (Contusio)** verstärken sich diese Symptome, und schwerwiegende neue kommen hinzu. Das von Liquor, einer wäßrigen Flüssigkeit, umgebene und dadurch bestens abgefederte Gehirn wird so stark erschüttert, daß die Stoßdämpferwirkung versagt und durch den heftigen Schlag oder Stoß Blutungen und Gewebeuntergänge am Ort der Erschütterung und auf der Gegenseite auftreten. Die Bewußtlosigkeit ist tief und kann bis zum Koma gehen. Ödeme mit Gehirndrucksteigerung*, epileptische Anfälle*, Atem- und Temperaturregulationsstörungen sind einige der möglichen Komplikationen. Hinzu kommen verschiedene Ausfälle wie Agnosie*, Unfähigkeit zu erkennen, Apraxie*, Verlust der Geschicklichkeit, und Aphasie*, Sprachlosigkeit, Gedächtnis- und Orientierungsstörungen wie auch psychische Defekte von Antriebsstörungen bis zur Gefühlsverarmung, von Konfabulationsneigung bis zu Halluzinationen. Diese Symptome reißen die Betroffenen einerseits aus dem täglichen Lebensablauf heraus, andererseits drücken bisher verdrängte Inhalte ans Licht der Bewußtheit. Ihre Botschaften deuten sich von selbst an. Ungelebte verdrängte Tendenzen nutzen die Gunst der Stunde, den Zusammenbruch der Abwehr durch die heftige Erschütterung, um sich Aufmerksamkeit zu verschaffen.

Die Betroffenen sind offensichtlich an eine definitive Grenze gestoßen, über die sie sich nicht ohne weiteres hinwegsetzen können. Im Gegenteil, beim Versuch erwiesen sie sich als die *Geprellten*, müssen von vorne anfangen und erst allmählich wieder wie kleine Kinder lernen, alltägliche Verrichtungen selbst zu bewältigen und Verantwortung für sich zu übernehmen. Das Krankheitsbild hat sie zurück auf Kindheitsniveau geworfen und demonstriert damit ihre Regressionstendenz. Es eröffnet aber auch die Chance für einen Neubeginn. Der Wagemut, der häufig zu den Unfällen führte, käme ihnen dabei auf geistig-seelischer Ebene sehr zustatten.

Die Lernaufgabe heißt, all das, was im Körper passiert ist, in übertragener Hinsicht zu leben. Dadurch werden weitere ähnliche physische Traumen überflüssig. Bei einem Sturz heißt es, herabsteigen vom hohen Roß, sich im übertragenen Sinne erschüttern lassen, den physisch gezeigten Mut in geistig-seelischer Hinsicht leben, sich hier weit vorwagen. Die eigene Bewußtlosigkeit und Ohnmacht gilt es sich einzugestehen und die Verantwortung einmal abzugeben, um

---

Fragen

1. Wo blocke ich geistig-seelische Erschütterungen ab?
2. Aus welcher Bahn hat mich der Unfall geworfen?
3. Wo demonstriere ich äußerlich Mut und Risikobereitschaft, die mir innerlich fehlen?
4. Wo habe ich mich getäuscht, bzw. bin ich geprellt worden? Wo bedarf mein Lebensstrom einer Neuorientierung, eines Neuanfangs?
5. In welcher Hinsicht müßte ich kleinere Brötchen backen und auf überschaubarere Schritte setzen?
6. Wo müßte ich äußere Verantwortung ablegen und sie innerlich übernehmen?

---

sie bewußt in kleinen Schritten neu aufzunehmen. In der anstehenden Neuorientierung liegt die Chance des Neubeginns.

3. Gehirnhautentzündung oder Meningitis

Bei der Meningitis entzünden sich die Häute, die das Gehirn schützend umgeben. Sie bildet also einen Krieg auf höchster Ebene gegen die bewahrenden weiblichen Kräfte ab. Nicht selten greift das Geschehen aufs Gehirn über und wird zur **Meningo-Enzephalitis**. Sowohl die weiche (pia mater) als auch die harte Gehirnhaut (dura mater) ist betroffen. Verschiedene Bakterien wie auch Viren können an der Inszenierung des Konfliktes um die Zentrale des Schaltens und Waltens beteiligt sein. Eingedrungene Erreger liefern dem Abwehrsystem des Körpers eine heftige Schlacht, die wie bei jeder Entzündung* ohne Rücksicht auf Verluste und mit hinterhältigen Waffen ausgefochten wird. In diesem Fall handelt es sich allerdings um einen Krieg, bei dem es im wahrsten Sinne des Wortes um Kopf und Kragen geht. Die weitgehend unspezifischen subjektiven Symptome deuten an, daß es sich um ein wenig individuelles Bild handelt. Es geht ums Leben und Überleben an sich.

Von der Primärerkrankung sind vor allem Neugeborene und Kleinkinder betroffen, die den Eindruck machen, als kämpften sie noch um ihren endgültigen Eintritt in dieses Leben. Der in dieser frühen Zeit überdimensionierte Kopf ist nach der Geburt zum zweiten Mal zum Schauplatz eines lebensgefährlichen Kampfes geworden. Ähnlich wie eine Querlage bei der Geburt anzeigt, daß sich dieses Kind querlegt und das vorgesehene Spiel des Lebens nicht so einfach mitspielt, kommt auch hier ein gewisser Widerstand zum Ausdruck. Dem Kind *schwillt* der an sich schon überdimensionale *Kopf* noch mehr an, weil der Gehirndruck durch den entzündungsbedingten Wasseranfall steigt. Die weiche Fontanelle wölbt sich vor. Längerfristig droht ein Wasserkopf, tragisches Symbol der Überbetonung des oberen männlichen Pols. In solch frühem Stadium ein Kopf- oder gar Egoproblem zu vermuten, wie es solch ein »*Dick*kopf« verkörpert, scheint weit hergeholt. Auf dem Boden der Erfahrungen mit der Reinkarnationstherapie, die routinemäßig Geburt und vorgeburtliche Phasen miteinbezieht, sind so frühe Widerstände und aggressive Auseinandersetzungen um den Eintritt ins bevorstehende Leben aber durchaus alltäglich. Symbolisch leistet das Kind mehr Widerstand gegen das neue Leben als gegen die dunkle Urmutter, aus deren Schoß es sich gerade erst befreit hat. Es überläßt der Körperbühne den Kampf gegen die zurückhaltenden Kräfte der Urmutter. Diese, in der griechischen Mythologie Hekate, in der indischen Kali genannte, blutrünstige Göttin arbeitet mit ihren typischen Mitteln. Fluten von Entzündungswasser drücken das weiche Gehirn an die (harte Schädel-)Wand. Kann der Knochen noch nachgeben, droht der Wasserkopf, ist es dafür schon zu spät, geht Hirngewebe zugrunde mit der Folge von Gehirnschäden bis zum Schwachsinn.

Im Gegensatz zu anderen Entzündungen in ausdehnungsfähigen Körperräumen spielt das bei jeder Entzündung anfallende Wasser hier eine so herausragende Rolle, weil die harte Schädelkapsel der Ausdehnung mit zunehmendem Alter unnachgiebige Grenzen setzt. Die Zerreißprobe zwischen steigendem Wasser, das das Gehirn unter Druck setzt und gleichsam erpreßt, und den Widerstand leistenden Knochen des Schädels erlebt der Patient als Kopfschmerz.

Bei Erwachsenen kommt das Krankheitsbild hauptsächlich als Sekundärerkrankung vor. Wenn sich etwa eine TBC auf die Gehirnhäute ausbreitet, ist der grundsätzliche Kampf bis auf höchste Ebene eskaliert und zu einem Kampf ums Überleben geworden. In den letzten Jahren hat die Meningo-Encephalitis als gefährliche Komplikation bei Zeckenbissen von sich reden gemacht und vielen Menschen die Natur verleidet. Die winzigen, bis vor einigen Jahrzehnten recht harmlosen Blutsauger könnte man als hinterhältige Antwort der Natur auf unsere Vergewaltigungen ansehen. Mutter Natur läßt uns ihre Macht spüren, befehligt sie doch Milliarden solch kleiner Hilfstruppen zu Lande, Wasser und in der Luft und kann sie scheinbar nach Belieben aus ihrer Harmlosigkeit herausheben und zu Gegnern des Menschen befördern.

Die Symptome der Meningitis kreisen um den Kopf und seine Schmerzen, wobei auch die Rückenmarkshäute mitbetroffen sind und häufig grippeartige Beschwerden hinzukommen. An Allgemeinsymptomen treten einerseits Reizbarkeit auf, andererseits Antriebslosigkeit bis zu Apathie und Schlafsucht. Erstere verdeutlicht die in den Körper gerutschte aggressive Grundsituation, die oft durch den sogenannten Opistotonus, das Aufbäumen der Patienten im Liegen, noch veranschaulicht wird. Krämpfe untermauern dieses Drama. Es schüttelt den Patienten durch, als wollte eine größere Kraft ihn wachrütteln für sein Leben. Die Kiefersperre zeigt die Unfähigkeit, sich seiner Haut zu wehren und zuzubeißen. Die Aggressionswerkzeuge der Kiefer sind auf höchstem Anspannungsniveau gelähmt. Die Hyperästhesie genannte Überempfindlichkeit verrät, wie überreizt die Haut als äußere Grenze ist. Während auf höchster Kopfebene ein Kampf um den Schutzschild des Gehirns tobt, ist die Schutzschicht des Körpers zumindest in höchster Alarmbereitschaft.

Andererseits zeigen Symptome wie die Apathie, wie wenig die Patienten bereit sind, zu dem Kampf um und für ihr Leben bewußt beizutragen. Im Gegenteil, die Somnolenz, eine extreme Schläfrigkeit, demonstriert, wie sie ihr Leben im tiefsten Sinn verschlafen. Der Schlaf als kleiner Bruder des Todes scheint die Oberhand zu gewinnen über die Bestrebungen der Loslösung von der Urmutter. Der Kopf als Körperhauptstadt muß sich niederlegen, das Gehirn als seine Schaltzentrale droht in die Fluten des Urmeeres zurückzusinken. Die auftretende völlige Appetitlosigkeit deutet an, daß die Betroffenen den Appetit aufs Leben verloren oder nie gehabt haben, wohl auch, wie wenig ihnen ihre gegenwärtige Lebenssituation schmeckt. Zu den Delirien erübrigen sich Deutungen, drückt sich darin doch sehr direkt die bisher zu kurz gekommene unbewußte Thematik aus. Die Qualitäten der quälenden Kopfschmerzen gehen von Hämmern über Stechen bis zum Gefühl des Zerspringens. Sie sind zumeist von einer derartigen Intensität, daß die Patienten sie nicht auszuhalten glauben und fürchten, daran zugrunde zu gehen. Ihr Kopf scheint explodieren zu wollen.

So etwas droht, wenn es der Besitzer zu lange versäumt hat oder nicht bereit war, sich seinen Lebensraum zu erobern. Es zeigt, wie sehr er in die Enge getrieben ist. Das gilt auch für das Neugeborene, das sich für das Leben in dieser Welt oder die Rückkehr zur großen Mutter entscheiden muß. Das Höllenspektakel in der übergeordneten Schaltzentrale spiegelt die nicht eingestandene Bewußtseinssituation wider. Der Ausdruck »ich könnte platzen vor . . .« verdeutlicht, wie es steht. Manche Patienten haben wirklich das Gefühl, ihre Schädeldecke würde jeden Moment weggesprengt, der Kopf müsse sich nach oben öffnen, um den unerträglichen Druck loszuwerden. Tatsächlich spiegeln sich schon hier die Alternativen der Patienten: Sie können nach oben entfliehen und den Körper im Stich lassen, oder sie müssen die erdrückende dunkle Flut niederringen und sich aus ihrer Umklammerung lösen. Der weitere Verlauf der Symptomatik zeigt die sich anbahnende *Niederlage* im Krieg um die Selbstbehauptung. Die Patienten sind außerstande, den Kopf oben zu behalten, und müssen sich niederlegen oder jedenfalls *den Körper ablegen*. Allerdings verkörpern sie im sogenannten Opistotonus, der Überstreckung der Wirbelsäule, ein vielleicht letztes Aufbäumen. Jedes Beugen des Kopfes oder der Knie ist ihnen schmerzhaft. So liegen sie im Hohlkreuz* mit in den Nacken geschobenem Kopf, das Kinn nach oben gereckt, gequält, aber trotzig darnieder. Die Haltung verrät geringe Demut, die Entzündung, wie wenig sie andererseits bereit sind, bewußt zu kämpfen. Ihr Blick richtet sich nach oben zum Kriegsschauplatz oder darüber hinaus gen Himmel in jenen Bereich, in den sie zu entfliehen drohen. Eine gute Chance für ihr Leben besteht ab dem Moment, wo sie sich entscheiden, darum zu kämpfen. Dann erst kann der physische Kampf nachlassen.

Das Krankheitsbild ist mit hohen Temperaturen verbunden, die anzeigen, daß es bei diesem Konflikt ums Ganze geht und eine Generalmobilmachung stattgefunden hat. Mit jedem Grad Fieber steigt die Wehrfähigkeit des Organismus um mehr als das Doppelte, während seelisch die Apathie zunimmt. Die Gedanken fangen an, sich zu drehen, es kommt zu Fieberphantasien, und nicht selten erleben die Patienten ihren höllischen Kampf wie im Kino, illustriert mit inneren Bildern von beeindruckender Symbolkraft. Unter dem Schutz dieser Bewußtseinsverschleierung können sie mit innerer Distanz betrachten, was ihnen im Normalbewußtsein unerträglich wäre.

Symptome wie zunehmender Hirndruck zeigen, unter welche Spannungen ihre Zentrale geraten ist und wie unterdrückt sich ihre Kommunikation darstellt. Weder der Erwachsene noch der kleine Patient können sich durchsetzen und ihrem Willen Achtung verschaffen. Nach dem Muster jeder Entzündung kommt es zu Schwellungen durch austretendes Gewebewasser, nur gibt es hier keinen Ausweg für die wäßrige Flut. Bei Erwachsenen entwickelt sich die sogenannte Stauungspapille, ein Anschwellen der Austrittsstelle des Nervus opticus in der Netzhaut des Auges, was im Extrem zur Erblindung durch Strangulation des Sehnervs führt. Bei Babys wölbt sich die Fontanelle, jene noch offene Knochenzone im vorderen Schädelbereich, vor. Gehirnödem im ersten, Wasserkopf im zweiten Fall sind die bedrohlichen Komplikationen. Bei dem tobenden Krieg bleibt soviel Seelisches (Wasser) auf der Strecke, daß es die zentralen Kommunikationsstrukturen zu erdrosseln droht. Ähnlich wie die zum Schutz vorgesehenen Häute des Gehirns zur Bedrohung werden, wandelt sich auch das Gehirnwasser zur Gefahr. Es wird entzündungsbedingt immer mehr und erpreßt das Gehirn regelrecht.

Das Übergreifen des Krieges von der schützenden Haut auf die eigentliche Gehirnsubstanz in Form der **Gehirnentzündung** oder **Encephalitis** stellt praktisch immer einen Kampf auf Leben und Tod dar. In diesem Krieg geht es endgültig um die Krone der Schöpfung, das Gehirn. Seine mehr oder weniger großen Ausfälle zeigen die bedrohliche Richtung. Eintretende Bewußtseinstrübung bis zur Bewußtlosigkeit konfrontiert den Betroffenen bereits mit dem Gefühl von Sein oder Nichtsein. Die Bindung an den Körper wird in diesem Stadium lockerer, das Bewußtsein kann sich phasenweise vom Körper lösen. Dieser Krieg kann die Basis der Kommunikation zerstören und bleibende Ausfälle hinterlassen.

Bei den Hirnhäuten geht es um den Schutz der Lebensbasis, mit den steigenden Fluten von Liquor und dem zurückweichenden Gehirn um den Kampf der Polaritäten: Auf der einen Seite den Grundstoff unseres Intellekts, auf der anderen Seite die weiblichen (Entzündungs-)Wasser. In jeder Phase des Lebens geht es darum, hier die Mitte zu finden, die einzig mit dem Leben vereinbar ist. Das Krankheitsbild zeigt erstens, wie unsicher und umkämpft der Schutzwall um das Lebenszentrum ist, und zweitens, daß es zu einem Ungleichgewicht zwischen den weiblich-wäßrigen und den männlich-feurigen Kräften gekommen ist. Der heiße Krieg um die Vorherrschaft im Körper tobt einerseits zwischen Erregern und Abwehr, andererseits zwischen den regressiven Kräften der dunklen Mutter und den vorwärts- und aufwärtsstrebenden lichten Geistkräften.

Das Steigen der wäßrigen Flut ist bei Erwachsenen häufig eine

Kompensation der umgekehrten geistig-seelischen Situation eines dominierenden trockenen Intellekts. Die Lösungsaufgabe läge diesbezüglich in einem »Fühldenken«, das die weiblich-wäßrige Kraft des Fühlens mit der trockenen Geistigkeit des denkenden Intellekts verbindet. Beim Neugeborenen liegt die Interpretation näher, die in den steigenden Fluten die Abbildung jenes Urkampfes zwischen dem dunklen Reich der Mütter und den aufstrebenden Geisteskräften sieht. Unserer auf Überleben gepolten Natur gemäß stehen wir der heißen, einer Lösung entgegenfiebernden männlichen Seite bei und wünschen dem Neugeborenen, daß es den dunklen Kräften einen heißen Kampf liefert und siegt.

Als Lernaufgabe des Erwachsenen zeichnet sich in den Symptomen Zwiespältiges ab. Die mörderischen Kopfschmerzen wie beim *Kopfzerbrechen* bringen die scheinbare Unvereinbarkeit der Lösungen zum Ausdruck. Einerseits wollen mit den steigenden Fluten des Gehirnwassers die weiblichen Kräfte im Leben zum Zuge kommen. Andererseits drängt sich Aggressiv-Männliches noch stärker auf. Es geht darum, den Krieg um die höchste Ebene zu wagen, zu Explodieren, wo es notwendig ist, und für die eigenen Wege einzustehen, *in Angriff* zu *nehmen,* was einen bedrückt. Und es ist natürlich das weibliche Wasser, das einen ganz konkret drückt. In der Überstreckung des Rückens liegt die Aufforderung, sich gerade zu machen, Selbstbewußtsein und Stolz zu entwickeln und aufwärts zu blicken. Wenig eignete sich diesbezüglich besser als die eigenen Gedankenimpulse und ihr freier kreativer Fluß, wie er sich unerlöst in den jagenden Phantasien der Fieberträume austobt. Die Mischung aus Gedankenbildern, Emotionen und Gefühlen ist es, die ihr Recht auch für das bewußte Leben einklagt.

»Der Krieg ist der Vater aller Dinge«, formulierte Heraklit. Offenbar hatte er dabei den Kriegsgott Mars und dessen Urprinzip im Auge. Der Patient mit Gehirn(haut)entzündung ist gefordert, dieser zeitlosen Erkenntnis Geltung in seinem Leben zu verschaffen. Mars steht für jede Form von Energie und wird z.B. auch durch Mut und eine dynamische Einstellung befriedigt. Der Mut, zu den eigenen ersten Schritten ins Leben zu stehen und für die daraus erwachsenden Ideale durchs Feuer zu gehen, hätte hier Platz. An Stelle eines höllischen Krieges in der Zentrale ließen sich die zentralen Themen

Fragen[47]

1. Welcher Schritt ins Leben stünde mir bevor? Wo muß ich das Urweibliche hinter mir lassen, um es auf neuen Ebenen zu entdecken?
2. Welchen Konflikt um Kopf und Kragen habe ich verweigert?
3. Welches Gefühlsthema setzt mich unter Druck und droht das Zentrum meines Denkens zu sprengen.
4. Inwieweit bin ich bereit, bewußt aufs *Ganze* zu gehen und darum zu kämpfen? Kann ich darin auch das Weiblich-Gefühlvolle sehen?
5. Worin gründe ich? Leide ich unter Dickkopf oder Kopflastigkeit?
6. Inwieweit kann ich Rückgrat zeigen, meinen eigenen Kopf durchsetzen und meinen Weg gehen?
7. Bin ich noch begeisterungsfähig genug, mit ganzer Kraft die Verwirklichung meines Lebenstraumes *in Angriff* zu nehmen?

des Lebens mit Feuer und Flamme angehen. Besser der Umwelt die Hölle heiß machen, als den Kopf zum Schauplatz eines höllisch heißen Krieges. Und besser, sich heißen Themen öffnen, sich innerlich erregen und sogar aufwühlen zu lassen, als sich gefährlichen Erregern zu öffnen, sein Zentralorgan von ihnen aufwühlen und zum Schlachtfeld machen zu lassen. Der Kampf geht in jedem Fall an zentrale Strukturen und zielt aufs Ganze.

Alle Dinge brauchen aber auch eine Mutter, die wir unschwer in der großen Göttin erblicken, die alles Leben schenkt und dereinst wieder einfordern wird. Auch ihrer weiblichen Macht gilt es im Leben freiwillig Rechnung zu tragen, sonst wird sie ihre Fluten steigen lassen oder andere Wege finden, sich Respekt und Anerkennung zu verschaffen. Mutter und Vater gehören zusammen, und so geht es bei der Meningo-Enzephalitis ganz besonders darum, diese Grundpolaritäten im eigenen Leben zusammenzubringen: ein heißer und durchaus intellektueller Kampf für die eigene weibliche Gefühlswelt kann gemeint sein oder die Entwicklung jenes Fühldenkens, das in der Mitte zwische Mutter und Vater steht und beiden ihr Recht läßt.

Letztlich handelt es sich nicht nur bei Neugeborenen, sondern auch bei Erwachsenen um eine neuerliche Geburt, und diese ist immer eine Auseinandersetzung zwischen den bewahrenden weiblichen und den vorwärtsstrebenden männlichen Kräften. Hierin zeigt sich dann auch die Lösung, die zum Sieg der lichten Kräfte über das Dunkel führen muß. Der Mutterschoß muß endgültig verlassen werden, wobei seine Ansprüche nicht zu negieren, sondern auf höherer Ebene zu erfüllen sind.

4. Neurologische Krankheitsbilder

Hier liegen im Gegensatz zu den nervösen Beschwerdebildern konkrete Veränderungen der Nerven zugrunde. Im Unterschied zur Gehirnprellung und Meningitis sind sie chronischer Natur. Insofern muß man davon ausgehen, daß die Störungen tiefer gehen und schon länger andauern.Neben den großen Krankheitsbildern Multiple Sklerose und Epilepsie lassen sich zwei Untergruppen differenzieren: die Störungen der sogenannten Pyramidenbahn, die für die dem Willen unterworfene Bewegungskoordination zuständig ist, und solche der extrapyramidalen Bahnen. Die Pyramidenbahn sorgt als übergreifende Struktur auch für eine Hemmung der Eigenreflexe der Muskeln und für eine Reduzierung ihres Spannungszustands. Sie hält so das Eigenleben der Muskeln von oben unter Kontrolle. Gibt es eine Unterbrechung der Pyramidenbahn, fällt diese Hemmung weg, und es entstehen spastische Lähmungen. Der größte Teil der Nervenfasern der Pyramidenbahn kreuzt zur Gegenseite in Höhe der Schädelbasis. Deshalb führen Durchblutungsstörungen oder Blutungsherde in ihrem Bereich wie beim Schlaganfall zu Ausfällen auf der gegenüberliegenden Seite.

Das sogenannte extrapyramidale System ist für die Regulation der Muskelspannung, für unwillkürliche und Koordinationsbewegungen zuständig, für die Gleichgewichtsregulierung und die Körperhaltung. Im Störungsfall lassen sich zwei Untergruppen abgrenzen:

a) die zu Bewegungsarmut und Starre führenden hypokinetisch-rigiden Syndrome wie der Morbus Parkinson;

b) die hyperkinetischen Syndrome mit eigenartigen unkontrollierbaren Bewegungsmustern. Hier wären der Veitstanz und die seltenen Krankheitsbilder Athetose mit wurmartigen Verwindungen und Ballismus mit Schleuderbewegungen zu nennen.

Parkinson oder Schüttellähmung

Bei der Parkinsonschen Erkrankung handelt es sich um das häufigste neurologische Krankheitsbild des fortgeschrittenen Lebensalters. Betroffen sind die extrapyramidalen Bahnen, die willensunabhängig arbeiten. Medizinisch gesichert ist ein Mangel an Überträgerstoff zwischen adrenergen Nervenverbindungen, dem sogenannten Neurotransmitter Dopamin, im Mittelhirn. Es handelt sich also um einen Mangel auf dem männlichen Pol des Zentralnervensystems. Die Folge davon ist ein Überwiegen des Gegenpols, des sogenannten cholinergen Systems, das dem weiblichen Pol zuzurechnen ist.

Die resultierenden Symptome zeichnen ein deutliches Krankheitsbild, bei dem das ausdruckslose Maskengesicht und die allgemeine Starre zuerst auffallen. Alle Bewegungen sind verlangsamt, die physiologischen Mitbewegungen, also etwa das Schlenkern der Arme beim Gehen, fehlen. Die Sprechweise ist leise, abgehackt und monoton. Zur Bewegungsarmut kontrastiert der typische Tremor, ein starkes Zittern, das besonders in Ruhe auftritt. Sobald die Patienten auf ein Ziel gerichtete Bewegungen ausführen, verringert sich das Zittern oder hört ganz auf. Der Gang ist durch eigenartig kleine trippelnde und schlurfende Schritte charakterisiert, der Oberkörper scheint dem Unterkörper voranstürmen zu wollen, so daß die Tendenz zum Sturz vornüber und zur Seite besteht. Die Neigung der Beine, abrupt gänzlich zu versagen, verstärkt diese Gefahr und ist, wie die anderen Symptome, willentlich nicht zu beeinflussen. Die ganze Haltung des Patienten ist gebückt und die eines vom Schicksal Gebeugten, wenn nicht Geschlagenen. Selbst das Schriftbild paßt sich dieser Gestalt an, die Zeilen fallen nach rechts unten ab, die Buchstaben werden innerhalb der Zeilen immer kleiner, so daß die Medizin von Mikrographie spricht. Hinzu kommen vegetative Symptome wie starker Speichelfluß, Schweißausbrüche und im Zusammenhang damit das typische »Salbengesicht«. Außerdem sind Versorgungsstörungen der Haut und ein Nachlassen der sexuellen Aktivität zu beobachten. Im seelischen Bereich fallen Stimmungsschwankungen mit melancholischen Phasen auf.

Das Krankheitsbild tritt praktisch nur im fortgeschrittenen Alter auf und besonders bei Menschen, die ihr Leben sehr aktiv und unter hohen Ansprüchen gelebt haben, bevorzugt bei Intellektuellen. Die Medizin unterscheidet verschiedene Formen, wobei die Entstehungsgeschichte der häufigsten Variante, des sogenannten primären Parkinsonismus, auch Paralysis agitans genannt, als ungeklärt gilt. Der Name »agitierte oder erregte Lähmung« macht das Dilemma der Betroffenen deutlich: Ihrem nervlichen Engagement wird durch die Lähmung der Sinn genommen. Daneben gibt es die kleinere Gruppe der sekundären Parkinsonsyndrome, etwa auf dem Boden einer Zerebralsklerose, einer Vergiftung, nach einer Encephalitis oder medikamentös bedingt durch Neuroleptika.[48] Eine seltene Variante ist die offenbar durch die Vielzahl der »Gehirnerschütterungen« bedingte Boxerkrankheit, wie sie den ehemaligen Schwergewichtsweltmeister Muhammed Ali ereilt hat.

Nach dem Motto »Krankheit zeigt Schatten« kann man davon ausgehen, daß die Betroffenen die eigene Starre in Ausdruck und Beweglichkeit lange Zeit nicht sehen, bis sie der Körper unübersehbar macht. Sie leben in einem Zustand wie starr vor Schreck, ohne sich das einzugestehen. Im wahrsten Sinne des Wortes verziehen sie keine Miene. Die Medizin spricht von »Amimie«, absolutem Fehlen des natürlichen Mienenspiels. Der Patient hat offenbar gelernt, sich keinerlei gefühlsmäßige Regung anmerken zu lassen. Sein Gesicht ist zur Maske erstarrt, die in mancher Hinsicht an eine Totenmaske erinnert. Nimmt man die im typischen Rigor deutlich werdende Erstarrung des übrigen Körpers hinzu, drängt sich der Eindruck eines zu Lebzeiten Toten, eines Zombie, auf. Zumindest wird die Entwicklung in Richtung des Rigor mortis in der Reduzierung aller das natürliche Leben begleitenden Bewegungen deutlich.

Totenstarre zu Lebzeiten – im Fall des chinesischen Staatsmannes Mao Tse-tung wurde diese Horrorvision zur makabren Wirklichkeit, war der ehemalige Revolutionär doch am Lebensende zu einem lebendigen, von seiner Umgebung politisch entsprechend eingesetzten Denkmal geworden. Durch seine Parkinsonsche Erkrankung zu völliger Unbeweglichkeit verurteilt, konnte er schließlich nicht einmal mehr sprechen. Als lebende Statue bestimmte er aber weiterhin das Leben Chinas, war überall als Abbild präsent und in aller Munde, wenn auch sein Mund längst nur noch Sprachlosigkeit ausdrückte in jener für Parkinsonpatienten typischen leicht geöffneten Stellung.

Neben der langsam versagenden Stimme verdeutlichen weitere Körperfunktionen, daß es bergab geht und die Kräfte schwinden. Die Tendenz, vornüber zu stürzen, wäre hier ebenso zu erwähnen wie die Schrift. Neben der auf den Tod zielenden Erstarrung drückt sich im Krankheitsbild auch eine tiefe Angst aus, die sich der Patienten bemächtigt, sobald sie in Ruhe verharren. Sie zittern nicht wie Espenlaub auf feine sensible Weise, sondern in heftigen schüttelnden Bewegungen. Dieser grobschlächtige Tremor läßt, wie gesagt, erst nach, wenn sie etwas unternehmen. An Kopf und Körper völlig starr und ausdruckslos, zeigen die schüttelnden Zitterbewegungen, wie angstbeladen und problematisch absichtslose Ruhe ist. Hier liegt die Wurzel für den Namen »Schüttellähmung«. Eigentlich gelähmt und bewegungslos, ist es die Angst, die noch für Bewegung sorgt. Auffallend ist, daß es sich zumeist um Menschen handelt, die den Anspruch erheben, etwas in der Welt zu bewegen. Das Krankheitsbild zeigt ihnen, wie wenig sie in der inneren Wirklichkeit, gemessen an ihrem Anspruch, in Bewegung setzen, und vor allem, wie wenig bewegt ihr Seelenleben ist, dessen Starre und Lähmung sich nun verkörpern. Im Zittern manifestiert sich neben der Angst eine gewisse Ergriffenheit, wobei die Patienten durchaus auch von Angst ergriffen sein können. Interesssant ist in diesem Zusammenhang, daß der Psychosomatiker Georg Groddeck eine deutliche Häufung der »Zitterlähmung« in den Jahren des I. Weltkrieges beobachtete.

Es stellt sich die Frage: Warum schüttelt es einen Menschen, oder warum schüttelt er sich? Wir schütteln uns z.B. unwillkürlich, wenn wir aus kaltem Wasser herauskommen, um die Kälte und Nässe loszuwerden. Man schüttelt sich vor Angst und versucht so z.B. den nahenden Tod und andere Verfolger abzuschütteln. Manchmal schüttelt es einen vor Grauen, nachdem man Entsprechendes erlebt hat. Die Betroffenen wollen offenbar unbewußt etwas abschütteln und loswerden, das sie in Angst und Schrecken versetzt. Erstere läßt sie zittern, letzterer erstarren. Aus den Lebensgeschichten von Parkinsonpatienten läßt sich der Eindruck gewinnen, daß es die Erfahrung ihrer Wirklichkeit ist, die sie am liebsten abschütteln würden. Ihr eigener träger Körper und die ebenso träge Umwelt scheinen ihnen geradezu lästig. Wieder drängt sich der »Vorsitzende Mao« auf, der seine großen und gewagten Gedanken jeweils an den trägen Massen Chinas scheitern sah.

Die Lähmung bietet nur scheinbar einen Gegensatz zum Durchgeschütteltwerden. Sie macht den Betroffenen bewußt, wie unbeweglich und unflexibel sie in den Tiefen ihrer Seele sind, trotz all der eindrucksvollen Dinge, die sie sich stets bemüht haben, in Bewegung zu setzen.Der Körper zwingt zu der Erkenntnis, daß sie außerstande sind, sich den lebensnotwendigsten Veränderungen anzupassen. Wenn sie auf die Atmung übergreift, wird die Lähmung zur Todesursache. Gelähmte Atmung verkörpert in doppelter Hinsicht gelähmte Kommunikation, ist die Lunge doch nach der Haut unser zweites Kommunikationsorgan. Sie ist für die Energieaufnahme zuständig. Ob wir dabei nur den für die Oxidationsprozesse lebensnotwendigen Sauerstoff im Auge haben oder nach östlicher Anschauung Prana, die Lebenskraft: In jedem Fall wird mit der Atemlähmung die Energieversorgung *lahm*gelegt. Das Symptom macht deutlich, daß keine Lebenskraft mehr hereinkommt. Eng verbunden mit dem Kommunikationsorgan Lunge ist die Sprache, beruht sie doch auf der Modulation des Ausatemstromes. Die im Verlauf zunehmenden Sprachprobleme spiegeln ebenfalls die Kommunikationsstörung. Die Stimme wird nicht nur schwächer, sondern auch abgehackt. Wenn die Worte nicht mehr verbunden sind, wird ihr Inhalt unverbindlich, und die *Kommun*ikation stellt keine Gemeinsamkeit mehr her.

Das andere Kommunikationsorgan, die Haut, ist ebenso in Mitleidenschaft gezogen, denkt man an die sogenannte Seborrhoe und als deren Folge das »schweißglänzende« Salbengesicht. Der den Patienten im Gesicht stehende Angstschweiß kann die dauernde Todesangst ausdrücken. Andererseits könnte er auch für die Anstrengung stehen, mit der sie *im Schweiße ihres Angesichts* versucht haben, in der Welt etwas zu erreichen. Schließlich hat dieses Gesicht auch etwas Gesalbtes und könnte auf einen Bezug zum Geweihten verweisen. »Christos« heißt der Gesalbte, und Könige wurden früher aus Ehrerbietung gesalbt. So zeigt sich auch hier in den Schatten gesunkener Anspruch. Die Betroffenen machen einen *glänzenden* Eindruck, nur eben auf der körperlichen Ebene. Der Glanz ist in den Schatten gesunken und verschafft sich im Körper Beachtung.

In den Lebensgeschichten von Betroffenen findet sich häufig der hohe Anspruch an glänzende, im Schweiße des eigenen Angesichts verwirklichte Leistungen, daneben aber die Angst, zu versagen und das Wesentliche doch nicht zu schaffen. Von den ruhmglänzenden Taten bleibt oft nur schweißtreibende Anstrengung übrig. Das eigentliche (seelisch) tiefere und zugleich (gesellschaftlich) höhere Ziel ist meist nicht erreichbar, und selbst wenn Glanz und Gloria abfallen, bleiben die Betroffenen im Innersten unerfüllt. Das Ergebnis ihrer großen Anstrengungen im Außen steht ihnen ins Gesicht geschrieben, und hier liegt auch der Schlüssel zu ihrer Situation. Sie zeigen nicht ihr wahres Gesicht, sondern eine »gut geölte« Maske.

Tatsächlich sind ja gerade Menschen, die begehrte Positionen erreichen, wie sie Parkinsonpatienten anstreben und oft auch erlangen, selten in der Lage, ihr wahres Gesicht zu zeigen. Der Arzt z. B. hat immer fit und gesund zu sein, es gehört geradezu zu seinem Ideal, wie ein »geölter Blitz« ständig für die leidende Menschheit unterwegs zu sein. Dabei können die eigenen Bedürfnisse zu kurz kommen bzw. gesellschaftliche Berufsbilder benutzt werden, um sich seinem wahren Gesicht und der inneren Aufgabe nicht zu stellen. Bei Rechtsanwälten, Politikern usw. und anderen in der Öffentlichkeit Stehenden kann diese Thematik ebenso ausgeprägt sein.

Neben der Schweißneigung spielen sogenannte trophische, d.h. Ernährungsstörungen der Haut eine Rolle. Die entstehenden Defekte enthüllen, wie gestört die konkrete Kontaktfläche zur Umwelt ist. Die Haut als Organ, um einerseits liebevolle Beziehungen zur Umwelt aufzunehmen und sich andererseits von ihr abzugrenzen, ist mangelversorgt und damit im übertragenen Sinne vernachlässigt.

Die Eigentümlichkeiten des Ganges erhärten die bisherigen Deutungen: Die Betroffenen kommen, wie gesagt, gemessen an ihrem Anspruch, nur in winzigen Trippelschritten voran. Zudem haben sie die Tendenz, vornüberzufallen, da sie oben schneller vorwärtsstreben, als sie unten mit der Realität nachkommen. Der Körper demonstriert bei jedem Schritt die Diskrepanz zwischen Wollen und Können.

Auch wenn es sich um rührige, nach äußerlichen Kriterien erfolgreiche Menschen handelt, die alles unternommen haben, um sich und ihrer Umwelt zu demonstrieren, wie sehr es mit ihnen bergauf geht, bleibt der Verdacht bestehen, daß sie ihren eigenen hohen Anspruch an Fortschritt auf der geistig-seelischen Ebene nicht einlösen konnten. Der Gang, die gebückte, bekümmert wirkende Haltung sprechen ebenso dafür, wie die Schrift, die mit jeder Zeile belegt, wie es Wort für Wort bzw. Schritt für Schritt bergab geht. Die versiegende Stimme spricht davon, daß die Ausdruckskräfte nachlassen. In ihrer Monotonie unterstreicht sie die Stereotypie des Ausdrucks, in ihrem skandierenden Charakter die fehlende Verbindlichkeit. Als Stimmungsbarometer verrät sie etwas von der wachsenden Resignation in der Tiefe.

Das Bild der Erschöpfung und Verausgabung paßt zu den bisher gesicherten medizinischen Befunden. Es scheint so, als wäre das Dopamin, jene adrenerge Überträgersubstanz, durch die Überaktivität erschöpft. Im Bereich der Substantia nigra, einem schwarzen Bezirk im Gehirn, ist eine deutliche Degeneration mit Entfärbung festzustellen. Die Folge ist ein relatives Überwiegen des weiblichen Pols der Gehirnaktivität. Der männliche ist, nachdem er lange Zeit übertrieben wurde, erschöpft. Die Betroffenen werden in den Gegenpol gezwungen, ihnen bleibt nichts übrig, als Ruhe zu geben auf Grund der Lähmung und Starre, auch wenn das Angst und Zittern auslöst. Wohl fühlt sich der Patient ehrlicherweise nur in der Aktivität, in der auch sofort das Zittern nachläßt. Viele vom Krankheitsbild erzwungene Tendenzen zielen auf Regeneration bis hin zum verstärkten Speichelfluß, der auf Hunger und Verdauungstätigkeit hinweist. Auch wenn den Betroffenen noch immer bei jeder Gelegenheit das Wasser im Munde zusammenläuft, geht es darum, das zurückliegende Leben voller Überaktivität erst einmal zu verdauen. Interessant ist in diesem Zusammenhang eine Erfahrung des amerikanischen Neuropsychologen Oliver Sacks: »Der bewegungsunfähige Parkinsonpatient kann singen und tanzen, und wenn er das tut, ist er völlig frei von den Behinderungen seiner Krankheit . . .«[49] Fähigkeiten des weiblichen Pols sind also weitgehend verschont und stünden dem Patienten offen.

Die nachlassende sexuelle Potenz zeugt von der mangelnden Möglichkeit, sich mit dem anderen Geschlecht und damit der Polarität einzulassen. Die natürliche Folge ist mangelnde Fruchtbarkeit im konkreten Bereich als Ausdruck des entsprechenden Mangels im übertragenen Sinn. Dabei wollte der Patient gerade in dieser Hinsicht in oft übertriebenen Anstrengungen Fruchtbarkeit demonstrieren. Sein Körper zeigt ihm, daß diese Phase zu Ende ist.

Typisch für ein Nervenleiden schält sich bei Parkinson ein Koordinations- und Kommunikationsproblem heraus. Die Verbindung von innen und außen ist ebenso betroffen wie die von oben und unten. Das starre Maskengesicht zeugt von den Schwierigkeiten, innere Vorgänge nach außen zu spiegeln und äußeren Begebenheiten innerlich zu entsprechen. Der problematische Gang verrät die Koordinationsschwierigkeiten zwischen oberer und unterer Ebene, zwischen geistig-seelischer und physischer Realität. Die Verbindung von Gedankenwelt und Realität ist wesentlich problematischer, als sich die Betroffenen eingestehen. Sprache und Schrift als klassische Mitteilungsmöglichkeiten zeigen gleichermaßen typische Zusammenbruchstendenzen.

Die Diskrepanz zwischen innerem Anspruch und äußeren Erfolgen wird bei kaum einem Parkinsonpatienten so deutlich wie bei Mao Tse-tung. Nach seinem militärischen Sieg über die Nationalisten startete er seine erste große Kampagne, die China von Grund auf umstrukturieren sollte, den »Großen Sprung nach vorn«. Sie wurde zu einem unsäglichen Fiasko, das Millionen Menschen ins Verderben stürzte, statt sie, wie versprochen, zu glücklichen neuen Menschen zu machen. Die revolutionären Ideen und Vorstellungen fanden keine Verbindung zur bäuerlichen Wirklichkeit des chinesischen Landlebens und entzogen diesem die Existenzgrundlage. Der Gang der chinesischen Geschichte, ab diesem Zeitpunkt entscheidend von Mao bestimmt, entspricht dem Gang des Parkinsonpatienten Mao, auch wenn dieser damals noch nicht manifest erkrankt war. Das Vorauseilen des Oberkörpers ist eine Karikatur seines Lebens. Der Kopf voller hochfliegender Träume stürmt voran und verliert den Kontakt zur materiellen Wirklichkeit, symbolisiert im Körper. Maos Ideen prägten die Geisteswelt Chinas, aber der träge Volkskörper kam nicht nach, und so wurde aus der Kampagne »Großer Sprung nach vorn« ein beispielloser *Fall*. In bester Absicht geplant, war die gigantische Aktion willentlich kaum noch zu beeinflussen. Sie lief geradewegs in die Katastrophe, ähnlich wie der Fall des Parkinsonpatienten unwillkürlich seinen Lauf nimmt. Unter den Folgen von Maos letzter großer Kampagne, der Kulturrevolution, leiden die Chinesen bis heute. Wieder war die revolutionäre Theorie nur mit härtester Gewalt über die konkrete Wirklichkeit zu stülpen. In den Herzen und Köpfen der Menschen, auf die sie zielte, verfing sie nicht, weil sie vom realen Leben noch weiter entfernt war als der erste »Große Sprung«. So wurde auch die Kulturrevolution zu einem fürchterlichen Rein*fall.*

Mao hatte solch prägenden Einfluß auf China bzw. entsprach diesem Riesenreich so perfekt als Spiegel, daß es bis weit über seinen Parkinson-Tod hinaus die Signatur dieses Krankheitsbildes trägt.Der starre rigide Machtapparat, den Mao niemals wollte und den er doch auf so nachdrückliche und sogar körperliche Art symbolisierte, schlägt bis heute geistige Erneuerungsversuche nieder. Er blockiert damit das eigentliche Anliegen Maos, die permanente Revolution, die die Gesellschaft in ständiger Bewegung hält.Der österreichische Pathologe Hans Bankl schreibt über die heutige Volksrepublik China: »Insgesamt überwachen 9 Millionen alte Frauen in offiziellem Auftrag ihre Mitbürger. Dadurch wird alles terrorisiert und gehemmt: Menschen, Familie und die Gesellschaft sind starr, ihre Haltung ist zwangsgebeugt, sie zittern. Die Sprache ist unverständlich geworden, die Kommunikation mit der Umwelt kam zum Erliegen. Es ist eine tragische Ironie der Geschichte, daß in Maos Nachfolge die Symptome seiner Parkinson-Krankheit auf das ganze Volk übertragen wurden.«[50]

Wie andere Krankheitsbilder läßt auch das Parkinsonsyndrom in schrecklicher Weise das wahre Gesicht bzw. Muster hinter den Symptomen aufscheinen und wird so geradezu zur Karikatur. Die starre geölte Maske an Stelle der nach außen demonstrierten geistigen Lebendigkeit mag dafür als Symbol stehen.

Die Aufgabe liegt in der erlösten Verwirklichung der in den Symptomen ausgedrückten Muster. Insofern geht es darum, kleinere Schritte zu machen bzw. kleinere Brötchen zu backen, die Stimme nicht so laut zu erheben und auf die Einzelheiten zu achten, die man fordert. Vor der Quantität gilt es auf die Qualität zu achten, die Feinheiten sind von zentraler Wichtigkeit, schließlich handelt es sich vor allem um eine Störung der Feinmotorik. Die gebeugte Haltung

Fragen

1. Welche Gefühle verberge ich hinter meinem Pokerface?
2. Welcher Schrecken ist mir in die Glieder gefahren? Was verschlägt mir die Sprache?
3. Läßt Todesangst mich totenstarr werden?
4. Welche Angst, welcher Ehrgeiz treibt mich innerlich um und verhindert innere Ruhe?
5. Welches hohe Ziel macht mich so unruhig und unzufrieden?
6. Wodurch gestalte ich meine Kommunikation so unverbindlich, daß sie eher Gemeinschaft verhindert als erschafft?
7. Woran verschleiße ich meine Kräfte und was bleibt mir als Ziel?
8. Wo übertreibe ich den aktiv männlichen Pol ? Was bin ich dem passiv weiblichen schuldig geblieben? Wie geht's dem Kind in mir?
9. Was ist an Unverdautem übriggeblieben in meinem Leben?
10. Wo habe ich mehr auf Quantität im Außen als auf Qualität im Innern gesetzt?
11. Wie ist meine Beziehung nach oben, wie die nach unten, zur eigenen Unterwelt, wie das Verhältnis von Innen- und Außenwelt?

und die Tendenz, auf die Nase zu fallen, lenken die Aufmerksamkeit *vor sich* auf den Boden. Es geht darum, vor*sicht*ig die physische Realität im Auge zu behalten und immer wieder zu ihr bzw. auf den Boden der Tatsachen zurückzukehren. Die kleiner werdende Schrift lenkt die Aufmerksamkeit auf die Tatsache, daß aller Anfangsschwung im Laufe der Aktion nachläßt. Die Mikrographie erhebt geradezu den Anspruch, die Dinge kleiner und realistischer auszudrücken. Was am Anfang des Weges so groß begann, endet ganz bescheiden. Diese in jeder geschriebenen Zeile ausgedrückte Erkenntnis gilt es innerlich zu akzeptieren.

Die enorme Rigidität im Körper ließe sich seelisch in entsprechend strikter Suche nach dem *Wesen*tlichen leben. Die im physischen Bereich auftretenden Widerstände sind in die Höhenflüge der

Gedanken mit einzubeziehen. Die Patienten haben gemäß ihrer Diagnose Schüttel-Lähmung Bewegung und Ruhe zu lernen. Statt Starre und Lähmung sollte Ruhe in ihre ständig vorwärtsstürmenden Bemühungen einkehren, statt schüttelnden Bewegungen im Körper wäre seelische Bewegung angezeigt. Im Zittern schwingt neben der Angst auch Ergriffenheit und Angerührtsein mit, die im seelischen Bereich fehlen. Die in Salbengesicht und Zittern ausgedrückte Angst und Enge ließen sich in mehr Konsistenz der Ideen verwirklichen. Das hochfliegende weite Element wäre auf den Boden zu holen und den engen Grenzen der eigenen seelischen Wirklichkeit anzupassen. Dem Anspruch an Ruhm und Ehre, wie er sich im gesalbten Gesicht niederschlägt, ließe sich durch glänzende innere Entwicklungsschritte gerecht werden. »Christos«, der Gesalbte, ist eigentlich ein Ehrentitel, den sich der historische Jesus auf seinem Weg verdiente. Er steht für eine Entwicklung, die neben dem Körper auch Seele und Geist einschließt, die das Oben mit dem Unten verbindet und das Innen mit dem Außen. Er war jenen Wesen vorbehalten, deren Leben zum Gleichnis geworden war für die Einheit von Mensch und Welt. Das aber ist geheimer Anspruch und Aufgabe des Parkinsonpatienten.

Chorea Huntington oder Veitstanz

Dieses im Vergleich zum Parkinson wesentlich seltenere Krankheitsbild gehört zu den extrapyramidalen Syndromen mit überschießender Beweglichkeit. Wie ein Damoklesschwert lastet es schicksalhaft von Geburt an auf den Betroffenen, bricht aber erst zwischen dem 30. und 50. Lebensjahr aus. Autosomal-dominant[51] vererbt, wird jedes Kind, das einen betroffenen Elternteil hat, vom selben Schicksal ereilt. Bei allgemeiner Schlaffheit der Muskulatur ereignen sich plötzlich einschießend ruckartige und meist asymmetrische Bewegungen vor allem der Gliedmaßen und Gesichtsmuskeln. Daher der Name (griech. choreia = Tanz). Hinzu kommt fortschreitendes Nachlassen der Bewußtseinsleistungen bis zur Demenz. Emotionale Labilität und geistige Zerrüttung treten oft auf. Biochemisch liegt wohl wie beim Parkinson eine Störung im Stoffwechsel der Neurotransmitter, jener Botenstoffe an den Nervenendigungen, zugrunde.

Das Krankheitsbild bekommt seine Besonderheit durch die Unerbittlichkeit seines Auftretens in der zweiten Lebenshälfte und die lange (Bedenk-)Zeit, die es seinen Opfern davor einräumt. Es ist, als wollte es sie lehren, die Unausweichlichkeit des Schicksals zu akzeptieren und die geschenkte Zeit zu nutzen. Die Bedrohlichkeit der Zukunft verstärkt den Druck, den Augenblick zu genießen und im Hier und Jetzt zu leben. Gerade in seiner furchtbaren Unerbittlichkeit führt dieses Krankheitsbild nicht selten auf fruchtbare Wege. Die Betroffenen haben letztlich keine Möglichkeit, an der Vaterunser-Zeile »Dein Wille geschehe« vorbeizukommen. Sie werden mit dieser Aufgabe geboren und wissen es spätestens, wenn ihr betroffener Elternteil erkrankt. Das führt oft zu frühen Fragen nach dem Sinn des Lebens und Beschäftigung mit der Thematik der Religio. Die Möglichkeit, in der materiellen Welt weltliches Glück zu finden, ist von vornherein in Frage gestellt. Die Rückverbindung des Menschen zu seinem Ursprung und die Beziehung zur Einheit jenseits der Welt der Gegensätze können früh ins Blickfeld rücken. Die beiden zentralen Fragen, »Woher komme ich?« und »Wohin gehe ich?« drängen sich eher als gewöhnlich auf und mit ihnen die Lernaufgabe, ist es doch vor allem das Thema »Schicksal«, das den Betroffenen in die Wiege gelegt ist.

Wo die schicksalhafte Bedrohung nicht angenommen wird, bleibt nur die *heil*lose Flucht vor der eigenen Bestimmung. Diese kann zu einem unglaublichen Lebenshunger führen und dem Versuch, möglichst schnell möglichst viel zu erleben. Selbst damit wird noch im Sinne der Aufgabe gelernt, wie sich zeigen wird. Die eigene Jugend bedeutet in diesem Fall alles, und die Betroffenen werden geradezu zur Karikatur dieser Gesellschaft, die ähnlich empfindet. Auch Hader mit dem harten Schicksal liegt nahe und vor allem Schuldprojektion auf die Eltern. Der Vorwurf, sie hätten lieber keine Kinder in die Welt setzen sollen, gehört noch zu den milderen und entspricht gleichzeitig der Empfehlung der Medizin.

Die Schuldprojektion ist die unerlöste Variante der Beschäftigung mit der Problematik des Familienerbes. In diesem Fall wird die »überlieferte« und unfreiwillig übernommene Aufgabe unübersehbar. Genetik wie Erfahrungen aus der Psychotherapie zeigen, wie sehr wir die Kinder unserer Eltern sind. Das rechtliche Erbe können wir noch ausschlagen, das genetische und das seelische bleiben uns in jedem Fall.[52] Das schwer lastende Erbe der Väter taucht hier auf und der Erbfluch der Antike, und sogar das Familienkarma der Hindus spielt herein. Wir Modernen wären so gern völlig unabhängig und neu auf dieser Welt. Da muß ein Krankheitsbild wie die Chorea maßlosen Schrecken auslösen, belegt es doch hart und deutlich, daß das Gegenteil der Fall ist. Auch früher erfüllte es mit Entsetzen, weil man die Betroffenen für verflucht oder besessen hielt. Der New Yorker Arzt George S. Huntington soll beschlossen haben, das Krankheitsbild zu erforschen, als er mit ansehen mußte, wie eine Mutter und ihre Tochter, in der Öffentlichkeit von einem Anfall überrascht, von Passanten als Teufelspack beschimpft wurden.

Der verständliche Wunsch, bei diesem Schicksal alle Energie auf die Jugend zu werfen und die Zeit ab der Lebensmitte abzuschreiben, entspricht nicht nur der in unserer Kultur naheliegenden Wertung der Lebensphasen, er ist auch unerlöster Ausdruck eines zeitlosen, den Religionen und vielen Kulturen gemeinsamen Lebensmusters: der Weg hinaus in die Welt und nach der Lebensmitte die Um- und Heimkehr zur eigenen Mitte.

In diese Richtung läßt sich auch die mit dem Ausbruch der Symptome beginnende und stetig zunehmende Demenz deuten. Das Gehirn als Schaltzentrale dankt langsam aber sicher ab und läßt von der Macht los. Die Patienten geben alle Verantwortung ab und versinken zunehmend in Teilnahmslosigkeit, bis der Kontakt zur Umwelt ganz abbricht. Durch die unerlöste körperliche Symptomatik, die einer kompletten Flucht aus der Verantwortung entspricht, scheint deren erlöste Seite durch, die Aufgabe nämlich, sich nach der Lebensmitte umzuorientieren und nach innen zu wenden. Im Rückzug des Interesses von der Umwelt läßt sich das buddhistische Prinzip der Gleich-gültigkeit, Uppekha, erkennen, das der Osten so wesentlich für den Entwicklungsweg erachtet. Bei der Unausweichlichkeit des auf die Patienten zukommenden Schicksals wäre es natürlich segensreich, diese erlösten Möglichkeiten schon vor Ausbruch der Symptomatik ins Auge zu fassen.

Das spektakulärste Symptom, die tanzartigen unwillkürlichen Bewegungen, gleicht spontanen Entladungen von gestauter Energie. Die Betroffenen leiden an einem drastischen Mangel an Spannung, bis ein Bewegungsanfall das Versäumte übertrieben nachholt. Sie *führen* im wahrsten Sinne des Wortes *einen Tanz auf*. Die Frage »Was ist in dich gefahren?« drängt sich auf. Der Volksmund erkundigt sich damit bei allen Anfallspatienten nach einer Art Besessenheit. Jedenfalls ist eine größere Portion Energie in den Schatten gesunken, bricht sich im Anfall spektakulär Bahn und bringt die Patienten damit automatisch in den Mittelpunkt. Es entlädt sich gleichsam explosionsartig Tanzenergie. Letztlich ist jeder Tanz ein Umsetzen und Ausagieren von Energie in rituell gebundener Form. Besonders die eigenartigen Hand- und Fußbewegungen erinnern an symbolische Haltungen wie die Mudras des Yogasystems. Im Zusammenhang mit der auch für westliche Menschen unübersehbaren Vorherbestimmung des Geschehens drängt sich der Verdacht auf, daß hier Aufgaben mit ins Leben gebracht wurden, die gelebt werden müssen. Die Betroffenen haben offenbar lediglich die Wahl, mit wieviel Bewußtheit sie dem gestellten Thema begegnen. Möglicherweise handelt es sich nicht nur im Einzelfall um Relikte ritueller Tanzabfolgen, die es ohne Egobewußtsein und ohne Erwartungen zu vollführen gilt, denn genau das machen die Patienten. Offensichtlich sind sie gefordert, ihre Kraft für diese Tanzrituale zur Verfügung zu stellen. Da ihnen aber Bewußtheit und Verständnis für die Tiefe dieses Geschehens fehlen, erreichen die Muster nicht mehr ihren ursprünglichen Wirkungsgrad und wiederholen sich in Abständen, ohne wirklich dauernde Erleichterung zu verschaffen. Wie wichtig sie trotzdem sind, zeigt die Unmöglichkeit, sie zu unterbinden.

Statt solche Bewegungsstürme zu verhindern und Maß zu halten, muß es eher therapeutisches Ziel sein, die Betroffenen zu animieren, von sich aus freiwillig in die Extreme von Anspannung und Entspannung zu gehen, sich ekstatischen Tänzen und tiefen Regenerationsmöglichkeiten mit Leib und Seele hinzugeben, sich zu verdrehen und zu verwinden, um alle Verdrehungen und Verwindungen ihrer Seele hinauszutanzen, dem Leben Grimassen zu schneiden und sich gehen zu lassen, kurz dem Sturm und Drang der eigenen Innenwelt nachzugeben. Bei nordamerikanischen Indianern gibt es ein rituelles Vorbild, den Brauch, seinen Traum wachzutanzen.

Wie nahe flammende Auflehnung gegen und Ergebenheit in solch ein Schicksal liegen, mag die Geschichte des amerikanischen Protestsängers Woodie Guthrie und seines Sohnes Arlo zeigen. Den darbenden kalifornischen Landarbeitern sang Woodie sein berühmtestes Lied »This land is your land«[53], um sie zum Aufstand zu bewegen. Sein Leben war ein einziger Protest gegen das etablierte Amerika seiner Zeit. Noch bevor er an Chorea Huntington starb, übernahm sein Sohn Arlo die Tradition vom Vater und wurde eine der Kultfiguren im Kampf der amerikanischen Jugend gegen den Vietnamkrieg, für Selbstbestimmung und die Freigabe bewußtseinserweiternder Drogen. Arlo Guthrie wandelte sich später vom engagierten Protestsänger zum engagierten Sucher auf dem Weg der Selbstverwirklichung.

Fragen

1. Wo lasse ich Energie fließen ? Wo neige ich zu Stau und explosionsartiger Entladung?
2. An welchen Punkten neige ich dazu, einen Tanz aufzuführen, der in keinem Verhältnis zur Situation steht?
3. Inwieweit finde ich die Mitte zwischen Ruhe und Aktivität?
4. Welche Rolle spielt die Frage nach dem Sinn in meinem Leben?
5. Bin ich bereit, Verantwortung für mein Schicksal zu übernehmen?
6. Wie ist mein Verhältnis zu den Lebensphasen, Jugend und Alter?
7. Welche »Erblast« habe ich in seelischer Hinsicht zu erlösen? Gibt es ein Vermächtnis meiner Vorfahren an mich?
8. Wie bewußt ist mein Bezug zu Ritualen? Inwieweit ist mein Leben ein Ritual?

Schlaganfall

Beim Schlaganfall kommt es zu einer Unterbrechung zentraler Nervenbahnen im Gehirn, was zu einer Halbseitenlähmung führt, die eine ganze Körperseite *lahm*legt. Von entscheidender Be*deutung* ist, ob die linke archetypisch weibliche oder rechte männliche Seite betroffen ist und ob es einer Frau oder einem Mann geschieht. Daraus ergeben sich vier verschiedene Grundsituationen.

Die Basis des Krankheitsgeschehens liefert vor allem der Bluthochdruck mit seinen Folgen. Die damit verbundene seelische Grundsituation ist in Herz(ens)probleme[54] ausführlich dargestellt. Überspitzt formuliert handelt es sich um überaktive Menschen, die alle Kämpfe dankbar aufgreifen, um sich dem einen entscheidenden Kampf ihres Lebens nicht stellen zu müssen. Jeder Schlag kann nur dort Schaden anrichten, wo er auf Hartes, Starres trifft, das zerbricht. Bei den meisten Schlaganfällen ist das auf Grund von Verkalkungsprozessen der Fall. Sie beruhen entweder auf Gefäßverschlüssen durch Gerinnsel oder arteriosklerotischen Gefäßverengungen mit Mangelversorgung des Gehirngewebes oder auf Gefäßbrüchen mit entsprechender Blutung ins Gehirn. Typischer Weise trifft einen der Schlag im Bett oder auf der Toilette, wo unter Anstrengung aufgebauter Druck rasch abfällt. Fast alle Funktionen können in Mitleidenschaft gezogen sein. Ist z.B. das Atemzentrum betroffen, *tritt der Tod ein*. Er kündigt sich oft durch die sogenannte Cheyne-Stokes-Atmung an. Auf beängstigend lange Pausen folgen zur Kompensation besonders tiefe Atemzüge. Die eigentliche Atemsteuerung ist bereits ausgefallen, und Notfallmechanismen übernehmen im jeweils letzten Moment das Kommando.

Beim typischen Schlaganfall sind die zentralen Leitungsbahnen betroffen, bevor sie zur Gegenseite kreuzen. Kommt es etwa zu einer Blockade in der linken Gehirnhälfte, betreffen die Ausfälle die rechte Körperseite. Symbolisch ist in diesem Fall also immer der männliche Pol betroffen. Ihm ist die rechte Körperseite zuzurechnen, mit der man das Schwert der Macht führen würde, und ebenso die linke Gehirnhälfte. Das Symbol des Tai Chi liefert ein Bild dieser Aufteilung:

Die rechte Körperseite entspricht dem weißen männlichen Yangfeld und trägt in ihrer Mitte den schwarzen Punkt des Gegenprinzips, das weibliche Yin, im Körper ausgedrückt durch die weibliche rechte Gehirnhemisphäre. Auf der gegenüberliegenden weiblichen Yinseite (schwarz) liegt dagegen der männliche weiße Yangpunkt im Zentrum. Er entspräche der männlichen linken Gehirnhemisphäre inmitten der weiblichen linken Körperseite. Liegt der Defekt beim Schlaganfall also in der rechten (weiblichen) Gehirnhemissphäre, kommt es zu Ausfällen auf der linken weiblichen Körperhälfte.

Die getroffene Seite wird dem Betroffenen geradezu weggenommen, er spürt und erkennt sie nicht mehr als zu ihm gehörig. Ein Patient, der nachts vom Schlag getroffen wurde, fühlte sich vom Bein seiner Frau im Bett gestört und versuchte, es aus seiner Betthälfte hinauszubefördern. Erst nach längeren vergeblichen Versuchen ging ihm auf, daß es sich um sein eigenes Bein handelte, zu dem er jeden Bezug verloren hatte.

In diesem Krankheitsbild wiederholt sich gleichsam das Schöpfungsdrama, bei dem Gott dem ersten Menschen Adam eine Seite[55] wegnahm, um daraus Eva zu formen, wozu er notgedrungen auch nur eine Hälfte zur Verfügung hatte. Seit diesem Zeitpunkt sind die Menschen halbiert und haben die Aufgabe, ihre andere »bessere Hälfte« wiederzufinden. Ein Mensch, in dessen Körper sich der Schöpfungsakt umkehrt, ist natürlich im Ganzen betroffen. Ob ihm die linke weibliche oder die rechte männliche Hälfte genommen wird, in jedem Fall ist er zu Hilflosigkeit und Ohnmacht verurteilt. Daß ihm, dem einseitig Gewordenen, nun beide Seiten zur Aufgabe werden, zeigt sich am Krankheitsbild und im praktischen Umgang damit. Während er im wahrsten Sinne des Wortes *niedergeschlagen* im Bett liegt und sich von der getroffenen Seite abwendet, richtet er seinen Blick automatisch auf die andere Seite und damit auf den Krankheitsherd in seinem Gehirn. Auch bei den Rehabilitationsmaßnahmen, wenn der Patient sein Körperhaus mühsam wieder in Betrieb nimmt, ist er verstärkt auf die gesunde Seite angewiesen, muß sein ganzes Augenmerk aber auf die kranke richten.

Den vom Schlag Getroffenen ist die Aufgabe, ihre andere Hälfte zu suchen, in den eigenen Körper gerutscht und damit noch nachdrücklicher gestellt. Der Verdacht liegt nahe, daß sie sie bisher weder im partnerschaftlichen Bereich noch in ihrer Seele bearbeitet haben. Solche Vernachlässigung einer Hälfte kann sich im Aus- und letztlich Wegfall dieser Seite verkörpern. Das Schicksal zeigt den Betroffenen ihre Halbheit und daß sie ihre andere Seite nur als Anhängsel oder gar Ballast durchs Leben schleifen. Die Situation wird im Symptom sehr bewußt, müssen sie doch mit Hilfe der gesunden Seite die *fehlende* hinterherschleppen. Nun merken sie, daß sie so einseitig im Leben nicht vorwärtskommen und es ohne ihre zweite Hand auch nicht mehr in den Griff kriegen. Der hängende Mundwinkel der hängengelassenen Seite verrät die Stimmung und wie wichtig beide Seiten des Gesichtes sind, um sich adäquat auszudrücken.

Was oft als Schlag oder Blitz aus heiterem Himmel beschrieben wird, konfrontiert in Wirklichkeit mit aufgeschobenen Themen. Die »Gewitterwolken«, aus denen der Blitz herausfuhr, hatten sich schon lange zusammengebraut, am reichlich bewölkten Himmel standen die Zeichen längst auf Sturm infolge der Einseitigkeit. Den Getroffenen ist die Problematik ihrer vernachlässigten Seite jedoch oft so fremd, daß sie sie subjektiv dennoch unvorbereitet trifft. Manchmal war die betroffene Seite ihres Körpers und ihrer Seele so wenig am Leben beteiligt, daß sie nicht einmal deren Ausfall richtig konfrontieren. Mit ihrem typischen Abwenden von der gelähmten Seite drücken sie aus, daß sie von ihr nichts wissen wollen. Ihre Augen sind auf die gegenüberliegende Seite gewandt und schauen zum Herd des Geschehens im Gehirn und damit zur Wurzel des Übels.

Als den früheren Staatschef von Südafrika der Schlag traf und seine linke weibliche Seite außer Gefecht setzte, hielt er das nicht einmal für einen Grund, die Regierungsgeschäfte niederzulegen. Als Repräsentant des Apartheidsregimes war er eine Symbolfigur für die Unterdrückung des weiblichen (schwarzen) Poles. Als dieser nun auch in seinem persönlichen Leben wegfiel, fehlte ihm offenbar nicht viel. Seinen Parteifreunden allerdings war die nun auch äußerlich als einseitig zu erkennende Gestalt an der Spitze ihres Staates wohl zu ehrlich geworden. Ein neuer Mann mußte her, um die einseitige Politik fortzuführen. Vielleicht um dem Schicksal seines Vorgängers zu entgehen oder das Land vor Rückschlägen und politischen Schlaganfällen zu bewahren, legte der das Steuer des Staatsschiffes vorsichtig um in Richtung Mitte.

Nicht nur in der Politik kann der Schlaganfall zum Neuanfang werden, alle therapeutischen Maßnahmen zielen ebenfalls darauf. Die Patienten müssen wieder wie kleine Kinder lernen, mit der getroffenen Seite umzu*gehen*. Der Schwerpunkt der Krankengymnastik zielt darauf, sich der *fehlenden* Seite zuzuwenden. Immer wieder wird der abgewandte Kopf in die mißachtete, ja verachtete Richtung gedreht. So lernen sie im fortgeschrittenen Lebensalter, daß sie zwei Seiten haben und daß zwei Wesen in ihrer Brust wohnen.

Der Schlaganfall läßt sich so als Zwangsvollstreckung der von C.G. Jung formulierten Aufgabe erkennen, die eigene Schattenseite zu integrieren. Nach Jung fehlt im Bewußtsein jedem Mann sein weiblicher Anteil, die Anima, und jeder Frau ihr männlicher Teil, der Animus. Mit fortschreitendem Leben drängt dieser gegenpolige Anteil zunehmend auf Verwirklichung. Im Schlaganfall fällt die auch schon vorher *lahme* Seite ab, sie sagt sich gleichsam los vom Körperimperium und widersetzt sich allen Befehlen. Auch meldet sie nichts mehr zurück an die gemeinsame Zentrale. Sie ist im Streik und stellt sich tot. Die Bestreikten müssen nun zu Kreuze kriechen und körperlich tun, was sie seelisch verweigert hatten: sich wie nie zuvor um ihre andere Hälfte kümmern.

In kleinen Übungen erlernen sie Schritt für Schritt das Gehen von neuem. Häufig wird dazu ein Gehwagen benutzt, der den Laufhilfen im Kindesalter deutlich nachempfunden ist. Was die Hand betrifft, ist der Rückfall noch weitgehender. Das Greifen, das dem Kind bereits angeboren ist, muß mit der getroffenen Seite neu trainiert werden. Symbolisch wird hier deutlich, daß die Patienten ihr Leben erst wieder in den Griff bekommen und wirklich be*greifen* lernen müssen. In der akuten Situation sind sie unfähig, es in beide Hände zu nehmen. Angehörige werden am Krankenbett angehalten, immer wieder durch Streicheln die Aufmerksamkeit der Patienten auf die betroffene Seite zu lenken. Während die sie gern an ihrer gesunden Seite hätten, werden sie vom Arzt gebeten, sich gerade auf der gegenüberliegenden Bettkante niederzulassen. So sind die Patienten gezwungen, sich dem von ihnen ausgeblendeten Teil zuzuwenden. Die eigenartigen schlangenhaften Verdrehungen, die sie in dieser Zwickmühle aufführen, verraten, wie schwer ihnen dieses Ansinnen fällt. Sie versuchen nicht selten auch jetzt noch, sich aus der mißlichen Lage herauszuwinden, um sich nur nicht ihrer mißachteten Lebenshälfte widmen zu müssen. Schlaganfälle fallen fast immer ins letzte Lebensdrittel, in dem die Aufgabe der Integration des Gegenpols zentrale Bedeutung erhält. Um heil zu werden, ist das Fehlende zu integrieren. Der Mensch jenseits der Lebensmitte wird von dieser Aufgabe vorrangig gefordert, vor allem, wenn das Fehlende sein halbes Leben ausmacht.

Fragen

1. Was will mir meine Blutdruck- oder Gefäßproblematik sagen?
2. Welche Seite wurde mir genommen, die linke weibliche oder die rechte männliche?
3. In welcher Beziehung habe ich die schwache Seite meines Lebens bisher ignoriert, miß- oder sogar verachtet?
4. Habe ich sie an einen Partner delegiert und lasse sie leben?
5. An welchem Punkt stand ich im Leben, als mich der Schlag traf? In welche Richtung treibt mich die unerwartete Wendung?
6. Welche Rolle spielte mein in Streik getretener Gegenpol, meine Schattenseite bisher? Welche kommt ihr in Zukunft zu?
6. Wie läßt sich diese andere Hälfte wieder zum Mitmachen *bewegen*?
7. Was fehlt meinem Leben noch, um es vollständig zu machen? Was könnte mich heil und ganz werden lassen?

Multiple Sklerose

Von diesem Krankheitsbild sind in Deutschland über 50 000 Menschen betroffen, in der Welt über zwei Millionen. In nördlichen Ländern sind es mehr als in südlichen, und Frauen sind deutlich »bevorzugt«. Der Ausbruch liegt meist zwischen dem 20. und 40. Lebensjahr, wobei sich die Spuren rückwirkend betrachtet oft bis in die Kindheit zurückverfolgen lassen. Schon der Name Multiple Sklerose gibt *deut*liche Hinweise. Aus dem Lateinischen übersetzt bedeutet er: vielfache Verhärtungen. Dieser von der Medizin auf das

Nervensystem bezogene Ausdruck charakterisiert aber genausogut das psychische Grundmuster der Betroffenen. Es ist gekennzeichnet von außerordentlicher Härte gegen sich selbst und die Welt, was sich oft in Rücksichtslosigkeit gegen die eigenen Bedürfnisse und harten, zum Teil ehernen Grundsätzen und Moralvorstellungen ausdrückt. Die Verhärtungen im Zentralnervensystem verkörpern nicht selten Verhärtung in zentralen Lebensthemen. Den gestörten Verbindungen zwischen Nerven und insbesondere von den Nerven zu den Muskeln entspricht die Unverbindlichkeit und geringe Vermittlungsbereitschaft der Patienten zwischen ihren eigenen Lebensbedürfnissen und den Anforderungen der Außenwelt. Die Medizin ist sich nicht sicher über die körperliche Basis der MS. Gesichert ist lediglich der Abbau der Nervenscheiden aus Myelin, der langfristig zum Verlust der Nervenleitfähigkeit führt.

Das Krankheitsbild hat so viele Gesichter und Symptome, daß es anfangs häufig fehldiagnostiziert wird. Ist die Diagnose gestellt, wird sie wegen ihrer Unerbittlichkeit und der Unbehandelbarkeit seitens der Schulmedizin[56] gern verschwiegen. Dieses an sich schon fragwürdige Vorgehen ist bei MS-Patienten besonders unsinnig, da sie ohne Diagnose auf Grund ihres seelischen Musters erst recht in einer aussichtslosen Situation sind. Da sie den Anspruch haben, mehr als gut zu funktionieren und alles hundertprozentig zu machen, und obendrein dazu neigen, alle Schuld bei sich zu suchen, bringen sie ihre vielfältigen Ausfälle in verzweifelte Situationen. Das geht manchmal soweit, daß sie die Diagnose, wenn sie sie endlich erhalten, geradezu mit Erleichterung aufnehmen, da sie diese vom Odium des Simulierens und Sich-Drückens definitiv befreit und ihnen endlich einen Vorwand gibt, wenigstens ein bißchen loszulassen vom eigenen Perfektionismus. Sie müssen ja nun nicht mehr alles können.

Die Tendenz, die Zähne zusammenzubeißen und sich selbst die Schuld zu geben, gepaart mit einer gewissen Dickköpfigkeit, ist auch eine Gefahr bei den anstehenden Deutungen. Hier sei noch einmal darauf hingewiesen, daß es dabei nie um Wertung geht, auch wenn die Sprache es manchmal so erscheinen läßt, sondern immer um Deutung. Deutet man sein Leben mit all seinen Erscheinungen, wird es nicht besser oder schlechter, sondern bekommt Bedeutung.

Trotz ihrer Vielfalt untermauern die Symptome *ein* Grundmuster.

Die häufige Schmerzempfindlichkeit der Wirbelsäule rührt von den in der Tiefe ablaufenden chronischen Entzündungsprozessen in diesem Bereich. Sie deuten einen schwelenden Konflikt um die Aufrichtigkeit an, der zeigt, daß Aufrichtigkeit, sich stellen und Rückgrat zeigen mit Schmerzen verbunden ist. Auch andere Schmerzempfindungen gehören in diesen Zusammenhang. Viele Betroffene klagen über Fußschmerzen, die anzeigen, wie schwer ihnen der Weg fällt, der meist nicht ihr eigener ist. Die Fuß- und Beinschmerzen können sie wirklich *von den Beinen holen* und verdeutlichen, wie schmerzlich es ist, den eingeschlagenen Weg durchzu*stehen*. Sie zwingen, sich *herabzulassen*, die eigene schmerzhafte Schwäche anzunehmen. Daß immer noch behauptet wird, das Krankheitsbild verlaufe ohne Schmerzen, muß in den Ohren darunter Leidender makaber klingen.

Sensibilitätsstörungen drücken aus, daß die Betroffenen in verschiedenen Bereichen von Körper und Seele nichts mehr spüren und damit auch nichts mehr wahrnehmen. Selbst wenn ihnen der Arzt mit einer Nadel zu Leibe rückt, realisieren sie das nicht. Sogar Dinge, die sie direkt und gefährlich tangieren, ja zu verletzen drohen, nehmen sie nicht mehr wahr, haben sie ausgeschaltet. Tatsächlich kann man von einer Ausschaltung der Außenwelt und ihrer Wirkungen sprechen. Solches *Abschalten* wird auch in anderen Symptomen deutlich wie der Abschwächung der Reflexe, die bis zur völligen Reflexlosigkeit gehen kann. Reflexe sind die einfachsten Antworten des Nervensystems auf Reize. Menschen ohne Reflexe haben die ältesten ererbten Reaktionsmöglichkeiten auf ihre Umwelt verloren bzw. aufgegeben. Sie sind im wahrsten Sinne des Wortes reaktionslos. Wie sehr sie auch gereizt werden, sie bleiben stumm und antworten im tiefsten Sinne nicht mehr auf das Leben und seine Anforderungen. Dem entspricht die Apathie, die häufig phasenweise auftritt. Das Wort »Apathie« geht in seiner wörtlichen Bedeutung noch einen Schritt weiter, heißt es doch »Nicht-Leiden« (von griech.: a = nicht und pathos = Leiden). Damit kennzeichnet es über die typische Schlappheit hinaus die Weigerung, am Leben teilzunehmen und mitzuleiden. Zwar versuchen die Patienten, allen alles recht zu machen, aber ohne innere Anteilnahme. Wie sollen sie auch am Leben anderer teilnehmen, wo sie am eigenen nicht recht mitfühlen, wie die Gefühlsstörungen belegen. Taubheitsgefühle sind oft die ersten Symptome und können so allmählich beginnen, daß den Betroffenen ihre Situation manchmal erst spät bewußt wird.

Gepaart damit ist der fast immer auftretende Kraftverlust. Die Patienten merken allmählich, daß sie alles sehr anstrengt und daß alltägliche Tätigkeiten kaum mehr zu schaffen sind. Das Leben ist im wahrsten Sinne des Wortes zu anstrengend geworden. Schließlich können sie oft nicht mal mehr die Beine heben. Im übertragenen Sinne bekommen sie die Beine auch nicht mehr hoch, die *überwältigende* Schwäche verhindert Fortschritt und Aufstieg im Leben, trotz häufig vorhandenen Ehrgeizes. Mit den nicht mehr tragenden Beinen signalisiert der Körper, daß die Lebensbasis ihre Tragfähigkeit verloren hat. Die äußere körperliche Lähmung ist Abbild der inneren. Zuerst versuchen die Patienten häufig noch, sich durchs Leben zu hangeln, indem sie nach jedem Halt und *jedem Strohhalm greifen.* Selbst wenn sie im übertragenen Sinn längst *am Stock gehen*, verweigern sie, solange es geht, die Hilfe durch solch ein drittes Bein, das die Lebensbasis wieder erweitert. Wie der Stock kann sogar der mit soviel Schrecken umgebene Rollstuhl eine enorme Erleichterung bringen, wenn sich die Patienten durchringen, Hilfe anzunehmen.

Mangelnde Kraft bis zu Lähmungserscheinungen in den Fingern und Händen zeigt, daß die Kraft fehlt, das eigene Leben in den *Griff* zu bekommen. Auf beiden Ebenen kann nicht mehr zugepackt werden. Zu den Lähmungserscheinungen paßt die innere Situation, die wie gelähmt empfunden wird.

Häufig anzutreffende lähmende Müdigkeit paßt ebenfalls zu diesem Bild. Manche Patienten schlafen bis zu 16 Stunden und verschlafen damit mehr als das halbe Leben. Ihren Zustand nach dem späten Erwachen beschreiben sie nicht selten als »wie betäubt«. Taubheit für die Anforderungen des eigenen Lebens und seine Bedürfnisse ist ein Charakteristikum. Die empfundene Abgeschlagenheit demonstriert, daß man bereits abgeschlagen im *Lebenslauf* ist und ein Zieleinlauf aus eigener Kraft kaum mehr zu erwarten ist. Zwar heißt es im Volksmund Müdigkeit sei keine Krankheit, diese das ganze Leben vereinnahmende Form geht aber über die natürliche, aus der Verausgabung der Kräfte resultierende Müdigkeit hinaus. Offenbar schwingt hier eine gehörige Portion in den Körper gedrängte Abwehr gegen ein waches Leben mit. Patienten bestätigen häufig, daß sie am liebsten ihre ganze Misere verschlafen würden. Andererseits ist aber auch die Verausgabung der Kräfte oft enorm. Für die Patienten ist alles so anstrengend, daß selbst Kleinigkeiten extrem müde machen. Das Küchenmesser kann bereits zu schwer sein, wenn der eigene Arm schon als Zentnerlast empfunden wird. Solch bleischwere Gewichte deuten die Last an, die die Betroffenen auch in übertragener Hinsicht niederdrückt. Der Verdacht liegt nahe, daß es irgendwo ein Leck gibt, durch das Energie entweicht. Dieses Loch hat die Medizin wahrscheinlich entdeckt: Untersuchungen des Immunsystems legen nahe, in der MS eine Autoaggressionserkrankung zu sehen. Alle verfügbaren Kräfte werden im Kampf gegen sich selbst verbraucht, so daß für das äußere Leben wenig übrig bleibt.

Weitere Symptome betreffen die Blase, jenes Organ, mit dem wir loslassen, aber auch Druck ausüben können. Im Vordergrund steht bei vielen MS-Patienten auch hier Schwäche. Sie können ihr Wasser nicht mehr halten, d.h., bei geringsten Anlässen läuft die Blase über. Das Symptom zwingt zurück in die Situation der frühen Kindheit mit ihrer Unfähigkeit, die Körperfunktionen und das eigene Leben zu kontrollieren. Die oben nicht geweinten Tränen, die sich MS-Patienten in ihrer Reaktionslosigkeit und Gefühlsblockierung nicht zugestehen können, lassen sie unten überfließen, wo es niemand anderes merkt. Dieses *verschobene* Weinen kann sich bei vollausgebildetem Krankheitsbild, wenn die Abwehrmaßnahmen unter dem Leid tendenziell zusammenbrechen, auch wieder in richtiges Weinen zurückverwandeln. Nicht selten kommt es dann sogar zu richtiggehender Weinerlichkeit, die niemandem so peinlich ist wie den Betroffenen selbst. Bei der geringsten Kleinigkeit, einer rührenden Filmszene oder dergleichen, befreit sich die so lange gestaute seelische Flut in Tränenbächen. Oder aber die Tränen sickern ständig vor sich hin und zeigen den Patienten, wie nahe sie eigentlich *ans* (Seelen)*Wasser bauen* müßten. Ein gefühlstrockenes Leben entspricht offensichtlich nicht ihrer Bestimmung, und die ständig feuchten Augen zeigen, wie angerührt sie im Innersten sind. Das gilt generell für die nach außen gekehrte Gefühllosigkeit und Härte. Wo der Staudamm bricht, ergeben sich Gefühlsausbrüche, die einen ganz anderen Menschen zeigen.

In Blasenentzündungen verkörpert sich der Konflikt ums Loslassen. Es wird zum *brennenden* Bedürfnis. Das Symptom zwingt ständig dazu, ohne daß man viel von sich und seiner Seele geben könnte. Es demonstriert nicht nur, wie not-wendig Loslassen ist, sondern auch, wie schwer es fällt und wie schmerzhaft es empfunden wird.

Die ebenfalls vorkommende Harnverhaltung, beinahe das Gegenteil der Blasenschwäche, verkörpert die extreme Zurückhaltung in seelischen Dingen. Wie unabhängig das ganze Geschehen von der reinen Körperlichkeit ist, zeigt die Tatsache, daß das *weinerliche* Überfließen der Blase mit der totalen Zurückhaltung des Wassers wechseln kann. *Zurückhaltung* der eigenen seelischen Flut ist eines der für die seelische Grundsituation charakteristischen Symptome.

Hinzukommende Sprachprobleme illustrieren dasselbe Drama. Wortfindungsstörungen zeigen, daß den Patienten *die Worte fehlen*. Sie sind *sprachlos*. Ihr Selbstausdruck ist empfindlich gestört, wenn es problematisch wird, einen zusammenhängenden Satz herauszubekommen. In der Schwierigkeit, den Zusammenhang zu wahren, einen ganzen, in sich stimmigen Satz zu bilden, wird als weiteres Charakteristikum die Störung des Gesamtzusammenhangs deutlich. Die Koordination aufeinander angewiesener Teile ist gestört. Das geführte Leben ist mit dem eigenen Wesen unvereinbar. Koordinationsprobleme sind auch in anderen Bereichen entscheidend. Noch vor Lähmungen behindern sie die Patienten und führen zu dem typisch unsicheren Gang, der wie betrunken wirkt. Die Betroffenen wackeln durchs Leben und können nur noch sehr begrenzt über ihre Muskeln bestimmen. Diese Unbestimmbarkeit findet sich generell. Das Krankheitsbild verläuft in so unvorhersehbaren Schüben von Hochs und Tiefs, daß sich die Patienten nur noch auf den Moment verlassen können.

Die betroffene Schwachstelle ist auf körperlicher Ebene die Verbindung zwischen Nerv und Muskel. Laut Schulmedizin handelt es sich bei der MS vor allem auch um eine degenerative Nerven-Muskel-Entzündung, einen chronischen Konflikt also an der Verbindungsstelle zwischen Informationsleitungen und ausführenden Bewegungsorganen. Die Nachrichtenübermittlung ist in Frage gestellt. Im Falle der Wortfindungsstörungen bringen die Patienten ihre Informationen nicht mehr an den Mann bzw. die Frau und verlieren damit eine wesentliche Möglichkeit, Einfluß auf ihre Umwelt zu nehmen.

In dem Maße, wie sie sie nicht mehr mit Worten beeinflussen können, verlieren sie auch die Fähigkeit, sie zu steuern. Im verbalen Kontrollverlust liegt für Menschen, denen innere Kontrolle über alles geht, eine furchtbare Bedrohung. Läuft das Einflußnehmen über Schreiben, kann drohende Lahmheit der Arme zur herausragenden Angst werden. In dieser Tendenz zu Kontrolle und Einflußnahme liegt auch die Erklärung für den außerordentlichen Organisationsgrad sowohl einzelner MS-Kranker als auch der ganzen Schicksalsgemeinschaft. In ihrem grundsätzlichen Bemühen helfen sie sogar oft noch anderen Kranken. Besonders Patienten, die ihre eigenen Probleme überwunden haben, finden hier ein Feld für ihr inneres Muster. Solange es nicht benutzt wird, um von den eigenen Aufgaben abzulenken, sondern sie im Gegenteil im Spiegel anderer Kranker zu erkennen, liegt hier eine *wundervolle* Lösung.

In ähnliche Richtung weisen die Gedächtnisprobleme. Die Patienten können sich nichts mehr merken, nichts behalten, damit auch nicht mehr mitreden. Sie sind nicht mehr ver*antwort*lich, sind sie doch nicht einmal fähig, konkret zu antworten, weder auf die Ansprüche der Gesprächspartner noch auf die des Lebens. Es liegt auf der Hand, daß, wer nicht antworten auch keinerlei Ver*antwort*ung tragen kann. Was ihnen das Krankheitsbild so deutlich macht, wollen die aktiven und ehrgeizigen Patienten selten wahrhaben und weigern sich oft, die Invalidisierung zu akzeptieren, die sie auch rechtlich der Verpflichtung zu Eigenverantwortung enthebt.

Den Verlust der Konzentrationsfähigkeit zeigt die Unfähigkeit, bei einer Sache zu bleiben. MS-Patienten haben grundsätzlich die Tendenz, an Standpunkten rigide festzuhalten, auch wenn sie selten in der Lage sind, diese gegen andere zu verteidigen oder gar durchzudrücken. Ihr Anspruch ist von Festigkeit und Prinzipientreue geprägt bis zur Starrheit und sogar Sturheit. Das Nachlassen der Konzentrationsfähigkeit ist wie das Überlaufen der Blase ein Selbsthilfeversuch des Körpers. Ohne Konzentration wird es den Betroffenen unmöglich, in den gewohnten eingefahrenen Bahnen zu verharren. Sie werden im Gegenteil ständig aus der Bahn geworfen, vergessen ihr Thema und müssen sich neu orientieren.

Allerdings verlieren sie auch ganz konkret die Wirklichkeit aus den Augen, da der Gesichtssinn häufig mitbefallen ist. In seltsamen

Lichterscheinungen wie hellen Blitzen kann man den Versuch des Organismus sehen, den Patienten bezüglich ihrer Wahrnehmung ein Licht aufgehen zu lassen. Sie sehen offensichtlich Dinge, die nicht existieren. Oft legen sich auch Schleier vor die Augen, und phasenweise tritt Blindheit auf. Wenn exakt das halbe Gesichtsfeld ausfällt, wird die Deutung einfach: Man sieht nur noch die eine Hälfte der (eigenen) Wirklichkeit. Häufig auftretende Doppelbilder machen eine gefährliche Doppeldeutig- und Doppelsinnigkeit deutlich. Ausdrücke wie »Doppelbödigkeit« oder »doppelte Moral« verraten die mitschwingende Qualität. In diesen Zusammenhang gehört auch, daß Moral- und Ethikvorstellungen oft so strikt sind, daß einfach nicht sein darf, was ist. Auch darauf können die doppelten Bilder hinweisen. Die Wirklichkeit wird – unbemerkt – mit zweierlei Maß gemessen.

Die doppelte Optik deutet an, daß man in zwei unvereinbaren Welten gleichzeitig zu leben versucht. Die Welt der eigenen Bedürfnisse und die der Anforderungen der Umwelt sind unvereinbar, weshalb die meisten Patienten sich unbewußt entschließen, eigene Empfindungen und Wahrnehmungen drastisch abzuschwächen oder gar nicht mehr aufzunehmen. Die doppelten Bilder zeigen aber, daß die eigenen Vorstellungen im Schatten weiter existieren und von hier aus mit der äußeren Welt in Konkurrenz treten. MS-Patienten sind sozusagen Kinder zweier (im Kampf miteinander liegender) Welten. Sie können in keiner dieser Welten ganz aufgehen und sitzen zwischen den Stühlen. Zwei nicht zur Deckung zu bringende Wahrnehmungen führen oft dazu, daß einem schwindelig wird. Der Mechanismus ist derselbe wie bei der Seekrankheit. Es liegt ganz einfach ein Schwindel vor.

Die häufig auftretenden Gleichgewichtsstörungen gehören hierher. Sie zeigen, wie wenig die Patienten seelisch in Harmonie sind. Sie bewegen sich auf schwankendem Boden. Oft wird die Erfahrung beschrieben, der Unter*grund* (Lebensgrund?) sacke unter einem weg, man müsse sich wie durch Treibsand vorwärtskämpfen oder wie ein Seiltänzer auf schmalem Grad balancieren. Das Gefühl, wie betrunken den Boden unter den Füßen zu verlieren, zeigt, wie wenig fest und verläßlich der Kontakt zur eigenen Basis und die Verwurzelung im Seelengrund ist. Die Angst, auf schmalen Brücken abzustürzen, zeigt die Bedrohung des Lebens und die Nähe des Abgrundes bei der Gratwanderung. Tatsächlich rückt mit fortschreitendem Krankheitsbild die Gefahr des Ab*sturzes* näher. Der nicht gelebte Schatten droht die Patienten in seinen Einflußbereich zu ziehen. Besonders gefährlich wird es, wenn zu diesem Schwanken noch Schwäche und Empfindungsstörungen der Beine hinzukommen, die sich oft zentnerschwer oder wie eingeschlafen anfühlen.

Die sich ergebende Persönlichkeitsstruktur ist einerseits geprägt von dem Wunsch, alles zu kontrollieren und vorauszuplanen, andererseits von dem Mangel an adäquater Reaktion auf Herausforderungen. Sobald etwas gegen ihre festgefügten und oft starren Vorstellungen läuft, treten bei den Patienten Widerstand und Angst auf. Erhebliche Versagensangst und mangelndes Selbstvertrauen verhindern aber, daß sie ihrem Unwillen Ausdruck verleihen. Diese Mischung erweckt bei Außenstehenden leicht den Eindruck von Dickköpfigkeit.

Die Unterdrückung aller eigenen Lebensimpulse, Reaktionen und Antworten auf das Leben ist den Betroffenen selbst kaum bewußt. Wird sie ansatzweise bewußt, kommt es manchmal auch zu Überkompensationen und besonders demonstrativem Lebenshunger. Starrheit und festgefügte Vorstellungen kontrastieren zur Neigung, es allen recht zu machen. Dabei vernachlässigen die Patienten ihre eigenen Bedürfnisse, was sie innerlich in Rage bringt. Weitgehend unfähig, sich durchzusetzen und Aggressionen zu äußern, richten sie diese nach innen gegen sich selbst. Die medizinische Erklärung der MS als Autoaggressionskrankheit erklärt den Verbleib der Energie. Typische Sätze in der Therapie sind: »Ich wurde gelebt«, »Meine Ehe war ein einziges Aufopfern«, »Ich bin immer nur *zu Kreuze gekrochen*«, »Ich habe mir nie eine Schwäche erlaubt« oder »Ich habe mich so weit von mir selbst entfernt«.

Eine sehr wesentliche Rolle spielt die sexuelle Problematik, die bei Männern besonders ausgeprägt ist und von Erektionsschwäche über vorzeitige Ejakulation bis zu Orgasmusunfähigkeit reicht. Besonders schwierig bei der am Außen orientierten Lebenseinstellung der Patienten ist, daß sie in ihrer Einschätzung keinen Vergleich mehr *aushalten.* Alles auf Ehrgeiz und Konkurrenz gerichtete Verhalten, das im sexuellen Bereich grundsätzlich hinderlich ist, wird drastisch therapiert und die generelle Tendenz des Krankheitsbildes, in die Schwäche zu zwingen, weiter vorangetrieben.

Die Symptome machen einerseits ehrlich, andererseits verdeutlichen sie die Lernaufgabe und weisen den Weg. Verhärtung und Verfestigung fordern auf, fest und konsequent in der Durchsetzung eigener Lebensbedürfnisse zu werden und Stärke in sich selbst zu finden. Ein starkes Selbstvertrauen müßte zur Basis des seelischen Lebens werden und die Verhärtung der physischen Nerven ersetzen. Nerven wie Drahtseile sind nur im Übertragenen erstrebenswert. MS-Patienten, mit ihrer Angst, sich selbst zu sehen, geschweige denn zu verwirklichen, neigen dazu, sich klein, hilflos und unempfindlich zu machen.

Die Erlösung der Schwäche liegt letztlich in der Hingabe, der Annahme des vom Körper aufgezwungenen *Nachgebens* und Geschehenlassens. Die Aufgabe des Kampfes wird zur Aufgabe. Das nicht offen geäußerte Bedürfnis der MS-Patienten, alles nach ihren Vorstellungen zu planen, zu steuern und zu kontrollieren, wird vom Schicksal therapiert. Erst wenn eine Loslösung von den Ansprüchen der Umwelt geschafft ist, geht es darum, den eroberten und vorerst heilsamen Egoismus wieder zu wandeln und einem höheren Willen zu unterstellen. »Nicht mein Wille, sondern Dein Wille geschehe!« Bevor aber solch hohe religiöse Ideale eine Chance haben, ist es not*wendig*, innerlich auf die eigenen Beine zu kommen. Das Bedürfnis nach eigener Durchsetzung führt ein Schattendasein und wird fast ausschließlich über die Krankheitssymptome gelebt. Mit der Diagnose MS läßt sich Macht ausüben, was selten gesehen und häufig bestritten wird. Die Aufgabe kann nicht in weiterer Hingabe an die Anforderungen der Umwelt liegen, sondern zuerst in einer Hingabe an die eigenen Bedürfnisse und letztlich an Gott bzw. die Einheit im Sinne des »Dein Wille geschehe!«. Hingabe an die Umwelt könnte nur erlösend wirken, wenn aus Kadavergehorsam und widerwilligem Folgen aus Schwäche freiwilliges, innerlich getragenes Mitmachen wird, wie es häufig geschieht, wenn sich die Patienten für Leidensgenossen einsetzen. Im übergroßen Schlafbedürfnis und der *lähmenden* Müdigkeit wird die Nacht- und damit die weibliche Seite des Tages betont und den Patienten ans Herz gelegt. Die eigenen Gefühle, Träume und Phantasien und ihr Lebensraum werden Lebensaufgabe.

Wirbelsäulenschmerzen lenken die Aufmerksamkeit auf den Kampf um die eigene Linie und auf die Thematik der Aufrichtigkeit, die auch in anderen Symptomen anklingt. Die Schwindelneigung enthält darüber hinaus die Aufforderung, sich mitzudrehen mit der Welt, die Scheinsicherheit und -welt der eigenen Prinzipien und Moralvorstellungen in Frage zu stellen und die daraus erwachsene Starrheit der Standpunkte wieder in Bewegung zu bringen. Eingefahrene Wege und festgefahrene *Vorstellungen*, die vor einem und damit im Wege stehen, gilt es ins Wanken und zum Schwanken zu bringen.

Doppelbilder weisen u.a. darauf hin, daß es noch eine andere Wirklichkeit neben der geläufigen gibt und das Leben tatsächlich einen doppelten Boden hat. Erst aus dem Vertrauen zu dieser zweiten Ebene, dem göttlichen Plan, der alle menschlichen Pläne in sich enthält, kann jenes Selbstvertrauen wachsen, das den MS-Patienten so fehlt.

Die überlaufende Blase will anregen, die Tränen überfließen zu lassen, den Überdruck des seelischen Staus bei jeder Gelegenheit abzulassen. Die Blasenreizung lenkt Aufmerksamkeit auf den Konflikt um das Thema »Loslassen«. Die Harnverhaltung, eine komplette Zurückhaltung und Abkehr vom Austausch mit der Welt, legt im erlösten Sinne nahe, sich auf sich selbst zu besinnen, die seelischen Energien für sich zu nutzen: statt Zurückhaltung und Rückzug Rückbesinnung und Rücksicht auf sich selbst.

In diese Richtung deuten auch die Empfindungsstörungen: Mit dem Gefühl für den eigenen Körper und der Fähigkeit, die äußere Welt zu spüren, soll dem Betroffenen ganz offenbar die äußere Welt mit all ihren Anforderungen aus dem Bewußtsein gerückt werden. Was als Aufgabe bleibt, ist die zu kurz gekommene innere Welt spüren und empfinden zu lernen. Der Hinweis auf das Innen läßt sich auch aus den Lähmungserscheinungen herauslesen. Wenn die Beine nicht mehr tragen, soll man offensichtlich nicht mehr hinaus in die Welt, all das Rennen für die anderen bzw. für die Anerkennung durch die anderen ist zu Ende. Nach innen zu *gehen* steht als einzige Möglichkeit offen. Wenn die Hände kraftlos werden, ist es entsprechend nicht mehr ihr Ziel, die äußere Welt in den Griff zu bekommen und ihr den eigenen Stempel aufzudrücken. Das eigene Innenleben selbst in die Hand zu nehmen, bleibt dagegen möglich und wird zur vorrangigen Aufgabe.

Fragen

1. Warum bin ich so hart zu mir und gehe so hart mit anderen ins Gericht und versuche dennoch, ihnen alles recht zu machen?
2. Wo versuche ich, meine Umwelt oder mich selber zu kontrollieren, ohne dazu in der Lage zu sein?
3. Was gibt es in dieser Welt für Alternativen zu meinen unverrückbaren Ansichten über das Leben, seine Moral und Ethik?
4. Wie könnte ich mir mein Leben erleichtern? Wo mehr Geduld mit mir *üben*? Wie zu meiner Schwäche stehen, mich ihr stellen?
5. Was hindert mich, am Leben teilzunehmen? Was veranlaßt mich abzuschalten? Was für Möglichkeiten habe ich, Streß, Überforderung und Hektik zu begegnen?
6. Was lähmt meinen Seelenmut? Welcher Widerstand macht mich müde?
7. Warum betäube ich mich? Wo stelle ich mich taub? Wofür bin ich blind?
8. Inwiefern richte ich meine Hauptenergie gegen mich selbst?
9. Wo kann ich die Seelenflut, die meine Blase *beutelt,* in meinem Leben wahrnehmen? Wo sind Tränen überfällig, wo überflüssig?
10. Wie fähig bin ich, aufs Leben zu antworten und Verantwortung zu tragen? Warum erfülle ich Erwartungen, statt auf mich zu hören? Wie komme ich von Fremdbestimmung zu Eigenverantwortung?
11. Wie gehören die Strömungen meiner Seele in einem Muster zusammen? Was ist ihre natürliche Ordnung? Was gehört an erste Stelle? Wie lassen sich äußere und innere Ordnung koordinieren?
12. Was hindert mich, dem Unberechenbaren und Wechselhaften meines Lebens offen zu begegnen?
13. Wie kann ich mich unter Wahrung meiner seelischen Identität ins große Ganze einfügen und den Sinn meines Lebens finden?

Die weitestgehende Rückbesinnung führt zu archetypischen Bildern, wie Mythos und Religion sie kennen. So ist die umfassendste Aufgabe, die in jedem Krankheitsbild zumindest am Horizont aufscheint, die letztendliche Rückbesinnung auf die geistig-seelische Urheimat des Menschen. Bei Symptombildern, die dieses Leben zu beenden oder so drastisch einzuschränken drohen, ist diese Aufgabe besonders vorrangig. Bei einem Krankheitsbild wie der Multiplen Sklerose, das den Rückbezug auf sich selbst und die eigene Innenwelt so nachdrücklich über die Symptome zu erzwingen sucht, wird dieses Thema zusätzlich betont.Damit wird den Betroffenen das Thema der Religio, der Rückverbindung zum Ursprung im religiösen Sinne nahegebracht. Und die großen Fragen des Menschseins kommen aus dem Schattenreich ins Licht der Bewußtheit:

»Woher komme ich?« – »Wohin gehe ich?« – »Wer bin ich?«

Epilepsie

Die Epilepsie konfrontiert mit dem erschreckendsten Anfallsgeschehen, das wir kennen. Das Wort »Anfall« besagt, daß einen etwas anfällt, etwas Fremdes, offenbar von draußen Kommendes. In verschiedenen Kulturen, z.B. indianischen, gilt das Krankheitsbild als die Manifestation von Heiligem, das aus einer anderen Ebene über die Betreffenden hereinbricht. Indianer gehen davon aus, daß fremde Geistwesen in die Betroffenen fahren. Den Anfall sehen sie als Kampf zwischen zwei Geistern um den einen Körper. In der älteren Medizin gab es auch bei uns neben dem Ausdruck »Fallsucht« die Bezeichnung »Morbus sacer«, heilige Krankheit.

Phänomene von Besessenheit sind auch hierzulande bekannt, wobei nicht einmal die Psychiatrie, die es eigentlich wissen sollte, an das Thema rühren mag. Besessenheit und überhaupt die Existenz von Geistwesen passen so wenig in unser Weltbild, daß solche Phänomene totgeschwiegen werden. Ignorieren von Problemen hat aber bekanntlich keinen Einfluß auf ihre Existenz. Bei den nicht so seltenen Fällen von Epilepsie, wo man von (anfallsweiser) Besessenheit ausgehen muß, handelt es sich jedenfalls um ein psychiatrisches Problem. Es müßte unter Geisteskrankheit abgehandelt werden, für die grundsätzlich andere Ausgangsbedingungen gelten.

Der klassische große epileptische Anfall wird von der Medizin »Grand Mal« genannt, was aus dem Französischen kommt und »das große Übel« oder »das große Schlechte« bedeutet. Im Gegensatz dazu gibt es die »Petit Mal«, also »kleines Übel« genannten Anfälle, bei denen die Krampfkomponente fehlt und lediglich das Bewußtsein für kurze Zeit verlorengeht. In beiden Bezeichnungen liegt die Vorstellung, daß sich im Anfallsgeschehen etwas Böses durchsetzt, ob es nun von außen zuschlägt oder von innen durchbricht.

Die auftretenden körperlichen Phänomene lassen sich natürlich nach den gleichen Kriterien deuten wie andere Symptome, wobei man aber immer wieder an die Grenze der Geisteskrankheit stößt. Das entscheidende bei allen Epilepsiearten, einschließlich der Absenzen, ist der Bewußtseinsverlust. Die Patienten gehen weg, sind wirklich abwesend. Ihr Bewußtsein verläßt den Körper, es reißt sie gleichsam aus dieser Realität in eine andere, in der sie sich nicht orientieren und aus der sie im allgemeinen keine Erinnerungen zurückbringen können. Auch ihr Leiden unterscheidet sich von rein körperlichen Problemen, da sie die entscheidenden Momente ihres Zustandes nicht mitbekommen.

Betrachtet man das physische Anfallsgeschehen, so erscheint es wie ein Erdbeben. Nach einer hin und wieder auftretenden kurzen Aura[57], die den Patienten das drohende Geschehen ankündigt, fallen sie zugleich zu Boden und in Ohnmacht. Der Blutdruck fällt ebenfalls, und die Atmung steht anfangs fast still. Manchmal stoßen die Patienten zu Beginn einen lauten Schrei aus. Anschließend suchen heftige Krampfwellen den Körper heim, häufig steht Schaum vor dem Mund, und es kann zu Zungenbiß und Kot- und Urinabgang kommen. Man versucht die Patienten vor ihrer eigenen Bissigkeit zu schützen, indem man ihnen einen Gummikeil zwischen die Zähne schiebt, damit sie sich nicht Zunge und Lippen zerfleischen. Die Pupillen sind weit und reaktionslos, so starr wie bei Toten. Für Außenstehende schaut es tatsächlich aus, als lägen die Patienten in den letzten Zuckungen. Nach einigen Minuten des von Krämpfen gekennzeichneten Kampfes ist ihre Energie erschöpft, die Zuckungen lassen nach, und es kommt zu einem tiefen, sogenannten terminalen Schlaf, aus dem die Patienten matt, weiterhin müde und häufig mit Kopfschmerzen erwachen.

Zu den kleinen epileptischen Anfällen zählen eine Reihe von Dämmerzuständen mit traumähnlicher Benommenheit und Delirien. Es kann zu Wahnvorstellungen kommen, Desorientierung, körperlichen Erregungszuständen und sogar Fehlhandlungen wie Gewaltausbrüchen. Darüber hinaus gibt es eine Fülle psychiatrischer Zustände von depressiven Verstimmungen mit Gereiztheit und Selbstmordneigung bis zu so ausgefallenen Erscheinungen wie anfallsweiser Wandersucht oder der sogenannten Schwatzepilepsie.

Vor die Deutung der einzelnen Symptome möchte ich ein Geschehen aus dem Makrokosmos stellen, das in seiner Symbolik dem Grand-Mal-Anfall in vieler Hinsicht entspricht: das Erdbeben. Auch hierbei entladen sich gewaltige Kräfte in ruckartiger Bewegung. Die Erde bebt, bis die größten Spannungen vorüber sind, und kommt dann unter kleineren Nachbeben zur Ruhe. Der Ablauf und die Zerstörungen sind so ähnlich, daß man meinen könnte, die Erde hätte einen epileptischen Anfall durchgemacht. Selbst der Name wäre übertragbar, denn jedes Erdbeben ist ein großes Übel aus der Sicht der betroffenen Menschen. Ob es das auch aus der Sicht der Erde ist, muß bezweifelt werden, wenn man sich den Hintergrund der Bebentätigkeit anschaut. Erdbeben treffen sogenannte Spannungszonen der Erdoberfläche, die dadurch entstehen, daß zwei Erdschollen aneinander vorbeigleiten. Da ihre Ränder nicht homogen sind, kommt es dabei zum Aufbau enormer Spannungsfelder. Wenn der Bogen überspannt ist, entladen sich diese über Jahrzehnte aufgebauten Spannungen in anfallsartigen Beben. San Francisco, das direkt auf der St.-Andreasspalte, einer der größten dieser Spannungszonen, liegt, ist einem Epileptiker vergleichbar, der auf den nächsten Anfall wartet. Die Erdbebenforscher waren vom dortigen Beben von 1990 insofern nicht befriedigt, als es ihnen zu schwach war, um die gewaltigen, seit dem letzten großen Beben aufgebauten Spannungen auszugleichen. Die Forscher gehen also in ihrer Argumentation davon aus, daß die Erde diese Beben braucht, um ihre inneren Spannungen loszuwerden. Genauso aber brauchen die Patienten ihre Entladungen. Die Epilepsie ist keine Ausnahme, auch wenn sie dabei am Nervensystem beängstigende Schäden hervorruft.

Ein anderes Bild aus dem medizinischen Bereich, das dem Anfallsablauf weitgehend analog ist, wäre das einer Elektroschockbehandlung. Dabei wurde in der älteren Psychiatrie mit starken elektrischen Stromschlägen unter Narkose versucht, bei psychiatrischen Krankheitsbildern Besserung zu erreichen. Das Ganze glich der Austreibung des Teufels mit dem Beelzebub. Die Erfahrung zeigte aber, daß *die bösen Geister* manchmal wirklich für einige Zeit das Weite suchten. Äußerlich sieht ein Elektroschock wie ein künstlicher epileptischer Anfall aus oder ein Anfall wie ein natürlicher Elektroschock. Tatsächlich ist der Grand-Mal-Anfall als elektrisches Phänomen zu sehen, bei dem alle elektrische Gehirnaktivität von einem überdimensionierten Potential, einem sogenannten Focus, überlagert und damit zum Schweigen gebracht wird. Das Bewußtsein der Patienten wird gleichsam von einer überlegenen Macht abgeschaltet. Die Frage ist: Von wem und wofür? Die tiefste Antwort läßt sich kaum aus den körperlichen Symptomen ableiten, da das Wesentliche ein Bewußtseinsphänomen ist, wir aber kaum wissen, was auf jener anderen, dem Wachbewußtsein unzugänglichen Ebene abläuft.

Die äußerlich sichtbaren Symptome eröffnen uns aber immerhin Zugang zu den Rahmenbedingungen des Krankheitsbildes und auch zu der in ihm verschlüsselten Lernaufgabe. Die Aura, das erste Anzeichen, lehrt die Patienten offensichtlich auf Zeichen zu achten, vor allem auch auf Zeichen aus einer anderen Sphäre. Notgedrungen lernen sie die imminente Bedeutung solcher Anzeichen schätzen, auch wenn sie sie weder erklären noch verstehen können.

Der Krampfanfall ist Abbild eines Kampfes. Zu jedem Kampf gehören immer wenigstens zwei rivalisierende Parteien. So wie beim Erdbeben die beiden Erdschollen in Kollision liegen, scheinen auch bei Epileptikern zwei Welten in Konflikt zu geraten. Die Krämpfe sind Ausdruck der dabei entstehenden Reibung. Das Bewußtsein ringt mit einer anderen, nichtbewußten Ebene und unterliegt sehr rasch. Diese andere Ebene ist auf jeden Fall dem Unbewußten zuzurechnen. Die indianischen Annahmen vom Einbruch anderer Geistwelten ins Leben sind damit genausowenig ausgeschlossen wie die Möglichkeit eines Ausbruchs des Lebens zu anderen Geistwelten hin. Jedenfalls scheint es Aufgabe zu sein, sich dem Ringen zwischen den Welten hinzugeben und stets dazu bereit zu sein, sobald die geringsten Zeichen der anderen Seite dazu auffordern. Würde der Kontakt zur anderen Seite, der im Krankheitsbild mit Gewalt erzwungen wird, freiwillig eingegangen, wäre der Körper entlastet.

In der Gestalt des Anfalls wird die Spannung deutlich, die sich in den Patienten aufgebaut hat. Sie haben Schaum vor dem Mund und zeigen damit sprichwörtlich, wie es um sie steht. Ob sie vor Wut oder irgendeiner anderen Energie schäumen, jedenfalls will etwas aus ihnen heraus, das schon länger aufgestaut ist. Die Vermutung liegt nahe, daß sie in ihrem bürgerlichen Normalleben eher mit gebremstem Schaum leben. Insofern ist der Anfall, bei dem sie es mal so richtig schäumen lassen können, auch entspannend. Oliver Sacks erwähnt epileptische Anfälle, »die mit einem Gefühl von Frieden und echtem Wohlbefinden einhergehen«. Fünf Bilder von Patienten nehmen Bezug zu Vulkanausbrüchen und feuerspeienden Drachen.

Die durch Krämpfe der Zungenmuskulatur geförderte Tendenz, sich auf die Zunge zu beißen, spricht für die gespannte Situation zu Beginn des Geschehens. Sich lieber die Zunge abbeißen, als etwas aussprechen, sagt eine Redewendung, der die Epileptiker gefährlich nahe kommen. »Sich etwas verbeißen« meint, es sich nicht gönnen, »sich in etwas verbeißen«, es um keinen Preis mehr loslassen. Epileptiker lassen eine Tendenz zur *Verbissenheit* erkennen, wenn sie sich in die eigenen Lippen verbeißen. So kann ihnen außer Schaum und einem Schrei gewiß nichts weiter über die Lippen kommen. Bevor sie etwas herauslassen, zerfleischen sie sich lieber selbst.

Im Fallen der Patienten und der beginnenden Ohnmacht liegt die Aufforderung, die Macht los- und sich fallenzulassen. Dabei handelt es sich um die Hingabe an jene andere Macht, der mit Mitteln unserer vertrauten Welt nicht beizukommen ist. Die Patienten wählen lediglich in ihrer Unbewußtheit eine drastische Art, sich ihrem Schicksal zu (üb)ergeben. Der Hinweis, sich zu ergeben, wird von anderen Körpersymptomen untermauert. Der fallende Blutdruck zeigt, daß es jetzt nicht um eigene Durchsetzung geht, sondern um Annehmen und darum, sich den stärkeren Mächten zu überantworten.

Die Thematik des Loslassens vom aufgestauten Druck spiegelt sich auch im unwillkürlichen Urinabgang. Die Blase ist das Organ, mit dem wir am sensibelsten auf Druck reagieren, dem wir seelisch nicht gewachsen sind. Wir benützen sie bei allen möglichen Gelegenheiten, um uns zu ver*drück*en und aufgestaute Be*drück*ung an einem stillen Örtchen und ohne Konfrontation abzulassen.

Das Bild des Anfalls zeigt nach anfänglichem Kampf ein Loslassen auf der ganzen Linie, und so kommt auch noch der Darm mit der ebenfalls unwillkürlichen Stuhlentleerung hinzu. Der Kot kommt direkt aus der Unterwelt des Körpers, jenem Schattenland, in dem Pluto-Hades, der Gott des Totenreiches, herrscht. So gesehen liegt in diesem Symptom die Aufforderung, sich einmal in aller Offenheit und Öffentlichkeit und ohne Scham und Rücksicht bezüglich seiner Schattenwelt zu erleichtern. Die hier gestauten dunklen Themen verschaffen sich im Anfall das Licht der Öffentlichkeit, das ihnen sonst wegen ihres tiefschürfenden Symbolgehalts streng verwehrt ist. Schließlich ist in diesem Symptom auch die Zumutung zu erkennen, das Materielle unter und hinter sich zu lassen. Alles in allem zeichnet sich ein Bild der Hemmungslosigkeit ab, einer Hemmungslosigkeit, die außerhalb des Anfalls keine Chance im Leben der Betroffenen bekommt. Im Gegenteil zeugt z.B. das pedantische Schriftbild vieler Epileptiker für eine von Zusammenreißen geprägte Ordnung.

Das anfängliche Stillstehen des Atems, die sogenannte Apnoe, läßt vermuten, daß der durch den Anfall aufgezwungene Zustand nicht von dieser Welt ist. Der Atem ist deutlicher Ausdruck unserer Bindung an die Polarität, die Welt der Gegensätze. Die beiden Pole Ein- und Ausatem ketten uns an sie vom ersten bis zum letzten Zug. Vor dem ersten sind wir noch nicht richtig auf dieser Welt, mit dem letzten müssen wir sie verlassen. Moderne Sterbeforschung enthüllt, daß Menschen im Zustand des Scheintotseins, wenn sie also nicht mehr atmen, Erfahrungen machen, die zwar untereinander verblüffend übereinstimmen, aber andererseits nicht von dieser Welt sind.[58] Bei Untersuchungen an Menschen in tiefer Meditation ergab sich, daß außerkörperliche Erfahrungen in anderen spirituellen Welten mit Phasen von Atemstillstand korrelieren.

Dazu passen auch die weiten reaktionslosen Pupillen, die sich beinahe wie im Tode verhalten. Daß sie weit sind, wie vor Schreck aufgerissen, mag wie der manchmal vorkommende initiale Schrei darauf hindeuten, daß die Patienten ganz zu Anfang doch einen blitzartigen Eindruck der anderen Ebene erhaschen, der sie in tiefsten Schrecken oder ungläubiges Staunen versetzt. Man schreit ja gewöhnlich vor Entsetzen oder Grauen auf oder weil etwas über die eigenen Kräfte geht; selten auch einmal vor Entzücken. Insofern mag einem auch der Atem vor Schreck stocken. Selbst ein Hilfeschrei wäre mit der Situation vereinbar wie auch ein Urschrei, der sich der Tiefendimension der Betroffenen entringt. Der Neuropsychologe Oliver Sacks weist darauf hin, daß Dostojewski gelegentlich ekstatische epileptische Auren erlebte, und zitiert ihn wie folgt: »Es gibt Augenblicke, und sie dauern nur fünf oder sechs Sekunden, in denen man die Existenz einer göttlichen Harmonie erfährt...Die schreckliche Klarheit, mit der sie sich offenbart, und die Verzückung, mit der sie einen erfüllt, ist furchtbar. Wenn dieser Zustand länger als fünf Sekunden dauern würde, könnte die Seele ihn nicht ertragen und müßte entfliehen. In diesen fünf Sekunden durchlebe ich ein ganzes Menschenleben, und ich würde alles dafür hingeben, ohne daß ich glauben würde, zuviel dafür bezahlt zu haben . . .«[59]

Das EEG unterstützt die Deutungen des anfallsartigen Einbruchs von etwas Gewaltigem. Die elektrische Eigenaktivität des Gehirns wird schlagartig abgeschaltet. Die Sicherungen brennen durch, und eine viel stärkere Macht übernimmt die Initiative. Das Nervensystem der Patienten ist nicht in der Lage, den damit einhergehenden stärkeren Strom bei Bewußtsein auszuhalten. Hier wird wieder die Nähe zur indianischen Interpretation deutlich, daß sich in der Epilepsie eine heilige Macht austobt. Auch wir kennen solche Ideen aus der Bibel, wenn die Menschen den direkten Anblick Gottes nicht ertragen und vielfach davor gewarnt werden. Zumindest kann man feststellen, daß im Anfall eine Kraft wirkt, die der der Patienten weit überlegen ist. Weder das Nervensystem ist ihr elektrisch noch das Bewußtsein in anderer Hinsicht gewachsen. Es ist als würde von normalem Wechselstrom plötzlich auf Starkstrom umgeschaltet. Nach Erfahrungen mit der Reinkarnationstherapie handelt es sich bei der Epilepsie vor allem um den Einbruch übermächtiger dunkler Mächte.

Daß die Patienten nach all dem Schlaf nötig haben, ist verständlich. Der tiefe, fast noch bewußtlose Schlaf aber, der nicht erfrischt, sondern selbst noch anstrengend ist, spricht dafür, daß die Erfahrungen auf der anderen Ebene entweder noch weitergeführt oder aber in einem kräftezehrenden Prozeß integriert werden und sich die überstrapazierten Leitungen regenerieren müssen. Daß der Kopf nach dem Anfall weh tut, ist klar, schließlich war er zumindest energetisch, wahrscheinlich aber auch inhaltlich einige Zeit vollkommen überfordert. Die Patienten erholen sich nur langsam von der langen, die Grenzen ihres Bewußtseins sprengenden Reise. Danach sind sie vergleichsweise entspannt und erinnern sich kaum.

Aus der Tatsache, daß bei jedem Grand Mal Gehirnzellen zerstört werden, ist abzuleiten, daß es langfristig für die Betroffenen weg vom eigenen Kopf und Willen gehen soll. In diese Richtung deuten auch Spätbilder von Epileptikern, die generelle Verlangsamung und Umständlichkeit bis hin zu Zeichen von Demenz zeigen können.

Die Symptome des Petit-Mal-Geschehens reichen noch weiter in den psychiatrischen Bereich und sollen hier nur am Rande Erwähnung finden, um anzudeuten, daß sie grundsätzlich in die gleiche Richtung weisen. Hinter den Absenzen verbergen sich Dämmerzustände, die plötzlich von den Patienten Besitz ergreifen. Dämmern ist eine Situation des Übergangs von einer Ebene zur anderen: vom Tag zur Nacht oder vom Wachen zum Schlafen oder umgekehrt. Die Absenzen zwingen die Patienten, diese Übergangspunkte zwischen den Ebenen, in diesem Fall zwischen Wachen und Träumen bzw. Wachen und Schlafen, zu überschreiten. Aufgabe ist es offenbar, sich die Zwielichtzone bewußt zu machen, ihr freiwillig mehr Aufmerksamkeit zu schenken und zum Wanderer zwischen den Welten zu werden.

Wahnhafte Erscheinungen sind bereits Erfahrungen aus einer anderen Welt. Der optisch halluzinierende Patient sieht etwas, was außer ihm niemand wahrnehmen kann. Vergleichbares gilt für die akustischen, olfaktorischen und taktilen Formen der Halluzination.[60] Der Patient soll und muß offenbar lernen, diese anderen Dimensionen seiner Wirklichkeit ins Leben zu integrieren. Da es sich bei den Wahnbildern meist um Schattenmanifestationen handelt, ist die Lernaufgabe offensichtlich: Die lange Zeit aus dem Bewußtsein gedrängten Inhalte wollen (an)erkannt und integriert werden.

Dieser Zusammenhang wird bei den Delirien noch deutlicher. Hier drängt reinster, d.h. dunkelster Schatten herauf, weshalb die Psychiatrie dergleichen auch gern als wesensfremd abschreibt. Im Delirium manifestiert sich natürlich all das, was die Patienten aus ihrem bürgerlichen Leben nicht kennen. In vieler Hinsicht wird es sogar das gerade Gegenteil sein. Das aber macht es nicht wesensfremd, sondern verrät, daß es zum tiefsten Wesen des Patienten gehört. Es ist sein Schatten, seine andere, dunkle Seite. Wenn »unkontrollierbare und sinnlose Gewalttaten« hervorbrechen, zeigt das zum einen, daß der Patient diese Energien so lange und so total unter Kontrolle gehalten hat, daß ihr einziger Ausweg offenbar darin bestand, sich gewaltsam Luft zu verschaffen. Zum anderen verrät es, daß diese Taten zwar, gemessen an seiner bürgerlichen Existenz, keinen Sinn machen, gemessen aber an seiner Gesamtexistenz seine andere, dunkle Seite repräsentieren und in dieser Hinsicht um so mehr Sinn ergeben. Diese dunkle Hälfte mußte offenbar schon allzu lange ein Schattendasein fristen, so daß sie nun mit einem Knalleffekt ans Licht der Bewußtheit drängt. In diesen Bereich gehören auch jene seltenen Auren, bei denen Stimmen immer lauter und bedrängender werden und dem Betroffenen auf dem Höhepunkt das Bewußtsein weggezogen wird.

Bei Symptomen wie der Wandersucht tritt der Aufforderungscharakter offen zu Tage. Der Patient ist offenbar zu lange auf der Stelle getreten bzw. am selben Fleck oder Thema hängengeblieben. Jetzt wird er geradezu zwanghaft getrieben, sich auf den Weg zu machen und in neue Bereiche und andere Welten auszuwandern.

Der Ausdruck Schwatzepilepsie zeigt sehr klar die Botschaft: Es geht nicht mehr darum, sich lieber die Zunge abzubeißen als die Lippen zu öffnen. Die Zeit der vornehmen bzw. gehemmten Zurückhaltung ist vorbei. Man hat sich lange genug zusammengerissen, jetzt reißt es einen im ganzen weg, und der lange aufgestaute Strom fließt in Geschwätz ab. Das Symptom stellt hier geradezu das Brechen der Staumauer dar. In diesem Punkt ähneln sich alle epileptischen Anfälle: Sie sind wie Dammbrüche, die zurückgehaltene Wesensanteile in Bewegung bringen.

Sich an den mächtigen Strom der Lebensenergie anzuschließen und die eigenen Energien frei fließen bzw. sich entladen zu lassen, gehört sicher zu den vorrangigen Lernaufgaben, die das epileptische Geschehen aufdrängt. Zum anderen ist darin die Aufforderung verschlüsselt, sich anderen Ebenen zu öffnen und insbesondere solchen, die dem normalen Wachbewußtsein verschlossen sind. Neue Bewußtseinsebenen, Traum- und Phantasiewelten, aber auch mediale-

Offenheit für andere geistige Dimensionen werden im Krankheitsbild angedeutet und damit in den Aufgabenbereich gerückt.

In praktischer Hinsicht ist gerade vieles, was auf den ersten Blick und unter allopathischen Gesichtspunkten verkehrt erscheint, besonders hilfreich. Intensive Atemtherapie, die durchaus nicht vor jenen Bereichen zurückschreckt, in denen die inneren Verkrampfungen auch äußerlich zum Ausdruck kommen, hat sich bewährt. Es ist gleichsam eine Möglichkeit, den großen Krampfanfällen vorzubeugen, indem man sich dem Prinzip des Verkrampfens vorher und freiwillig stellt und die Verklemmungen der Seelen- und Körperwelt dosiert abläßt. Die Atemsitzung bietet ein homöopathisches (ähnliches) Abbild des Anfalls.

Auch ein voll durchlebter Orgasmus hat Parallelen und eine gewisse Ähnlichkeit mit einem Anfall. Auch in diesem Fall entladen sich Energien wellenförmig über den ganzen Körper, auch wenn hier der Focus im Unterleib und nicht im Kopf liegt. Aus der Psychotherapie ergeben sich bei vielen epileptischen Anfällen Hinweise auf eine Energieverschiebung von unten nach oben. Die Patienten wagen nicht, auf der unteren, meist als schmutzig abqualifizierten Ebene all ihre Energie loszulassen, und verschieben das Geschehen, den ganz großen Orgasmus sozusagen, auf die in ihren Augen sauberere Kopfebene. Intensives Geschlechtsleben, das den Energien erlaubt zu fließen und zu explodieren, ist folglich Therapie für Epileptiker.

Der wesentlichste Aspekt aber ist, freiwillig den im Anfall erzwungenen Tendenzen nachzugeben und zum bewußten Grenzgänger zwischen den Welten zu werden, bewußte Reisen in andere Ebenen der Wirklichkeit zu unternehmen, die auch das Schattenreich mit einschließen, und sich dem starken Strom des Lebens anzuvertrauen.

Fragen

1. Welche großen konträren Strömungen prallen in meiner Seele aufeinander?
2. Welche Entladungsmöglichkeiten für aufgestaute Energie erlaube ich mir neben den Anfällen?
3. Wo wäre bei mir ein seelischer Dammbruch *not*wendig? Kann ich mich hemmungslos gehenlassen?
4. Welche Zeichen anderer Ebenen habe ich bekommen und ignoriert?
5. Wie könnte ich den Schatten in mir freiwillig Raum geben?
6. Bin ich fähig, mich anderen (Mächten) hinzugeben?
7. Welchen Bezug habe ich zur transzendenten Welt jenseits unserer gängigen Wahrnehmung von Zeit und Raum?
8. Kann ich mir vorstellen, zum bewußten Grenzgänger zwischen den Welten zu werden?

IV. Der Hals

Als Verbindung zwischen Kopf und Körper ist der Hals eine ausgesprochen sensible Region, ein Engpaß, durch den alles Wesentliche hindurch muß. Von oben kommen Atemluft, Nahrung und die Befehle des Kopfes nach unten, von unten die Rückmeldungen des Körpers nach oben zurück zur Zentrale. Auf engstem Raum kommen hier drei zentrale Verbindungsstraßen zusammen: Luftröhre, Speiseröhre und Rückenmark. Die Kontrolle dieser Verbindungen ist folglich eine wesentliche Funktion dieser Region. Auch die entscheidend durch den Kehlkopf geprägte Stimme hat mit Vermittlung und Kommunikation zu tun. Kommunikation nach draußen *mittel*s Stimme und Kommunikation nach drinnen *mittel*s Speiseröhre sind Grundthemen der Region. Die Nerven des Rückenmarks *verkehren* in beide Richtungen.

Auf Grund der herrschenden Enge hat der Hals eine nahe Beziehung zur **Angst** (lat. angustus = eng) und speziell zur Todesangst. Mit dem Zusammenspiel von Enge und Angst wird jeder zu Beginn des Lebens durch die Geburt konfrontiert. Da im Anfang schon alles enthalten ist, wie im Samenkorn der fertige Baum, ist es wenig erstaunlich, daß die Angst eine menschliche Grunderfahrung ist und bleibt.Wenn sich der Hals als entscheidender Engpaß für die drei entscheidenden Verbindungen zwischen Kopf und Körper vor Angst zuschnürt, ist das in mehrerer Hinsicht lebensbedrohlich. Man droht in Minuten zu ersticken, in Tagen zu verdursten, in Wochen zu verhungern[61] und im Falle des Rückenmarks in Sekunden an zentraler Lähmung zu sterben.

So ist der Hals eine geradezu prädestinierte Stelle, um einen Menschen umzubringen. Verschiedenste, sich gänzlich uneinige Gesellschaften entwickelten unterschiedlichste Methoden der Hinrichtung, doch eine Vorliebe für den Hals als Ort des Geschehens haben die meisten. In Frankreich wurde er auf Guillotinen mit maschineller

Korrektheit durchschnitten, in England wird der Delinquent daran aufgehängt, in orientalischen Ländern wird er mit dem Schwert durchtrennt, im Westen eher mit einem Beil. Mörder bedienen sich mit Vorliebe eines Schals oder ihrer bloßen Hände, um ihn zuzudrükken. Insofern ist es nur zu verständlich, daß einen die Todesangst im Halse würgt oder einem im Nacken sitzt, wenn es einem *an den Kragen geht.* Da Angst immer auftritt, wenn es eng wird, ist der Hals ihre natürliche Heimat.

Hat man etwas am Hals, ist das folglich eine bedrohliche oder zumindest lästige Angelegenheit. Fällt man einem *Hals*abschneider in die Hände, kann man schnell bis zum Hals in Schulden stecken, und *das Wasser steht* einem *bis zum Hals*. Jemandem an den Hals zu gehen, bringt denjenigen sogleich in eine gefährliche Situation, ähnlich wie ihn am »Schlawittchen« oder »Krawatterl« zu packen. Schon Kinder gehorchen diesen Regeln und nehmen ihre Gegner mit Vorliebe in den »Schwitzkasten«. Andererseits ist es ein Vertrauensbeweis, jemandem zu erlauben, seinen Arm in liebevoller Absicht um den eigenen Hals zu legen. Man ist sicher, daß er einem nicht umgedreht wird. Auch im übertragenen Sinne kann man sich und seine angstbesetzten Geheimnisse solch einem Menschen anvertrauen. Er wird einem *keinen Strick daraus drehen.*

Neben der Angst residiert im Hals auch die Gier, speziell die des Einverleibens und damit Besitzens. Im Schlucken liegt für viele Menschen eine Befriedigung, die die des Schmeckens noch übersteigt. Schaut man Menschen beim Essen zu, gewinnt man häufig den Eindruck, es ginge darum, in möglichst kurzer Zeit möglichst viel hinunterzuschlucken. Ausdrücke wie Gierhals sprechen von dieser Erfahrung und bringen den Hals in Beziehung zu Besitz und Gier. Wie tief diese Symbolik geht, zeigen Ausdrücke wie Geizhals und Geizkragen. Einem *Halsabschneider* etwas *in den Rachen werfen*, meint, es einem Wucherer kampflos überlassen. Niemand würde von einem Geizfuß oder einer Geizhose sprechen. Dieses Thema gehört eindeutig zum Hals. Wer *den Hals nicht voll genug kriegen* kann, hat es in gieriger Weise auf mehr Besitz abgesehen, als ihm zustehen würde. Wer *den Hals zu voll nimmt*, täuscht mehr vor, als er halten kann.

Mit dem **Nacken** kommt eine weitere Bedeutungsschicht ins

Spiel. Er ist ein Ort urwüchsiger Kraft, und so ist es besonders bedrohlich, wenn einem *die Angst im Nacken sitzt.* Mit dem sprichwörtlichen Stiernacken kann man den Karren aus dem Dreck ziehen. Der stiernackige Mensch ist ein Abbild bodenständiger Kraft. Er geht seinen Weg unbeirrt und unbeleckt von intellektuellen Zweifeln, setzt sich aus eigener Kraft und mit der ihm zukommenden Sturheit und manchmal Halsstarrigkeit durch. Nackenschläge sind so gefährlich, weil sie gerade den Ort symbolischer Stärke treffen. Darüber hinaus kommen sie von hinten und sind so zugleich Rückschläge – damit unfair und oft zurückwerfend.

Schließlich ist der Hals auch für den Überblick und damit für den geistigen Horizont wichtig. Er bestimmt die Richtung des Kopfes und so auch das Blickfeld. Wie sein titanischer Namenskollege Atlas die ganze Weltkugel, trägt der oberste Halswirbel immerhin die Kugel unseres Kopfes und damit unsere Welt. Der Atlas dreht sich dabei um den zweiten Halswirbel, Axis, der damit zur Weltachse wird. Er ist der wichtigste Körperteil für den Wendehals, der sich wie eine Windfahne nach der für ihn jeweils günstigsten Richtung dreht. Mehr Sittengemälde als Krankheitsbild, hat der Wendehals noch lange vor körperlichen vor allem geistig-seelische Abnutzungserscheinungen zu befürchten. Die Haltung des Halses ist zugleich die des Kopfes. Insofern verbirgt sich in ihr besonders viel Symbolik. Fehlt jemandem der Mut, dem Leben aufrecht und hoch erhobenen Hauptes zu begegnen, läßt er den Kopf nicht nur im übertragenen Sinne hängen. Der Hals hat dann die Last des hängenden Kopfes zu tragen, was die Muskeln im Nacken auf die Dauer überfordert. *Hartnäckigkeit* ist die Folge und zugleich ein Versuch, sich gegen drohende Nackenschläge zu panzern. Wer mit hängendem Kopf durch die Welt geht, sieht nicht viel von ihr und hat damit auch nichts von ihr und vom Leben. Er macht sich zum Opfer und bietet zum Zeichen dafür den empfindlichen Nacken in entsprechender Haltung dar. Die erwarteten Nackenschläge können in dieser Haltung kaum ausbleiben. Zugleich verstekken die Betreffenden die Vorderseite ihres Halses, den Schlund, und damit den Bereich des Einverleibens und Besitzes. Sie erwarten nichts vom Leben, was lohnen würde, einverleibt zu werden. Was sie trotzdem haben, pressen sie auf engstem Raum zusammen und verbergen es vor der Welt.

Es handelt sich um einen typischen Teufelskreis, denn die Betroffenen erleben das Ganze in der Projektion. Sie meinen den Kopf hängen zu lassen, weil die Welt so schlecht sei und sowieso nur Negatives für sie bereit hielte. Nach jedem Rückschlag lassen sie den Kopf ein Stück tiefer hängen und fordern damit den nächsten Nakkenschlag noch sicherer heraus.

Ihre Lernaufgabe liegt darin, diese gebeugte Haltung zu erlösen und die Niedergeschlagenheit in Demut zu wandeln. Wer das, was das Leben ihm zukommen läßt, in Demut erwartet, zwingt seinen Hals nicht, stellvertretend diese Haltung zu leben. Die Hartnäckigkeit wird einer anpassungsbereiten Beweglichkeit weichen. Wer der Welt in echter Demut zu Füßen liegt, dem wird letztlich die Welt zu Füßen liegen, auf alle Fälle hört sie auf, ihn zu schlagen.

Die Gegenposition ist die Hochnäsigkeit, bei der der Kopf in den Nacken geworfen und das Kinn nach vorn geschoben ist. Als Symbol des Willens wird das Kinn dadurch betont. Es soll alles nach der Nase des Hochnäsigen gehen. Entsprechend von oben herab betrachtet er die zu seinen Füßen liegende Welt. Gleichzeitig wird der Hals nach vorne gedrückt, gedehnt und tendenziell überbläht, wodurch die Thematik des *Den-Hals-nicht-voll-genug-Kriegens* anklingt. Die ganze Gestalt des Hochnäsigen drückt die Erwartung aus, Unterwürfigkeit zu ernten. Früher betrachteten die Adeligen hoch zu Roß und entsprechend hochmütig aus dieser Haltung ihre Untertanen. Diese erblickten, wenn sie ihre Augen demütig oder gedemütigt nach oben wandten, nicht selten einen *Blähhals*.

Die Lernaufgabe und Erlösung dieser Fehlhaltung liegt darin, sich Überblick im übertragenen Sinn zu verschaffen und statt Hochmut echten, auf innerer Stärke beruhenden Mut zu entwickeln. Wer sich die Welt in diesem tieferen Sinn untertan macht, muß sich und der Welt seine Souveränität nicht durch physische Hochnäsigkeit beweisen. Er ist der Welt *gewachsen* und wird nicht versuchen, sich durch eine anstrengende Haltung künstlich ein wenig zu vergrößern.

Wie sehr Körper und Seele Hand in Hand gehen, zeigt die seitliche Kopfhaltung. Legt man den Kopf nur ein wenig nach einer Seite, verschließt sich der Blick sofort zu dieser, und die gegenüberliegende Seite öffnet sich um so mehr. Ein einfacher Versuch zeigt, daß die Kopfneigung nach rechts für die linke Seite öffnet und umgekehrt.

Man braucht nur in sich hineinzuhorchen bei diesem Versuch, um zu spüren, daß mit der Öffnung zur linken, weiblichen Seite automatisch eine weichere, hingebungsvollere Stimmung einhergeht. Neigt man den Kopf dagegen nach links und sich damit der rechten »Welthälfte« zu, wird die Stimmung dem männlichen Pol entsprechend härter und bestimmender.

Trägt jemand seinen Kopf ständig nach einer Seite geneigt, wird aus dem Spiel ein Symptom, das sehr genau zeigt, welche Hälfte der Wirklichkeit hier gemieden und welche favorisiert wird. Die Lernaufgabe besteht darin, sich bewußt der bevorzugten Seite zuzuwenden und den Blick so lange auf ihr ruhen zu lassen, bis man ihr Wesen erkennen und annehmen kann und damit reif wird für die andere Seite der Wirklichkeit. Noch klarer ist die Symptomatik beim Schiefhals*, wo eine Hälfte der Wirklichkeit gänzlich ausgeblendet wird. Auch in diesem Fall führt die (Er-)Lösung über den ständig betrachteten Pol. Allerdings muß aus der äußeren Hinwendung eine innere werden und damit die Betrachtung eine *wesen*tlich tiefere.

1. Der Kehlkopf

Die Stimme – Barometer der Stimmung

Unser Stimmorgan wird sprachlich gegenüber den anderen Organen insofern bevorzugt, als man mit »dem Organ« eines Menschen seine Stimme meint. Neben dem geäußerten Inhalt drückt sie die jeweilige Stimmung aus bzw. jene Stimmung, an der man auf Dauer hängengeblieben ist. Praktisch alle Menschen, auch wenn sie sonst nicht im Traum[62] daran denken würden, Organfunktionen oder Symptome zu deuten, messen der Stimmlage Be-Deutung bei. Daher fallen Deutungen in diesem Bereich besonders leicht, sie sind uns geläufig.

Die Stimme wird zum Symptom, wenn sie nicht zur Körpergestalt paßt. Sie zeigt sehr früh, wenn etwas nicht *stimmt*, und ist insofern ehrlicher als die Inhalte, die sie verlauten läßt. Eine leise verhauchte Stimme in einem großen robusten Körper fällt genauso aus dem Rahmen wie eine tiefe voluminöse Stimme in einem zarten feingliedrigen Körper. Während erster Fall recht häufig ist, kommt letzterer kaum vor. In einem schmächtigen Körper fehlt der Stimme Resonanzboden, um Tiefe und Volumen zu erreichen. Es ist aber gut möglich, einen großen Resonanzboden nicht zu nutzen, die eigene Stimme nicht im Rahmen ihrer Möglichkeiten schwingen zu lassen.

Eine **Piepsstimme**, die sich aus einem stattlichen Körper quält, *spricht für* einen Besitzer, der sich nicht traut, zu seinen Möglichkeiten zu stehen und von ihnen Gebrauch zu machen. Er erlaubt der Stimme nicht, den Körper mitschwingen zu lassen. Angst vor der eigenen Kraft und Wirkung liegt hier nahe sowie Distanz zur Körperlichkeit. Die innere Stimmung ist im Gegensatz zur äußeren Erscheinung ängstlich und ohne Selbstvertrauen. Eine **zittrige Stimme** läßt ebenfalls Angst mitschwingen, kann aber in bestimmten Augenblicken auch von innerer Bewegung und Ergriffenheit vibrieren. Nahe verwandt ist die **tonlose Stimme**, die zu *kleinlauten* Menschen gehört, die sich frühzeitig ducken mußten und nicht dazukamen, ihre eigene Kraft zu entwickeln und sich einen stärkeren Ausdruck zu verschaffen.

Die **heisere Stimme** beruht auf gereizten Stimmbändern und nicht eingestandener gereizter Stimmung. Sie kann z.B. darauf hinweisen, daß sich ihr Besitzer ständig in der Nähe des Schreiens aufhält, ohne wirklich aus der Tiefe seines Herzens loszubrüllen. Die Stimme klingt überanstrengt, entweder weil sie gebrüllt hat, dann aber nicht total, oder weil das Gebrüll ständig niedergehalten werden muß. Heiserkeit zeigt an, daß die Stimme aus dem Kopf-Hals-Bereich kommt, jedenfalls nicht aus dem Bauch oder Herzen. Ihr Besitzer steht folglich nicht mit seiner ganzen Person zu seinen Äußerungen. In der Reibung spürt man neben dem Impuls zu sprechen gleichzeitig den Widerstand dagegen. Wer z.B. trotz Erkältung nicht aufs Sprechen verzichtet, wird schnell heiser. Eigentlich hat er die Nase voll und würde am liebsten nichts mehr hören, sehen und riechen, sondern auf der ganzen Linie zumachen. Die heisere Stimme verrät die überreizte Situation. Eine heißgeredete Stimme wird nur dann heiser, wenn ihr Besitzer den Umständen entsprechend zuviel geredet hat. Ohne den Resonanzboden des Körpers ist es fraglich, ob die Stimme bei den Zuhörern Resonanz findet. Je heiserer und krächzender sie ist, desto weniger glaubwürdig klingt sie.

Heiserkeit kann bis zur Stimmlosigkeit gehen (Aphonie), einem

Symptom der meisten Kehlkopferkrankungen von der Entzündung über die Lähmung bis zum Tumor. *Keine Stimme haben* bedeutet nicht nur in der Politik kein (Stimm-)Recht zu haben. Eine völlig versagende Stimme deutet eine uneingestandene Situation von Entmachtung und Entrechtung an. Vordergründig kann sie von physischer Enge, etwa durch einen Kropf, zeugen. Dahinter wird allerdings wiederum seelische Beklemmung zu finden sein.

Lehrer und Sänger leiden häufig unter Heiserkeit und signalisieren damit, daß sie einerseits die Stimme überbeanspruchen, andererseits nicht zu ihrer vollen (stimmlichen) Kraft finden. Oft geht es soweit, daß sich die ungelösten Stimmungsknoten in **Knötchen auf den Stimmbändern** niederschlagen, so daß diese nicht mehr richtig schließen. Daß das chirurgische Wegschneiden eines Problems nicht der Weisheit letzter Schluß sein kann, zeigen Sänger, die diese Operation mehrfach hinter sich brachten, ohne damit den Widerstand der Stimmbänder gegen ihre unstimmige Stimme brechen zu können. Geduldig verkörperte ihr Organismus immer wieder von neuem den Problemknoten fast an derselben Stelle. Wenn *der Knoten* andererseits *geplatzt* ist, kann die Stimme lauter und voller denn je mit all ihren Möglichkeiten schwingen. Häufig sind es Atemübungen, die *den Knopf aufgehen lassen* und dem Betroffenen erlauben, aus dem vollen zu schöpfen. Über den Atemstrom als »Ausfluß der Seele« kann es gelingen, die wirklichen Stimmungen in Bewegung zu bringen.

Die Aufgabe bei Heiserkeit liegt offenbar im Leiserwerden und Schweigenlernen, was auf der körperlichen Ebene zur Schonung und Erholung, auf der seelischen zur Vertiefung führt. Diese ist notwendig, wenn die Äußerungen von der ganzen Person und ihrem ganzen Körper getragen werden sollen. Dann erst kann die Stimme tragen.

Wer mit **verwaschener Stimme** spricht, wird schlecht ver*standen*. Wo ihn die Umwelt nicht versteht, drängt sich die Frage auf, ob er überhaupt verstanden werden will und zu dem *steht*, was er sagt. Sind ihm selbst die Gedanken deutlich, die er so undeutlich entläßt? Verwaschene Sprache, die die Worte ineinander verschwimmen läßt, verrät ebenso undifferenzierte Gedanken. Der Sprecher *schwimmt* und hat Angst *anzukommen*, könnte sich das Geäußerte doch weniger als Sprache denn als Ge*wäsch* entpuppen. Offenbar möchte er nicht darauf festgelegt werden, sind seine *Stand*punkte nicht fest, sicher und klar genug, um sie mit fester, sicherer und klarer Stimme zu verkünden.

In eine ähnliche Richtung wie die verwaschene weist die **unsichere, gehemmte Sprache**. Mit jedem gehauchten Wort sagt der Hauchende neben dem verhauchten Inhalt immer auch: »Bitte, tu mir nichts, ich tu dir auch nichts.« Betonte Sanftheit wirft schnell die Frage nach ihrer Echtheit auf und weckt den Verdacht, daß sie einen Wolf im Schafspelz verbergen soll. Ähnlich ist es bei weinerlichen oder wimmernden Stimmen, hinter denen kaum Nachdruck liegt. Falls doch Druck hinter den Worten ist und Angst ihren *lauteren* Ausdruck verhindert, spürt man es am gepreßten Timbre des Hauchens bzw. anklagenden Beigeschmack des Wimmerns.

Wer ohne Aus- und Nachdruck spricht und sich aus Angst vor Kraft und Ausdrucksstärke in Sanftheit flüchtet, dem wird tatsächlich Sanftheit zur Lernaufgabe. Er muß seine Sanftheit gegebenenfalls als unecht oder doch halbherzig erkennen, denn auch ein Leisetreter bleibt immer noch ein Treter. Die leisen Töne sind ihm Aufgabe und Möglichkeit, sich zu finden. Nur dann hat auch das *Lautere* eine Chance. Andernfalls bleibt er ein Wolf im Schafspelz. Geht er aber übungshalber ganz im Schafswesen auf, wird er merken, daß mehr und ganz anderes in ihm steckt. Solange er weiter auf Schaf macht, besteht die Gefahr, daß er irgendwann zu einem wird und ihm so echte Sanftheit für immer verborgen bleibt. Hat er dagegen seinen Anteil Wolfsnatur entdeckt und akzeptiert, wird aus der gepreßten Sanftheit gelöste Lauterkeit, die sich auch entsprechend ausdrücken kann: hauchzart und sanft oder nachdrücklich brüllend.

Eine Stimme, die immer **laut und dröhnend** tönt, wird ebenfalls zum Symptom. Häufig übertönt sie alle zarteren Regungen oder überschreit sie gar. Wer immer Stimmungskanone ist und die Wände vom eigenen Kanonendonner hallen läßt, verstimmt nicht nur seine Umwelt auf die Dauer, er ist auch selbst *verstimmt*. Stimmung ist etwas wechselhaft Empfindliches; um sie stimmig auszudrücken, bedarf es der Einstimmung auf den jeweiligen Augenblick. Auch für notorische Stimmungskanonen liegt die Lösung in ihrer lauten bis vorlauten, lustig-fröhlichen Art. Wenn sie sich einmal ganz in die Fröhlichkeit und Lust hineinlassen, bis sie sie im Innersten spüren, könnten sie sie danach auch wieder loslassen und wären offen für neue Stimmungen in neuen Situationen.

Die **zischende Stimme** entlarvt ein schlangenhaftes Wesen mit der tiefen Symbolik, die diesem Reptil seit biblischen Zeiten anhaftet. Nicht nur das Unehrliche der gespaltenen Zunge, auch das Verführerische spielt hier hinein. Jemandem etwas zuzischen hat ebenso wie die zischelnde Stimme an sich einen Hauch von Gefährlichkeit und Verschwörung. Den Gegenpol bilden offen ausgesprochene deutliche Worte, die die Öffentlichkeit nicht scheuen.

Das Verführerische tönt oder, besser gesagt, reibt auch bei der **verruchten Stimme** mit, suggeriert sie doch, daß ihre Besitzer exzessiv gelebt und geliebt haben. Raucher, die ihren Kehlkopf ständig gut durchräuchern, können häufig auf diese vielsagende Stimmlage zurückgreifen. Eine rauhe Stimme zeigt, daß einem die Dinge nicht so glatt von den Lippen gehen, sondern daß man gegen einen gewissen Widerstand anspricht. Ist die Stimme rauh wie ein Reibeisen, wird die Anstrengung beim Sprechen hörbar. Die Lösung liegt im wirklichen Einlassen auf die inneren Widerstände.

Mit einer **schrillen Stimme** erzwingt man sich Beachtung und Aufmerksamkeit, die wohl über die geäußerten Inhalte nicht so leicht zu erreichen wäre. Der Trommler in Günter Grass' Roman »Die Blechtrommel« kann als Prototyp dieser Art gelten. Wenn alle Strikke reißen und er sich nicht einmal mehr mit martialischem Trommeln durchsetzen kann, läßt sein schrilles Organ die Scheiben klirren.

Eine **erstickte Stimme** ist gefärbt von dem, was sie erstickt. Unterdrückte Tränen können ebenso mitsprechen wie Wut oder Zorn. Die bedrückte Stimme ist letztlich immer Abbild einer seelischen Bedrängnis.

Die **feuchte Aussprache** ist weniger ein Stimm- als ein Ausdrucksproblem. Obwohl ausgesprochen harmlos, ist das Symptom auf Grund seiner unübersehbaren Symbolik doch höchst unbeliebt. Hier spuckt jemand seine Aggression aus. Immerhin kommt er so zu seinen Zuhörern hinüber, was er anders nicht so leicht schaffen würde. Dahinter steckt der Versuch, sich besonders anzustrengen und ausgesprochen gut zu artikulieren. Statt auf diese kindlich spuckende Art, könnten die Betroffenen wagen, die notwendige Schärfe und Prägnanz inhaltlich auszudrücken?

Um in seiner Stimme stimmig zu werden, ist es unumgänglich, sich auf die jeweils mitschwingenden Gefühlsebenen einzulassen, sie leben und aus sich sprechen zu lassen. Nur so besteht die Chance, (stimmlich) frei und offen für alle Stimmungen zu werden.

Fragen

1. Stimmt meine Stimme? (Zu meiner Erscheinung? meiner beruflichen? gesellschaftlichen Stellung? zu meiner Bestimmung?)
2. Drängt meine Stimme in den Vordergrund, oder verkriecht sie sich? Entspricht das meinem wirklichen Anspruch ans Leben?
3. Kann ich meiner Stimme vertrauen und frei sprechen? Komme ich mit ihr hinüber zu den Angesprochenen?
4. Schaffe ich es bei Widerständen, mich freizusprechen?
5. Welches Grundgefühl drückt meine Stimme aus? Entspricht es meiner seelischen Gestimmtheit?
6. Bleibe ich stimmlich an bestimmten Stimmungen hängen, oder bleibe ich offen für den jeweiligen Augenblick?
7. Was transportiert meine Stimme neben dem Inhalt an Botschaften?

Räuspern als Symptom

Räuspern bekommt natürlich nur dann Krankheitswert, wenn es ständig auftritt und anfängt, für einen selbst lästig und für andere auffällig zu werden. Es ist der Versuch, die Luftwege zu säubern, um anschließend etwas zu sagen. So hat es sich als Signal eingebürgert, mit dem man einen Redebeitrag ankündigen kann. Wenn sich jemand ständig räuspert, kündigt er dauernd einen Beitrag an, der dann nicht kommt. Es handelt sich also um einen Menschen, der auch gern einmal etwas sagen würde, aber in den ersten Anfängen steckenbleibt. Er kommt im wahrsten Sinne des Wortes nicht zu Wort, sondern bleibt auf der Vorstufe bei seinen gutturalen Säuberungslauten hängen. Vielfach will Räuspern auch auf sich aufmerksam machen und eigene Kritik anmelden, ohne sie zu formulieren.

Die Lernaufgabe besteht darin, sich Gehör, (Be-)Achtung und den eigenen Worten Aufmerksamkeit zu verschaffen. Aus dem kritisch drohenden Räuspern möchte offene inhaltliche Kritik werden.

2. Die Schilddrüse

Wie der Name verrät, bildet die Schilddrüse einen Schild. Einem Schmetterling vergleichbar, legt sie ihren schmalen Körper knapp unterhalb des Schildknorpels über den Kehlkopf, während die Flügel des Schmetterlings, die beiden Lappen der Schilddrüse, seitlich der Luftröhre zu liegen kommen. Ihre Aufgabe ist die Bildung von Stoffwechselhormon, das in zwei Formen vorkommt. L-Thyroxin und das noch wirksamere Trijodthyronin bestehen wesentlich aus Jod und haben stoffwechselmobilisierende Funktion. Sie steigern die Vitalität längerfristiger und nachhaltiger als die schnellwirkenden Hormone der Nebenniere, Adrenlin und Noradrenalin. Neben dem Kreislauf mit Blutdruck und Herzfrequenz werden Atem- und Darmfunktion angeregt, die Temperatur wird ebenso erhöht wie der Grundumsatz, Nervenleistung und muskuläre Erregbarkeit nehmen zu; während die Reaktionszeit abnimmt, steigern sich Wachheit und Denkgeschwindigkeit.

Darüber hinaus spielt die Schilddrüse eine entscheidende Rolle bei Wachstumsprozessen. Franz Alexander weist darauf hin, daß sie in der Evolution den Schritt vom Wasser aufs Land ermöglichte. Erst ab den Amphibien verfügen Lebewesen über Schilddrüsen. Bei der mexikanischen Molchart Axolottl veranlassen experimentelle Thyroxingaben die Umstellung von Kiemen- auf Lungenatmung, so daß sich die Tiere von Wasser- zu Landbewohnern wandeln. W.L. Brown bezeichnete die Schilddrüse als »Drüse der Schöpfung«. Bis heute hält die Schilddrüse den Bezug zum Meer über das Jod aufrecht, das hauptsächlich im Meer vorkommt und aus dem allein sie ihre Hormone bilden kann. Wenn sich Menschen zu weit vom Meer entfernen und sich etwa auf die Höhen abgelegener Gebirge versteigen, bekommen sie leicht Schilddrüsenprobleme.

Die Bedeutung der Schilddrüsenhormone für die menschliche Reifung zeigt ihr Mangel bei Kretinismus und Myxödem*, wo geistige und körperliche Entwicklung zurückbleiben. Die Wachstumsfugen der langen Extremitätenknochen schließen sich z.B. nur verzögert, die Intelligenzentwicklung ist behindert. In der Entwicklungsphase hat Thyroxin analoge Wirkungen wie das Wachstumshormon der Hypophyse.

Der Kropf

Vergrößert sich die Produktionsstätte der jodhaltigen Antriebsstoffe, muß man von erhöhtem »Treibstoffbedarf« ausgehen. Der Organismus signalisiert den Betroffenen mit der Expansion der Fabrikationsanlage am Hals, daß sie sich ihren erhöhten Antriebsbedarf nicht eingestehen. Der Hunger nach Energie, Aktivität und Wechsel ist in den Schatten gesunken. Dieser Hunger nach mehr Stoffwechsel bezieht sich zuerst auf die Energie des Wechselns, danach erst auf den dazu notwendigen Stoff. Der häufigste Kropf geht auf Jodmangel in der Nahrung zurück. Die Betroffenen, zumeist eingebunden in feste Traditionen, leben in einer Umwelt, die ihnen zuwenig Energie und Abwechslung bietet. Der Kropf verrät den diesbezüglichen Hunger. Er entwickelt sich auf dem Boden eines Hormonmangels wie bei der Unterfunktion. Durch den kropfigen Ausbau der Schilddrüse gelingt es aber schließlich unter Nutzung jeden Jodatoms den Stoffwechselbedarf zu decken.

Bei der Unterfunktion zeigt der Kropf ebenfalls den erhöhten Treibstoffbedarf. Die Situation ist insofern weiter eskaliert, als er trotz fortschreitenden Ausbaus der Produktionsstätte nicht zu decken ist. Die Patienten werden träger und dicker, es tut sich (energetisch) nichts mehr in ihrem Leben. Sogar der Hunger hört auf, da die Energie fehlt, um mit der Nahrung etwas anzufangen.

Bei Schilddrüsenüberfunktion spüren die Betroffenen den Hunger nach Stoff*wechsel* in richtiggehendem Heißhunger. Sie können pausenlos essen, ohne dick zu werden, weil ihr Körper den Stoff sofort verbrennt. Ihr Untergewicht verrät, daß sie den energetischen Ansprüchen des Körpers, trotz kropfartigem Ausbau der Schilddrüse, nicht nachkommen. Sie hamstern und hamstern, und es reicht nicht.

Entsprechend den Kropfarten lassen sich die Probleme in drei große Gruppen unterteilen, die Über- und die Unterfunktion und die

Kropfbildung ohne Stoffwechselabweichung. Dieser Kropf mit normalen Drüsenfunktionswerten war bis vor einigen Jahrzehnten in Gegenden, die von jodarmem Salz lebten, weit verbreitet. Als harmloseste Variante macht er keine Symptome von seiten des Stoffwechsels, sondern nur durch sein Ausmaß in ästhetischer oder mechanischer Hinsicht. Jodmangel in der Nahrung veranlaßt die Schilddrüse soweit anzuwachsen, daß sie jedes anfallende Quäntchen des kostbaren Stoffes ausnutzen kann. Der entstandene Kropf bewirkt mit Schwerpunkt nach außen kosmetische Probleme, mit Schwerpunkt nach innen u.U. auch Schluckbeschwerden, Atemnot und Stimmprobleme.

Der dicke Hals vermittelt den Eindruck von Plumpheit und Erdbezogenheit, das Gegenteil von Eleganz, wie man sie mit dem schlanken Schwanenhals verbindet. Wenn jemandem *der Hals schwillt*, betont er damit den Bereich des Einverleibens und Besitzens. Der Volksmund spricht vom »Blähhals« und meint damit einen Wichtigtuer. Wer aber viel einverleibt, hat viel und ist damit wichtig oder zumindest gewichtig. Ausdrücke wie »Gierhals« betonen das Einverleiben, wogegen »Geizhals« oder »Geizkragen« den Schwerpunkt auf den Besitz legen. Offenbar handelt es sich um Menschen, die *den Hals nicht voll genug kriegen* und zum Hamstern neigen. Ihnen ist das nicht bewußt, ihre Umwelt sieht es um so deutlicher. Es kann allerdings sein, daß die Besitzgier so verdrängt ist, daß sie auch Außenstehenden nicht mehr auffällt. Zum Thema »Einverleiben« gehört nicht nur die materielle Dimension, wie sie sich etwa auch im Doppelkinn andeutet. Kropfpatienten neigen auch im Übertragenen dazu, einiges *einzustecken.* Schließlich signalisiert der dicke Hals auch mangelnde Beweglichkeit in diesem Bereich bis hin zur Halsstarrigkeit, was sich wiederum negativ auf den Überblick und geistigen Horizont auswirkt.

In manchen Gegenden war der Kropf etwas so Normales, daß er zum Bild der ländlichen Bevölkerung geradezu gehörte. Zum Dirndl trug die Bäuerin selbstverständlich das schmucke Kropfband. Wie beim Pelikan symbolisierte der gut gefüllte Kropf den vollen Beutel und reichen Ertrag. Bei den Betroffenen handelte es sich meist um bäuerliche, vom eigenen Land lebende Leute, zu denen der vom Kropf unterstrichene bodenständig robuste Eindruck paßte. Es waren

Menschen, die ihren Kopf stabil auf den Schultern trugen, ihre zum Teil bis ins Mittelalter reichende Tradition strikt bewahrten und keinen gesteigerten Wert auf die Erweiterung ihres geistigen Horizontes oder gar Veränderung ihrer Lebensart legten. Das Ausmaß ihrer konservativen Unbeweglichkeit und ihres bewahrenden Besitzstrebens war meist unbewußt und hinter Frömmigkeit verborgen. Wie groß die Bedeutung von Besitz aber war und was für eine herausragende Rolle überkommene Werte spielten, zeigen die entsprechenden Theaterstücke, die fast ausnahmslos darum kreisen. Es geht nicht nur um die Tochter, sondern immer auch um die Mit*gift*, die nicht selten neben ihrem Geschenk- auch den Giftcharakter enthüllt. Darüber hinaus dreht sich das meiste um das Prinzip »Das war schon immer so«. Hinzu kam die Abgeschiedenheit der betroffenen Gegenden, die dem Mangel an Aktivität und Wechsel Vorschub leistete.

Mit der Einführung jodierten Speisesalzes und Jodbeigaben ins Trinkwasser ist diese Art von Kröpfen weitgehend rückläufig, obwohl sich das Thema dadurch natürlich nicht beseitigen ließ. Es muß sich nun andere (Ausdrucks-)Wege suchen. Allerdings ist durch die zeitlich parallel verlaufende Öffnung zur Stadtkultur in die ursprüngliche Abgeschiedenheit und abwechslungslose Monotonie bäuerlicher Gegenden Bewegung gekommen, und so ist auch die Dominanz der zugrundeliegenden seelischen Haltung in den nachrückenden Generationen zunehmend verlorengegangen.

Der äußere Kropf symbolisiert den nicht eingestandenen Besitz- und Machtanspruch sehr offen. Die Betroffenen lassen »heraushängen«, was sie haben, wie es der Volksmund weiß. Versteckter und damit problematischer ist der nach innen getragene Kropf. Die Thematik ist natürlich grundsätzlich ähnlich, nur wird hier alles in sich hineingefressen und vor der Umwelt versteckt. Nach außen macht das einen besseren Eindruck, der *Eindruck* nach innen ist dafür um so gefährlicher.

Das Thema Gier ist hier noch tiefer ins Unbewußte abgedrängt und schafft entsprechend tiefere Probleme. Solch uneingestandene Art zu horten und zu raffen kann die Atemluft und damit Austausch und Kommunikation behindern. Häufig erschwert der nach innen wachsende Kropf auch das Schlucken und zeigt damit, wie schmerzhaft und bedrückend weiteres Runterschlucken ist. Greift die Bedrükkung auf den Kehlkopf über, kann die Stimme in Mitleidenschaft gezogen werden und einen heiser krächzenden Klang annehmen. Die Betroffenen tönen einerseits wie Geier, andererseits als seien sie am Ersticken, und in gewissem Sinne stimmt es. Sie drohen an der Gier zu ersticken.

Ein märchenhaftes Bild im weiteren Zusammenhang gibt Aschenputtel bzw. die ihr zu Hilfe eilenden Tauben. Sie kehren das bisher Gesagte ins Gegenteil um. Nach dem Motto »Die guten ins Töpfchen, die schlechten ins Kröpfchen« wird sorgfältig unterschieden, was der Welt zuzumuten und was lieber für sich zu behalten ist. Auf die Dauer kann es natürlich nicht gesund sein, alles Gute, Bekömmliche hinauszugeben, alles Schlechte, Unbekömmliche aber für sich zu behalten und ein Stück weit hinunterzuschlucken.

In der Einführung zum Hals hatte sich dieser als Heimat der Angst zu erkennen gegeben. Dieses Thema wird natürlich von einem Kropf angesprochen, der droht, einem die Gurgel zuzudrücken. Als einer

---

Fragen

1. Lebe ich in einer Umwelt, die meiner Lebendigkeit zu wenig Anreize liefert?
2. Übertreibe ich das Thema »Besitz«? Lasse ich meinen Besitz heraushängen? Hängt mir mein Besitz bereits zum Hals raus?
3. Mache ich mir Dinge zu eigen, die mich aufblähn und mich hindern, an der wechselhaften Lebendigkeit des Lebens teilzunehmen?
4. Wie steht es mit dem Thema Gewicht(igkeit)? Fühle ich mich wichtig, oder muß ich mich wichtig machen?
5. Steck ich zuviel weg? Wertvolles? Werte? Unangenehmes?
6. Hamstere ich, ohne andere davon etwas merken zu lassen (innerer Kropf)? Mache ich es, um nichts abgeben zu müssen oder aus Scham?
7. Drückt mir das Gehamsterte das Leben ab?
8. Riegle ich mich am Hals ab und trenne meinen Kopf vom Körper, meine Gedanken von meinen Gefühlen?

---

der beiden wichtigsten Blockadepunkte des Körpers ist der Hals eine Stelle, an der man dazu neigt, einen Riegel vorzuschieben. Sich einen Kropf wachsen zu lassen, wird so auch zur Möglichkeit, den Kopf vom Körper abzuriegeln.

Schilddrüsenüberfunktion

Die Hyperthyreose wird häufig, muß aber nicht mit einem Kropf einhergehen. Dieser wird oft knotige Form aufweisen, wobei kalte Knoten, die nur wenig oder gar kein Jod speichern, von heißen, stark speichernden unterschieden werden. Die kalte Variante ist gewebemäßig so degeneriert, daß sie ihre Aufgabe der Hormonbereitung nicht mehr erfüllt und dazu neigt, bösartig zu entarten. Sie trägt aber nicht zur Überfunktion bei.

Heiße Knoten, hinter denen sich medizinisch sogenannte autonome Adenome[63] verbergen, werden schnell zu *heißen Eisen* im Leben, an die man nicht gerne rührt. Im Konkreten wird nichts Enges mehr am Hals gelitten. Die Kragenweite nimmt rapide zu, das Beengungsgefühl bleibt trotzdem. Seelisch entsprechen dem klaustrophobe Tendenzen, d.h., alle beengenden Situationen werden ängstlich gemieden. Der Hals schwillt und macht den in den Körper gesunkenen, kaum zu bremsenden Wachstumsdrang deutlich. Das Herz schlägt schneller, Blutdruck und Körpertemperatur steigen, und Schweiß und Nervosität brechen aus. Motorische Unruhe macht sich in Fahrigkeit, Zitterneigung und Getriebenheit Luft. Schlaflosigkeit raubt die körperlich dringend benötigte Ruhe. Die Augen zittern vor Aufregung, sind weit aufgerissen und können sogar deutlich hervortreten.[64]

Den Patienten steht der blanke Schrecken ins Gesicht geschrieben wie einem Strangulierten, dem die schreckgeweiteten Augen aus den Höhlen zu springen drohen. Franz Alexander spricht vom »Schock-Basedow«.[65] Solche Augen sind nicht nur angstgeweitet, sie sind überwach. In höchster Alarmbereitschaft sehen sie einem Kampf auf Leben und Tod entgegen, auf den sich offensichtlich auch der übrige Körper vorbereitet.Die Verbindung zum Schrecken ergibt sich nicht nur aus dem Gesichtsausdruck, sondern wurde sogar im Tierexperiment bestätigt. Mit Raubmardern konfrontierte Kaninchen, denen der

Fluchtweg abgeschnitten war, entwickelten alle Anzeichen der Hyperthyreose einschließlich des Exophthalmus genannten Heraustretens der Augäpfel. In menschlichen Krankengeschichten findet sich häufiger als ein akutes Schreckereignis die Aussicht auf schreckliche Zeiten mit entsprechender seelischer Langzeitbelastung. Allerdings gibt es meist auch frühe Begegnungen mit dem Tod und Erfahrungen mit dem Verlust einer Bezugsperson. Todesangst und Schrecken werden aber nicht konfrontiert, sondern durch Verleugnung und Verdrängung abgewehrt und malen sich so ins Gesicht. Häufig geht die Leugnung soweit, daß die Patienten gerade Situationen aufsuchen, die sie am meisten fürchten. Neben dem Gesichtsausdruck manifestiert sich die Angst auch noch im *Schiß**, der die Patienten plagt, sie *haben die Hosen voll*, wie der Volksmund weiß. Statt im übertragenen Sinne durchzumarschieren, leben sie den »Durchmarsch« im Darm. Bei der Schweißneigung kann neben dem Angstschweiß auch die übertriebene Anstrengung und Anspannung Pate stehen.

Die Patienten scheuen tatsächlich weder Mühen noch Anstrengungen. Im Schwellen des Halses und Heraustreten der Augen liegt neben der Panik auch das Bild totaler Überanstrengung, vergleichbar einem Gewichtheber, der sich übernimmt. Die Tendenz, sich zu übernehmen, findet sich in den meisten Lebensgeschichten Betroffener. Sie neigen zu Frühreife und verfrühter Verantwortungsübernahme etwa für jüngere Geschwister. Das Übermaß an Wachstums- und Reifungshormon in ihrem Blut signalisiert später die entsprechenden in den Körper gesunkenen Ansprüche. Selbst häufig von der Mutter getrennt, enttäuscht oder abgewiesen, versuchen sie die sich daraus ergebende Angst und Unsicherheit zu bekämpfen, indem sie sich selbst mit der Mutterrolle identifizieren. (»Wenn ich sie nicht haben kann, muß ich werden wie sie, so daß ich sie entbehren kann.«) Das führt bei den betroffenen Frauen häufig zu einer annähernd inzestuösen Bindung an den Vater, bei Männern zu einer Fixierung auf eine weibliche Rolle, die bis zur Homosexualität reichen kann. Der sie überfordernden Aufgabe der Mutterrolle bleiben die Patienten bis zur Selbstaufopferung treu. Das Scheitern solch eines Kompensationsversuches kann die Symptomatik auslösen.

In ihren weit aufgerissenen Augen können sich aber auch Kampfbegierde und sogar Neugierde spiegeln. Dieser scheinbare Widerspruch wird uns noch häufiger begegenen. Bedroht und gehetzt scheinen sich die Patienten auf große Taten vorzubereiten, die all ihre Kräfte erfordern. Die Zeichen stehen auf Sturm, als stünde der heißeste Überlebenskampf unmittelbar bevor. Sie selbst wissen allerdings nichts davon, im Gegenteil betrachten sie ihre Symptome häufig mit großer innerer Distanz und melden sich erfahrungsgemäß spät beim Arzt. Sie neigen nicht dazu, sich krankschreiben zu lassen, sondern halten so lange wie irgend möglich durch. Ihr Kampfesmut ist in den Schatten gesunken und ihnen vollkommen unbewußt. Im Körper demonstrieren sie dagegen in aller Ehrlichkeit in heißen Knoten und schwellendem Hals, wie heiß sie auf Ausweitung und Entwicklung sind und welche Anstrengungen sie dafür in Kauf nehmen. Sie wollen nicht nur weiter werden, sondern vor allem weiterkommen, ihr Hunger ist unstillbar und verrät einen ebensolchen Appetit auf Leben. Sie können den Hals nicht voll genug kriegen und verzehren sich häufig in brennendem Ehr*geiz*. Diese Form des Geizes steht weit im Vordergrund. Manchmal wird die Unruhe in einem richtiggehenden Schwirren oder Pulsieren des Kropfes *deutlich*. Der Zustand hat etwas Zehrendes, der Grundumsatz ist so hoch, daß die Betroffenen abmagern und der gehetzte Eindruck noch unterstrichen wird. Sie verzehren sich vor Ehrgeiz und Leistungswillen.

Der Ort des heißen Kampfes im Zusammenhang mit der besonderen Geizform, die nach Ehre giert, läßt neben dem Schrecken und der wachen Abwehrbereitschaft ein weiteres Thema durchscheinen. Der Hals ist als Übergang vom Körper zum Kopf Zugang zur obersten Instanz. An dieser Stelle ist durch den Kropf nicht nur ein vergrößerter Schutzschild vor eine der empfindlichsten Körperzonen gebaut, sondern auch ein Riegel vorgeschoben, der alle lebenswichtigen Versorgungsstraßen beengt. Um diese Blockade wird eine heiße Auseinandersetzung geführt, die man als Kampf um den Zugang zur höchsten Stelle interpretieren kann. Häufig steckt dahinter die Verkörperung eines vehementen Autoritätskonfliktes, der für die Betroffenen etwas Lebensentscheidendes hat. Vom Körper wird vorgeführt, wie aufreibend und kräftezehrend dieser Kampf ist und wie sich der Zugang nach oben immer mehr verengt. In ihrem Zittern verdeutlichen sich Angst und Unruhe. In beständiger Panik, daß es ihnen an den Kragen geht, noch bevor sie etwas geschafft haben, läßt sie jede weitere Einengung außer sich geraten. Nicht selten sind sie im Beisein einer entsprechenden Autoritätsperson vor Zittern nicht in der Lage, eine Kaffeetasse erfolgreich zum Munde zu führen. Im Hals sitzt ein dicker Kloß und demonstriert, daß nichts mehr hochkommen kann, obwohl ihnen im Übertragenen alles hochkommen will. Lebensgier gepart mit der (Todes)Angst, das Wesentliche im Leben zu versäumen, spielt hier zusätzlich herein.

Falls in dieser Situation überhaupt noch ein Wort über ihre Lippen kommt, verdanken sie es ihrer großen Fähigkeit, sich zusammenzureißen und Sachlichkeit über alles zu stellen. Emotionale Regungen, besonders feindliche, und Gefühle aller Art halten sie unterhalb der Kropfbarriere zurück. Ihren Gegnern helfen sie sogar gern auf Grund vernünftiger Überlegungen, wie sie auch Geschwistern, mit denen sie rivalisieren, am liebsten mütterlich unterstützend zur Seite stehen. Nur wenn der Damm am Hals hin und wieder bricht, öffnen sich die Schleusen, und scheinbar unmotivierte Tränenbäche suchen den Weg in die Freiheit. Manchmal verrät sie auch die krächzende, heisere, hörbar bedrängte Stimme und zeigt, wie sehr ihnen die Situation zu schaffen macht. Sie *spricht* offen von dem Druck, unter dem sie stehen, und von der bedrückten *Stimm*ung, die sie erfüllt. Notgedrungen leise, läßt die Stimme in ihrer Angestrengtheit den eigentlichen Anspruch durchklingen. Hier möchte sich jemand mehr und lauter äußern, schafft es aber nicht.

Die Wachstumskomponente der Schilddrüsenhormone untermauert die Deutungen, zeigt doch der Überfluß an Hormon den in den Körper gesunkenen Wachstumsanspruch. Bis zur Adoleszenz gehört er hierher, danach aber ausschließlich auf geistig-seelisches Niveau. So ist es nicht erstaunlich, daß es kaum Hyperthyreosen im Kindesalter gibt und ihre Zahl erst nach der Pubertät zunimmt. Bei Erwachsenen verrät das überschüssige Hormon eine Regression, ein Zurückweichen auf eine nun nicht mehr angemessene Ebene. Die Patienten, gestehen sich weder ihre Wachstums- noch Kampfbestrebungen ein. Ihr Anspruch, besonders schnell zu reifen und zu wachsen und möglichst viel zu erleben, wird in den Körper gedrängt, wo er sich in erhöhten Hormonspiegeln austobt. Der Überfluß an Stoffwechsel- und Wachstumshormon macht sie übertrieben empfindlich, wechselhaft, wirbelig und viel zu lebendig und fördert die Todesangst. Sie sind so wach, daß sie kein Auge mehr zu bekommen. Tagsüber zittern die Lider, nachts meidet sie der Schlaf. Die Vermeidung des Schlafes, des kleinen Bruders des Todes, schließt den Kreis zur Todesangst. Einige Krankengeschichten erlauben den Verdacht, daß es sich um die Angst handelt, das Leben zu beenden, bevor es noch gelebt wurde.

Auffallend ist, daß Frauen etwa fünf mal häufiger als Männer betroffen sind. Dies könnte darauf zurückzuführen sein, daß die gesellschaftlichen Wachstums- und Durchsetzungsmöglichkeiten für sie deutlich schlechter sind und so die Wahrscheinlichkeit größer ist, daß sie verdrängt werden. Zudem wird der Wunsch auffällig vieler Patienten, ihre Wachstumsbestrebungen mit Schwangerschaften zu befriedigen und darüber hinaus die Familie durch Adoptionen und Pflegekinder wachsen zu lassen, in einer relativ kinderfeindlichen Umwelt auf Probleme stoßen. Alexander spricht von »Empfängnissucht trotz Schwangerschaftsfurcht«. Dieser Widerspruch spiegelt den Versuch der Betroffenen, die eigene Todesangst dadurch abzuwehren, daß sie auf anderer Ebene Leben schenken.

Die Beziehung zwischen Schwangerschaft und Schilddrüse ist verschiedentlich belegbar. Während der Schwangerschaft ist sie z.B. leicht vergrößert und arbeitet verstärkt. Bei mangelnder Drüsentätigkeit kommt es häufig zu Sterilität oder Aborten. Auch bei Männern hat Schilddrüsenhormon positiven Einfluß auf die Fruchtbarkeit. So erhöht es den Ausstoß an Samenzellen und seine Transportgeschwindigkeit. Es gibt Hinweise, daß die Schilddrüse entwicklungsgeschichtlich aus dem uterinen Bereich stammt.

»Durch Kinder weiterkommen« ist eine häufige Variante des allgemein bei Hyperthyreose anzutreffenden Ehrgeizes, um jeden Preis weiterzukommen. Ansonsten lebt sich dieses Be*streben* in einem bis zur Erschöpfung gehenden Arbeitspensum und sich selbst und die Umgebung überfordernden Leistungsansprüchen aus. Auch dabei sind Frauen gesellschaftlich *enge*re Grenzen gesetzt, die sich bei der Hyperthyreose schmerzhaft verkörpern. Werden Schwangerschafts- oder Leistungswünsche in Frage gestellt, kann das zum Ausbruch der Symptomatik führen.

Ein weiterer Grund für die größere Häufigkeit bei Frauen mag darin liegen, daß die Thematik des Leistens, Kämpfens und Sich-

Durchsetzens mehr zum archetypisch männlichen Pol gehört und deshalb Frauen grundsätzlich schwererfällt. Auf den urweiblichen Bereich des Kinderbekommens läßt sie sich z.B. nur schwer übertragen. Abgesehen davon, daß Leistungswille diesem Bereich kaum entspricht, wird von der Gesellschaft eine hohe Kinderzahl eher bestraft. Das Kindergeld widerspricht dem nicht, sondern unterstreicht dies im Gegenteil, ist es doch Ausdruck des schlechten Gewissens gegenüber durch Kinderreichtum Benachteiligten.

Schließlich ist die Autoritätsthematik zwischen Mutter und Tochter für die Tochter viel schwieriger zu lösen als für den Sohn. Nach Alexander kranken alle Betroffenen an der Schwierigkeit, den Rollenwechsel vom Pflegling zur Pflegenden zu bewältigen.

Die Lernaufgabe besteht darin, sich den Schrecken und die Panik bezüglich des eigenen Lebens und die dazu kontrastierenden hohen Ansprüche an Entwicklung, Leistung, Wachstum und Erleben einzugestehen. Die enormen Anstrengungen und Bemühungen, Anerkennung vor der meist selbst gewählten Autorität zu finden, sind in Beziehung zur eigenen Geschichte zu bringen. Um das Muster zu erlösen, ist es notwendig, den eigenen Anteil an der widersprüchlichen Lage anzu*erkennen*: Angst und Schrecken, die im Gesicht stehen, sind meist bis zu früh(kindlich)en Enttäuschungen der eigenen Abhängigkeitswünsche zurückzuverfolgen. Darauffolgende Versuche, die bedrohte Geborgenheit dadurch zu ersetzen, daß man sie anderen gibt, beleuchten die Überforderung. Denn wie soll man etwas geben, das man selbst nicht hat, aber dringend bräuchte? Der hohe Anspruch und die enorme Leistungs- und Leidensbereitschaft machen das Widersprüchliche, fast Unmögliche zeitweilig doch möglich. Die Auslösesituation der Krankheitssymptomatik, die das Gebäude aus Angst, Anstrengung und Selbstverleugnung zum Einsturz bringt, treibt die entsprechenden Impulse in den Körper, der sich nun seinerseits unter höchsten Anspruch setzt und in einen nichtgewinnbaren Kampf peitscht. Die Auslöser, die von Beziehungskrisen bis zum Verlust durch Tod reichen, sind, gespeist von der Grundangst, meist schon in Gedanken vorweggenommen worden und umgeben sich so auch noch mit dem Schrecken einer selbsterfüllenden Prophezeiung.

Wenn die eigenen seelischen Hintergründe bearbeitet sind, wozu

Fragen

Bei kalten Knoten

1. Habe ich Knoten (=ungelöste Probleme) am Hals, die mich in ihrer kalten Lebensfeindlichkeit umbringen könnten?
2. Was könnte bei mir durch weiteres Ignorieren böse ausgehen?
3. Wo gibt es einen wesentlichen Lebensbereich, dem ich alle Energie entzogen habe, den ich versuche kaltzustellen?

Bei Hyperthyreose und heißen Knoten:

1. Welches *heiße Eisen* will ich nicht anfassen?
2. Welcher brennende Ehrgeiz und hohe Anspruch treiben mich? Worauf zielt mein ungestillter Hunger?
3. Was bringt mich so übertrieben auf Touren, was auf die Palme?
4. Welcher Kloß, welche Angst steckt mir seit langem im Hals?
5. Wer könnte mir an den Kragen gehen? Wem möchte ich an den Kragen gehen? Um welche Autorität kreist mein Kampf?
6. Inwiefern schwanke ich zwischen Todesangst und Lebensgier?
7. Warum schlucke ich feindselige Regungen hinunter?
8. Wie komme ich dazu, Sachlichkeit über Emotionen zu stellen? Warum dränge ich heiße Auseinandersetzungen in den Körper?
9. Was verbirgt sich hinter meiner übergroßen Hilfsbereitschaft? Was hinter meinem (übertriebenen?) Kinderwunsch?
10. Was steckt hinter meiner Hilflosigkeit, wenn es um mich und die Verteidigung meiner eigenen Interessen geht?
11. Worauf drängt meine hohe Stoffwechselrate? Welchen Stoff meines Lebens gilt es zu wechseln? Welcher Wechsel ist überfällig?
12. Wo will ich hin mit dem Über*fluß* an Leben in mir?

oft eine Psychotherapie nicht zu umgehen sein wird, gilt es, die in den Körper gedrängten Impulse wieder bewußt zu leben. Im bis zum Hals klopfenden Herzen liegen das Aufstreben und der von Kampfeslust beflügelte Ehrgeiz. Nach dem Eingeständnis, wie heiß sie auf das Leben und alles Erleben, auf Aufstieg und Anerkennung sind und wie gerne sie in Wirklichkeit die »heiße Frau (der heiße Typ)« wären, die bisher nur im verborgenen lebt, haben die hochfliegenden Träume eine echte Chance, sich an der Realität zu messen. Wenn der Block im Halsbereich anerkannt ist, der den Kopf von der Wirklichkeit des Körpers scheidet und z.B. auch die eigene Stimme von ihrem Resonanzboden im Körper, dann erst kann die ganze Angst bewußt werden, die im Engpaß des Halses steckt und in den hervortretenden Augen gefangen ist. Die Betroffenen haben nicht nur konkret einen Knoten am Hals, der seelische Knoten, die Barriere zwischen oben und unten ist ihr Problem. Sind sie dieser Angst, die sie bisher hinunter(in den Kropf)geschluckt haben, begegnet, hat der Kampf in der äußeren Welt eine Chance. Möglicherweise erübrigt er sich aber auch, wenn sich die Wachstumskräfte andere befriedigendere Richtungen suchen.

Das Prinzip des Lebens ist in den Schatten gesunken und will auf bewußte Ebenen zurückkehren. Die Hyperthyreose symbolisiert eine unglaubliche Fülle von Leben und Wachstum, zuviel für den Körper. Diesen Über*fluß* des Lebens gilt es, in geistig-seelische Kanäle zu lenken, und da stehen beliebig viele, ja alle Richtungen offen.

Schilddrüsenunterfunktion

Umgekehrt wie bei der Überfunktion gelangen bei der Hypothyreose zu wenig Schilddrüsenhormone ins Blut. Die Folgen sind geringer Grundumsatz und mangelnde Energie. Der Blutdruck fällt ebenso wie der Blutzuckerspiegel, Anämie tritt auf, und der Stoffwechsel funktioniert nur noch auf kleinster Flamme, was sich in Müdigkeit, Schlappheit, allgemeiner Antriebslosigkeit und zunehmendem Gewicht niederschlägt. Appetitmangel und Verstopfung kommen hinzu, die Haare* werden trocken und struppig und können ausfallen. Die Haut ist schlecht durchblutet, folglich kalt und neigt dazu, sich zu verdicken. Das Unterhautgewebe nimmt schwammig-derbe Konsistenz an, weshalb Mediziner vom Myxödem sprechen. Die Stimmung ist mutlos-depressiv, der Gesichtsausdruck ist stumpf und anteilnahmslos. Die verlangsamte, intellektuell verschlafen bis zurückgeblieben wirkende lethargische Persönlichkeit ist der größte Gegensatz zum quicklebendig wachen, übererregt angsterfüllten Hyperthyreotiker.

Die Myxödem-Patienten haben sich ein *dickes Fell* zur Abschottung gegen die Außenwelt zugelegt. Der teigig-aufgedunsenen Haut entziehen sie mit der Durchblutung auch noch die Lebenskraft, d.h., sie wollen mit der Welt draußen in keinerlei lebendigen Kontakt treten. So bleibt die Haut als Grenze nach draußen kühl und leblos. Die kalten Hände verraten, falls sie sie überhaupt jemandem zur Begrüßung reichen, daß sie keinen herzlichen oder warmen Kontakt aufnehmen. Die kalten Füße enthüllen, daß ihre Verwurzelung auf der Erde eine eher unlebendige und mangelhafte ist. Wenn man *kalte Füße bekommt*, schwingt Angst mit. Ein Mensch, der seinen Platz zum Wurzelnschlagen noch nicht gefunden hat, lebt natürlich mit einer *grundlegenden* Angst.

Diese teilen die Patienten mit ihren Leidensgenossen auf dem Gegenpol der Überfunktion. Wie alle Gegensätze liegen auch diese beiden konträr gegenüber, aber auf derselben Achse. Wo Überfunktions-Patienten dem Leben mit Todesangst begegnen und panisch ums Überleben ringen, verhalten sich Unterfunktions-Patienten ihm gegenüber gleichgültig, als ginge es sie nichts an. Wie alles übrige läßt es sie völlig kalt. Es scheint, als stellten sie sich tot. Im Thema Tod aber liegt wieder die Gemeinsamkeit mit den Hyperthyreotikern. Die einen fürchten, die anderen imitieren den Tod, beide aber beschäftigen sich ständig damit.

Es ist wenig erstaunlich, daß sich die Patienten in ihrer kalten, schwammigen Haut nicht wohl fühlen. Die niedergeschlagene Stimmung und der stumpfe Gesichtsausdruck, der jede Anteilnahme vermissen läßt, machen es deutlich. Das Herz klopft einen müden, schwachen Rhythmus und bewegt Blut, dem die Substanz fehlt. Es handelt sich um einen recht dünnen Lebenssaft mit zu wenig Energieträgern (roten Blutkörperchen) und Brennstoff (Zucker). Der erniedrigte Zuckerspiegel deutet nebenbei an, daß diesem Leben die Süße fehlt. Kein Wunder, daß die Patienten auch äußerlich auf der ganzen Linie ein Bild der Abwendung vom Leben bieten. Bedingungsloser Rückzug von allen Fronten des Lebens ist hier in den Schatten gesunken und verkörpert sich. Der Charakter dieses Krankheitsbildes zeigt sich in seinem Extrem, dem Myxödemkoma, mit Scheintodzuständen und Untertemperaturen bis zu 23 Grad. Das Leben ist hier annähernd eingefroren, die Lebensfunktionen praktisch zum Erliegen gekommen. Lebenszeichen geben die Patienten in ihrer tiefen Bewußtlosigkeit schon lange nicht mehr von sich. Sie können sich nicht mehr fürs Leben erwärmen, das ist nur noch durch fremde Hilfe von außen möglich. Tatsächlich können sie zurück ins Leben geholt werden. Solch extreme Situationen stecken meist hinter den makabren Berichten über lebendig Beerdigte.

Unterfunktionspatienten zeigen keinerlei Bereitschaft, den Lebenskampf aufzunehmen, sie interessieren sich nicht einmal für ihr Leben. Müde, in tiefen Höhlen versteckte Augen kontrastieren zu den glänzenden, aus den Höhlen heraustretenden der Gegenspieler mit Überfunktion. Träge, interesselose Apathie kontrastiert zur überaktiven Getriebenheit. Die einen rühren sich nicht vom Fleck, die anderen hetzen von Fleck zu Fleck, ohne je anzukommen. Bei aller Gegensätzlichkeit teilen sie das Thema, das in der Mitte zwischen ihnen liegt und von dem sie beide gleich weit entfernt sind. Es geht um ihren Platz im Leben. Zwischen zuwenig im einen und zuviel Leben im anderen Fall liegt weit entfernt von beiden auf halbem Weg zwischen ihnen: das Leben.

Wie nah die beiden Gegenpole sich in Wirklichkeit sind, zeigt auch die moderne Medizin, die mit ihren radikalen Therapiemethoden Bestrahlung und Operation nicht selten Überfunktionen in Unterfunktionen umwandelt. Diese müssen durch lebenslängliche Gaben von Schilddrüsenhormon notdürftig stabilisiert werden. Die Betroffenen erleben durch diese Prozedur dasselbe Grundthema von zwei gegensätzlichen Seiten. Während die schulmedizinische Therapie der Unterfunktion vom Substitutionsprinzip getragen ist und allopathischen Gedanken folgt – gegen die Leblosigkeit der Patienten wird mit lebensspendendem Schilddrüsenhormon gearbeitet –, geht die Bestrahlung mit Radiojod fast homöopathische Wege. Die Patienten schlucken radioaktives Jod, das sich in der Schilddrüse sammelt und diese von innen heraus zerstrahlt. Während der Behandlungszeit sind die ganzen Patienten so radioaktiv strahlend, daß sie streng abgeschirmt werden müssen. Den aggressiven in den Körper gesunkenen Lebensimpulsen des Krankheitsbildes begegnen die Radiologen mit noch Aggressiverem. Radioaktive Stoffe gehören zum aktivsten und damit lebendigsten, was man sich vorstellen kann. Sie explodieren gleichsam von innen heraus, zerreißen sich mit anderen Worten für ihre todbringende Lebendigkeit.

Die Lernaufgabe der Patienten und die Einlösung des Themas Unterfunktion besteht darin, sich bewußt ganz auf sich selbst zurückzuziehen, Aktivitäten auf das notwendige Minimum zu beschränken und Geschehenlassen zu lernen. Die »Wurstigkeit«, mit der die Betroffenen allem begegnen, ist in jenes bewußte »Dein Wille geschehe« zu transformieren. Nicht, sich von allen herumschubsen zu lassen, ist die Aufgabe, sondern sich geduldig vom Leben seinen Platz zeigen zu lassen. Nicht Resignation gegenüber dem Leben, sondern Rückzug vom »Ich will!« zum »Dein Wille geschehe!«.

Während bei der Überfunktion das Leben in den Schatten gesunken war, ist es hier der Tod. So gilt es, alles Alte sterben zu lassen, die alten Muster und Programme, all das, was längst sterbensmüde ist. Der Myxödempatient schaut aus wie eine Leiche, kalt, aufgedunsen, blutleer. Auseinandersetzung mit dem Tod ist seine vorrangigste Aufgabe. Nur wenn er sterben lernt, kann er leben. In einer modernen Industriegesellschaft mag das eine ziemlich abwegig scheinende Aufgabe sein. Immerhin aber gab es Kulturen, denen die Vorbereitung auf den Tod wichtigster Lebensinhalt war, wie die altägyptische, die der Mayas und die lamaistische Tibets. Die entsprechenden Totenbücher zeugen von diesem Weg.

Bei angeborener Unter- oder Nichtfunktion der Schilddrüse entwickelt sich das Bild des **Kretinismus** mit Zwergwuchs und Schwachsinn verschiedenen Grades. In diesem Fall wird die zuerst beschriebene Lernaufgabe noch deutlicher, wobei sie sich auch ganz wesentlich an die Eltern wendet. Um das »Ich will« wenigstens ansatzweise zu verwirklichen, ist Intelligenz notwendig. Fehlt sie weitgehend, ist die Unterwerfung der Umwelt unter den eigenen Willen kein Thema. Kretins nehmen die Welt instinktiv statt intelligent wahr, sie sind von Anfang an Außenseiter. Unbrauchbar für die Zwecke der Gesellschaft und ständig auf ihre Hilfe angewiesen, sind sie ihr eine Belastung. All diese demütigenden Situationen müssen die Betroffenen, ob sie wollen oder nicht, ertragen. Meist ist es für sie weniger schwierig als für ihre Eltern. Die einzige Lösung liegt darin, aus der Demütigung Demut zu lernen. Auch der ausgeprägte Kleinwuchs muß in diese Richtung verstanden werden. Es geht in diesem Leben offenbar nicht darum, den »großen Zampano« zu spielen, sondern sich in einer großen Welt in einen kleinen Rahmen einzufügen und seine kleine, bescheidene Rolle zu spielen.

Fragen

1. Warum will ich nicht mehr lebendig sein? Was veranlaßt mich, nur auf Sparflamme zu leben?
2. Wozu brauche ich ein so dickes Fell?
3. Was will mir mein Übergewicht* sagen? Was ersetzt es mir?
4. Wo verstecke ich meine Lebensenergie?
5. Was macht mich zum Eisblock?
6. Wie kann ich meine Resignation in Hingabe,meinen Fatalismus in Ergebenheit wandeln?
7. Was sollte ich sterben lassen, um wieder lebendig zu werden?
8. Inwieweit bin ich die Auseinandersetzung mit dem Tod schuldig geblieben?
9. Wo ist mein Platz, an dem ich leben und gedeihen könnte?

V. Die Wirbelsäule

Unser *verbindlich*stes Organ ist die Wirbelsäule (WS), die das Oben (Kopf) mit dem Unten (Becken) verbindet. Der Name Wirbelsäule (Columna vertebralis) ist insofern nur eine Annäherung an die Wirklichkeit, als sie während der überwiegenden Lebenszeit weniger Säule als geschwungener Bogen ist. Von der Seite betrachtet, stellt dieser sich als Doppel-S dar. Die Wirbelsäule verhält sich wie eine funktionale Einheit, besteht aber aus 34 bis 35 Einzelknochen: 7 Hals-, 12 Brust-, 5 Lenden-, 5 Kreuzbein- und 4 bis 5 Steißbeinwirbeln. Davon sind die oberen 24 beweglich, die unteren 10 bis 11 miteinander zu Kreuz- und Steißbein verwachsen. Zur funktionalen Einheit Wirbelsäule sind letztlich auch noch die 550 Muskeln und 400 Sehnen und Bänder des umgebenden Stützapparates zu rechnen, die für Stabilität sorgen und zugleich die eindrucksvolle Beweglichkeit in den 144 kleinen Gelenken ermöglichen.Außer den beiden oberen Halswirbeln Atlas und Axis haben alle anderen eine ähnliche Grundform:

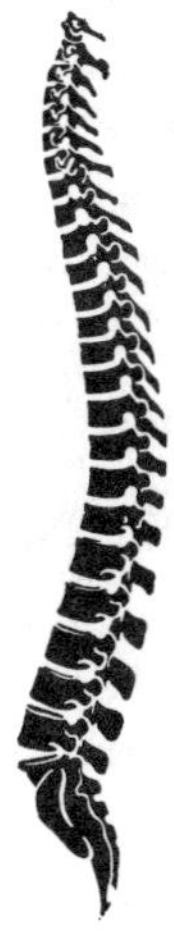

Während die massiven Wirbelkörper die Last tragen, schützt der Wirbelkanal, der sich aus den übereinanderliegenden Wirbellöchern bildet, das empfindliche Rückenmark. Zwischen jeweils zwei benachbarten Wirbeln treten die Rückenmarksnerven aus. Die Brustwirbel verfügen zusätzlich über kleine Gelenksflächen für die Rippen und ermöglichen so die atemabhängigen Bewegungen des Brustkorbes. Oft wird die WS nach den nach hinten weisenden Dornfortsätzen »Rückgrat« genannt; wohl, weil dieser scharfe Grat das erste war, was die Menschen von der WS wahrnahmen.

Die in jedem ihrer Hauptabschnitte unterschiedliche Beweglichkeit beruht ganz wesentlich auf den Band- oder Zwischenwirbelscheiben. Jede dieser Scheiben enthält einen gallertigen Kern aus schleimig-flüssiger Substanz. Beim Neugeborenen besteht sie zu 88 Prozent aus Wasser, beim 70jährigen immer noch zu 70 Prozent. Um diesen weichen, verformbaren Kern, der sich den Bewegungen der WS anpaßt und sowohl als Druckverteiler bei Stauchung wie als Druckentlaster bei Streckungen fungieren kann, lagert sich eine faserige Ringstruktur. Diese setzt den Bewegungen des weichen Kernes Grenzen und hält die Bandscheibe im wahrsten Sinne des Wortes in Form. Etwaige Risse in dieser Befestigungsanlage leisten den gefürchteten Bandscheibenvorfällen Vorschub. Den starken Innendruck der Gallertkerne gleichen die zahlreichen Muskeln und Bänder der WS aus. Der Mastvertakelung eines Segelschiffes vergleichbar, entsteht ein gespanntes Gleichgewicht. Die Gallertkerne zielen auf Ausdehnung, die sie einkleidenden Faserringe setzen dem Widerstand entgegen. Die Muskeln verspannen die Wirbel miteinander und ziehen sie zusammen mit der Tendenz, den Menschen klein und beisammen zu halten.

Bei der Betrachtung der WS als funktionalem Gesamtorgan springen vor allem zwei Aspekte ins Auge: die Schlangenform und der polare Aufbau. Die Einzelwirbel wirken wie die Segmente eines Schlangenkörpers. Die Schlange ist eigentlich eine einzige WS, besteht sie doch ausschließlich aus Wirbeln.

Bei genauerer Betrachtung kommt die polare Struktur hinzu, die sich im Wechsel von hartem Wirbelkörper und weicher Bandscheibe ausdrückt.

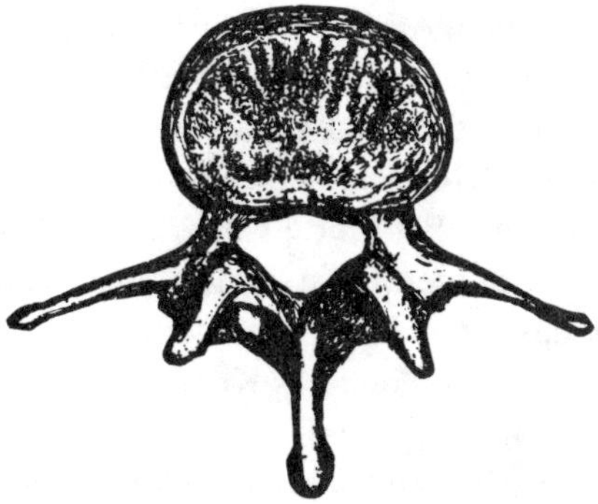

Das Schlangenmotiv hat in sich ebenfalls einen deutlichen Bezug zur Polarität, ist es doch die biblische Schlange, die die ersten Menschen in die polare Welt der Gegensätze verführt. Als verlängerter Arm des Teufels bringt sie Eva dazu, sich am Baum der Erkenntnis des Guten und des Bösen zu vergreifen. Erst nach dem Kosten der verbotenen Frucht sind die Menschen in der Lage, ihre Gegensätzlichkeit, sprich Geschlechtlichkeit, zu erkennen, und bedecken ihre Blößen mit den berühmten Feigenblättern. Die Schlange hat ihnen die Augen für die Polarität geöffnet, und niemand ist dazu besser geeignet. Als Werkzeug des Teufels, des Herrn dieser polaren Welt[66], bewegt sich die Schlange ständig durch beide Pole der Wirklichkeit. Deutlicher als andere Tiere ist sie an die Erde, als Symbol der Polarität, gefesselt. Schließlich liegt in ihrer Gefährlichkeit die Erlösungsmöglichkeit, verfügt sie doch über das Gift, das zum Heilmittel werden kann. In dieser Hinsicht ist sie ein typisches Geschöpf *Lucifer*s, der ja ebenfalls nicht nur sprachlich in sich die Möglichkeit trägt, Lichtbringer zu werden.

Bei der äußerlichen Betrachtung der WS fällt weiterhin auf, daß sie in ihrer Schlangenform der Äskulapnatter gleicht, dem Symbol der Ärzte. Wie die Äskulapnatter um den Äskulapstab, ringelt sich die WS um die gedachte Linie der Schwerkraft, der entlang der menschliche Körper von unten ständig zurück zur Erde und damit in die Haltung der Tiere gezogen wird. Die Natter aufzurichten bzw. das Untere hochzuheben, empfanden die Ärzte der Antike als ihre zentrale Aufgabe. Es ging ihnen noch darum, den Menschen aufzuhelfen aus der Gefangenschaft der unteren stofflichen Welt und ihnen Zugang zu höheren ideellen Aspekten der Wirklichkeit zu verschaffen. Hier bietet sich der Brückenschlag zum indischen Kulturraum an, in dem das Wissen um die Höherentwicklung des Menschen mit der Schlangenkraft »Kundalini« und der WS in Verbindung steht. Nach vedischer Auffassung schläft die Schlange Kundalini im untersten Chakra Muladhara, aufgerollt in dreieinhalb Windungen. Dieses unterste Chakra, das erste von sieben entlang der WS angeordneten Energiezentren, liegt auf Höhe des Kreuzbeines, lateinisch »os sacrum« genannt. In diesem auch in unserer Anatomie als heilig bezeichneten Knochen ruht nach hinduistischem Glauben die menschliche Urenergie, bis sie erweckt wird und entlang der WS durch die Chakren aufsteigt. Ist das oberste oder Scheitelchakra erreicht und geöffnet, ist der Mensch verwirklicht, erleuchtet oder, wie die Inder sagen, zum Purusha, zum eigentlichen Menschen, geworden.

Die okkulte Anatomie des Hinduismus geht davon aus, daß es in der Gegend des Rückgrates drei feinstoffliche Kanäle gibt, durch die die Energie aufsteigen kann: Ida und Pingala zu beiden Seiten und Shushumna in der Mitte. Vielfach und eindringlich wird davor gewarnt, mit den in diesen Bereichen schlummernden großen Kräften zu spielen und sich ohne kompetenten Lehrer in diese Regionen zu wagen. Andererseits wird kein Zweifel gelassen, daß die eigentliche Menschwerdung entlang der WS stattfinden muß. Wie die Energie muß sich der ganze Mensch an dieser zentralen Achse hocharbeiten bis zu letzter Aufrichtigkeit. Auch andere alte Kulturen wußten um die Kräfte, die entlang der WS fließen. Die chinesische Akupunkturlehre etwa geht ebenfalls von Gefäßen (Meridianen) zentraler Bedeutung in dieser Region aus.

Die Schlange, die die (ersten) Menschen in die Polarität verführte, vermittelt ihnen also auf energetischer Ebene die Chance, über die Polarität hinauszuwachsen und zurückzukehren zurEinheit bzw. zum Heil. So wird die Schlange zu *dem* Entwicklungssymbol. Wie das Erwachen der Energieschlange Kundalini entscheidend für den Aufstieg zum wahren geistigen Menschen ist, war es die physische Aufrichtung der frühen Menschen, die erst die Aufrichtigkeit und damit die Menschwerdung im eigentlichen Sinne ermöglichte. Die WS steht also in beiderlei Hinsicht im Mittelpunkt des menschlichen Aufstiegs. Etwas poetischer ausgedrückt, hieße das, die hochfliegenden Träume der Menschheit rankten zu allen Zeiten an der WS empor und zielten darauf, sich von Mutter Erde zu lösen und dem Vater im Himmel näher zu kommen.

Die Schlange als Symbol der Polarität kann am besten helfen, die Welt der Gegensätze zu überwinden. Wie leicht ihr mögliches Geschenk aber wieder zum Gift wird, zeigen die spirituellen Unfälle, die beim leichtfertigen Umgang mit der Kundalinikraft vorkommen. Die Gefahr liegt darin, das Gleichgewicht zu verlieren und zu weit in einen der Pole zu geraten. Zum Ziel führt nur der Weg der Mitte, und er kann nur gegangen werden, wenn die seitlichen polaren Kräfte, das Männliche und das Weibliche, ausbalanciert sind.

Die zweite Eigentümlichkeit der WS neben der Schlangenform ist der Wechsel der Pole über ihre ganze Länge, folgt doch jeweils auf einen knöchernen Wirbelkörper eine elastische Bandscheibe. Der Wechsel von *knochenharter* Materie und wäßrig-weicher Gallerte (im Kern der Bandscheibe) ist notwendig für die Funktion. Symbolisch gehört das Harte, Starke eher zum männlichen Pol, während die weiche anpassungsfähige Qualität des Wasserelementes, das in den Bandscheiben dominiert, weiblich ist. Im stetigen Wechsel von Weiblichem und Männlichem bildet dieWS eine Ursymbolik ab, die allen Kulturen und Religionen vertraut ist. Der Taoismus stellt diese Verbindung im Tai-Chi-Symbol dar, die griechische Mythologie in der Perlenkette der Harmonia, die der göttliche Schmied Hephaistos aus abwechselnd schwarzen und weißen Perlen fertigte.

Die Ausnutzung des Polaritätsprinzips erhöht die Belastbarkeit der WS ungemein. Sorgt der knöcherne Anteil für Festigkeit und Stabilität, gewährt der wäßrig-gallertige die ebenso notwendige Elastizität und Anpassungsfähigkeit. Krankheitsbilder, bei denen ein Aspekt zu kurz kommt, zeigen die Problematik der Extreme: Der Morbus Bechterew führt zur Verhärtung und Verknöcherung der elastischen Zwischenwirbelzonen. Die Folge ist eine extreme Lebenseinschränkung der Patienten, im wahrsten Sinne des Wortes eine Verknöcherung ihrer Mitte. Auf dem Gegenpol können sich bei Knochenerweichungsprozessen durch rachitische oder tuberkulöse Prozesse örtliche Zusammenbrüche der WS ereignen. In der Folge ist die Aufrichtigkeit oft eingeschränkt durch Verkrümmungen bis zu Buckelbildungen. Im Extremfall droht eine Querschnittslähmung.

Dem Prinzip der abwechselnd aufeinander folgenden Pole gehorcht auch die Signatur der WS. Die doppelte S-Form bringt einen beständigen Wechsel zwischen konkaven und konvexen Windungen mit sich. Von der Seite betrachtet imponiert die sogenannte Halslordose als hervortretendes und damit eher männliches Element, während die Brustkyphose[67] in ihrem Zurückweichen und schützenden Aufnehmen der Brustorgane etwas Weiblich-Bergendes hat. Am Übergang der Brust- zur Lendenwirbelsäule folgt nochmals die Gegenbewegung einer Lordose. In der Vereinigung des (heiligen) Kreuzbeines mit dem Steißbein tritt wiederum die typisch bergende weibliche Signatur als rückwärtiger Teil der Beckenschale in Erscheinung.

Sowohl der Wechsel zwischen harten und weichen Elementen als auch der Formwechsel, der aus der WS eigentlich eine Wirbelgirlande macht, verwirklichen auf einfache Art die Stoßdämpferidee. Beide Prinzipien sind in der Lage, Stöße und Stauchungen in idealer Weise abzufedern. Normalerweise drücken30 bis 50 kg auf die Bandscheiben. Eine Belastungserhöhung auf das Vierfache können sie durch eine geringe Abplattung auffangen. Die Anpassung an die tägliche Belastung läßt sich sehr einfach mit dem Zentimetermaß nachweisen. Morgens ist ein Mensch deutlich größer als am Abend. Die Last des Tages drückt ihn (bis zu zwei Zentimeter) nieder.

Akute Belastungen werden dagegen über die Biegungen der WS abgefedert. Die Stoßdämpfer eines Autos sind diesem genialen Prinzip nachempfunden. Die Biegungen der WS entsprechen den Spiralfedern, die, außen um die eigentlichen Stoßdämpfer herumlaufend, plötzliche Stöße abfangen. Der eigentliche Stoßdämpfer entspricht dem Wirbel-Bandscheiben-System, das die Dauerbelastungen trägt.

Die Problematik liegt wie so oft in den Extremen: Bei übertriebener Ausprägung der S-Form geht die Aufrichtigkeit zu Gunsten überzogener Anpassungsfähigkeit verloren. Diese Menschen buckeln. Bei zu geringer Ausprägung der S-Form passiert das Gegenteil. Die Betreffenden stolzieren durchs Leben ohne die notwendige Anpassungsfähigkeit und ohne die Möglichkeit, harte Stöße und Schläge abzufangen. Sie sind zu hart (gefedert) und gerade und daher besonders verletzungsanfällig.

Bevor wir uns konkreteren Wirbelsäulenproblemen zuwenden, lohnt ein Blick auf die Evolution. Die menschliche Entwicklung und die der WS sind aufs engste verknüpft. Insofern ist es nicht erstaunlich, wenn die allermeisten Wirbelsäulenprobleme entwicklungsgeschichtliche Wurzeln haben. Bedenkt man andererseits, daß jeder zweite Mensch unserer Zivilisation Rückenschmerzen kennt, zeigt sich, wie problematisch diese Geschichte bis heute ist.

Um die Jahrhundertwende konnte der Paläontologe Schwalbe belegen, daß die Aufrichtung auf die Hinterbeine lange vor der Großhirnentwicklung stattgefunden hat. Man hatte das 30 Millionen Jahre alte Skelett eines Wesens entdeckt, das noch das Gehirn eines Affen hatte, aber schon auf zwei Beinen lief. Andere Überlegungen untermauern die Annahme von der Aufrichtung auf die Hinterbeine als dem entscheidenden Schritt zur Menschwerdung. Denn so stolz wir auch auf unser Gehirn sein dürfen, es ist durchaus nicht einmalig. Verschiedene Wale und Delphine haben größere und sogar differenziertere Gehirne. Der aufrechte Gang dagegen ist einmalig, ebenso wie das Fußgewölbe, das ihn ermöglicht und das wir mit keiner anderen Kreatur teilen. Insofern ist es zusammen mit der aufrechten WS, anatomisch gesehen, das Menschlichste am Menschen.

Die Aufrichtigkeit bekommen wir nicht von vornherein geschenkt, sondern als Möglichkeit in die Wiege gelegt. Jeder einzelne muß sie sich neu erarbeiten. Mediziner sprechen davon, daß sich Phylogenese (Stammesgeschichte) und Ontogenese (Entwicklung des Einzelwesens) entsprechen. D.h., der heranwachsende Mensch muß noch einmal die wesentlichen Schritte der Stammesentwicklung der Menschheit in verkürzter, gleichsam symbolischer Form durchlaufen. Er beginnt als Einzeller, wird zum Wasserwesen, wobei das Fruchtwasser bis heute gewisse Parallelen zum Meerwasser aufweist. Nach der Geburt landet er auf dem Bauch wie die Reptilien, arbeitet sich dann krabbelnd auf die vier Füße, bevor er sich definitiv auf die Hinterbeine stellen kann. Der Biologe Adolf Portmann vermutete, daß der Mensch ein Jahr zu früh auf die Welt kommt. Während ein neugeborener Schimpanse bereits die Proportionen eines erwachsenen Schimpansen hat, muß der Mensch erst noch in sein erwachsenes Körpermuster hineinwachsen. Vor dem 5. Monat kann er sich nicht aufsetzen und die WS in die Vertikale bringen. Ab dem 6. Monat kann er frühestens und auch nur mit fremder Hilfe auf den eigenen Beinen stehen. Die ersten wackeligen, aber doch freien Schritte sind mit dem 11. Monat, also nach fast einem Jahr, möglich. Wer diese anstrengenden Entwicklungsschritte eines Kindes beobachten konnte, dürfte zugleich ein Bild von jenen ebenso gewaltigen ersten Schritten in die Senkrechte haben, die unsere Urahnen in grauer Vorzeit auf sich nahmen.

Wie tief unser stammesgeschichtliches Erbe in uns steckt, enthüllt die Embryologie. Zum einen hat der Embryo bis zum 4. Monat eine wesentlich längere Wirbelsäule, länger um jenen Teil, den wir bei »anderen Wirbeltieren« Schwanz nennen. Zum anderen entlarvte die Embryologie die WS als Weiterentwicklung jener Chorda dorsalis[68], die allen Wirbeltieren gemeinsam ist. Am Anfang hat der ungeborene Mensch noch solch eine Ur-Saite. Im Laufe der Entwicklung nimmt dann die Durchblutung der Chorda ab, und aus ihr entstehen die gallertigen Kerne der Bandscheiben. Insofern läßt sich an der WS nicht nur ablesen, wie viele Jahre der individuelle Mensch auf dem Buckel hat, sondern auch, wie viele Jahrmillionen die Menschheit schon hinter sich gebracht hat.

An unseren Problemen mit den Bandscheiben zeichnen sich die Schwierigkeiten ab, die wir bis heute mit unserer Entwicklung(sgeschichte) haben. Bei der anatomischen Betrachtung wird das anschaulich. Bei der Fortbewegung auf allen vieren ruhte der Körper stabil auf vier verläßlichen Säulen. Selbst wenn eine ausfiel, reichten die anderen drei aus. Im übrigen war die Gefahr eines Sturzes bei der Nähe zur Erde gering. Die WS war noch keine Säule, sondern eher eine leicht gebogene Kette. An ihr hing fest und sicher ein regelrechter Tragsack für die empfindlichen Eingeweide. Der Kopf hatte noch nicht die höchste Stelle im Leben und damit die Herrschaft erobert. Er hing bei der trottenden Fortbewegungsart vornüber und wurde so die meiste Zeit tiefer als der Schultergürtel getragen. Das hatte den schon erwähnten Vorteil, daß unsere Vorfahren weniger häufig verschnupft waren.

Aber nicht nur das Problem der vollen Nase handelten sich die ehrgeizigen und nach Höherem strebenden Menschen mit ihrer Aufrichtung ein. Durch den Tausch von vier verläßlichen Säulen gegen zwei wackelige Stelzen hatten sie ihren Schwerpunkt gefährlich weit nach oben verlegt und aus einem stabilen Gleichgewicht ein labiles gemacht. Die aufstrebenden Menschen machten das Beste daraus, erwarben nicht nur eine beruhigende Sicherheit auf ihren beiden Hinterbeinen, sondern auch eindrucksvolle Geschicklichkeit mit den freigewordenen Vorderbeinen. Es handelt sich hier wahrscheinlich um die früheste Form der Arbeitseinsparung durch Rationalisierung. Die gewonnene Freiheit durch die Freistellung zweier Beine hatte aber ihren Preis.

Mit der Aufrichtung kam das Thema Aufrichtigkeit ins Leben und der Kopf an die höchste und damit erste Stelle. Von den auf allen vieren lebenden Tieren würde kein vernünftiger Mensch Aufrichtigkeit erwarten. Andererseits freut es uns besonders, wenn unsere Haustiere Männchen machen und uns so einen kleinen Menschen vorspielen. Je menschlicher, d.h. aufrechter, sie sich gebärden, desto näher fühlen wir uns ihnen. Im Endeffekt nehmen wir Tieren aber mangelnde Aufrichtigkeit genausowenig übel wie Kindern, solange sie sich auf allen vieren bewegen. Erst das Erheben des Kopfes an höchste Stelle und die Aufrichtung der WS ermöglichen Aufrichtigkeit. Mit diesen beiden Schritten wird sie allerdings zur kategorischen Forderung, und nur ein aufrichtiger Mensch gilt hinfort als akzeptabel. Das Unaufrichtige erkennen wir instinktiv als mangelnde Entwicklung und lehnen es ab.

Mit dem aufrechten Leben bzw. der Erhebung des Kopfes kam eine Flut von Forderungen und Belastungen auf die Menschen zu. Zur Fähigkeit, physische Lasten zu schultern und über lange Strecken zu tragen, kam auch die, Lasten im übertragenen Sinne auf die eigenen Schultern zu nehmen. Damit war aber auch die Möglichkeit der Überlastung in beiderlei Hinsicht gegeben. Nicht nur die hochgetragene und deshalb so häufig verschnupfte Nase wurde zu einem Anzeigeorgan für die neuen Probleme, auch die WS als eigentlich Betroffene geriet naturgemäß ins Zentrum der Konflikte. All die aufgenommenen Lasten, Bürden und Verantwortungen, aber auch der größere Überblick auf den Hinterbeinen trugen ihren Teil bei, die hoch erhobenen Menschen wieder etwas niederzudrücken. Dabei waren die physischen Lasten noch die harmloseren, denn derer waren sie sich stets bewußt. Heutzutage sind es vor allem unbewußte Belastungen und Bürden, die die Menschen niederdrücken und es den modernen Bandscheiben *schwer*machen.

1. Bandscheibenprobleme

Das ganze Gewicht bewußter physischer und vor allem unbewußter geistig-seelischer Überlastungen wirkt sich auf die Bandscheiben aus. Solange es geht, passen sie sich an und geben nach, irgendwann aber platzt ihnen der Kragen (bzw. Faserring) – ein schlimmer Vorfall, der Bandscheibenvorfall. In Schmerz und anderen Symptomen von Empfindungsstörungen bis zu Lahmheit wird nun deutlich, wie bedrohlich der Druck ist. Man ist bewegungs- und kampfunfähig vor Druck und möchte schreien vor Schmerz.

Die häufigste Unfallstelle für solche Vorfälle ergibt sich aus den anatomischen Vorüberlegungen. Dort, wo das Stoßdämpfersystem am wenigsten abfedern kann und die Last am größten ist, wird die Bandscheibe am stärksten belastet. Über 90 Prozent der Vorfälle treffen daher die untersten drei Bandscheiben und insbesondere die beiden letzten. Die letzten beißen die Hunde, weiß auch das Sprichwort. Was an Weichem, Weiblichem zwischen die Mühlen des Harten, Männlichen geraten ist, dem Druck nachgegeben hat und in Form von Schmerzen um Hilfe schreit, schneiden Orthopäden in bester Absicht weg. Dann kann es nicht mehr weh tun, ist die bestrickende Logik. Das Problem ist damit aber nicht aus der Welt geschafft, sondern nur be*seit*igt. Im Bandscheibenvorfall ist die Tendenz, zunehmendem Druck zur Seite auszuweichen, verkörpert. Die Operation wird die Situation kurzfristig entspannen, das Thema aber noch tiefer in den Schatten drängen, von wo es sich bei nächster Gelegenheit wieder Beachtung verschafft.

Die Vorgeschichte eines Bandscheibenvorfalls beginnt lange vorher: Der gesunde elastische Gallertkern im Innern der Bandscheibe weicht normalerweise allen Druckbelastungen zur gedehnten Seite hin aus. Verliert er seine Elastizität, kann er nicht mehr so gut ausweichen. Bei zunehmender Druckbelastung steigt damit die Gefahr eines Risses im äußeren Faserring. In diesem Fall weicht der Kern schon bei normaler Druckbelastung durch den Spalt im Befestigungsring aus und drückt, heftige Schmerzen verursachend, auf die jeweiligen Nerven. Beim hinteren Bandscheibenvorfall sind vor allem die seitlichen Nervenwurzeln die leidtragenden. Der entstehende Schmerz strahlt entlang den Nervenbahnen in die Peripherie aus.

Beim typischen **Ischias** kann er bis in die Waden und weiter in den Fuß reichen. Seltener drückt die herausgequetschte Bandscheibe in der Mitte gegen das Rückenmark. Die Schmerzen werden dann in jenen unteren Körperbereichen empfunden, aus denen die gequetschten Nervenfasern kommen. Es kann zu den verschiedenen Lähmungserscheinungen kommen, sowohl in den Beinen wie in Harnblase oder Darm. Nach akuten Vorfällen gleitet der herausgepreßte Kern oft von allein wieder zurück, in vielen Fällen kann er durch sogenanntes Aushängen oder chiropraktische Manipulationen wieder zurückbefördert werden. Anschließend muß der Betroffene aber bei jeder extremen Bewegung auf einen neuerlichen Vorfall gefaßt sein.

Im Rahmen einer wirklichen Lösung müßte der niedergedrückte weiche Teil vom Druck entlastet und langfristig aus der Erpressungssituation befreit werden. Dabei kann es hilfreich sein, die verschobene knöcherne Situation wieder einzurenken, letztlich aber muß die verfahrene Geschichte auf geistig-seelischer Ebene wieder eingerenkt werden.

Wenn wir vom **Hexenschuß** sprechen, ist das keine zufällige Eigenheit des Deutschen, sondern findet sich in vielen Sprachen. In der Antike ging man selbstverständlich davon aus, daß Beschwerden und besonders plötzlich ein*schießen*de Schmerzen vom Schicksal und damit von den Göttern geschickt wurden. Hekate und Pandora taten sich diesbezüglich hervor. Im Schottischen und Irischen gibt es die Worte »Albschoß« und »Elfflint« zur Bezeichnung des Hexenschusses. Die Alten sahen in den schlagartig einsetzenden Schmerzen das Einfahren des Bösen schlechthin und projizierten es auf die bösen Hexen. Auch wenn wir heute über solch kausale Erklärungen hinaus sind, liegt uns der Mechanismus der Projektion nach wie vor nahe. Viele Menschen liebäugeln mit dem Gedanken, daß irgendwer, nur nicht gerade sie selbst, an dem Vorfall schuld sein müsse. Insofern paßt das Wort »Hexenschuß« auch zu uns. Vielleicht hat sich das erste Opfer dieses Krankheitsbildes wirklich zu abrupt nach irgendeiner »Hexe« umgesehen. Vielleicht hat es ihn im wahrsten Sinne des Wortes herumgerissen beim Anblick der Schönen. Wäre er zu seinem Hingerissensein gestanden, hätte seine WS das Spiel klaglos mitgespielt. Wer sich aber hinreißen läßt, ohne sich seinen Anteil daran einzugestehen, ist gefährdet, den Riß physisch nachzuerleben, bis er an seiner direkten Beteiligung an dem Geschehen keinen Zweifel mehr hat. Die Bezeichnung »Hexenschuß« schiebt die Verantwortung der entsprechenden Hexe in die Schuhe, die gleichsam hinterrücks und ohne Grund den Betroffenen angeschossen haben soll. In Wirklichkeit kann die tollste »Hexe« nur jenen Kopf (und jene Wirbelsäule) verdrehen, der sich hinreißen läßt. Natürlich gibt es eine Fülle anderer Situationen, in denen man sich etwas verreißen kann und die nichts mit dem Hexenthema zu tun haben. Gemeinsam ist ihnen aber das Muster, daß es sich um unbewußte, damit auch unkontrollierte Bewegungen handelt, zu deren ganzem Ausmaß man nicht steht.

Bleibt ein Bandscheibenvorfall über längere Zeit bestehen, kann es über anfängliches Kribbeln und Empfindungen »wie von laufenden Ameisen« bis zu Lähmungen im Sinne eines Querschnittssyndroms* kommen. Das Krankheitsbild macht anfangs über die Mißempfindungen klar, was für eine unstimmige und irregeleitete Wahrnehmung man von der unteren Körperhälfte hat. In der Lähmung zeigt sich dann, wie leblos und unbeherrschbar die Partie unterhalb des Vorfalles ist. Die Aufgabe wird ebenfalls in den Symptomen angedeutet. Die Mißempfindungen ziehen die Aufmerksamkeit nach unten und betonen die Not*wendig*keit, sich um diesen Bereich zu kümmern. In der Lähmung verkörpert sich eine unerlöste Form der Entspannung. Diese in erlöster Weise in bezug auf den Unterleib und die Beine zu leben, lautet die Aufgabe. Mit den Beinen und ihrer Behinderung sind die Themen Stehen (Standfestigkeit, Beständigkeit, Eigenständigkeit, Selbständigkeit) und Gehen (Vorwärtskommen, Fortschritt, Aufstieg) angesprochen. Es geht darum, diesbezüglich zu entspannen bzw. Entspannung in diese Bereiche zu bringen.

Die spezielle Problematik der Beschwerden ergibt sich aus ihrem jeweiligen Symptommuster. Manchen Bandscheibenpatienten ist es z.B. nicht mehr möglich, sich gerade aufzurichten. In den Hüftgelenken nach vorne gebeugt, können sie sich mit stocksteifem Rücken nur krumm durch den Tag bringen. Der Volksmund spricht nicht umsonst vom »krummen Hund«. Hier wird offensichtlich die Problematik fehlender Aufrichtigkeit verkörpert. Ganz konkret wird dargestellt, wie schmerzhaft es für die Betroffenen ist, aufrichtig zu sein bzw. aufrecht zu gehen. Es ist ihnen nicht möglich, sich gerade zu machen, geschweige denn Rückgrat zu zeigen. Die Lösung drückt sich in der gebeugt-gedemütigten Haltung aus. Offenbar geht es darum, diese Position anzunehmen, d.h. sich wirklich zu beugen bzw. die Demütigung in echte Demut zu verwandeln.

Unter derselben Diagnose »laufen« allerdings auch die entgegengesetzten Gestalten. Jene stocksteifen, über die Maßen aufrechten Patienten, die wie Roboter in rechtwinkligen Bewegungen gehen, da ihnen die geringste Bückbewegung oder Abweichung aus der Senkrechten unerträgliche Beschwerden bereitet. Dieses Krankheitsbild zeigt nachdrücklich, wie unbeugsam sie sind, wie steif und unlebendig. Sie stolzieren durch ein von weichen Bewegungen und fließenden Übergängen geprägtes Leben, das ihnen fremd bleiben muß. In ihrem Gang kommt deutlich zum Ausdruck, daß sie keine Zwischentöne und Nuancen und nichts Fließendes in ihrem Innern zulassen. Harte Strukturen und übertriebene Aufrichtigkeit bestimmen ihr Leben bis hin zur Rechthaberei. Zwischentöne und echte Demut bleiben ihnen fremd. Die Aufrichtigkeit ist erzwungen und wirkt unecht, sie ist die Krücke, die sie aufrecht und siegessicher am wirklichen Leben vorbeistolzieren läßt. Das Bild des Hagestolz oder preußischen Offiziers paßt in diese Seelenlandschaft. Die zu erlösende Aufgabe im Symptombild legt nahe, jene Aufrichtigkeit, die man ständig demonstriert, weil man nicht aus seinem engen Korsett heraus kann, in echte Geradlinigkeit und Ehrlichkeit sich selbst gegenüber zu wandeln.

Beide Typen teilen von entgegengesetzten Polen ein gemeinsames Problem: Aufrichtigkeit. Der »krumme Hund« muß sein Gebeugtsein erlösen und die darin verborgene Demut befreien. Hat er das geschafft, fällt ihm auch die Ehrlichkeit und Aufrichtigkeit des Gegenpoles zu. Der gerade »Hagestolz« muß seine Steifheit annehmen und lernen, daß in ihr Aufrichtigkeit und geistig-seelische Geradlinigkeit ihrer Befreiung harren. Hat er diese tiefe Ehrlichkeit in sich gefunden,wird es ihm auch leicht möglich, sich zu den Tiefen des Lebens herabzulassen, den eigenen Rücken zu beugen und demütig vor dem Leben zu stehen. Aus der entgegengesetzten unerlösten Grundspannung kommend, nähern sich beide, Hochnäsigkeit und Demütigung, demselben erlösten Grundthema von verschiedenen Seiten: Aufrichtigkeit und Demut. Auch wenn sie scheinbar so weit auseinander liegen, sind sie sich in Wahrheit doch nahe. Niemand ist z.B. so sehr in Gefahr, gedemütigt zu werden wie der Hochnäsige. Und niemand wirkt so arrogant und abstoßend wie der Buckler, der selbst nichts von seiner krummen (Un-)Art weiß. Auf der erlösten Ebene wird ihre Nähe noch greifbarer, ist doch der wahrhaft Demütige auch absolut aufrichtig.

Ein weiterer bedeutungsvoller Punkt ist der Faktor Ruhe. Die meisten Bandscheibenpatienten werden von ihrem Symptom dazu gezwungen, da ihnen jede Bewegung Schmerzen bereitet. Offensichtlich haben sie sich zuviel aufgeladen und fühlen nun die Schmerzen, die es bereitet, sich unter der Last ihres Lebens zu bewegen. Das Symptom therapiert sie gleich, indem es ihnen die not-wendige Ruhe aufzwingt. So können sie in aller Ruhe darüber nachdenken, warum und wofür sie sich soviel aufgebürdet haben oder anderen erlaubt haben, es zu tun. Das Ergebnis solcher Überlegungen wird zu der Erkenntnis führen, daß sie versucht haben, durch besondere Leistungen besonders viel Anerkennung zu verdienen. Der äußere Wirbel um Ehrgeiz und Aufstieg verrät ein inneres Defizit und schlägt sich an den körperlichen Wirbeln nieder. Die Lernaufgabe liegt darin, sich selbst in Ruhe zu ertragen, statt weiterhin so schwer an all den Versuchen zu tragen, das innere Minderwertigkeitsgefühl mit Beweisen äußerer Unentbehrlichkeit zu überdecken. So wie man sich in dieser Situation niederlegen muß, wäre es angemessen, auch all die überflüssigen Lasten niederzulegen und auszuruhen.

Fragen

1. Wie steht es mit dem Thema Aufrichtigkeit in meinem Leben?
2. Zeige ich Rückgrat und mache mich für wichtige Dinge gerade?
3. Bin ich flexibel und beugsam, zu echter Demut fähig?
4. Wird mein weiblicher Anteil von meinem männlichen unter Druck gesetzt oder gar erpreßt?
5. Trage ich unbewußt Lasten, zu denen ich bewußt nicht stehe?
6. Was für Bürden trage ich um der Anerkennung willen?
7. Fordert mein Symptom von mir Ruhe oder Bewegung?

Seltener kommt es vor, daß Patienten gerade in Ruhe und im Liegen die schlimmsten Schmerzen haben und folglich ruhelos herumwandern und vor Schmerz sogar versuchen, im Sitzen zu schlafen. Hier schafft das Symptom Bewegung und zwingt so zum Wachbleiben bzw. Aufwachen. Es geht offenbar nicht darum, sich weiterhin ruhig zu betten und auszuruhen, sondern Aktivität, Aufrichtigkeit und Verantwortlichkeit sind gefordert, und zwar augenblicklich.

2. Verschiebung des ersten Halswirbels

Die zumeist auf einen Unfall zurückgehende Verschiebung des obersten Halswirbels macht durch schmerzhafte Ausstrahlungen Probleme, die die ganze Wirbelsäule (WS) hinunterreichen können. In der Mythologie ist es der Titan Atlas, der als Strafe für den von allen Titanen angezettelten Aufstand die Weltkugel auf seinen Schultern tragen und im Gleichgewicht halten muß. Der oberste Halswirbel hat ganz analog die Aufgabe, unsere Schädelkugel auf sich zu nehmen und sie nicht nur zu tragen, sondern auch auszubalancieren.

Wenn (der) Atlas aus dieser verantwortungsschweren Rolle ausbricht, indem er versucht, sich zur Seite davonzumachen, ist das ein Versuch, sich der auferlegten Verantwortung zu entziehen. Zugleich dokumentiert er mit den Schmerzen, wie weh ihm die Last der Kugel tut. Da er sich nicht allein verantwortlich fühlt, läßt er die Schmerzen auch auf die anderen untergebenen Glieder der Wirbelkette ausstrahlen. Der Kopf ist für die Menschen die Welt geworden, jedenfalls für die an diesen Beschwerden leidenden.

Der Körper zeigt ihnen, repräsentiert durch seinen obersten Vertreter, Atlas, daß er nicht bereit ist, weiter die schwere Last des (dicken) Schädels klaglos auf seinen Schultern zu tragen. Er macht auf sich aufmerksam, und je nach Heftigkeit der Schmerzen schreit er geradezu um Hilfe. Am liebsten würde er sich zur Seite verdrücken und drückt das in seiner Lageveränderung ansatzweise aus. Das in den Schatten gerutschte Thema lautet folglich: Die Belastung durch den Kopf ist nicht mehr er*träg*lich, die Schmerzgrenze ist überschritten. Die einzige sinnvolle Lösung besteht darin, sich den Kopf wieder zurechtrücken zu lassen. Am besten geschieht das natürlich im übertragenen Sinne. Den ersten Schritt kann aber auch ein Chiropraktiker von außen beitragen. Mit einem kräftigen Ruck, der den Kopf ein wenig über das Ziel hinaus bewegt, läßt er ihn wieder in die angestammte Position springen. Dieser relativ drastische Eingriff zeigt bereits, daß es schon einen ordentlichen Ruck braucht, um eine so verschobene Position wieder einzurenken. Bezeichnenderweise reicht rein physisches Einrenken auf die Dauer nicht, der entsprechende Wirbel neigt so lange dazu, sich wieder zu verlagern, wie die Situation im Übertragenen nicht bereinigt ist. Der Unfall, den der Atlas zum Anlaß für seine (Ver)Schiebung nimmt, zeigt durch seine Heftigkeit an, wie erheblich der Widerstand gegen Richtungsänderungen ist. Es braucht schon einige Gewalt, um den Betreffenden den Kopf zu verdrehen. Sowohl der Unfall als auch der Chiropraktiker demonstrieren, wie *not*wendig selbst abrupte Richtungsänderungen sein können.

Die Lernaufgabe beim verschobenen Atlas besteht darin, aus den eingefahrenen Bahnen – und sei es auch ruckartig – herauszuspringen, den Kopf in eine neue Richtung zu wenden, ihn sich vielleicht auch einmal verdrehen zu lassen, statt vom Chiropraktiker von anderen *reizenden* Menschen – ohne Gewaltanwendung, freiwillig und aus Spaß am Neuen.

Die Patienten bilden den Gegenpol zu den Wendehälsen, die ihre Köpfe wie Wetterfähnchen dem Wind anvertrauen. Sie sind sich ihres Verhaltens bewußt, beruht es doch auf bewußter Spekulation und einer gehörigen Portion Opportunismus. Die absichtsvolle Bewußtheit ihrer fragwürdigen Haltung erspart ihnen allerdings körperliche Symptome, ansonsten müßten sie sich die Halswirbelsäule ausleiern.

Verrenkt sie sich jemand bei jeder Gelegenheit, liegt der Verdacht nahe, daß er sich seine opportunistischen Wendemanöver nicht eingesteht und der Körper sie ihm auf diese Weise zu Bewußtsein bringt. Schmerzhaft wird ihm nahegebracht, daß er in seinen Verrenkungen zuweit geht und über das Ziel hinausschießt. Das Symptom hat auch gleich wieder die Therapie parat und zwingt die Betroffenen, zeitweise mit Scheuklappen durch die Welt zu gehen und, weder rechts noch links schauend, zielstrebig ihrer eigenen Nase zu folgen. Die langfristige Lösung nach dieser Bewährungsprobe auf dem Gegenpol liegt darin, zu wirklicher Beweglichkeit und Anpassungsfähigkeit zu finden. Nicht sich um kleinster Vorteile willen zu drehen und zu wenden, ist ihnen aufgegeben, sondern mit dem Leben zu fließen und sich seinen Erfordernissen anzupassen.

Fragen

1. Ist mein Kopf zur uner*träg*lich hohen Belastung geworden?
2. Wogegen probt mein Atlas den Aufstand?
3. Was will mir mein Schicksal sagen, indem es mir den Kopf zurechtsetzt?
4. Was könnte mir den Kopf verdrehen, was ihn zurechtrücken?
5. Wie steht es mit meiner Anpassungsfähigkeit und Wendigkeit?

3. Haltungsprobleme

Die äußere Haltung entspricht der inneren bzw. verkörpert sie. Versucht jemand seine innere Haltung mit einer bewußt angenommenen äußeren zu vertuschen, wird das der Umwelt meist bald auffallen und dem Betroffenen selbst Probleme machen. Andererseits können bewußt vorgenommene äußere Veränderungen, etwa im Sinne eines Rituals, sehr wohl innere Wirklichkeiten schaffen. Diese Idee liegt den Asanas und Mudras im Hatha-Yoga zugrunde. Auf Grund ihrer Bewußtheit wird aus solchen Ritualen kein körperliches Leid entstehen wie aus dem mühevollen Überspielen von Fehlhaltungen.

Zwingt ein Krankheitsbild jemandem eine bestimmte Körperform auf, wird auch eine entsprechende innere, dem Patienten allerdings unbewußte Haltung vorliegen. Der entscheidende Punkt für Deutungen ist, ob man sich mit einer Haltung bewußt identifiziert oder ihr unbewußtes Opfer geworden ist. Ein demütiger Mensch mag sich durchaus in einer etwas gebeugten Haltung mit niedergeschlagenen Augen wohl fühlen und keinerlei Beschwerden dabei haben. Dieselbe Haltung mag ein anderer gezwungenermaßen innehaben, sich darin gedemütigt fühlen und entsprechende Schmerzen im Zusammenhang mit seinem Widerstand verspüren. Eine Haltung an sich ist also noch nicht mit einem Krankheitssymptom gleichzusetzen, entscheidend ist die *Einstellung*, die die Betroffenen zu ihrer Haltung einnehmen.

Rundrücken, Hohlkreuz und Hagestolz

Die bei den Bandscheibenproblemen deutlich gewordene Nähe der Gegensätze, setzt sich bei den Haltungsschäden fort. Rundrücken und Hohlkreuz sind hier die beiden Seiten derselben Medaille. Der Rundrücken verrät ein gebeugtes und manchmal sogar ein gebrochenes Kind (oder später dann einen entsprechenden Erwachsenen). Gerade diese ins Auge springende Ehrlichkeit des Symptoms ist aber den Erziehern meist ein Dorn im Auge. Sie wollen sich mit den Ergebnissen ihres Einflusses nicht konfrontieren und werden deshalb nicht müde, entsprechende Ermahnungen anzubringen: »Steh gerade!«, »Brust heraus, Bauch einziehen!« Mit der Zeit können so über das ehrliche Symptom des Rundrückens die Kompensationsmuster »Hohlkreuz« oder »kleiner Gardeoffizier« trainiert werden. Der Rundrücken zeigt, daß hier jemand buckelt, sich nicht gerade machen kann und »kein Rückgrat« hat. Man kann jemandem den Rücken brechen, ohne ihn physisch zu berühren. Wenn man den Willen eines Pferdes bricht, geschieht dies dadurch, daß man dessen widerstrebende Wirbelsäule gefügig macht. Bricht man einen Menschen, geschieht es ebenfalls dadurch, daß man sein Rückgrat gefügig und biegsam macht, ihn hindert, sich für die eigenen Interessen und Ansichten gerade zu machen und aufrecht durchs Leben zu gehen. Ein solcher Art gebeugter Mensch ist natürlich krumm, und tatsächlich ist er ja auch unehrlich, steht er doch nicht zu seinem eigenen Leben. Der Volksmund bemüht in diesem Zusammenhang das Bild des Radfahrers, der den Buckel krumm macht, um ordentlich vorwärts zu kommen. Eine ganze Lebenseinstellung wird in diesem Bild karikiert: nach oben buckeln, nach unten treten. Auch andere Bilder wie das des *Kriechers* oder gar des *Arschkriechers* enthüllen ähnlich opportunistische Haltungen, denen das Fehlen von Geradlinigkeit und überhaupt einer eigenen Linie gemeinsam ist. Es handelt sich um *haltlose* Menschen, die sich nicht gerade machen und nicht aufrecht durchs Leben gehen können. In ihrer seelischen Buckligkeit verkörpern sie einen Rückfall in die Zeit, als die »Menschen« noch nicht aufrecht gingen. Wahrscheinlich ist es diese Regression, die wir ihnen so übelnehmen, weil wir so ungern an die dunklen Zeiten der kollektiven Vergangenheit erinnert werden.

Das **Hohlkreuz** ist der nahverwandte Gegenpol. Das Wort ist sehr ehrlich und verrät, wie hohl diese Haltung ist. Entsprach der Rundrücken der Signatur des buckelnden, gedemütigten Bandscheibenpatienten, verrät das Hohlkreuz den ebenso bemüht durchs Leben *eiernden* Biedermann. Sein Becken ist nach vorn gekippt, und um diese Vorderlastigkeit auszugleichen und noch einen einigermaßen geraden Eindruck zu machen, muß er die Brust extrem zurücknehmen. Das Ergebnis ist die Haltung eines Fragezeichens (?), die auch sein Leben bestimmt. Während die Buckler sich vor allen beugen, um nirgends anzuecken, versuchen die *Hohlkreuzler* bei ihrem Versuch, es allen recht zu machen, auch noch einen guten, d.h. respektablen Eindruck zu erwecken. Die an sich schon federnde Haltung der Wirbelsäule treiben sie ins Extrem und federn sich durchs Leben.

Die raffinierteste, weil am schwersten zu erkennende und am respektabelsten wirkende Fehlhaltung liegt in der Gestalt der **Hagestolze**. Mit durchgestrecktem, kerzengeradem Kreuz demonstrieren sie Vorbildlichkeit, wobei sie gleichzeitig Aufrichtigkeit, einen makellos aufrechten Gang und die stolzgeschwellte Brust in die Bresche werfen. Wo solch eine Haltung nicht natürlich, sondern demonstrativ ist, liegt der Verdacht nahe, daß sie zur Kompensation eines im Schatten hockenden, insgeheim buckelnden Kriechers oder Hohlkreuzlers dient.

Gebrochene Kinder, die sich diese Haltung antrainieren (lassen), sind ein trauriges, Soldaten ein oft lächerliches Beispiel. Je härter ihr Drill, desto »besser« die Soldaten. Drill zielt im wesentllichen darauf, den »Dienenden« den Willen und mit diesem *das Rückgrat zu brechen.* »Augen links!«, »Augen geradeaus!«, »Stillgestanden!«, »Rührt euch!« usw. Unbedingte Funktion und bedingungsloser Gehorsam sind gefragt und werden bis zum Umfallen trainiert. Der Soldat soll gerade nicht selbst denken und seine Interessen vertreten, sonst würde er kaum sein Leben für die Ideen von Feldherren oder Politikern aufs Spiel setzen. Er soll auf fremden Befehl hin funktionieren, ohne über diesen im geringsten nachzudenken. Alles Nötige wird ihm gesagt, von der Richtung, in die er zu schauen hat, bis zur

Haltung seiner Wirbelsäule. Ein Elitesoldat, der dieses Ideal verinnerlicht hatte, bezeichnete sich öffentlich und voller Stolz als »Kampfmaschine«. Um Maschine zu werden, muß man sich natürlich den eigenen Willen austreiben lassen bzw. ihn bedingungslos fremder Führung unterstellen. Das Rückgrat wird durch *eiserne* Befehlsstrukturen ersetzt. Da es aber weder auf die Feinde noch auf die eigenen Führer Eindruck machen würde, wenn Soldaten mit ehrlichen Rundrücken an*rücken* würden, wird ein steifes Kreuz darübertrainiert. Die diesbezüglichen Befehle sind – gerade in ihrer naiven Dümmlichkeit – ehrlich: »Richt euch!«, »Haltung!«, »Präsentiert das Gewehr!« Zum Kämpfen sind das ungeeignete Anweisungen, hier werden Marionetten geeicht, denen man jede Kleinigkeit vorgibt, bis sie blind funktionieren. Daß die solcherart Entmündigten in den Befehlen einseitig geduzt werden, versteht sich von selbst. Antrainieren von Robotereigenschaften, die nur gefügig und gehorsam machen und das eigene Denken ausschalten, zielt auf den sprichwörtlichen Kadavergehorsam.

Die erlöste Kreuzhaltung, die den Kontrapunkt zu allen drei Extremen darstellt, kommt der Soldatenhaltung äußerlich recht nahe, wobei sie innerlich von fließender anstelle von festgehaltener Energie geprägt ist. Selbstbewußte Menschen haben solch eine aufrechte und geschmeidige Gestalt. Die »guten« Helden der Filme strahlen diese von innen kommende Geradheit und Kraft aus, wie überhaupt Menschen, die bereit sind, für ihre Rechte zu kämpfen. Insofern können auch Soldaten dazugehören. An den Krieger Arjuna, den Helden der Bhagavad Gita, wäre hier zu denken, an Pallas Athene oder das Kriegerideal der Schamanen: so stolz, daß er sich vor niemandem beugt, und so demütig, daß er niemandem erlaubt, sich vor ihm zu beugen. Das schönste Bild dieser Haltung scheint mir der Tai-Chi-Meister, der einen Vogel durch seine Geschmeidigkeit fängt. Aufrecht und ruhig stehend, bietet er dem Vogel auf seiner Schulter Platz. Der Vogel landet, weil er in der Furchtlosigkeit des Meisters spürt, daß auch er keine Furcht zu haben braucht. Als er wieder weiterfliegen will, gelingt es ihm nicht. Sobald er sich abstoßen will, gibt der Meister in seinen fließenden Bewegungen nach. Damit der Vogel die Freiheit zurückgewinnen kann, muß der Meister ihm Widerstand bieten.

Dieser Ausflug vom Kinderzimmer über den Exerzierplatz zum bewußten Krieger mag zeigen, daß es sich bei den Haltungsextremen im Wirbelsäulenbereich um *ein* Thema handelt, das sich um die Achse rankt: fehlender Rückhalt und windelweiche innere Haltung einerseits und mutige Aufrichtigkeit andererseits. Der Ausdruck »Haltungsschaden« ist sehr stimmig, zeigt er doch, daß es sich hier um eine schädliche, weil von der eigenen so weit entfernte Haltung handelt.

Fragen

Zum Rundrücken:

1. Buckle ich durchs Leben? Wessen Tritte fürchte ich, wen trete ich? Wovor habe ich Angst?
2. Für wen oder was lege ich mich krumm?
3. Was erwarte ich mir davon?Wo will ich damit landen?

Zum Hohlkreuz:

1. Was ist hohl in meinem Leben?
2. Wem will ich was beweisen?
3. Welche Stöße fürchte ich, wovor will ich wegfedern?

Zum steifen Kreuz:

1. Was bringt mir mein gutes Funktionieren und Gehorchen?
2. Was geschieht in mir, wenn ich äußerlich Haltung annehme?
3. Wieviel Grund habe ich zu solch einer stolzen Haltung?

---

4. Der Buckel

Ein Buckel beruht auf einer Wirbelsäulenverkrümmung nach vorn und kann verschiedene Gründe haben. Auf dem Boden von tuberkulösen oder rachitischen Prozessen können Wirbelkörper zusammenbrechen, er kann angeboren oder unfallbedingt sein. In seiner abstoßenden Wirkung erinnert er nicht nur an den »krummen Hund«, sondern auch an die alte bucklige Hexe der Märchen. Beiden gemein-

Fragen

1. Worauf will mein Schicksal mich mit der Nase stoßen? Lasse ich mich *runter machen*? Mache ich es selbst? Oder mit anderen?
2. Was habe ich an Naheliegendem, mir zu Füßen Liegendem übersehen? Wie reagiere ich auf Bucklige?
3. Wo neige ich zum Buckeln, wo lasse ich andere buckeln?
4. Wovor ducke ich mich? Müssen sich andere vor mir ducken?
5. Welche Situationen demütigen mich? In welchen demütige ich?
6. Wie ist mein Verhältnis zu Demut?
7. Wie steh' ich da in diesem Leben?

sam ist ihr nicht zum Himmel, sondern nach unten zur Erde gewendeter Blick. Alles Untere ist uns aber, wie bei der Schlangenproblematik angesprochen, äußerst verdächtig, um nicht zu sagen ein Greuel. Kinder haben z.B. eine natürliche Abneigung gegen Bucklige und meiden sie. Dabei geht es offenbar nicht um die Ablehnung der betreffenden Menschen, sondern um den Widerwillen gegen ihre Gestalt. Sie verkörpert ein Thema, das den Betroffenen in dieser Deutlichkeit meist nicht bewußt ist.

Solchermaßen vom Schicksal Gezeichnete werden seit altersher mit dem Bösen in Verbindung gebracht. Verbreiteter Volksglauben sieht im Buckel Strafe für frühere Untaten, Östliche Menschen würden darin eine karmische Strafe oder Bußaufgabe sehen. Ohne auf die Problematik ins Leben mitgebrachter Aufgaben einzugehen, läßt sich feststellen, daß die bucklige Gestalt die eines Büßers ist. Für vom Schicksal gebeugte Menschen gibt es offensichtlich wenig Möglichkeiten, der Welt offensiv und konfrontativ zu begegnen. Sie haben die Augen niedergeschlagen und machen einen ebensolchen Eindruck. Die ihnen aufgezwungene Haltung verhindert bestimmte Erfahrungen in diesem Leben, sie sind offenbar nicht dran, andere drängen sich dagegen auf.

Die Aufgabe entspricht im Prinzip der des buckelnden Ischiaspatienten, wobei sie jetzt viel tiefer zielt und grundsätzlicher gestellt ist. Es geht darum, aus der gedemütigten Haltung Demut zu lernen.

Bei einem so emotional geladenen Thema ist das Problem der Wertung besonders gefährlich. Im konkreten Fall wird ein Außenstehender zwar immer das Thema erkennen können, aber kaum die Ebene, auf der es gelebt wird, und erst recht nicht, inwieweit es bereits erlöst ist. Quasimodo, der Glöckner von Notre-Dame, mag hier als Beispiel stehen. Aus eigener Erfahrung kann ich sagen, daß einer der demütigsten Menschen, dem ich begegnet bin, eine sehr alte, bucklige Frau ist. Sie hat ihre äußere »Hexengestalt« genutzt, den ihr anvertrauten Menschen ein Engel zu werden und ihre eigene Aufgabe zu erlösen. Aus der Demütigung des Schicksals hat sie Demut wachsen lassen. Neben ihrer Engelsgeduld und Freundlichkeit fällt ihre bedingungslose Ergebenheit in ihr Schicksals auf.

5. Die Skoliose oder seitliche Verkrümmung der Wirbelsäule

Bei der Skoliose, der seitlichen Verkrümmung der WS, handelt es sich um eine unbewußte Abweichung von der Mitte in einem zentralen Bereich. Der ehrliche Körper zeigt neben dieser Tatsache auch gleich die Richtung der Verirrung, die wie jede Einseitigkeit beiden Seiten gleichermaßen schadet. Wendet sich der Lebensschwerpunkt zur linken, weiblichen Seite, kommt automatisch die rechte, männliche zu kurz, aber auch der weiblichen geht es nicht gut. Bei der umgekehrten Bevorzugung der rechten Seite ist nicht nur die linke, weibliche benachteiligt, auch die rechte leidet unter ihrem eigenen Übergewicht. So wie von der harmonischen Balance beide Seiten profitieren, leiden sie gemeinsam unter dem Balanceverlust.

Bei stärkeren Abweichungen von der Mittellinie sind auch die inneren Organe des Brustkorbes betroffen. Wenn *das Herz nicht am rechten Fleck* sitzt, erübrigen sich Deutungen. Ebenso, wenn sich Lungenflügel nicht frei entfalten. Flügel brauchen Freiraum. In ihrer Freiheit beschnittene Flügel lassen keine großen (Aus-)Flüge zu, weder in konkreter, noch in kommunikativer Hinsicht.

Den körperlichen entsprechen seelische Verbiegungen. Vor allem geht es hier um *krumme Touren*, die den Betroffenen gar nicht auffallen. Wie sie sich auch drehen und wenden, der Fehler liegt

Fragen

1. Von welcher meiner Seiten habe ich mich abgewandt, welche bleibt mir folglich übrig?
2. Was kommt in meinem Leben zu kurz? Was umgehe ich gern?
3. Welche Hindernisse umschiffe ich, wenn nötig auch in trüben Gewässern?
4. Wie steht es mit meiner Aufrichtigkeit? Zu welchen Kompromissen und leichten Abweichungen bin ich diesbezüglich bereit?
5. Wo(hin) will ich mich über krumme Touren hinaufranken?

hinter ihrem Rücken. Verbiegungen haben immer einen Doppelcharakter, von etwas dreht man sich weg, etwas anderem wendet man sich zu. Interessant ist, daß es deutlich mehr nach rechts zur männlichen Seite neigende Skoliosen gibt. Ein Patient erlebte in der Therapie noch einmal bewußt, wie seine Rückgratverkrümmung in der Pubertät begann, als er sich seinem Vater gegenüber nicht geradema-chen konnte und ihm statt dessen körperlich auswich. Besondere Dramen gab es jeweils bei Tisch, wo der Sohn zur Rechten des Vaters zu sitzen hatte. Da er es seelisch zu keiner Distanzierung brachte, sprang seine WS ein und bog sich vom Vater weg. Auch ansonsten versuchte er, ohne Rückgrat zu zeigen, sich im Leben durchzuschlängeln. Menschen mit solchen Verbiegungen versuchen auszuweichen und sich vor unumwundener Aufrichtigkeit zu drücken. Ihre WS geht krumme Wege und enthüllt ähnliche Vorlieben im Übertragenen, die sie sich nicht eingestehen. In ihrer Kommunikation neigen sie statt zu direkten, geraden Wegen dazu, andere *um den Finger zu wickeln* und Schleichwege unter Umgehung von Hindernissen zu wählen. Dabei können sie auch manchem Umweg aufsitzen und selbst um den kleinen Finger gewickelt werden. Eine körperlich bewußt antrainierte Variante dieses Musters läßt sich im Varieté an den sogenannten Schlangenmenschen studieren.

Die Lernaufgabe liegt darin, sich wirklich auf die bevorzugte Seite zu stellen. Wird dieser Pol ausgelebt, ist der Körper entlastet und kann sein Gewicht wieder gleichmäßiger verteilen. Wirkliches Aufgehen in einer Hälfte macht deren Halbheit bewußt und eröffnet die Chance, in ihrer Tiefe auch die Qualität der Gegenseite zu entdecken. Die Erlösung des Sich-Durchschlängelns liegt in geschmeidiger Anpassung an die Notwendigkeiten des Lebens. Nicht sein Fähnchen in jeden Luftzug hängen, ist hier gemeint, sondern mit dem Rhythmus des Lebendigen schwingen im Sinne Heraklits und seiner zeitlosen Erkenntnis: panta rhei, alles fließt.

6. Die Querschnittslähmung

Sie ist fast immer die Folge einer traumatischen Unterbrechung des Rückenmarks. Durch einen Unfall wird den Betroffenen im wahrsten Sinne des Wortes das Rückgrat gebrochen. Die Wirbelsäule wird an einer Stelle so geschädigt, daß das Allerheiligste, der von starken Knochenwänden geschützte Nervenkanal, unterbrochen wird. Es ist das Unfallgeschehen, das die Kontinuität des Lebens am gravierendsten unterbricht, durchtrennt es doch die Verbindung zwischen Oben und Unten, zwischen Kopf und Körper oder Unterleib.

Querschnittslähmungen sind auf jeder Höhe der WS möglich. Trifft das Trauma den Nervenkanal aber sehr weit oben, kommt es wie beim Erhängen zum Tod durch Atemlähmung. Die meisten Querschnittslähmungen betreffen den Unterleib und zwingen zum Leben im Rollstuhl. Dieser ist strenggenommen eine Prothese und ermöglicht eine Beweglichkeit, die das Schicksal eigentlich entziehen wollte. Er wird zu einem Teil des Lebens und kann, technisch immer ausgereifter, verschiedene Bereiche des Lebens wieder öffnen.

Das Symptom zeigt die leblose Unbeweglichkeit der unteren, archetypisch dem Weiblichen zuneigenden Körperhälfte und die Unabänderlichkeit der Situation. Es herrscht keine lebendige Beziehung zwischen Kopf und Unterleib, sondern komplette Blockierung. In der Lähmung wird die Ohnmacht gegenüber dem eigenen unteren Pol spürbar. Das Symptom zwingt die Betroffenen, sich ihrem Unterleib wie einem Fremdkörper zuzuwenden. Sie müssen sich nun ständig um ihn kümmern, aber von außen und ohne inneres Gefühl von Beteiligung. Zugleich macht ihnen die Situation deutlich, wie notwendig der untere Pol zum Überleben ist. Das selbstverständliche Funktionieren des Unterleibes hat aufgehört und ist nur mühsam durch äußere Anstrengungen ersetzbar. Blasen- und Darmkontrolle müssen wie zu Beginn des Lebens neu und unter erschwerten Bedingungen gelernt werden. Die Betroffenen erleben, wie hart es sie ankommt, was sie oben hereingelassen haben, unten wieder herzugeben. Das materielle Geben ist in Form der Stuhlentleerung, das seelische beim Wasserlassen angesprochen. Das Symptom enthüllt, daß das natürliche Gefühl für die richtige Zeit des Gebens fehlt. Nun muß, gesteuert über bedingte Reflexe und unabhängig vom inneren Empfinden, Loslassen gelernt werden. Das Leben wird diesbezüglich zu einem erzwungenen Ritual.

Genitale Sexualität wird ganz unmöglich. Insofern ist das Geschehen nicht nur ein Rückschlag, sondern ein Rückfall in die früheste Kindheit. Die Genitalität und mit ihr die Macht des eigenen Geschlechts werden radikal und schlagartig genommen. Auch Gehen, Stehen und Steigen und damit Fortkommen, Fortschritt und Aufstieg sind *lahm*gelegt. Äußerer Fortschritt und aufrechte Haltung sind unmöglich geworden und können nur durch entsprechende innere Schritte ersetzt werden. Der Lebenskreis ist deutlich eingeschränkt und auf ein enges Umfeld begrenzt.

Die Betroffenen sollen ganz offenbar ihren Lebensschwerpunkt von äußeren Aktivitäten zu inneren lenken und Zeit bekommen, ihre Situation zu erkennen. Sie sind nicht mehr frei, sondern vom Schicksal (an den Rollstuhl) *gefesselt.* Statt äußerem Fortschritt ist innere Entwicklung angezeigt. Statt den Erdkreis zu erobern, gilt es im kleinsten Kreis zurecht zu kommen. Beschnittene Freiheit und Aufrichtigkeit lenken den Verdacht auf frühere Probleme in dieser Hinsicht. Harte Eingriffe des Schicksals über Unfallgeschehen zeigen, wie nötig abrupte und tiefgehende Kursänderungen sind.

Aus Äußerungen von unfallbedingt Querschnittsgelähmten, die ihr hartes Schicksal gemeistert und das Leben wieder in den Griff bekommen haben, geht oft tiefe Selbsterkenntnis und stimmige Deutung des tragischen Ereignisses hervor. »Der Unfall hat meinem wilden Treiben ein Ende gesetzt«, wäre solch eine Selbsterkenntnis. Die Betroffene läßt anklingen, daß sie es zu weit und zu bunt getrieben hat in ihrem Wagemut. Wirklichen Mut hat sie dann nach ihrem Unfall entwickelt, nachdem sie in der ersten Verzweiflung erkennen mußte, daß der Wagemut nur Kompensation eines tiefen Minderwertigkeitsgefühls gewesen war. Andere Äußerungen von gestürzten Motorradfahrern und anderen Extremsportlern belegen, daß der Unfall eine Phase übertriebener äußerer und vor allem unbewußter Bewegung beendete und sie abrupt, aber heilsam zurück auf den Boden holte. Nachdem das Leben im Rollstuhl zuerst als wertlos empfunden wurde, öffnete es dann die Augen für den Wert des Lebens an sich. Was vorher selbstverständlich war, kann plötzlich als wertvolles Geschenk und Möglichkeit zu tiefen Erfahrungen erkannt werden. So ist es oft der Rollstuhl, der das Wunder der Fortbewegung offenbart. Ein Betroffener fühlte sich durch das Unfallereignis von einem ziellosen Trip auf seinen Weg gebracht. »Ohne den Unfall hätte ich es wohl nie kapiert.« Sein Übermut im Umgang mit dem anderen Geschlecht wurde einem Patienten erst bewußt, als er die Möglichkeiten genitaler Sexualität eingebüßt hatte. Zärtlichkeiten, die ihm früher banal und belanglos erschienen waren, gewannen ungeahnte Tiefe und Bedeutung. Bei männlichen Querschnittsgelähmten ist die doppelte Unfähigkeit, *ihren Mann* zu *stehen,* oft der entscheidende Punkt.

Die nächstliegende Lernaufgabe lautet, auf den Boden zu kommen und die Hilflosigkeit annehmen zu lernen. Besonders für vorher übertrieben aktive und einem äußerlich bewegten Leben verschriebene Menschen ist die Umpolung auf innere Aktivität und Bewegung ebenso schwer wie notwendig. *Sich nicht unterkriegen lassen* im Sinne von »nur nicht aufgeben, nicht resignieren« lautet die Devise vieler Betroffener. In einem tieferen Sinn müssen sie sich aber doch zuerst *(hin)unter*kriegen lassen, müssen *zurück auf den Teppich kommen,* ihre Höhenflüge beenden, abgehobene Ansprüche an der Realität messen. Das Leben im Sitzen zwingt sie, sich im Leben durchzu*setzen.* Im Rollstuhl nehmen sie ganz konkret ihr Leben in die eigenen Hände und rollen sich selbst hindurch. Der Unfall schärft das Bewußtsein dafür, daß das Leben nicht ewig währt und einen erheblichen Wert hat.

Es gilt sich einzugestehen, welchen Wert die untere Körperhälfte und damit der weibliche Pol in der Vergangenheit darstellte. Obwohl die Patienten viel von ihr bekommen haben, waren sie oft nicht bereit, ihr die entsprechende Achtung entgegenzubringen. Nun müssen sie diesbezüglich *nachsitzen* und ihr alle Zuwendung geben, obwohl sie kaum noch etwas von ihr zu erwarten haben. Als Zeichen hängt ihnen die weibliche Seite wie ein *Fremdkörper* nach. Die Symptomatik macht nicht nur deutlich, wie fremd die eigene weibliche Seite ist, sondern zwingt auch, verstärkt auf sie zu achten. Es wird spürbar, daß sie die Hälfte des Lebens ausmacht und daß es ohne sie nur halb ist.

Die aus der Annahme des Unglücks folgende zentrale Aufgabe lautet, den verbliebenen oberen Pol zu nutzen, und zwar aus einer demütigeren Position als bisher. Die Betroffenen lernen, nach oben zu schauen, denn praktisch alle anderen überragen sie. So ist die untergeordnete Position der Schwäche und Hilfsbedürftigkeit Lernaufgabe und Herausforderung zugleich. Wie in der Schule Sitzengebliebene müssen sie in vielen Situationen nachsitzen. Der partnerschaftliche Bereich, der viele Sitzengelassene hervorbringt, belegt, wie demütigend diese Situation ist. Auf der anderen Seite lassen die Betroffenen im Beziehungsbereich ihre Partner und sich selbst notgedrungen *(auf dem Trockenen) sitzen*, was den sexuellen Aspekt angeht. Im physischen Sinne *erniedrigte* Patienten sind in ihrem Rollstuhl auf Verständnis angewiesen und müssen lernen, Hilfe anzunehmen. Über Nacht wird aus Macht Ohnmacht. Körperlich sind sie für immer in die Knie gegangen und zum Sitzen gezwungen. Es gilt nun diese Haltung mit geistig-seelischer Energie zu füllen und sich den verbliebenen Möglichkeiten zu widmen. Konnten sie bisher auf das Leben herabschauen, sitzen sie ihm nun zu Füßen. Der Umgang mit der Welt, wie er von den Symptomen nahegelegt wird, ist folglich sehr weitgehend vom weiblichen Pol geprägt. In erlöster Hinsicht durch Hingabe und Demut oder unerlöst durch Resignation und launenhafte[69] Mißstimmungen bis zu Depressionen.

Dem Leben zu Füßen zu sitzen, könnte *die* Ausgangsposition sein, um sich dem Sinn des Lebens in Ruhe zu widmen und zu sich zu finden. Immer wieder kommt es vor, daß Menschen, deren Leben durch solch einen Schicksalsschlag gleichsam in der Mitte durchtrennt wurde, die Halbierung ihrer Möglichkeiten zum Anlaß nehmen, mit den verbliebenen zu wuchern und gleichsam über sich und ihre Möglichkeiten hinauszuwachsen. Daß der vom Schicksal gewiesene Weg dabei weniger in Richtung Versehrten-Olympiade weist

Fragen

1. Was hat mir das Rückgrat gebrochen? Mir meinen früheren Lebensin- und *-unterhalt* genommen?
2. Was will mir meine tote untere Hälfte sagen? Worunter leide ich nach ihrem Ausfall?
3. Wie stehe ich zum Geben in seelischer und materieller Hinsicht?
4. Was bedeutet mir Aufrichtigkeit?
5. Fühle ich mich gedemütigt oder der Demut nahe?
6. Wie begegne ich dem Schicksal, das mich so klein gemacht, mir die untere Hälfte genommen hat?
7. Was habe ich mit dem Thema »Sitzengelassen-Werden« zu tun?
8. Wie gehe ich mit Hilfsbedürftigkeit und Abhängigkeit um?
9. Wie ist mein Verhältnis zu Macht und Ohnmacht?
10. Wie schaut meine Beziehung nach oben, zum Kopf und zum Himmel aus?Wie die nach unten, zum Becken und zur Erde?

als in geistig-seelische Gefilde, zeigt die Symptomatik der Bewegungseinschränkung. Wenn solche Wett*kämpfe* dazu dienen, den Anspruch, die absolute Nummer 1 zu sein, an der Realität zu korrigieren, und Freude an Bewegung und den verbliebenen Möglichkeiten betonen, können sie andererseits auch heilsam sein. Kampf auch gegen ein noch so schweres Schicksal bleibt immer ein Weg der Macht, wie auch Versuche, es nun erst recht allen zu zeigen und zu beweisen, daß man kein Mitgefühl braucht. Die ganze Verhaltenspalette des »nun erst recht« ist eindeutig dem kämpferisch-männlichen Pol verpflichtet, während es hier darum geht, dem männlichen Pol weibliche Art nahezubringen.

Von den drei Zentren wird das unterste Beckenzentrum weitestgehend genommen, Herz- und Kopfzentrum aber bleiben voll erhalten und auch Aufgabe. Nicht umsonst wurde der Patient um- und aus der Bahn geworfen. Der Versuch, Hinweise des Schicksals durch möglichst raffinierte Prothesen zu ignorieren, kann zu keiner tiefgehenden Lösung führen; zumal es für die Gefühle und Empfindungen, die dem Patienten genommen wurden, keinerlei Prothesen gibt. Diese bleiben immer ein funktionaler Versuch, das Schicksal zu überlisten. Weder in der aufgezeichneten Geschichte noch in den ältesten religiösen und mythologischen Schriften der Völker ist bisher ein Fall bekannt geworden, wo solches letztendlich gelungen wäre. Das heißt nicht, daß man die modernen technisch raffinierten Möglichkeiten nicht nutzen sollte. Gefährlich werden sie nur, wenn sie zur Verdrängung des ursprünglichen Ereignisses führen. Denn dann muß sich das Schicksal etwas anderes ausdenken und dieselbe Lernaufgabe noch einmal anders verpacken. Während selbst die wunderbaren Möglichkeiten moderner Prothetik begrenzt sind, bleiben die des Schicksals unübersehbar vielfältig.

VII. Die Schultern

Die Haltung der Schultern verrät einiges über die Haltung zum Leben. Der Schultergürtel hält, wie es sich für einen Gürtel gehört, den oberen Körperbereich zusammen. Von den Schultergelenken reicht er bis nach vorne über die Schlüsselbeine zum Brustbein, hinten bedecken seine Schulterblätter noch den oberen Rücken. Die Schultern verbinden die Expressivität der Arme und Hände mit der Brust als Ort der Mitte und Integration. Sie sind neben der Wirbelsäule der Bereich des Körpers, an dem sich ablesen läßt, welche Last ein Mensch trägt und wie es ihm dabei geht. Chronische innere Fehlhaltungen können sich im Schultergürtel in Form von angespannten verfestigten Muskeln oder sogar Verformungen des knöchernen Skeletts zeigen.

Am deutlichsten sind die **hochgezogenen Schultern**, zwischen denen sich ein ängstlicher Kopf zu verkriechen scheint. Er ist eingezogen wie bei einer Schnecke oder Schildkröte aus Angst vor den Gefahren der Welt draußen. Wenn uns etwas erschreckt, ziehen wir automatisch den Kopf ein. Läßt der Schreck dann nach, kehren die Schultern in die unerschrockene Haltung zurück, und der Kopf wagt sich wieder vor. Chronisch hochgezogene Schultern zeigen folglich, daß ihr Besitzer ständig in diesem geduckten und schockierten Zustand verharrt und sich gar nicht mehr von der Angst lösen kann. Vielleicht hat er auch schon so viel aufs Haupt bekommen, daß er es unbewußt vorzieht, sich wegzuducken und mit eingezogenem Kopf durchs Leben zu schleichen. Die chronische, im Schulterbereich eingefrorene Angst zeigt sich auch in der Enge der Haltung. Solchen Schultern fehlt nicht selten die Breite und Kraft, die Last des Lebens und die Verantwortung dafür zu tragen. Die einseitig links hochgezogene Schulter dient dem Schutz des Herzens und seiner Blockierung gleichermaßen.

Den anatomischen Gegenpol bilden Menschen mit **hängenden**

Schultern, die Resignation ausdrücken. Sie erinnern an Vögel mit hängenden Flügeln, und tatsächlich haben die Schulterblätter eine gewisse Ähnlichkeit mit zurückgebildeten Flügeln. Hängende Schultern müssen mehr (Verantwortung) tragen als sie verkraften, ihre Besitzer sind überlastet. Die Schultern versuchen, abgleiten zu lassen, was ihnen zuviel ist, und sich zu entziehen. Darin liegt, vor allem wenn die Schultern auch noch schmal sind, etwas Mitleiderregendes. Die Betroffenen machen den Eindruck, als müßten sie die ganze Last der Welt auf sich nehmen. Man möchte ihnen unter die (ebenfalls hängenden) Arme greifen und etwas abnehmen.

Ausgesprochen **schmale Schultern** verdeutlichen eine geschmälerte Fähigkeit, die Last der Verantwortung für das eigene Leben zu übernehmen. Ihre Besitzer *nehmen sich zusammen*, um mit dem Leben fertig zu werden. Sie machen den Eindruck, als müßten sie sich *zusammenreißen*, um die anstehenden Belastungen zu ertragen. Als Basis für den handelnden Bereich ist solch ein Schultergürtel eine schwache Vorraussetzung, das Leben ist nur mühsam in den Griff zu bekommen. Naturgemäß werden Besitzer einer mehr zur Zierde dienenden Schulterpartie ein großes Anlehnungsbedürfnis haben, bevorzugt an besonders breite Schultern, an die sie ihren Kopf lehnen können und die Verantwortung gleich mit.

Zwischen hochgezogenen und hängenden Schultern sind die **re**chteckigen Schultern anzusiedeln, die einen Normalzustand markieren. Allerdings gibt es auch hier einige nicht unbedeutende Anzeichen von Übertreibung. Die typisch männlichen Schultern mit gestrafften Muskeln signalisieren aller Welt, daß hier jemand bereit ist, die Verantwortung für sich und mehr zu übernehmen. Mit der besonderen Betonung dieses Ausdrucks, etwa durch antrainierte Muskelpakete oder die entsprechende Schulterpolster, zeigt ein Mensch, wie viele Gedanken er sich über seine Außenwirkung macht. Insofern gerät er auch in den Verdacht, Dinge vorzutäuschen, die er gern hätte. Soldaten, die nicht nur auf ihren Uniformjacken Epauletten tragen, sondern noch auf jedem Hemd Schulterklappen brauchen, verraten sich in dieser Beziehung als Kollektiv. Der Volksmund spricht von *geschwollenen Schultern*. Nach außen wird angedeutet, was für Macht und Verantwortung sie zu tragen bereit sind, wobei ihnen in Wahrheit meist das Rückgrat gebrochen wurde, damit sie auf Befehl jede Verantwortungslosigkeit ausführen. Überdimensionierte Schultern verweisen auf ein ebensolches Ego, schmale auf das Gegenteil. Hängen sie zusätzlich, deutet das an, daß hier jemand aufgegeben hat, sich zu beweisen und es der Welt zu zeigen.

Die Schultern sagen also einiges über die Art der Auseinandersetzung mit der Welt, wobei die rechteckigen Schultern im eigentlichen Sinn *auf der (rechten) Höhe sind.* Hängende zeigen, wie sich ihre Besitzer hängen lassen, hochgezogene, daß sie sich nach oben aus der Verantwortung stehlen wollen. Denn auch hochgezogene Schultern werden schmal, während sie dem Kopf Geleitschutz geben bei seinem Versuch, sich zu verdrücken.

Darüber hinaus verrät die relative Schulterhöhe mit der tieferstehenden Seite, welche Hälfte der Polarität im Leben betont ist. So ist bei Männern meist die rechte Schulter etwas tiefer und deutet damit an, daß sie in diesem Bereich entspannter sind und dazu neigen, der Welt männlich kontrolliert und offensiv zu kommen. Die tieferstehende linke Schulter deutet darauf, daß man bzw. meistens die Frau es vorzieht, ihrer Umwelt auf weiblich passive Art zu begegnen. Mit der kühlen Schulter zeigt man der Welt gern diejenige Seite, deren man sich sicherer ist.

Die eigentliche Aufgabe der Schultern ist, den Armen Handlungsfreiheit zu geben. Aber ähnlich wie sie auf Dauer nach oben abwandern und dem Kopf einen Schlupfwinkel geben können, lassen sie sich auch nach vorne ziehen, um die Brust und das Herz zwischen sich zu bergen. Das ist eine typische Haltung des Selbstschutzes, mit der die Betroffenen zeigen, als wie verletzlich und schutzbedürftig sie sich empfinden. Bei Frauen steht oft das Gefühl dahinter, ihre Brüste vor der Welt schützen oder auch verbergen zu müssen. Oft gehen solche Fehlhaltungen bis in die Pubertät zurück. Hätte das Mädchen eigentlich ein Junge sein sollen, werden die wachsenden Brüste nicht freudig begrüßt, sondern schamhaft versteckt. Auch eine große Brust kann bei Selbstunsicherheit zum Anlaß werden, soviel demonstrative Weiblichkeit lieber zu verbergen. Minderwertigkeitsgefühle und Unsicherheiten bezüglich der eigenen Frauenrolle, die nicht bewußt konfrontiert werden, verkörpern sich und werden als Panzer in den entsprechenden Regionen sicht- und spürbar. Zielt die

Schutzhaltung aufs Herz und die herzlichen Gefühle, ist meist die linke Schulter besonders nach vorne gekrümmt.

Mit dieser Haltung machen sich die Betroffenen schmal, sie verkriechen sich gleichsam in sich selbst. Dadurch wird es innen eng, und die Lungenflügel können sich nicht mehr entsprechend entfalten. Der daraus resultierende flache Atem verdeutlicht die geringe Kommunikationsbereitschaft. Zum Bild des Zumachens und Sich-Abschließens nach draußen paßt die Tendenz, Emotionen für sich zu behalten und sich bei etwaigen Angriffen kaum zu verteidigen. Statt dessen tendieren die Opfer dieser Haltung dazu, sich noch weiter in ihren Schutzraum aus vorgezogenen Schultern, Armen und gekrümmtem Rücken zurückzuziehen. Jeder wirksame Bunker bringt aber neben dem vermeintlichen Schutz auch Enge, Starrheit und Beklemmung bis zur Atemnot mit sich.

Schulterprobleme

Der ausgekugelte Arm

Bei dieser häufigen und spektakulären Verletzung im Schultergelenk springt der Kopf des Oberarmknochens aus seiner Fassung, während die Betroffenen ebenfalls die Fassung verlieren. Letztlich waren sie schon vorher *außer sich geraten*, rührt die Verletzung doch von überzogenen Bewegungen des Armes her. Hier wurde krampfhaft *mit Händen und Füßen* etwas versucht in Verkennung und Überschätzung der eigenen Möglichkeiten. Der Arm zeigt den überspannten Anspruch, indem er das Spiel nicht mehr mitspielt, seinen angestammten Platz verläßt und schmerzlich andeutet, daß nicht nur er, sondern vor allem sein Besitzer auf dem falschen Weg ist. Um die Dinge wieder in die richtigen Wege zu leiten, ist eine heroische und bewußte nochmalige Überstrapazierung der eigenen Artikulationsmöglichkeiten notwendig. Der Behandler stemmt seinen Fuß in die Achselhöhle des Opfers und mit einem Ruck *reißt* er *es* wieder *zusammen*; meist nachdem er sich selbst einen seelischen Ruck gegeben hat, solch einen heroisch-brutalen Eingriff zu wagen. Dieses in ausnahmsweiser Einmütigkeit von allen Fakultäten anerkannte

Fragen

1. Wo gehe ich zu weit? Inwiefern überschreite ich meine Möglichkeiten und Kompetenzen?
2. Mute ich mir zuviel zu? Greife ich nach Unerreichbarem und tue mir sinnlos weh?
3. Wo scheue ich im übertragenen Sinne vor Grenzen zurück und mache mich enger, als es mir und meinem Lebensziel entspricht?
4. Was will ich erreichen? Wo will ich hin? Worauf zielt mein Lebensent*wurf*? Welchen »großen Wurf« strebe ich (heimlich) an?

Verfahren zeigt geradezu homöopathische Tendenzen. Jener überzogene Akt, bei dem das Unglück geschah, wird noch einmal bewußt nachvollzogen und übertrieben. Physisch wird damit zumindest der fremdgegangene Arm auf den rechten Weg zurückgeführt. Ob auch sein Besitzer auf diesen Weg zurückfindet, hängt wesentlich davon ab, wie bewußt er sich das Geschehen macht. Widrigenfalls kommt es zur sogenannten Schulterkapselschwäche, d.h., er kugelt sich den Arm auch weiterhin bei einschlägigen Situationen und schließlich bei jeder Gelegenheit aus. So wie er seinen Körper zum chronischen Opfer überzogener Bewegungsversuche macht, wird er selbst zum Opfer heroischer Behandlungsversuche. Fast jeder Arzt muß sich zusammenreißen, bevor er sein Opfer auf diese Art zusammenreißt.

Natürlich wäre es sinnvoller, die Betroffenen würden ihre extremen Bewegungsversuche in den geistig-seelischen Bereich verlegen. Die Seele hält diesbezüglich mehr aus und eröffnet außerdem Chancen, das eigentliche Ziel der gewagten Beweglichkeit zu erreichen. Meistens sind es wurfähnliche Schleuderbewegungen, bei denen der Arm herausspringt. In diesem Fall ist es besonders augenfällig, daß der große Wurf am ehesten im Übertragenen gelingen kann.

Die gängige Therapie der chronischen Situation zielt darauf ab, die Schulterkapsel zu stärken durch Bewegungs- und moderates Krafttraining, das innerhalb sicherer Grenzen die umgebenden Muskeln und Bänder stärkt. So wird vermieden, die Gelenkkapsel weiter auszuleiern, wie es durch jedes Herausspringen und anschließende Einrichten geschieht. Dieses Konzept läßt sich auf die seelische Problemebene übertragen. Die Betroffenen müßten üben, sich knapp innerhalb ihrer von den äußeren Umständen vorgegebenen Grenzen zu bewegen. Voraussetzung dafür ist, die Grenzen kennen zu lernen. Nicht Schonung ist also gefragt, sondern Mut. Wer seine Grenzen kennt, kann es sogar wagen, über sie und sich hinauszuwachsen. Das aber wäre die erlöste Aufgabe, wie sie sich in dem über seine Grenzen hinausgegangenen Arm abbildet. Es gilt, sich weit hinauszuwagen und entfernte Ziele zu erreichen, u.U. auch unter großen Anstrengungen und sogar Schmerzen.

Das Schulter-Arm-Syndrom

Dabei handelt es sich um eine Schmerzsymptomatik im Schulter- und Armbereich, die oft mit einem Halswirbelsäulensyndrom im Zusammenhang steht. Die Schulmedizin gibt über 20 verschiedene Ursachen an vom Bandscheibenvorfall bis zu Tumoren. Meistens handelt es sich um eine Überlastungssymptomatik mit Reizung des Plexus cervicobrachialis, jenes Nervengeflechts, das für die Versorgung des Armes zuständig ist. Bewegungen des Armes werden dabei schmerzhaft, und schließlich läßt sich der Arm kaum noch heben, jedenfalls nicht über die Horizontale. Oft fühlt er sich unnatürlich schwer an und zeigt damit, wie schwer es fällt, aus der Ruheposition des Sichhängenlassens herauszukommen.

Wenn der Patient den Arm nicht mehr hochbekommt, erübrigt sich fast die Deutung. Er ist nicht mehr in der Lage, sein Leben in den Griff zu bekommen, zuzupacken und zu zeigen, wer Herr im (Körper-)Haus ist. Für die Deutung entscheidend ist, ob der rechte männliche Arm blockiert ist, jener Arm, mit dem man das Schwert der Macht führen würde, oder der linke, weibliche, mit dem wir eher etwas erbitten, indem wir die Hand zur Schale formen. Das Symptom macht klar, was im Leben zurücktreten soll, indem es die Betroffenen gezielt daran hindert. Mit dieser Seite wurde offenbar lange genug versucht, alles in den Griff zu bekommen. Sie bekommt eine Zwangspause, und die andere ihre Chance. Die Patienten können behindert sein beim Versuch, sich die Welt gefügig zu machen, wenn mit der

Rechten ihr Schlagarm ausgeschaltet ist. Sie können nicht mehr schalten und walten wie es ihnen gefällt. Mit der Linken wird die Möglichkeit des Anklammerns und Festhaltens genommen und symbolisch die des Bittens und Bettelns.

Die Lernaufgabe liegt darin, bezogen auf den behinderten Aspekt Ruhe zu geben. Ist der männliche Pol blockiert, führt das automatisch zu mehr Umgang mit dem weiblichen Bereich. Es bleibt ja nur die Linke, und so sind die Betroffenen gezwungen, mehr *mit links* zu machen, aus jener lockeren und entspannteren Haltung des weiblichen Poles, dem die Verbissenheit der Gegenseite fehlt. Ist die weibliche Seite blockiert, heißt es, sich mehr um den männlichen Pol zu kümmern. Mit der Rechten gilt es, zuzupacken und das Leben in die eigene Hand zu nehmen. Nach dem Rechten sehen, lautet die Aufgabe, und sie fordert auf, die Richtung des Lebensschiffes eigenhändig zu kontrollieren und die Zukunft selbst zu bestimmen.

Fragen

1. Welche Seite bekomme ich nicht mehr in den Griff?
2. Inwieweit habe ich die Thematik der blockierten Seite überzogen? Und wodurch?
3. Wozu habe ich den blockierten Arm erhoben? Zum Schwur, Schlag, Flagge-Zeigen, um mich zu Wort zu melden . . .? Was war daran faul?
4. Um welchen bisher verkümmerten Teil meines Wesens bin ich nun gezwungen, mich verstärkt zu kümmern?

Schulterverspannungen

Verspannungen bis zu regelrechtem Muskelhartspann im Schulter- und oberen Rückenbereich haben eine enge Beziehung zu den Überlastungsproblemen im unteren Lendenwirbelbereich. Denn alles, was wir uns auf die Schultern laden (lassen), drückt schließlich unten auf die Beckenschale. Ähnlich wie bei den Rückenschmerzen sind es nicht die Lasten, die wir bewußt und gerne schultern, sondern jene Verpflichtungen, die wir unbewußt und uneingestandenermaßen mit uns herumschleppen, die Beschwerden machen. Wenn wir zu einer Verantwortung stehen, dann stehen wir sie auch durch. Was wir konkret oder symbolisch bewußt tragen, läßt sich gut ertragen, selbst wenn es objektiv schwer wiegt. Was wir aber nicht verantworten und uns nicht (ein)gestehen, wird schnell uner*träg*lich. Wer sein Leben lang bewußt und willig an Verantwortung oder Gewicht hart getragen hat, trägt starke Schultern mit entsprechend trainierten Muskeln davon. Wer dagegen weniges widerwillig oder unbewußt erträgt, trägt schwerer daran und bekommt verhärtete Muskeln und vor Abnutzungserscheinungen schmerzende Schultern.

Die Lernaufgabe lautet, sich die Überlastung klar zu machen, zu konfrontieren, was man bewußt und unbewußt auf sich nehmen mußte und was einen davon niederdrückt und verspannt. Bewußt läßt sich dann entscheiden, ob es willig weiterzutragen ist oder abzuladen, weil es uner*träg*lich geworden ist und das Leben *schleppend* macht. Abschütteln kann man nur, was man wirklich kennt.

Fragen

1. Was lastet auf mir und belastet mich? Was be*drückt* mich?
2. Was habe ich klaglos, aber doch mit heimlichem Widerwillen auf mich genommen? Was unter Protest?
3. Was für Pflichten, was für Verantwortungen lasten auf mir?
4. Was will ich tragen? Was muß ich ertragen? Was möchte ich nicht mehr (er)tragen?

VIII. Die Arme

Unsere Arme unterteilen sich in die durch das Ellenbogengelenk verbundenen Ober- und Unterarme. Die Oberarme symbolisieren Kraft und Stärke, sind sozusagen unsere persönlichen *Arme*en. Kleine Jungen deuten auf ihren Bizeps, den Oberarmbeugemuskel, wenn sie im Zuge des Imponiergehabes ihre Kraft demonstrieren. Durch die Unterarme werden wir handlungsfähig, tragen sie doch alle Muskeln für die Handbewegungen. Die Ellbogen bringen als Scharniergelenke jene Hebelmöglichkeiten ins Spiel, mit denen wir heranholen können, wonach uns gelüstet. *Einen langen Arm haben* steht für großen Einfluß, am längeren Hebel(Arm) sitzen bedeutet auch mehr Macht haben. Darüber hinaus spiegeln sie unser Durch*halte*vermögen. So zeigen die oberen Extremitäten unsere Kraft, unsere Gelenkigkeit und Beweglichkeit im Umgang mit der Welt, wie wir unser Leben in die Hand nehmen und anderen Menschen begegnen.

Der zwischenmenschliche Bereich ist durch sie besonders angesprochen, sind sie doch die Tentakel, die wir der Welt und ihren Bewohnern entgegenstrecken. Herman Weidelener bringt die Arme in Beziehung zur *Arm*ut. Vom Gleich*mut* als angestammter Geisteshaltung ausgehend, sieht er den *Arm-mut* entstehen, wenn wir aus dem Gleichmut fallen. Der Mut der Arme wird so zum Zeichen geistiger Armut. Der Volksmund sagt es direkter: Träger Arm macht keine Stube warm.

Gesunde Arme passen in ihren Proportionen zum Körper und sind in diesem Rahmen sowohl stark als auch geschmeidig, verläßlich wie beweglich, kräftig und sanft. Sie können *gewalt*ig zuschlagen und zärtlich um*arm*en, festhalten und vom Leibe halten, sowohl freigiebig sein als auch entschieden zupacken; können anderen *unter die Arme greifen*, wenn die der Hilfe bedürfen oder sie *am steifen Arm verhungern lassen*. Wen man nicht ernst nimmt, kann man statt dessen *auf den Arm nehmen* und ihn damit zum Kind zurückstufen.

Entsprechen Arme nicht diesem Ideal, liegt darin eine Aussage über ihre Besitzer. So zeigen **muskelbepackte** schwere **Arme** neben ihrer Kraft und Macht u. U. auch eine gewisse Schwerfälligkeit und mangelnde Geschmeidigkeit. Ihnen kann das Gefühl für die Feinheiten fehlen und manchmal auch Taktgefühl. Sie wirken grob und klobig und schlenkern, besonders beim Gehen etwas linkisch und unbeholfen nebenher. Die Besitzer erwecken den Eindruck, als wären ihnen solch mächtige Werkzeuge selbst nicht ganz geheuer. Vielleicht legen sie aber auch Gewicht auf ihr Gewicht, insbesondere, wenn sie sich viel Mühe gegeben haben, sie eindrucksvoll schwellen zu lassen. Entsprechende Bodybuilder-Muskelpakete wären ähnlich zu sehen wie die dazugehörigen Schultern.

Den Gegenpol bilden **schwache**, gleichsam in der Entwicklung zurückgebliebene **Arme**. Sie drücken mangelnde Fähigkeiten aus, das Leben zu umarmen und in Besitz zu nehmen. Aus einem Gefühl der Ohn*macht* sind sie kaum in der Lage, festzu*halten*, was sie brauchen, durchzu*halten*, was ihnen wichtig ist, und sich vom Leibe zu halten, was sie nicht ertragen. Wilhelm Reich geht davon aus, daß sich das Leben solcher Menschen durch »mangelnde Initiative« auszeichnet. Häufig kommen kalte Hände hinzu und betonen, wie wenig warm und herzlich der Kontakt der Betroffenen zur Welt ist.[70]

Dünne, kräftige Arme, die an Spinnenglieder erinnern, enthüllen ein zupackendes, manchmal sogar zudringliches Wesen, aber oft auch Probleme durchzu*halten*. In ihnen liegt die Tendenz zu Starrheit, und Mangel an Geschmeidigkeit und Geschick mag deutlich werden. An Zangen erinnernd, neigen sie zum Zu- und oft auch Übergriff. Geschmeidig sanfte, zärtliche Bewegungen sind ihnen eher fremd.

Dicke schwache Arme wirken unbeholfen bis tollpatschig. Ihre Art ist träge und verrät wenig Lebensfreude und Beweglichkeit, zu schwer hängt ihr eigenes Gewicht und die Last des Lebens an ihnen. Sie setzen sich nur mühsam in Bewegung und lassen neben Dynamik und Kraft auch Geschmeidigkeit vermissen.

1. Armprobleme

Armbrüche

Ein gebrochener Arm symbolisiert ein gebrochenes Verhältnis zur Welt. Man hat das Leben nicht mehr im Griff, kann nicht mehr zupacken und nichts anpacken, die Welt nicht mehr zu sich heranholen und nicht mehr teilnehmen an normalen *Hand*lungen. Man ist *hand*lungsunfähig. Ist der rechte Arm betroffen, kann man noch nicht einmal mehr unterschreiben, sondern muß *resignieren*, was nichts anderes meint, als seine Unterschrift unter das Leben zurückziehen. Dieben wurde in einigen alten Kulturen der rechte Arm abgehackt oder gebrochen. Dadurch waren sie total bzw. zeitweilig gezwungen, ihr »Handwerk« aufzugeben. Den Einbruch bezeichnen Ganoven als »Bruch«, in der Wirtschaft ist ein Einbruch ebenfalls etwas Fatales, ob man nun direkt beraubt wird oder indirekt durch einen Ein*bruch* der Aktienkurse. Immer wird eine bisher verläßliche Kontinuität abrupt und schmerzlich unterbrochen.

Die Lernaufgabe bei Brüchen liegt in der bewußten Unterbrechung des eingefahrenen Lebensmusters. Das Krankheitsbild liefert mit der Verurteilung zur Handlungsunfähigkeit den äußeren Rahmen. Bedeutungsvoll ist, welche Seite ausfällt, die rechte, mit der wir uns durchschlagen, oder die eher bittende Linke. Mit dem Eintauchen in die verordnete Ruhe sollten sich Hinweise ergeben, wie in Zukunft Abwechslung in Form von Spannung und Entspannung ins Leben kommen könnte. Der Ablauf des Bruchgeschehens stellt die Aufgabe in der körperlich unerlösten Form dar. Eine ungewöhnliche oder in ihrem Umfang übertriebene Bewegung läßt die Spannung dramatisch ansteigen, bis durch das Nachgeben des Knochens wieder Entspannung eintritt. Solch spannende Ereignisse sind in übertragener Hinsicht ebenfalls denkbar und wesentlich sinnvoller.

Das Gros der Armbrüche kommt, abgesehen von der Überstrapazierung der Hebelgesetze, durch **Stürze** zustande. Diese machen generell das Gros aller **Unfälle** aus. Der Sturz bringt in Kontakt mit einer urmenschlichen Problematik: dem Fall aus der paradiesischen Einheit in die Polarität. Andere Kulturen verwenden andere Bilder, aber keine kommt ohne dieses Urmuster der Auflehnung des Men-

Fragen

1. Welche meiner Seiten, die weibliche oder männliche, ist so festgefahren, daß eine Unterbrechung not*wendig* wurde?
2. Inwieweit hatte ich das Leben dieses Teils von mir nicht nur im Griff, sondern im Würgegriff?
3. War der Einbruch zum Ausbruch aus der Monotonie notwendig? Was bringt mir die mit dem Bruch einhergehende Abwechslung?
4. Wo sind Überzeugungen zu fest, Urteile zu Vorurteilen verkrustet, wo habe ich die Dinge überspannt und übertrieben?
5. Wo verlangt mein Weg mehr (Bewegungs)Freiheit?
6. Wie steht es mit meinem Mut im Übertragenen, an Grenzen und über diese hinaus zu gehen?
7. Wie kann ich Abwechslung und Spannung und wie sinnvolle Entspannung in mein Leben bringen?

schen gegen seinen Schöpfer und den anschließenden Fall aus. In der Antike galt die Hybris, die Erhebung des Menschen gegen Gott, als einzige Sünde. Der Mensch mußte sie auf sich nehmen, wollte er den Entwicklungsweg gehen. Prometheus' Beispiel zeigt sehr anschaulich die Phase der Auflehnung, als er entgegen dem Gebot der Götter den Menschen das Feuer bringt. Sein darauf folgender Fall ist tief und die Strafe, die er bis zu seiner Erlösung ertragen muß, drastisch.

Wenn wir uns die Knochen brechen, ist die Symbolik ähnlich, wobei die körperliche Ebene ziemlich untauglich für Auflehnungsversuche ist. Wir übertreiben etwas und vergehen uns gegen die Gesetze unserer Natur. Die Strafe folgt, doch die Botschaft heißt nicht: Nie mehr etwas wagen, nie mehr die Grenzen herausfordern, sondern im Gegenteil, das Leben wagen und als Herausforderung betrachten. Je mehr Abwechslung ins festgefügte Lebensgleis kommt, desto weniger geht das Thema an die Knochen. Meist wird die gebrochene Stelle durch die Kallusbildung danach fester als vorher. Wenn ein Knochenbruch nicht gut verheilt, spricht einiges dafür, daß die inneren Schritte nicht ausreichend waren und sich die weiterbestehende Unstimmigkeit im Körper spiegelt.

Wir müssen immer wieder riskieren auf unserem Weg zu fallen. Ein Sturz sollte Anlaß sein, innezuhalten und andere, vor allem neue Wege zu suchen, die aus dem eingefahrenen Trott hinausführen. Die Kontinuität gilt es zu brechen und gerade die festen, ja ehernen Grundsätze in Frage zu stellen, besonders wenn es hart ankommt.

Sehnenscheidenentzündung

Die Entzündung der Sehnenhüllen rührt ebenfalls von Überanstrengung her, allerdings nicht von übertrieben mächtigen Hebelwirkungen und gewaltigen Schlägen, sondern eher von kleinen verkrampften Dauerbewegungen, wie sie bei verbissenem Stricken oder Tippen vorkommen. Auch hier ist es nicht die Tätigkeit an sich, sondern ihr verkrampfter Vollzug, der zu Problemen führt. Stricken kann natürlich entspannend sein. Wer das aber von seinem Stricken behauptet und dabei eine Sehnenscheidenentzündung entwickelt, zeigt, daß er sich seiner Verkrampfung nur nicht bewußt ist. Irgend etwas gar nicht Entspannendes stiehlt sich unbemerkt zwischen die Maschen. Vielleicht soll jemand *bestrickt* werden oder in diese Maschen gehen, wie die Fliege ins Netz der Spinne. Solch schicksalsschwangere Motivation kann der entspanntesten Tätigkeit die Lockerheit nehmen. Der unbewußte Konflikt entzündet sich dann in der Scheide der Sehnen, sind sie doch die Stricke, an denen alles, zumindest jedenfalls die ganze Kraft der Muskeln hängt. Statt die Kraft anstandslos zu übertragen, machen sie Schwierigkeiten und erzwingen unter Schmerzensschreien Erholung für sich und für ihren Besitzer eine Bedenkpause. Jede Therapie wird auf Ruhe hinauslaufen, entweder aus rechtzeitiger Vernunft oder später durch Gips.

Die verborgene Lernaufgabe zielt allerdings nur vordergründig auf Ruhe. Aus dieser müßte sich Bewußtsein für die schmerzliche Situation entwickeln. Die Patienten sollten sich ihrer Tätigkeit so bewußt werden, daß sie den tieferen Sinn und ihre damit zusammenhängenden Absichten erkennen. In der Verkrampfung wird Widerstand deutlich. Es gilt herauszufinden, wogegen sich dieser richtet. Die starke Reibung, die der Widerstand verursacht, wird in den reibenden Empfindungen der vollendeten Sehnenscheidenentzündung spür- und beinahe hörbar. Die Sehne knistert geradezu unter

Spannung und Schmerzen durch die Scheide, alle Geschmeidigkeit ist mühsamer Anstrengung gewichen nach dem Motto »jetzt erst recht«. So gehört auch immer eine gewisse Verbissenheit zur Sehnenscheidenentzündung. Man muß schon erheblich die Zähne zusammenbeißen, um die deutlich spürbaren Warnsignale zu ignorieren und sich bis ins volle Krankheitsbild vorzukämpfen.

Die Hintergründe können variieren, natürlich ist es nicht immer ein Pullover, der nur noch schnell fertig werden soll. Diese Situation ist lediglich typisch, weil sie den Konflikt zwischen dem bewußten Wunsch nach Effizienz und Abschluß der Arbeit und dem unbewußten Widerstand gegen das undurchsichtige Werk ausdrückt. Die Sehnenscheiden können auch bei anderen *Handarbeiten* wie Tippen in heiße Konflikte geraten. Gemeinsam ist den Beschäftigungen die Monotonie der an sich nicht anstrengenden oder kräfteraubenden Bewegungen und der nicht eingestandene Widerstand, der sich in der Sehnenscheide verkörpert und zugleich verbirgt.

Es ist kein großer, gefährlicher Widerstand, der zum Losschlagen neigt – der müßte sich eher an den Muskeln der Oberarme zeigen –, sondern ein beständiger, (in den Sehnenscheiden) gut versteckter, der sich auch im übertragenen Sinne geschickt hinter Rationalisierungen verbirgt wie »aber ich tue es doch so gern für ihn (oder die Kinder) und wirklich nur aus Liebe«. Es ist möglich, aber schwer, aus Liebe oder Freundlichkeit eine monotone Tätigkeit auszuführen, die an sich keine Freude macht und im tiefsten Herzen unbefriedigt läßt. Etwas Sterbenslangweiliges mit Hingabe zu tun, ist mit zielgerichtetem Zweckdenken fast unmöglich. Es gelingt nur aus ritueller Hingabe an den Augenblick.

Besonders deutlich wird das Problem, wenn es sich an Tätigkeiten entzündet, die in der allgemeinen Wertung nicht gut wegkommen. Wo »selbstgestrickt« ein Synonym für bieder und mangelnden Chic ist, wundert es nicht, wenn dabei keine tiefe Befriedigung entsteht. Wer tippt, was ein anderer gedacht hat, braucht eine tiefe Identifikation mit dessen Person, um sich bei dieser »entfremdeten« Arbeit wohl zu fühlen. Häufig entwickeln sich bei solchen Tätigkeiten Widerstände und untergraben die Motivation. Statt trotzdem wie bisher weiterzumachen, wäre es echte Vorbeugung bezüglich der Sehnenscheidenentzündung, sein Verhältnis zu dieser Tätigkeit zu klären, sich gegebenenfalls eine Pause (vor der Gipspause) zu verschaffen, die Arbeit zu wechseln oder die Einstellung zu ihr.

Fragen

1. Wie stehe ich mit meinem Herzen zu meiner Tätigkeit?
2. Welche (verkrampften?) Ziele verfolge ich insgeheim damit? Welche Motivation strickt, tippt oder wirkt in der Tiefe mit?
3. Mit wieviel Verbissenheit verfolge ich die geheimen Absichten?
4. Was habe ich insgeheim gegen meine Arbeit? Wo stammt mein Widerstand her, worauf bezieht er sich genau?
5. Inwieweit hat er mit der allgemeinen Bewertung meiner Arbeit zu tun? Traue ich mir nicht mehr und anspruchsvollere Tätigkeiten zu?
6. Wie ist mein Verhältnis zu Monotonie? Kann ich darin nur Stumpfsinn oder auch den rituellen Aspekt sehen?

2. Das Ellbogengelenk

Mit seiner Hilfe können wir die Welt zu uns heranholen und uns in ihr durchboxen. Es ist der klassische Hebel, mit dem wir alle Hebel in Bewegung setzen, andere aushebeln oder auch zärtlich zu uns heranziehen können. Manche arbeiten mit so harten Bandagen, daß ihnen an den Ellbogen Panzer aus Hornschuppen wachsen. Die Schuppenflechte* hat hier einen ihrer häufigsten Einsatzorte. Nicht selten nimmt sie von dieser Stelle ihren Ausgang. Die verhornten Flächen sind eine Art konfliktträchtiger Ellbogenschoner. Wie sehr sie notwendig sein können, zeigen Kleidungsstücke, die hier entweder von vornherein verstärkt oder zuerst durchgescheuert sind. Das Schweizerische kennt den Ausdruck »ellbögeln«, was Vordrängen unter Zuhilfenahme der Ellbogen auf nette Art umschreibt.

Das verbreitete Krankheitsbild des **Tennisarmes** hat seine Grundlage in einer Überanstrengung durch unsachgemäße Hebelanwendung. Er ist ein klassisches Beispiel für die parallele Existenz von Schlagimpuls und gleichzeitiger Schlaghemmung. Der Schläger als

Verlängerung des Armes erhöht die Kraft des Hebels enorm. Wird dann in verkrampfter Haltung »gespielt«, etwa unter zu großem Leistungsdruck oder mit verklemmtem Ehrgeiz, wird das Hebelgelenk überfordert und tut es durch Schmerzen kund. An sich wäre damit alles *Not*wendige in die Wege geleitet. Ein schmerzendes Ellbogengelenk widersetzt sich weiterem Spiel und sorgt für die *not*wendige Bedenkpause, in der der Spieler seine tieferen Beweggründe für solch exzessive Bewegungen überprüfen kann. Problematisch wird es nur, wenn die Betroffenen den deutlichen Wink des Körpers überhören und erbarmungslos wie bisher weiterhebeln und andere *an die Wand spielen.* Aufgabe wäre, die Idee des Spielens zu durchschauen und spielerischer zu spielen. Das für den Tennisellbogen Ausgeführte gilt natürlich nicht nur für Tennis, sondern analog für alle entsprechenden Situationen. Auch wer noch nie einen Tennisschläger in der Hand hatte, kann darunter leiden.

Fragen

1. Was will ich wirklich, wenn ich alle Hebel in Bewegung setze? Wen will ich aushebeln? Wo übertreibe ich meinen Hebeleinsatz?
2. Welche Hinweise zur Ruhe habe ich übersehen?
3. Welcher Widerstand schwingt mit, wenn ich meine Hebel schwinge?
4. Welche uneingestandenen Motive (welcher Ehrgeiz?) hebeln bei mir mit? Welche Schläge schlagen auf mich zurück und erschüttern mich (mein Gelenk)? Für wen waren sie eigentlich gedacht?

IX. Die Hände

Sie sind unsere *hand*elnden Organe, mit denen wir zugreifen und anpacken, das Leben in die Hand nehmen, Frieden schließen, Kranke be*hand*eln, streicheln und segnen, aber auch manipulieren (von lateinisch: manus = Hand). Wie eng die Hände mit höheren Funktionen verbunden sind, zeigen Wortpaare wie »fassen« und »erfassen« oder »greifen« und »begreifen«. Jedes Kleinkind lernt über diesen Weg die Welt (er)kennen. Um etwas begreifen zu können, müssen wir es im übertragenen Sinne in die Hand nehmen, und das geschieht analog zum Zugreifen. Beim Greifen tritt der Daumen in Opposition zu den Fingern. Wenn wir etwas begreifen wollen, greifen wir ebenfalls auf die Opposition zurück. Nur mit Hilfe von »arm« können wir »reich« begreifen, »groß« wird uns durch »klein« *faß*bar und »gut« ist auf »böse« angewiesen. In der polaren Welt bedarf alles Begreifen und Verstehen der Gegensätze. Die Hand verdeutlicht es anatomisch.

Die Bandbreite der Möglichkeiten unserer Hände macht das Urprinzip deutlich, dem sie unterstehen. Es ist Hermes-Merkur, der Gott des *Hand*els und des Ver*hand*elns, des *Hand*werks und der *Hand*fertigkeit, ein ebenso geschickter wie raffinierter Unter*händ*ler, der für die Verbindung zwischen Göttern und Menschen, aber auch der Menschen untereinander verantwortlich ist.

Die Hände sind sehr individuelle Organe. Keine zwei Hände sind einander gleich. Kriminalisten benutzen diese Tatsache, wenn sie über die Linienführung der Fingerabdrücke Identitäten feststellen. Im Rahmen nonverbaler Kommunikation sind die Hände ebenso verläßlich wie der Mund und bedeutend ehrlicher als die verkündeten Inhalte. Selbst noch ihre Temperatur erlaubt wichtige Schlußfolgerungen. **Warme Hände** drücken den Wunsch nach Kontakt aus, sie kommen von Herzen, wie das Blut, das sie erwärmt.[70] **Kalte Hände** dagegen sprechen von Distanz. Sie sind eben nicht gut durchblutet und verraten, daß ihr Besitzer mit seiner Lebenskraft zurückhält und nicht auf Begegnung aus ist. Bei kalten **Schweißhänden** schwingt zusätzlich Angst mit. Wenn einem der kalte Schweiß ausbricht, fühlt man sich eher gepeinigt als kommunikativ gestimmt.

Die beeindruckende Ehrlichkeit der Hände und ihrer ehrlichen Haut machen wir uns in der Psychotherapie zunutze, wenn wir während der Sitzung den Hautwiderstand messen und beobachten. Besonders in kritischen Phasen lohnt es, direkt mit der Haut des Patienten zu sprechen, da ihre Antworten direkter und vorbehaltloser sind. Während ihre Besitzer sich noch ganz »cool« geben, können ihre Hände bereits große Bewegtheit verraten, die den Betroffenen noch gar nicht zu Bewußtsein gekommen ist. So ist es die Haut der Hand, die Wesentliches aus den Tiefen der Seele vermittelt.

Kräftige Hände, die gut durchblutet sind und schon bei der Begrüßung herzhaft zupacken, verraten jemanden, der gewohnt ist, zuzugreifen und sein Leben in die eigenen Hände zu nehmen. Demgegenüber gibt es jene Hände, die einem bei der Begrüßung geradezu überlassen werden. Dieses Modell »Trauerweide« will sagen: »Du kannst mit mir machen, was du willst, ich habe gar keinen eigenen Anspruch (ans Leben).« Schließlich wären noch **sensible, empfindsame Hände** zu erwähnen, die ohne großen physischen Nachdruck viel spüren und ausdrücken. Sie gehören zu ebensolchen Menschen. Dazwischen gibt es alle Arten von Übergängen. Allein die Tatsache, daß jeder seine eigene Handschrift im Konkreten wie im Übertragenen hat, zeigt die weiten Ausdrucksmöglichkeiten der Hände.

Daß wir uns zur Begrüßung und zum Abschied die Hände reichen, mag noch aus einer Zeit stammen, wo die Menschen, intuitiver begabt, die Sprache der Hände selbstverständlich be*griff*en. Wenn wir heute noch Geschäfte mit Handschlag besiegeln, ist auch das ein Symbol für Ehrlichkeit. Beim Handschlag wird spürbar, ob das Geschäft in Ordnung und für beide Seiten tragbar ist.

So läßt die Sprache der Hände bereits vieles begreifen, ohne daß man auf den Ausdruck der Handlinien zurückgreift oder die Handschrift auswertet. Selbst solche bisher eher als okkult geltenden Methoden finden zunehmend Anerkennung. Eine englische Ärztegruppe konnte kürzlich einen überzeugenden Zusammenhang zwischen der Länge der Lebenslinie und der Länge des Lebens nachweisen. All diese Möglichkeiten zeigen, wie ausdrucksfähig und individuell die Hände sind und wie deutlich sie als unsere besten Werkzeuge unser Lebenswerk faßbar machen. Sie zeigen Kontaktprobleme und Kommunikationsstrukturen, verraten unsere Fähigkeit, Verbindungen herzustellen, und enthüllen unsere Verbindlichkeit.

1. Dupuytrensche Kontraktur oder die krumme Hand

Bei diesem Krankheitsbild zieht sich die Sehnenplatte in der Handinnenfläche, beginnend am kleinen Finger, allmählich zusammen. Die Hand schließt sich gezwungenermaßen auf Dauer und macht eine vielfältige Symbolik deutlich. Sie gilt einerseits als Zeichen von Unehrlichkeit, denn um etwas ehrlich zu besiegeln, gibt man sein Wort darauf, und dazu gebraucht man die offene Hand. Da auch das Ehrenwort den symbolträchtigen Weg über den Handschlag nimmt, kann bei der geschlossenen Hand neben Unehrlichem auch Unehrenhaftes mitschwingen. In ihrer Verschlossenheit spiegelt sie andererseits auch Enge und damit Angst. Hinzu kommt der Eindruck der Verkrampfung. Der von den Fingern umschlossene Daumen ist bei Kindern ein typisches Angst- und Unsicherheitszeichen. Die in der Tasche geballte Faust drückt neben der Angst Aggression aus, und häufig geht beides *Hand in Hand.* Die Unehrlichkeit schwingt wieder insofern mit, als diese Hand in der Tasche versteckt wird und die Fingernägel, ihre Krallen, in der Hand. Wird die geballte Faust bewußt als Symbol gewählt, wie etwa von der kämpferisch entschlossenen Arbeiterbewegung, ist das Thema Aggression und Kampf eindeutig, doch lauert im Schatten des Kampfgeistes immer auch Angst. In der Gestik des Alltags steht die geballte Faust für Drohung, Rache oder Kampfeswillen. Der allein den vier Fingern gegenüberstehende Daumen, ist ein Symbol der Einheit und Individualität. Wird er von den Fingern umschlossen, tritt auch diesbezüglich Schutzbedürfnis hervor, das sowohl von Angst als auch Aggression, die ja bekanntlich die beste Verteidigung ist, gespeist sein kann.

Schließlich kann die Signatur der geschlossenen Hand auch Geheimniskrämerei ausdrücken. Die Betroffenen wollen nicht herausrücken mit ihrer Einzigartigkeit, weil sie zu ängstlich und verunsichert oder zu aggressiv sind. Das Krankheitsbild macht also einerseits Un*auf*richtigkeit und verdeckte Absichten deutlich, andererseits drückt es vorhandene, aber nicht gelebte Aggression aus. All diese Tendenzen in ihren *Hand*lungen sind den Betroffenen natürlich unbewußt, weshalb sie im Körper inszeniert werden. Zusätzlich formt die sich unter knotigen Verdickungen zusammenziehende Hand ein Bild der Raffgier. Tatsächlich können Betroffene konkret aber weder nehmen noch geben. Wer nur zurückhält und nichts mehr gibt, bekommt natürlich auch nichts mehr. Nicht einmal die Hand kann er noch geben. Die zu Krallen gebogenen Finger zeigen es ebenso wie die Knoten, die die Betroffenen ständig mit ihrer Hand umschließen. Knoten stehen für Probleme, die die Betroffenen so strikt vor aller Welt verbergen, daß es wieder jeder merkt.

In den allermeisten Fällen sind die Hände und ihre *Hand*lungen betroffen, sehr selten die Fußsohlen und der Bereich der Standpunkte. Die befallene Seite erlaubt, das Bild weiter zu differenzieren. Das Verhalten im sozialen Kontext ist dabei sehr erhellend. Ist die Linke betroffen, wird sie tunlichst versteckt und erleidet so genau das gleiche Schicksal wie die linke weibliche Gefühlsseite. Ist es die Rechte, wird es gesellschaftlich schwieriger, aber nicht minder ehrlich. Zur Begrüßung gibt man notgedrungen die Linke. Abgesehen davon, daß das immer etwas linkisch und ungeschickt wirkt, ist es symbolisch sehr entlarvend. Die Macht ausübende Rechte wird versteckt und dafür die unschuldige Linke hergezeigt. Sind beide Hände betroffen, läßt sich keine Offenheit mehr vortäuschen, eine normale Begrüßung wird unmöglich. Verzichtet man ganz auf die Demonstration herzlichen Annehmens, ist auch das ehrlich. Jetzt kann aber auch die Kehrseite der Verschlossenheit herauskommen, wenn nämlich der zu Begrüßende nicht auf echten Begrüßungskontakt verzichten will. Er kann dann z.B. die geschlossene Hand ergreifen, sie von außen umschließen und gleichsam gefangennehmen. Gerade bei Begrüßungsversuchen wird die bildhafte Problematik deutlich. Die Betroffenen sind nicht mehr offen für das Leben. Sie können es genausowenig ergreifen wie zum Gruß gereichte Hände. Die Tragik ihrer Situation wird auch daran deutlich, daß sie auch keine helfende oder rettende Hand mehr ergreifen können. Vor lauter gierigem

Fragen

1. Wo bin ich unehrlich? Welchen Fingerzeig gibt mir die Form meiner Finger?
2. *Eine krumme Hand machen* steht für Bestechlichkeit, wofür steht meine Hand? Kann ich mir die Hände noch in Unschuld waschen?
3. Was verstecke ich vor mir und der Umwelt? Wen oder was hab' ich in der Hand? Wem gelten die Drohungen, die meine Hand ausdrückt?
4. Wo gehört der Kampfeswille eigentlich hin, der sich in meiner geballten Faust niederschlägt?
5. Wo gestehe ich mir meinen Zugriff nicht ein? Wie steht es mit Geben und Nehmen? Was bedeutet es mir, daß ich die *Hand* nicht mehr *aufhalten* kann, aber auch nie mehr *mit leeren Händen dastehe*?
7. Welche (Problem-)Knoten habe ich fest im Griff, so daß sie niemand anderes sieht und nur ich sie spüre?
8. Wovor habe ich Angst, was macht mich so unsicher und hindert mich, meine Individualität offensiv zu leben?
9. Was heißt es für mich, daß ich niemandem die Hand (*fürs Leben*, zur Hilfe) reichen kann? Und keine rettende Hand ergreifen kann?
10. Was will ich verbergen? Vor der Welt? vor mir?

Bestreben, alles (Materielle vor allem) in den Griff zu bekommen und nie mehr herzugeben, bekommen sie am Ende ihr Leben nicht mehr in die Hand. Auffallend häufig besteht parallel eine Alkoholproblematik. Dabei *schütten* sich die Betroffenen *zu* und verkriechen sich. Mit der Hand verschließen sie sich symbolisch. Ihr Wesen liegt *in ihrer Hand* und wird hier allen sichtbar, weshalb die Hände versteckt werden.

Mit verzogenen, zusammengekrallten Händen wird auch der »saubere« Abschluß von Geschäften unmöglich, die man mit Handschlag besiegeln müßte. Die Kontraktur verhindert den ehrlichen Kontrakt, und die dunkle Schattenseite des Paktes scheint hindurch, bei der beide Seiten dunkle, unausgesprochene Absichten im Schilde führen. Es ist sozusagen ein Geschäft, das *unter der Hand* geht.

Aufgabe ist, die Qualität der eigenen Handlungen wieder zu erleben und sich trotz negativer Assoziationen zu ihr zu bekennen. Es geht darum, sich einzugestehen, daß man zugreifen und Dinge für sich behalten will und eigene Absichten hegt, die nicht *zur* Ver*öffen*tlichung bestimmt sind. Wird der entsprechende Egoismus bewußt gelebt, braucht er sich nicht im Körper niederzuschlagen. Gleiches gilt für die aggressiven Regungen, die Angst und die Unsicherheit. Geiz läßt sich in sinnvolle Zurückhaltung transformieren, Geheimniskrämerei in Verschwiegenheit, Aggressionsausbrüche in überschäumende Lebensenergie, Angst in weise Beschränkung.

2. Die Fingernägel

Die Nägel der Hände und Füße sind Weiter- bzw. Rückentwicklungen der Krallen und haben folglich mit unserem aggressiven Erbe und unserer Herkunft zu tun. Seit wir unsere Krallen nicht mehr direkt im täglichen Lebenskampf einsetzen, müssen wir sie stutzen. Früher nutzten sie sich ab, wie bei den Raubtieren. An diesem Punkt ist es ebenso ehrlich wie ernüchternd, sich im Tierreich umzuschauen, wer außer uns Krallen trägt. Danach dürfte der aggressive Bezug der Nägel wie auch der Menschen klar sein.

Nun ist es in einer zugleich aggressionsfeindlichen und dabei außerordentlich aggressiven Zeit wie unserer nicht mehr so einfach, seine Nägel *in Schuß* zu halten. Ob sie von fremden Besatzern wie Pilzen* besiedelt werden oder ob vor allem Kinder sie sich freiwillig *beißend* amputieren*, ob sie brüchig werden und leicht splittern, immer werfen sie Licht auf unseren Umgang mit Aggression. In manchen Kulturen galt ihre Länge als Zeichen, wie weit man sich von schnöder täglicher Handarbeit entfernt hatte. Nebenbei machte diese Sitte gleich deutlich, wieviel Aggressivität nötig ist, um solch einen Lebensstil durchzusetzen und sich entsprechende Macht *unter den Nagel* zu *reißen.* Auch bei uns zeichnen gepflegte Fingernägel geistige Arbeiter aus und deren *raffinierteren* Umgang mit Aggressivität.

In unserer Kultur ist es besonders die Damenwelt, die ihre Aggressionssymbole mit Stolz trägt, mit Aufwand pflegt und farblich herausstellt. Nagellack ist zu einem festen Bestandteil des Lebens geworden. Ausnahmsweise hat er die Farbe des Perlmutts, jenes schimmernden Stoffes, in den sich verschiedene Wasserbewohner hüllen, und signalisiert, daß die aggressive Thematik bei seiner Besitzerin in etwas Glänzendes, Kostbares umgewandelt ist. Das überwiegend gewählte Rot ist symbolisch sehr stimmig, ist es doch die Farbe des Kriegsgottes Mars und seiner Gegenspielerin und Gespielin, der Liebesgöttin Venus. In den rotgefärbten und langgezogenen Fingernägeln verbinden sich Aggression und Liebe zur Leidenschaft, und die derart betonten Krallen signalisieren erotisch Verführerisches, das schon immer aus diesen beiden Quellen schöpfte. Das ist nicht erstaunlich, ist doch Eros-Amor, der Gott der Erotik, ein Sohn von Venus und Mars. Mit den Kriegswaffen des Vaters, Pfeil und Bogen, *schießt* er das Anliegen der Mutter, die Liebe, in die Herzen der Menschen.

Denkt man an die Verkehrsampel und den Po des Pavians ist Rot auch die klassische, weit sichtbare Signalfarbe. Rote Fingernägel ziehen Aufmerksamkeit auf sich, auf die verführerischen Qualitäten ihrer Besitzer oder das Blut, das von ihren Fingernägeln tropft. Schließlich haben die Nägel auch saturninen, grenzsetzenden Charakter, können sie doch auch signalisieren: »Bis hierher und nicht weiter.« *Auf den Nägeln brennen* uns vor allem aufgeschobene, lästige Pflichten.

Nagelbettentzündung

Dieses auch als Panaritium bezeichnete Krankheitsbild kann sowohl an den Finger- wie an den Fußnägeln auftreten. Das Bett des Nagels, der Raum, aus dem er wächst und sich ernährt, ist eitrig entzündet. Entzündung in dieser Gegend verkörpert einen Konflikt um die Heimat der Aggression bzw. Vitalität. Ähnlich wie bei der Zahnfleischentzündung (Gingivitis) ist das Thema Urvertrauen angesprochen. Die Aggressionswerkzeuge, Krallen und Zähne, brauchen eine gesunde Grundlage, um ihrer Bestimmung gemäß aggressiv werden zu können. Analog braucht ein Mensch Urvertrauen, um seine Aggression, seine Vitalität und Energie zum Ausdruck bringen zu können.

Wenn Kindern Selbstvertrauen und vor allem Vertrauen in die Eltern fehlt, trauen sie sich nicht, aggressiv zu sein. Was wie ausgesprochen brave Anhänglichkeit aussieht, ist oft Mangel an Zutrauen. Trauen sie sich dagegen einiges, was die Eltern gar nicht schätzen, bekunden sie damit Vertrauen, denn selbst wenn sie ihrer Aggression, bzw. Vitalität freien Lauf lassen, können sie auf die Eltern rechnen. Ständiges Am-Rockzipfel-der-Mama-Hängen, verrät dagegen Angst und mangelndes Vertrauen.

Wenn zum Konflikt im Nagelbett um die Basis der Aggression **Fingernägelbeißen** hinzukommt, ist die Situation noch klarer. Das Kind kann sich nicht trauen, sein Leben *in Angriff* zu nehmen und die Krallen zu zeigen. Die Lebensenergie findet nicht genügend Ventile, und so richtet es seine Aggression gegen sich und kastriert sich die Aggressionswerkzeuge. Statt froh zu sein, daß sich die Bissigkeit nicht gegen sie richtet, greifen die Eltern nicht selten zu Strafen. Bei dem Versuch, ihrem Kind die »Unart« auszutreiben, treiben sie das Aggressionsproblem tiefer in den Schatten. Es ist gerade die Ehrlichkeit des Symptoms, die Erzieher auf die sprichwörtliche Palme bringt. Jeder kann nun sehen, wie vitalitätsfeindlich ihr Kind lebt.

Manche Kinder gehen in solchen Situationen so weit, auch ihre Fußnägel abzunagen. Was könnte ihren *Hunger* auf Aggression deutlicher machen? Hält sich das Symptom bis in jugendliche oder sogar erwachsene Zeiten, zeigt das den weiterbestehenden Mangel an Ausdrucksmöglichkeiten eigener Vitalität. Nicht selten legt es sich auch, um später in anderem Gewande, etwa in allergischer Form, wieder aufzutauchen.

Da die Nägel oft fast bis an die Basis abgeknabbert werden, liegen die Fingerspitzen ungeschützt da und Entzündungen nahe. Das typische Panaritium oder Nagelgeschwür betrifft aber an sich intakte Nägel, die plötzlich eine Tendenz entwickeln, einzuwachsen. Sie bohren sich ins eigene Fleisch und eröffnen so den Krieg. Die Situation ist meist nicht so chronisch wie beim Nägelbeißen, sondern entzündet sich an einem akuten Konflikt. Allerdings gibt es Menschen, die immer wieder auf diese Ebene der Auseinandersetzung um ihr Urvertrauen zurückgreifen.

Neben dem typischen Geschwür im Nagelbett gibt es andere Arten, die *bis auf die Knochen* gehen können. Wenn Knochenhaut, Knochen oder Sehnen betroffen sind, geht auch die zutage tretende seelische Problematik entsprechend tiefer. Die Angreifer im physischen Sinn sind zumeist eiterbildende Staphylokokken oder andere Bakterien im Rahmen einer sogenannten Mischinfektion. Während man sich von diesen Erregern entzünden läßt, bekommen die eigentlich erregenden Themen zu wenig Raum. Tatsächlich könnte ein Mensch, der mit sich selbst im Krieg liegt bzw. dessen Waffensysteme von innen und unten, sozusagen aus der eigenen Heimat, in Frage gestellt werden, sich kaum verteidigen, geschweige denn von sich aus offensiv werden. Schon das gewöhnliche Nagelbettgeschwür kann bis zur Loslösung des Nagels gehen und damit einen Verlust der Abwehrbereitschaft andeuten.

Die zeitweilig *außer Gefecht* gesetzten Krallen legen als Lernaufgabe nahe, die eigene Vitalität und Aggression wieder auf bewußtere Ebenen zu heben. Der Krieg um die körperlichen Waffensysteme sollte auf Ebenen geführt werden, wo Lösungen möglich sind. Die Waffen des Geistes bieten sich hier vor denen des Körpers an. Aber selbst bewußtes Krallen und Kratzen ist noch sinnvoller als das Kultivieren von Nagelgeschwüren.

Fragen

1. Wo sollte ich meine Krallen zeigen und traue mich nicht? Wo reiße ich mir unbewußt etwas unter den Nagel?
2. Inwieweit macht mich meine Angst vor Aggression wehrlos?
3. Wo bin ich im übertragenen Sinn Opfer meiner Aggression?
4. Wie könnte ich Vertrauen finden zu meiner Kraft und Vitalität?
5. Wo lägen sinnvolle Möglichkeiten für meine aggressive Abwehrbereitschaft? Wo ließe sich mein Hunger besser stillen?

X. Die Brust

Die Brust ist sowohl Organ im Hinblick auf die weibliche Brustdrüse als auch zentrale Region unseres Oberkörpers. Mit dem Brustkorb haben wir neben der Knochenkapsel des Kopfes und der Beckenschale einen dritten wichtigen Behälter für lebenswichtige Organe. Er birgt unser Kontakt- und Kommunikationsorgan Lunge* und unsere energetische Mitte, das Herz*.

Während Schädelkapsel und Beckenschale feste und damit ziemlich starre Behältnisse sind, zeichnet sich der Korb aus Rippen und Muskeln durch erstaunliche Beweglichkeit aus. Nicht nur enthält er mit Herz und Lunge zwei Organe, die sich ununterbrochen in schnellem Rhythmus bewegen, er folgt dem Atemrhythmus mit einem Dutzend Dehnungen und Kontraktionen pro Minute. Die gelenkige Befestigung der Rippen an der Wirbelsäule und ihre elastische Knorpelverbindung zum Brustbein ermöglichen diese groß*zügi*ge Beweglichkeit. Trotz seiner Elastizität ist der Brustkorb doch zugleich eine feste Burg für den empfindlichen Inhalt.

In seiner Mitte liegt mit dem Herzen das Zentrum des Blut- und Energiekreislaufs. Auf körperlicher Ebene dreht sich alles ums Herz. Dem östlichen Verständnis gilt das Herzchakra, Anahata, als viertes und mittleres von sieben Energiewirbeln auch als Mittelpunkt des energetischen Menschen. Die Lunge ist das Kommunikationsorgan, ist es doch der Ausatemstrom, der, von Kehlkopf und Mundraum entsprechend moduliert, unsere Sprache formt. Bedenkt man, daß der Mensch zuallererst ein soziales Wesen ist, Biologen sprechen vom Zoon politikon, mag deutlich werden, wie zentral die Heimat unserer herzlichen Gefühle und unseres kommunikativen Austauschs für unsere Existenz ist. Zur Be-Deutung der Brust kommt hinzu, daß sie die Mitte und damit der Integrationsort ist für alles, was an Rationalem von oben herab, an Intuitiv-Archaischem von unten herauf und an Emotionalem von innen heraus kommt. In ihrer Form und Funktion spiegelt sie, wie der Mensch mit dieser vielfältigen Aufgabe zurecht kommt.

1. Der ausladende Brustkorb[71]

Wird die bergende Funktion des Brustkorbes aus übertriebenem Schutzbedürfnis durch Muskelpanzerung und starre Gelenke verstärkt, wird aus dem Korb ein Käfig, der Herz und Lungenflügel gefangenhält. Mag dieser Käfig durch entsprechende Aufgeblasenheit auch recht geräumig sein, er bleibt doch ein Gefängnis. Sperrt man Flügelwesen ein, geht deren wesentlicher Lebenssinn verloren. Die Lunge als Austauschorgan wird in ihren Möglichkeiten behindert und kann weder das ganze Abgas nach draußen abgeben noch die ihren Möglichkeiten entsprechende frische Luft hereinholen. Luft ist unsere primäre Lebensenergie, enthält sie doch den Sauerstoff, der uns am Leben erhält, bzw. Prana, die Lebenskraft, die uns unsere Energie schenkt. Nachdem wir sowieso dazu neigen, nur einen kleinen Teil unserer Lungenkapazität zu nutzen, ist eine weitere Einschränkung wohl mit Überleben, aber nicht mit *erfülltem* Leben vereinbar. Mit dem Herzen gerät ein Organ in Gefangenschaft, das vom Austausch des Lebenssaftes und jenem der herzlichen Gefühle lebt. Die Liebe, sein zentrales Anliegen, stirbt in der Gefangenschaft, denn sie lebt davon, gegeben und empfangen zu werden.

Wenn man sich *in die Brust wirft*, voll einatmet und dann die Luft anhält, bekommt man ein Gefühl für diesen aufgeblähten, starren Zustand. Relativ schnell stellt sich ein Gefühl von Überladung und Fülle ein, eine Fülle allerdings, die unter Druck setzt. Durch seine Aufgeblasenheit wird der Oberkörper dominant. Gefühlsmäßig, aber auch auf der Energieversorgungsebene geht seine Überblähung auf Kosten des Unterleibes. So wie die gewaltige Brust sich über den Rest des Körpers erhebt, spiegelt dieser Körperzustand die seelische Grundhaltung, die aus einem Überlegenheitsgefühl sich selbst und den Rest der Welt kontrollieren will. Mit dem Brustton der Überzeugung gibt man sich stärker als man ist. Typisches Krankheitsbild in diesem Zusammenhang ist das **Lungenemphysem** mit Faßthorax.

Dabei handelt es sich um einen mächtig erweiterten, tonnenförmigen Brustkorb, der in sich erstarrt, weder Flexibilität noch Offenheit für die Lebensenergie des Atems zuläßt.

Damit solche Selbstverkenntnis bestehen kann, ist es nötig, Gefühle zu unterdrücken. Das wiederum liegt diesem Brusttyp nahe, sperrt er sich doch in seiner Starrheit für den Durchfluß aller Energien. So wird das mächtige, äußerlich so eindrucksvolle Brustgewölbe nicht selten zur Gruft für die zarten Regungen und herzlichen Gefühle der Seele. Besitzer solchen Brustumfanges weinen selten und zeigen keine Schwächen, jedenfalls nicht offen und schon gar nicht öffentlich. Dafür tendieren sie zu Hektik und Getriebenheit, Dominanzstreben und Kontrollzwängen, Überspannung (= Hypertonus = hoher Blutdruck*) und Herzproblemen, Asthma* und Lungenemphysem*. Die Herzprobleme ähneln im Prinzip denen der Lunge. Während sie ihr unter besonders hohem Druck arbeitendes Herz in der Angina pectoris* oder dem Infarkt* verhungern lassen, bekommt die hoffnungslos überblähte Lunge beim Asthma und Emphysem nicht genug Lebenskraft.

2. Der eingeengte Brustkorb

Eine Bedrückung entgegengesetzter Art erfahren Menschen mit verengtem Brustgewölbe. Wo Besitzer ausladender bis ausufernder Brustkörbe inmitten der Fülle gefühlsmäßig verhungern, darben sie in der Enge. Während Aufgeblasene an ihrer Egoaufblähung die Umwelt leiden und sich selbst nicht selten zugrunde gehen lassen, verrät die unterentwickelte, eingefallene Brust ein ebensolches Ego. Weit davon entfernt, das Leben *zur Brust* zu *nehmen*, fühlen sich die Betroffenen *schwach auf der Brust*, leer und am Ende. Auch dieses Lebensgefühl ist über den Atem leicht nachzuempfinden, wenn man ganz ausatmet und längere Zeit nicht mehr einatmet. Das Gefühl bedrückender Leere bekommt sehr schnell etwas Quälendes und Verzweifeltes, Enge und Angst schnüren die Betroffenen zu. Sie fühlen sich ständig, als sei ihnen Angst oder Schrecken in die Glieder gefahren und als müßten sie sich und ihren Brustkorb mit letzter Kraft zusammenreißen.

Bei verringerter Atemtiefe und mattem Herzrhythmus fühlen sie sich mit Recht vom Leben vergessen, unterlassen sie es doch, genug frische Luft hereinzuholen und ihrem Blut mitzuteilen. Insofern erstaunt es nicht, daß sie häufig unter dem Gefühl leiden, nicht genug abzubekommen, und von außen Hilfe erwarten. Die seelische Grundstimmung ist von Kleinheits- und Minderwertigkeitsgefühlen bis zu Depressionen geprägt. Enge bzw. Angst ist die beherrschende Lebensqualität. Wie eine graue Maus mögen sich die Betroffenen fühlen, leer, unnütz und links liegengelassen. Sie sind so unauffällig, daß es schon wieder auffällt. D(ies)es Lebens müde, haben sie vergessen, daß, was sie in ihrer engen Brust zu*lassen,* mit Leben wenig zu tun hat. Der Korb der Brust, der eigentlich von Gefühlen und Emotionen überfließen will, ist bei ihnen zu klein, leer und verschlossen. Dafür mögen sie durchaus große Gedanken bis zu Allmachtsphantasien im Kopf haben.

Bei den Gegenspielern mit *gewalt*iger Brust ist dieser Korb zu groß, übervoll und ebenfalls verschlossen. Beide haben sich auf verschiedenen Polen gegen das Leben verbarrikadiert. Die Überblähten bauen Festungen, die Schutzbedürftigen mit dem eingezogenen Brustkorb setzen auf Tarnung gegenüber dem Leben. So sind beide in ihrer extremen Gegensätzlichkeit im entscheidenden Punkt vereint: Auf dem Boden von Minderwertigkeitsgefühlen sind sie nicht offen und durchlässig für die Lebensenergie.

3. »Krankheitsbilder« der Brust

Rippenbrüche

Rippenbrüche, besonders Serienbrüche, schlagen eine Schneise in die Festung des Brustkorbes. Es bedarf erheblicher Gewalt und eine besonders einengende und *fesselnde* Situation, um ein so elastisches Gebilde wie den Brustkorb anzuknacken. Normalerweise würde der ganze Mensch ausweichen oder die Flexibilität des Rippen-Knorpel-Gefüges den Ansturm abfangen. Beim Rippenbruch muß die Gewalt enorm sein und das Opfer unvorbereitet treffen, oder aber es ist eingequetscht und nicht mehr in der Lage, sich aus der beengenden

Situation herauszuwinden. Die körperliche Lagebeschreibung bezeichnet zugleich die seelische Situation, die Rippenbrüche notwendig macht, um eine erstarrte und eingeengte Situation aufzubrechen. Letztlich ist es der Versuch, ein Loch in eine Festung zu sprengen und verweigerte Offenheit mit Gewalt zu erzwingen.

Jene durch den Bruch körperlich erzwungene Öffnung und vor allem die dadurch ins Spiel gebrachte höhere Beweglichkeit hieße es auf geistig-seelischer Ebene zu verwirklichen. Durch die Brüche werden ja neue »Hilfsgelenke«, die Bruchstellen, vorübergehend in Betrieb genommen. Prophylaxe bezüglich weiterer Brüche wäre die freiwillige Wiederbelebung der vielen bereits vorhandenen Bewegungsmöglichkeiten. Flexibilität ist das Thema und die Aufgabe, die vor allem im übertragenen Sinn zu verwirklichen ist. Es gilt, Neues herein*brechen* zu lassen, sich auch extremen Anstößen zu öffnen und eine Beweglichkeit in die Welt der herzlichen Gefühle und des Austauschs zu bringen, die den Brustkorb körperlich entlastet.

Fragen

1. Was außer Gewalt kann den Tresor meiner Brust noch knacken?
2. Welche Bereiche meiner Gefühlswelt sind so eingekerkert, daß ihre einzige Chance in gewaltsamer Befreiung besteht?
3. Wo habe ich mich so in die Enge manövriert, daß ich nicht mehr aus noch ein weiß und äußeren Gewalten hilflos ausgeliefert bin?
4. Wieweit habe ich den Austausch vernachlässigt?
5. Traue ich mich, die Themen Offenheit und Flexibilität in meinem Leben wieder zum Zuge kommen zu lassen?

Schnarchen

Das mit zunehmendem Alter häufiger werdende Phänomen des Schnarchens betrifft über die Atmung das Thema Kommunikation. Hinzu kommt eine Rhythmusproblematik, die sich in unregelmäßigen Atemphasen ausdrückt. Die Kommunikation im Nachtbereich läuft unrund und rauh, es ist erheblicher Widerstand im Spiel. Schnarcher haben Angst, andere zu stören, und tun es Nacht für Nacht. Ihr Kontakt zur Umwelt ist gestört. Der Organismus macht deutlich, daß sie zumindest nachts für sich allein sein wollen. Geräuchvoll halten sie andere auf Distanz. Unter dem »Vorwand«, nicht belästigen zu wollen, schaffen sie sich Raum bzw. setzen einen eigenen Raum für sich durch. Auch wenn sie noch so engagiert betonen, wie gern sie die Nacht im gemeinsamen Ehebett verbringen würden, ihr Symptom spricht eine andere Sprache. Falls jemand es doch wagen sollte, ihnen nachts nahe zu treten, braucht er erhebliche Demut und Unterordnungswillen unter ihren unüberhörbaren Rhythmus oder aber Ohrenschützer. Damit stellt er sich taub gegenüber dem Schnarcher. Es steht außer Zweifel, wer hier den Ton angibt. Der Verdacht liegt nahe, daß Schnarcher nicht in der Lage sind, sich tagsüber Raum zu schaffen, für Abstand und Respekt zu sorgen und *den Ton anzugeben*. Sie demonstrieren lautstark, daß sie mehr Aufmerksamkeit brauchen, jedenfalls was ihre Nacht- und Schattenseite angeht. Diese entspricht dem weiblichen, dunklen Seelenanteil.

Das sägende bis raspelnde Geräusch in einer oder beiden Atemphasen spricht für harte, ungeschliffene Kommunikation. Dahinter verbirgt sich rauhe Argumentation und Anstrengung beim Mitteilen, die den Betroffenen nicht bewußt sind. Den anderen aber wird der laute, demonstrative, unüberhörbare und oft aggressive Mitteilungsstil deutlich. Die Tatsache, daß Schnarcher die einzigen sind, die ihr Schnarchen nicht mitbekommen, deutet darauf hin, daß sie auch die einzigen sind, die ihren Mitteilungsstil nicht wahrnehmen.

Sie brauchen nachts Ventile, um all das noch Ungesagte, auf ihre rauhe Art auszudrücken. Der hohe Energieverbrauch bei dieser Art der Kommunikation wird in ihrer Anstrengung hörbar. Beim Erwachen sind sie entsprechend weniger ausgeruht.

Das Rhythmusproblem tritt in den häufig auftretenden extrem langen Atempausen hervor, die reflektorisch einen besonders tiefen Einatemzug erzwingen. Schnarcher demonstrieren, wie sehr sie sich kommunikativ in einen Pol hineingesteigert haben. Hier spiegelt sich eine bis zur Atemlosigkeit anstrengende Mitteilungsform, die entsprechende Atempausen erzwingt. Lange atemfreie Intervalle verdeutlichen, daß oft gar kein Austausch stattfindet. Kommunikation (von lat. communis = gemeinsam) ist Mitteilung. Schnarcher aber teilen eher aus als mit und blockieren sich anschließend, bis sie kurz vor dem Ersticken wieder unüberhörbar nach Luft schnappen. Nicht atmen heißt nicht am Leben teilnehmen.

Bei den meisten Schnarchern zu beobachtendes langes Schlafen belegt, daß sie auf Grund ihres erschöpfenden Mitteilungsstils einerseits lange Regenerationsphasen brauchen, andererseits wenig Erholung bei dieser Art des Schlafes finden. Die geringe Qualität kompensieren sie durch Quantität. Hier dürfte auch die Erklärung für den Hinweis der Statistiker liegen, daß Schnarchen ungesund sei. Weniger ist wohl das Schnarchen an sich ungesund, sondern ein Hinweis auf eine grundsätzlich ungesunde Situation.

Fragen

1. Wo übertreibe ich einen Pol der Wirklichkeit?
2. Inwiefern fehlt bei mir die Verbindung zwischen den Extremen?
3. Welche Rolle spielt die Mitteilung der weiblichen Seelenseite?
4. Wo schließe ich mich vom Lebensstrom aus?
5. Was ist in meiner Kommunikation trennend, was verbindend?
6. Wie kann ich einen harmonischen Lebensrhythmus finden?

Atemstillstand bei Neugeborenen oder plötzlicher Kindstod

Dieses in letzter Zeit häufiger werdende Krankheits- bzw. Todesbild ist medizinisch völlig ungeklärt. Die Neugeborenen sterben an Atemstillstand und werden ohne Symptome oder Zeichen eines inneren Kampfes tot im Bettchen gefunden. Es wirkt, als hätten sie vergessen zu atmen. Obwohl natürlich keine therapeutischen Erfahrungen vorliegen, haben die betroffenen Eltern großes Interesse, das rätselhafte Geschehen zu deuten. Vom Ablauf her erscheint es als ein Einstellen der Kommunikation mit der Welt, vielleicht könnte man sagen mit dieser Welt. Tatsächlich ist unsere bedrohte Umwelt besonders in den Großstädten und besonders für Kinder kein lebenswerter Platz mehr.

Ohne den plötzlichen Kindstod allein darauf schieben zu wollen, leiden und sterben doch zunehmend Kinder an Atemwegserkrankungen vom Kehlkopfverschluß beim sogenannten Krupp über die obstruktive Bronchitis* bis zum Asthma*. Zeitlich parallel zu dem davor unbekannten Phänomen ereignet sich ein anderes, genauso geheimnisvolles Drama in den Weltmeeren. Immer wieder begehen Wale richtiggehend Selbstmord, indem sie an Land schwimmen und sich aufgeben. Menschliche Versuche, das Drama zu verhindern, werden häufig durch den starken Willen der Tiere zunichte gemacht.

4. Die weibliche Brust

Die weibliche Brust ist sowohl durch ihre Funktion als auch durch ihre Gestalt von zentraler Wichtigkeit. Im medizinischen Sprachgebrauch Mamma (lat.) genannt, symbolisiert sie Mütterlichkeit und die Fähigkeit des Nährens. Mit dem Heranwachsen des Kindes im Leib wächst auch die Brust, bei der Geburt ist sie durch das Einschießen der Milch prall gefüllt. Das erste Anlegen des Kindes ruft bei Mutter und Kind ein Lustgefühl hervor. Darüber hinaus hat es eine günstige Wirkung auf die Nachwehen und das Zusammenziehen der Gebärmutter. Es ist sozusagen das Signal zur Regeneration nach der Geburt. Über das den meisten Müttern spürbare Glücks- und Lustgefühl beim Stillen hinaus bringt das Saugen der vollen Brust Erleichterung und ist auch in dieser Hinsicht angenehm. Obwohl Saugen ein dem Kind angeborener Reflex ist, erfüllt es die Berührung der weichen Brust und der Strom warmer Milch ebenfalls mit einem Glücks- und Zufriedenheitsgefühl.[72]

Die Brust ist äußerst sensibel. Die sanft streichelnde Berührung der kindlichen Wange und vor allem die saugende Berührung von Lippen und Zunge rufen bei sehr vielen Frauen Lustgefühle hervor. In diesem Sinne ist die Grundlage der Mutterliebe auch geschlechtlicher Art. Groddeck geht davon aus, daß das Säugen Leidenschaft in der Frau entfache und sie anrege, wieder Geschlechtsverkehr zu suchen. Er interpretiert diese Beobachtung im Dienste der Arterhaltung als biologisch sinnvoll. Dagegen spricht allerdings, daß gerade das Stillen ein Schutz vor neuerlicher, zu früher Empfängnis ist.

Die geschlechtliche Thematik der stillenden Brust wird vor allem von denen bestritten, die Mütterlichkeit in den Himmel heben, Sexualität aber zur Hölle verdammen. Der generelle Geschlechtsbezug der weiblichen Brust ist dagegen unbestritten. Sowohl beim Stillen als auch beim Küssen wird sie lustvoll in den Mund genommen, ein Vorgang, der auf der oberen Körperebene dem unten vollzogenen Geschlechtsverkehr nicht unähnlich ist. Die Brust hat hier die Rolle des eindringenden Penis, die Mundhöhle entspricht dem Scheidengewölbe.

Ganz abgesehen davon, ob schon das Kind beim Stillen in der Mutter auch die Frau erlebt, ist der zentrale Stellenwert der Brust im weiteren Leben offensichtlich. Die Prägung auf die Brust ist die früheste, die der Mensch erlebt. Insofern ist es naheliegend, daß er weiterhin Liebe an der Brust sucht. Das gilt natürlich auch für Frauen. Sie drücken sich gern gegenseitig an die Brust und vermitteln sich damit weiche Geborgenheit. Eine Frau muß keineswegs lesbisch sein, um sich an der Brust einer anderen wohl zu fühlen. Die Beziehung einer Frau zur Brust einer anderen Frau liegt natürlicherweise näher als etwa die des Mannes zum Glied eines Geschlechtsgenossen. Jemanden an die Brust zu drücken, ist immer eine Geste der Zuneigung und Liebe. Auch Mitgefühl drückt kein Organ intensiver und wärmer aus, nirgends kann man sich z.B. besser ausweinen. Daß die Brust neben ihrer mütterlich nährenden Funktion Beziehungsorgan ist, zeigt die Tatsche, daß sie einzig beim Menschen permanent ausgeprägt ist, während »andere Säugetiere« sie nur zum Säugen zeitweilig entwickeln.

Bei der geschlechtlichen Liebe wird die Brust schließlich zum Sexualorgan, suchen Männer doch instinktiv nach der Brust, heutzutage Busen genannt. Dieser Ausdruck ist an sich falsch, denn ein Busen bezeichnet die Aus- oder Einbuchtung, den Raum dazwischen, das Dekolleté. Diese Stelle zwischen den Brüsten wurde schon seit alters her entblößt, um Reize auf das andere Geschlecht zu entfalten. So verschieden die Moderichtungen auch durch die Zeiten waren, auf die Zurschaustellung dieser hochbrisanten Stelle wurde nur selten verzichtet. Zum Teil waren frühere Zeiten diesbezüglich sogar freizügiger, wenn man etwa an die brustfreien Kleider zur Zeit Ludwigs XIV. denkt, von der »Mode« der sogenannten Primitiven ganz zu schweigen. Im alten Ägypten korrelierte die Tiefe des Dekolletés mit der Höhe des gesellschaftlichen Einflusses, in Athen erschienen Bürgerfrauen zu feierlichen Anlässen barbusig. »Oben ohne« ist also durchaus keine Erfindung unserer liberalen Zeit.

Auch in weniger offensichtlicher Art und Weise wurden und werden die Brüste betont: durch Korsagen angehoben, mit Büstenhaltern zugleich gebändigt und demonstriert, durch besondere Mieder in Form gebracht oder einfach dadurch, daß die Frau die Arme darunter verschränkt und sich brüstet. Selbst das Zusammenschnüren der Taille dient zum Teil der Betonung der Brust. Schmuck, wie Broschen und Ketten, verweist auf die darunterliegenden Kostbarkeiten. Reizvoller als die nackt dargebotene Brust ist für viele männliche Wesen der Hinweis, daß sie sich diesen offenherzigen Einblick verdienen könnten. In dieser Hinsicht werden rutschende Träger von ausgeschnittenen Kleidern und dergleichen auf ebenso geschickte wie (halb)bewußte Weise eingesetzt.

So wie Frauen immer dazu tendierten, ihre von Natur aus prominenten Brüste bei sozialen Spielen einzusetzen, wollten Männer zu keiner Zeit darauf verzichten. Fast ausschließlich Männer bestimmen die, was den Busen angeht, sehr geradlinigen Wege der Mode. Die Brust ist mit ihrer Weichheit und Nachgiebigkeit die am wenigsten Widerstand bietende Region des Körpers. Dieses intuitiv bereits als Baby erworbene Wissen nutzten Männer zu allen Zeiten aus, um über den Busen die ganze Frau zu erobern.

Während Frauen sich Männern eher »an den Hals werfen«[73], fliegen Männer regelmäßig auf die Brust. Die weiche Gestalt ihrer Halbkugelform ist wahrscheinlich prägend verantwortlich für die Vorliebe, die wir auch späterhin im Leben für alle runden Sachen haben. An ihr ist nichts abstoßend, vielmehr alles anziehend und verlockend. So wird sie in anspruchsvoller wie auch weniger anspruchsvoller Ausdrucksweise mit Bildern umschrieben, die ihrer vollkommenen Rundheit und weichen Formvollendung entsprechen. Unter den Früchten werden diesbezüglich vor allem Äpfel bemüht, manchmal auch Birnen. Für die Mamille dienen Himbeeren und Erdbeeren als Vorbilder oder die Knospen der Blumen. Während die Ungarn auch im normalen Sprachgebrauch von Knospen ausgehen, scheuen sich die Deutschen nicht, von Warzen* zu sprechen.

Damit wird auf etwas Abstoßendes, ja Ekelerregendes Bezug genommen, das wir am ehesten mit der alten, bösen Hexe in Verbindung bringen. Wer würde etwa gerne eine Warze in den Mund nehmen. So mag diese Bezeichnung durchaus ein Relikt der Inquisition sein, jenem kollektiven Projektionswahn, der besonders in attraktiven Frauen böse, verführerische Hexen sah. Die Frauenbewegung hat diese Thematik entdeckt, und so gibt es von dieser Seite Ansätze, etwa von Brustperle zu sprechen. Der Name Warze in diesem Zusammenhang läßt vermuten, daß im Deutschen unterschwellig negative Einstellungen gegenüber reifer Weiblichkeit herrschen. Auch solche haben ihre Tradition in der Geschichte. Im Mittelalter beschimpften religiöse Fanatiker das Dekollét als »Höllenfenster« und die Brüste als »Blasebälge des Teufels« bzw. »Teufelskugeln«. Sogar die Politik beschäftigte sich mit den reizenden Brüsten, und so sind uns Erlasse erhalten, die sich gegen ihr »schändliches Zurschaustellen« richten. Besonders in katholischen Landen wurde in jenen Zeiten versucht, der gefährlichen Brustentwicklung generell vorzubeugen, z.B. mit nächtlichem Auflegen schwerer Bleiplatten.

Die weibliche Brust ist mit Abstand das wichtigste sekundäre Geschlechtsorgan und der optische Blickfang schlechthin. In dieser Funktion wird sie auf breiter Linie benutzt und manchmal ausgenutzt. Vor allem die amerikanische und italienische Filmindustrie bringt »Kurvenstars« hervor, die Männerherzen höher schlagen lassen. Frauen werden auf drei Ziffern reduziert, wobei an oberster Stelle der Brustumfang rangiert. So wird die Brust ganz offenbar zu jenem Organ, über das sich die Frau definieren lassen muß und vielfach auch selbst definiert. In einer digitalen Zeit reicht dazu eine Zahl. Altmodischere Gemüter definieren ihr Ideal noch in beschreibender Weise. Die Brust hat dann gut geformt, straff und von mittlerer Größe zu sein. Ist sie zu klein, degradiert sie zum Mangelwesen, ist sie zu groß, gerät sie zusammen mit ihrer Besitzerin zur Provokation. Für uns ist es nur schwer faßbar, daß es Kulturen gibt, die ein anderes Ideal haben und z.B. »Hängebrüste« bevorzugen, die dort für Reife, Kinder*reichtum* und ein machtvoll gelebtes Leben stehen.

Je größer der Busen, desto (sexuell) reizvoller die Frau, heißt hierzulande die einfache Formel hinter der digitalen Definition. Es ist eine sehr mütterlich verbrämte Sexualität. Der »männliche Eroberer« kann sich in solchen Brüsten verkriechen und sich von ihnen verwöhnen lassen wie einst als Baby. Insofern ist richtiggehender Busenfetischismus ein *deut*liches Symptom. Solche Männer suchen nach der Mutter in der Frau und mehr als reife genitale Erfüllung emotionale Versorgung, Geborgenheit und Schutz und damit die mächtige Frau. Daß sich die vom Essen über Mickey Mouse bis zum dauernden Cowboy-und-Indianer-Spielen kindliche US-Kultur hier besonders hervortut, ist so wenig erstaunlich wie die einschlägige italienische Vorliebe. Die italienische Mamma ist klassisch vollbusig und von Kopf bis Fuß auf die Versorgung ihrer kleinen und großen Kinder eingestellt.

Aus der gesellschaftlichen Wertung, aber auch aus der jeweiligen individuellen Umgebung erwachsen vielfältige Probleme mit Brust und Busen. Das Figurideal ist weitgehend dem Geschmack des jeweiligen Zeitgeistes unterworfen. Waren noch um die Jahrhundertwende die runden sogenannten vollschlanken Figuren gefragt, ist es heute die schlanke Linie. Das von Hollywood geprägte Idealbild des Kurvenstars hebt die schlanke Frau mit großem Busen auf den Schild. In der alten Welt machte auch schon mal das Twiggy-Ideal Furore, eine knabenhafte Figur praktisch ohne Busen. In dieser Vielfalt der Ideale können Probleme nicht ausbleiben. Tatsächlich wird, die Nase eingeschlossen, an keinem Organ soviel ohne medizinische Notwendigkeit herumoperiert wie an der weiblichen Brust(-drüse). Gleichzeitig wird aber auch an keinem weiblichen Organ soviel mit dringender Notwendigkeit operiert, ist doch das Karzinom der Brust der häufigste Krebs bei Frauen.

Brustkrebs

Brustkrebs ist nicht nur der häufigste weibliche Krebs, sondern wohl auch der beängstigendste. Wächst an der schönsten und weichsten Stelle etwas so Hartes und Bösartiges so spürbar, löst das zusätzlichen Horror aus. Die Ausführungen des allgemeinen Krebskapitels gelten für das Krankheitsbild im allgemeinen. Die Lokalisation und die spezielle Bedeutung des jeweiligen Organs bringen die Ebene des Geschehens dazu. Wenn sich das weiche Drüsengewebe der Mamma am Ort natürlicher Geborgenheit und Lust verhärtet und bösartig wird, sind die Themen Mütterlichkeit, Lust und Beziehung angesprochen und liefern die Basis des Dramas. »Es« hat die Betroffene an der empfindlichsten Stelle, in Herznähe, getroffen, und sie behält es für sich, verrät niemandem, wie verletzt und böse sie ist. So muß der Körper zeigen, was wirklich los ist. Und es ist die Hölle, die in ihrem Busen tobt, das Herz ist im wahrsten Sinne des Wortes zur Mördergrube geworden.

Neben dem Aspekt der Sensibilität und Empfindlichkeit hat die Brust von ihrer Form her in der Sexualität auch herausfordernden Charakter, und so ist auch die Komponente offensiver Erotik mit angesprochen.

Die Phase des Zusammenbruchs der Immunabwehr und damit des eigentlichen Krankheitsausbruchs ist beim Brustkrebs oft durch einen tiefen Kummer markiert, den sich die Betroffene nicht in seiner ganzen Tragweite eingesteht. Sie nimmt sich etwas mehr zu Herzen als sie zugibt, drückt es an ihren Busen, nicht, um es nahe heranzulassen, sondern um es zu verbergen. Wie bekümmert oder böse sie über die zugefügte Schmach oder Verletzung auch ist, sie schreit sie nicht hinaus, sondern neigt dazu, sie in ihrem Busen zu bewahren, wo sie sich verkörpern und zu Krebs werden kann.

Was wie selbstlose Zurückhaltung aussieht und manchmal als Verständnis ausgegeben und mißverstanden wird, ist viel mehr die Angst, loszuschlagen und anzuklagen, für die eigenen Interessen zu kämpfen. Oft verhindert auch Stolz einen fälligen Ausbruch. Aufopfernder Mütterlichkeit liegt Egoismus besonders fern, und so wird er bewußt unterdrückt. Im Körper aber drückt er wieder heraus, und zwar genau an der Stelle, wo die echte Weichherzigkeit und das mütterliche Verständnis (für alles) leben. Gegen diese hohen Ideale ist gar nichts zu sagen, nur ist die Betroffene offenbar (noch) nicht in der Lage, solche Ziele vorbehaltlos zu leben. Der nicht eingestandene Vorbehalt verkörpert sich und verrät, wieviel *höllische* Energie da im eigenen Busen geschlummert hat und nun erwacht ist. All das nichtgelebte Aggressive, Zerstörerische, Verschlingende und Rücksichtslose schlägt nun auf der Körperebene los.

Das nährende weiche Gewebe der Brust, deren Aufgabe das Geben, Versorgen und Ernähren ist, wird so egoistisch, wie es die Betroffene bewußt nie sein möchte. Der Körper nimmt ihr damit etwas ab, was sie verweigert, nicht weil sie es nicht hat, sondern weil sie es sich nicht ein- oder nicht zugesteht.

Auch was die Brust als Beziehungsorgan angeht, sinkt beim Brustkrebs die Offensive in den Schatten. Oft zeigt der Krebs in Form von Einziehungen der Haut, daß die Betroffene die Initiative aufgegeben und sich auf Rückzug gepolt hat. Rückzug aber ist nicht im Körperlichen, sondern lediglich im Seelischen und auch dann nur im Sinne der Rückbesinnung auf die Religio angezeigt. Als prominentes Organ ähnlich der Nase wäre es u.a. Aufgabe der Brust, offensiv zu sein. Wie wichtig diese Komponente ist, mag daran klar werden, daß diese beiden Organe mit Abstand am meisten chirurgisch verändert werden, offenbar doch, um die nach außen gerichteten Qualitäten besser *heraus*stellen zu können.

Das nicht bewußt gelebte offensiv-aggressive Element drückt sich sowohl im Krebsgeschehen als auch in den gängigen Therapien aus. Wird der Knoten, der an sich immer Symbol eines ungelösten Problems ist, chirurgisch mit dem Messer herausgeschnitten, ist die bis aufs Blut gehende Aggression unverkennbar. Aber auch die energiereichen Strahlen strahlen Aggressives aus, bringen sie doch neben den Krebs- auch vielen gesunden Zellen den Tod. Ähnliches gilt für die Zytostatika, deren Art höllischer Aggression mit Vergiften und Blockieren einhergeht und dem Krebs symbolisch am nächsten steht. Diese abstoßenden Methoden bringen etwas ins Spiel, das dem Krebspatienten fehlt. Würde er es in sein Bewußtsein integrieren, könnte er das Prinzip aus seinem körperlichen Schattendasein erlösen und sich von der Bedrohung befreien.

In der Mythologie gibt es ein Motiv, das diesem Geschehen nahekommt. Penthesilea, die Königin der Amazonen, schneidet sich die rechte Brust ab, um im Kampf ihren Bogen besser spannen zu können, d.h. um in einer Männerwelt besser *ihren Mann* zu *stehen*. In ihrem Gefolge verstümmeln die Amazonen ihren Töchtern die Brust, um sie besser für den Lebens*kampf* zu *rüsten* und wenigstens rechtsseitig wie Männer sein zu lassen. Sie verzichten freiwillig auf einen Teil ihrer weichen Weiblichkeit, weil er ihnen in den Weg geraten ist und sie hindert, dem harten Leben die Stirn zu bieten.

Der Brustkrebs signalisiert ebenfalls, daß die weiche weibliche Art bei der Bewältigung des Lebens hinderlich geworden ist. Er zeigt, daß Weichheit in Härte transformiert und u.U. auf einen Teil der Weiblichkeit ganz verzichtet werden muß. Was im übertragenen Sinn nicht passiert, wird irgendwann zur Aufgabe des Chirurgen, der wegschneidet, was in den (Lebens-)Weg geraten ist. Wer nicht bereit ist, notwendige Einschnitte in seinem Leben vorzunehmen, muß sie schließlich auf unerlöster Ebene vornehmen lassen.

Die Aufgabe, bestimmte Lebensbereiche (zeitweilig) aufzugeben, um anderen, bei weitem zu kurz gekommenen zu ihrem Recht zu verhelfen, lautet in diesem Fall, das Reich der Mütter, das Mondland zu verlassen. Das mag z.B. bedeuten: Abhängigkeiten aufgeben; auf gesicherte, aber an entwicklungsfeindliche Bedingungen geknüpfte Versorgung verzichten; die Rolle der »guten Frau«, toleranten, ewig zurückgesetzten Geliebten, »lieben Tochter«, »verständnisvollen Mutter«, die sich alles gefallen läßt, aufgeben; das Heimchen am Herd freiwillig und im übertragenen Sinne beerdigen; die Haltung der Prinzessin auf der Erbse aufgeben; das privilegierte Mädchen aus besserem Hause sterben lassen; die *Mutter* Kirche aufgeben für den eigenen Weg usw.

Krebs ist grundsätzlich ein Zeichen, daß man den eigenen Entwicklungsweg nicht oder nicht mehr geht, daß die Seelengeburt nicht vollzogen wird. Der jeweilige Krebs zeigt einem, an welcher Stelle man im Geburtskanal stecken geblieben ist. Mit der Brust ist der empfindliche Bereich der Mütterlichkeit angekratzt und damit die ganze Problematik des Bemutterns und Bemuttert-werdens, des Nährens und Genährt-werdens, des Stillens und Gestillt-werdens, des Versorgens und Versorgt-werdens. So erstaunt es nicht, wenn bei Brustkrebspatientinnen fast ausnahmslos besondere Mutterbeziehungen zu finden sind, von nicht vorhanden über verleugnet bis »ungewöhnlich tief und gut«. In diesem Zusammenhang ist auch an die sezernierende Mamille, ein Warnsymptom bei Brustkrebs, zu denken, das bei immerhin 10 Prozent der Patientinnen auftritt. Die Brustdrüse fängt dabei an, Milch zu geben, und deutet an, daß das Thema des Nährens und Säugens in den Schatten gerutscht ist.

Als Symbol der Weichheit und Anschmiegsamkeit ist mit der Brust auch die Thematik des Aushaltens und *Ausgehalten*-werdens, der Verletzlichkeit und Qual, der Beleidigung und Empfindlichkeit angesprochen. Das Beziehungsorgan Brust bringt die Themen Rückzug und Aus-sich-heraus-Gehen, Lockung und Verlockung, Verstecken und Herausfordern ins gefährliche Spiel.

Ziel ist bei all dem gerade nicht, »das Richtige«, »Gute« oder »Erwartete« zu tun, sondern das Eigenständige, Individuelle herauszufinden und durchzusetzen. Jeder Entwicklungsweg ist einzigartig, auch wenn sein Ziel mit dem aller anderen Wege identisch ist, die Einheit. Diese gilt es letztlich zu verwirklichen, und da, aber wirklich erst da kommt die Liebe als Erlösung der Krebsthematik ins Spiel. Diese Liebe hat offensichtlich nichts mit Liebsein zu tun. Bevor es soweit ist, und die Frau mit allen und allem eins ist, gilt es klarzustellen, daß sie gerade nicht mit allem einverstanden ist, sondern ihren eigenen Weg zu gehen beabsichtigt. Dazu muß sie dann zeitweilig auf Weichheit, Nachgiebigkeit, Anpassungsfähigkeit und die anderen typischen Attribute weiblicher Wohlanständigkeit pfeifen. Es ist mit Sicherheit heilsamer, für bestimmte Lebensphasen freiwillig darauf zu verzichten, als auf das Symbol dieser typisch weiblichen Züge, die Brust, verzichten zu müssen.

Ist die Brust in dieser Auseinandersetzung bereits verlorengegangen, wird erst deutlich, was die Frau an ihr hatte. Weit mehr als ein Organ ist verloren. Immer geht ein Symbol dahin und mit ihm ein Teil des Selbstwertgefühls. Wenn sich eine Frau nach der Amputation nicht mehr als richtige Frau empfindet, hat sie sich vor allem über ihren Körper als Frau gefühlt. In Zukunft ist sie gezwungen, sich nicht mehr allein über körperliche Weiblichkeit zu definieren. Andere Lebensinhalte wollen aufgetan werden.

Frauen, die dem Krebs eine oder sogar beide Brüste geopfert und die Amputation viele Jahre überlebt haben, berichten eindrucksvoll, wie sich ihr Leben vor allem im inhaltlichen Sinn verändert hat. Der Mythos der Amazonen mag hier im Hintergrund durchscheinen. So kann der Verlust zur Chance werden, eine neue, individuelle Identität zu finden. Ein Lebensinhalt, der zentral mit ihr selbst und weniger mit anderen zu tun hat, muß ins Leben treten.

Hier mag klar werden, warum es der Brustkrebs zum häufigsten weiblichen Krebs bringen konnte. Seine Steigerungsrate ist beeindruckend. Während 1961 von 100 000 Frauen in der Bundesrepublik weniger als 30 an Brustkrebs starben, waren es 1985 bereits über 40. Diese Zahlen werden noch erschreckender, wenn man bedenkt, daß das System der Früherkennung[74] in dieser Zeit durchaus Erfolge gezeitigt hat und die Operation, sofern im ersten Stadium durchgeführt, fast 90 Prozent der Frauen ermöglicht, die nächsten fünf Jahre ohne Rückfall zu überleben. Die enorme Zuwachsrate hat offensichtlich mit einer für heutige Frauen in unseren modernen Gesellschaften gehäuft auftretenden Problematik zu tun. Die Brustdrüse an sich ist jedenfalls kein schon immer besonders krebsanfälliges Organ. Wie eingangs erwähnt, gibt es Kulturen, die nicht diese Krebs- und folglich auch nicht Brustkrebshäufung kennen. Natürlich handelt es sich bei der Brust um ausgesprochen empfindliches Gewebe. Andererseits gibt es das auch im Mund. Hier käme sogar der Kontakt mit einer Unzahl von Kanzerogenen hinzu. Trotzdem gibt es bei weitem weniger Krebs der Mundschleimhäute. Bei Milchkühen, die häufiger unter Entzündungen des Euters leiden als Frauen unter solchen der Brustdrüsen, ist Krebs in dieser Region unbekannt.

Auf der Suche nach der spezifischen Situation ist es nicht schwer, darin die Vernachlässigung des eigenen weiblichen Weges zu entdecken, wobei der nichts mit dem gängigen Weiblichkeitsideal zu tun haben muß und viel mehr Härte und Kraft verlangen kann als manchen recht ist. In diesen Zusammenhang paßt auch die Tatsache, daß Nonnen überdurchschnittlich häufig von Brustkrebs betroffen sind. Es sei dahingestellt, inwieweit die Berufung zur Ordensschwester dem weiblichen Weg entgegenläuft. Wahrscheinlich sind jene Nonnen betroffen, die gerade nicht auf ihrem Weg sind, weil sie nicht einer Berufung gefolgt, sondern vor dem Leben ins Kloster ausgewichen sind. Und vielleicht auch jene, die zwar eine Berufung vernommen, später aber den Kontakt zum klösterlichen Weg verloren haben und trotzdem geblieben sind. So wie das zur Flucht mißbrauchte Klosterleben den Krebs fördert, kann es ihn auch (ver)hindern, sofern es die jeweilige Frau auf ihrenWeg bringt.

Epidemiologische Untersuchungen, die Krankheitsverteilungen in der Bevölkerung beinhalten, enthüllen weitere interessante Zusammenhänge. Während Nonnen überdurchschnittlich häufig an Brustkrebs erkranken, sind Frauen, die in jungen Jahren mehrere Kinder geboren haben, am wenigsten betroffen. Waren sie bei den Geburten über 25, steigt das Risiko bereits wieder. Frauen, die erst über 30 ihre Kinder bekommen, haben bereits ein höheres Risiko als kinderlose.

Natürlich hat es keinerlei Sinn, nach solchen Statistiken Familienplanung zu betreiben. Das hieße Statistiken im ursächlichen Sinn mißzuverstehen. Andererseits haben sie ziemlich verläßlichen Anzeigecharakter. Demnach ist frühzeitiges Kinderbekommen noch immer für sehr viele Frauen entscheidend für ihre Selbstverwirklichung, wohingegen sehr spätes Kinderbekommen eher einem von außen herangetragenen Anspruch oder rationalen Überlegungen entspringen könnte. Dem entsprechen Erfahrungen aus der Psychotherapie, wo sich nicht selten herausstellt, daß unter der Oberfläche eines modernen Lebensstils noch immer die uralten Ideale und Muster leben. Interpretationen von Statistiken sind immer heikel, besonders bei solch einem Thema in einer diesbezüglich so engagierten Zeit. Grundsätzlich läßt sich feststellen, daß trotz all den Hinweisen auf die Wichtigkeit des eigenen Weges nicht generell den breiten Spuren der Emanzipationsbewegung zu folgen ist. Diese hat vielleicht die wichtigste Brustkrebsprophylaxe der letzten Jahrzehnte geleistet, indem sie Frauen neue (Frei)Räume und Möglichkeiten eröffnet hat. In dem Maße, wie sie aber Macht bekam, lachte sie sich auch einen Schatten an. Brustkrebsvorbeugung wäre Anregung zum eigenen *weiblichen* Weg. Die Betonung liegt hier auf eigen und weiblich gleichermaßen, die Frauenbewegung ermuntert aber, mit noch so berechtigten Forderungen auf den Fahnen, zunehmend Frauen, *ihren Mann* zu *stehen,* und wertet damit ungewollt den weiblichen Weg ab. Wo Kinder, Küche, Kirche zu Schimpfworten verkommen, ist es für viele Frauen schwer, ihren Weg zu finden und zu schätzen. Diese Themenbereiche sind offenbar tiefer verankert, als Verfechtern des Zeitgeistes lieb ist.

Es ist kaum möglich, ein spezifisches Persönlichkeitsprofil zu finden, das für Brustkrebs prädestiniert. Die Problemkonstellation ist so individuell wie der Weg. Das Thema des verlassenen oder nicht gefundenen und jedenfalls nicht gegangenen eigenen Weges wird aber praktisch immer in der einen oder anderen Form durchscheinen. Bezüglich der Mütterlichkeit kann der wachsende Knoten anzeigen, daß hier etwas stellvertretend für echte Mutterliebe wächst, etwas Kaltes und Gefährliches. Die Betroffene kann durchaus eine Mutter sein, wie sie im Buche steht. Wenn das Mutter-sein nicht in ihrem Herzen steht und sie sich und der Welt die Bilderbuch-Mutter vorspielt, ist es nicht ihr Weg und wird zur Gefahr. Mutterliebe ist in ihrer selbstlosen Art ein Abbild der himmlischen Liebe. Wenn sie aus dem Herzen kommt, ist sie ein Allheilmittel, imitiert sie aber nur gesellschaftliche Normen, kann sie das Leben kosten. Dasselbe Problem kann die Bilderbuch-Frau haben, die mit sich und mit der der Partner überaus zufrieden ist, weil sie dem Frauenideal so nahe kommt. Wenn es aber nicht ihrem inneren Ideal entspricht, ist auch ihr vorbildliches Leben krebsverdächtig. Selbst die offensive Frau, die scheinbar nur danach geht, was ihr Spaß macht, ist nicht automatisch sicher. Wer noch so erfolgreich Vamp spielt, ohne einer zu sein, ist genauso gefährdet wie die graue Maus, die so gerne Vamp wäre und sich nicht traut. Die moderne Frau, die sich »emanzipiert«, weil das heute dazugehört, und von einer klassischen, aber vom Zeitgeist längst ausrangierten Nur-Mutter-Rolle träumt, gehört natürlich ebenso zur Risikogruppe. Alles Maßnehmen an äußeren, von der Gesellschaft vorgegebenen Schablonen ist bedenklich, denn es entspricht kaum je der eigenen Art. Wer aber nicht der Eigen(en)-Art entspricht, lebt gefährlich. Die Gefahr ist, daß ihr Aus-der-Art-Schlagen in den Körper sinkt und auf dieser Ebene gegen sie selbst zurückschlägt. Die beste Krebsprophylaxe ist folglich ein mutiges Leben bzw. der eigene individuelle Weg zur Einzigartigkeit. Der Weg ist vollkommen individuell, das Ziel aber ist überindividuell und vollkommen.

Der chassidische Rabbi Susya sagte kurz vor seinem Tode: »Wenn ich in den Himmel komme, werden sie mich nicht fragen: Warum warst du nicht Moses? Sondern sie werden fragen: Warum warst du nicht Susya? Warum wurdest du nicht, was nur du werden konntest?«

Fragen

1. Welche Rolle spielt das Thema Mutter in meinem Leben? Erwarte ich, bemuttert zu werden? Befriedigt es mich, andere zu bemuttern? Wie stehe ich zu meiner Mutter, zu meinem Muttersein?
2. Welche Rolle spielt Versorgung für mich? Aus welchen Motiven versorge ich? Mit welchem Gefühl und um welchen Preis lasse ich mich versorgen? Könnte ich mich selbst versorgen?
3. Welche Rolle spielt Eigenständigkeit bzw. Emanzipation für mich?
4. Wie offensiv und demonstrativ erlaube ich meiner Brust zu sein? Traue ich mich, sie als Signal einzusetzen?
5. Habe ich meinen Weg als Frau gefunden? Komme ich darauf voran?
6. War das, was ich bisher gelebt habe, *mein* Leben? Ist das, was ich auf mich zukommen sehe, *mein* Leben?
7. Wo soll es mich hinführen? Was ist mein Traum? Was mein Ziel?

XI. Der Bauch

Nachdem das Innenleben des Bauches bereits ausführlich im Buch »Verdauungsprobleme«[75] interpretiert wurde, bleibt noch, den Bauch als Region zu deuten.

Zwischen Brust*kasten* und Becken*schale* gelegen, kann er weit weniger schützen als diese. Durch die Aufrichtung auf die Hinterbeine erlitt er die meisten Nachteile. Beim Gang auf allen vieren waren seine Innereien noch wirklich in der Bauchhöhle geborgen. Oben sorgte das Rückgrat für Bedeckung, an den Seiten garantierten die Gliedmaßen Flankensicherung, unten war der schützende Boden, nach vorne sicherte das Bollwerk des Brustkorbes. Durch die Aufrichtung wurde die Bauchhöhle nach vorne offen und weitgehend schutzlos. Lediglich die Bauchdecken sichern mit ihren langen, flachen Muskeln vor Verletzungen und schützen die Eingeweide vor dem Herausfallen.

Aber nicht nur an Schutz, auch an Bedeutung hat der Bauch durch den Aufstieg des Kopfes eingebüßt. Auf Grund der in weiten Zügen analogen Stammes- und Einzel-Entwicklungsgeschichte kann man an der Wichtigkeit, die der Bauch für das Baby hat, sehen, welche Rolle er für unsere frühesten Vorfahren gespielt haben muß. Beim Kleinkind dreht sich noch alles um ihn und sein Lebensgefühl. Ist er warm und voll, ist die Welt in Ordnung, ist er leer und angespannt, stehen die Zeichen auf Sturm. Überlegungen des Kopfes spielen noch keine Rolle, und selbst die Regungen des Herzens treten hinter den Bauchgefühlen zurück.

Mit dieser Frühphase unserer Entwicklungsgeschichte wollen wir meist nichts mehr zu tun haben. Ausdrücke wie »eine Bauchlandung machen« oder »auf den Bauch fallen« zeigen, daß Rückfälle in die Zeit, wo sich das Leben natürlicherweise auf dem Bauch abspielte bzw. um ihn kreiste, äußerst unbeliebt sind. Wer »aus dem hohlen Bauch heraus« handelt, genießt dafür keine Wertschätzung. Der kühler Kopf distanziert sich vom Bauch und seinen ungeordneten bis chaotischen Ansprüchen.

Jene Kulturen, die sich wie die indianischen auf Bauchgefühl und Intuition verließen, waren in unserer Welt verlassen. Die Überlebenden nennen wir mit Vorliebe primitiv. Tatsächlich haben Gefühle und Emotionen des Bauchraumes etwas Primitives, verglichen mit den differenzierten Meinungen und Überlegungen des Kopfes. Eine so urwüchsige Kraft wie der sich rücksichtslos aus den Tiefen der Gedärme Bahn brechende Hunger muß gegenüber den diskussionsbereiten Beiträgen des Gehirns als grob und ungeschliffen gelten. *Wut im Bauch* ist der schwierigste Partner für den *klugen Kopf.*

Ist der Kopf Vernunft-Zentrale, das Herz Zentrum der Emotionen und herzlichen Seelenregungen, so ist der Bauch die Heimat der ursprünglichen, einerseits kindlichen, andererseits archaischen Gefühle und Triebe. Das unterhalb des Nabels angesiedelte dritte Chakra, Manipura, hat mit urwüchsiger Kraft und Macht zu tun. Dem kleinen Kind ist sein Nabel noch Nabel der Welt. Geht ihm etwas gegen den Strich, reagiert es mit Bauchschmerzen, geht es ihm gut, mag es sich vor Wohlbehagen den Bauch reiben. Erwachsenen schlagen unbewältigte Gefühle im Zusammenhang mit Geborgenheit und Schutz noch immer auf den Magen*. Tiefe *unfaßbare* Angst macht Bauchschmerzen*, intellektuelle Probleme haben einen direkten Draht zu Kopfweh* und emotionaler Druck geht vor allem zu Herzen*.

Was Graf Dürckheim Hara, die Weltmitte des Menschen, nannte, gilt östlichen Menschen generell als Körperzentrum, aus dem sie z.B. die Kraft für Kampfkünste schöpfen. Damit haben östliche Traditionen die Herausforderung, die durch die Entblößung unserer Schwachstelle entstand, angenommen und bewältigt. Für die meisten westlichen Menschen ist der Bauch weiterhin die schwächste Partie. Seine oft schwabbelige Weichheit zeigt ihn ebenso wie der schwangere Bauch und die Bauchhöhle als »urweiblicher« Ort der Aufnahme, Verdauung und Regeneration.

In seiner Schutzlosigkeit und Verwundbarkeit ist der Bauch der Ort im Körper, um Existenzängste und die jeweilige Bedrohung des Menschen in seiner Welt auszudrücken. Der Nabel ist Schauplatz der ersten schweren Existenzkrise des Lebens. Noch bevor die neue Versorgungsmöglichkeit erprobt ist, wird die Nabelschnur gekappt, jene erste Nachschublinie, die die Schlaraffenlandverhältnisse im Mutterleib garantierte. Die Angst zu verhungern, eine der ursprünglichsten überhaupt, ist angesprochen. Zugleich erleiden wir am Nabel die erste unumgängliche Narbe des Lebenskampfes. Würde versucht, die Abnabelung aufzuschieben, wäre das physische Leben äußerst behindert, wenn nicht bedroht. Der Versuch, die Abnabelung im übertragenen Sinne hinauszuschieben, führt zu Problemen, die sich häufig in Magen* oder Zwölffingerdarm*[75] niederschlagen.

Schließlich ist der Bauch auch Vorratskammer des Körpers und zeigt die angelegten materiellen Reserven. Wie viele Menschen am liebsten alles Notwendige mit sich herumtragen, zeigt ein Blick auf die moderne Wohlstandsgesellschaft und ihr Übergewicht.[76] Als Ort der Vorsorge für schlechte Zeiten zeigt der Bauch das Vertrauen in die materielle Zukunft.

Diese letzte Aufgabe schätzen wir nicht, sondern verachten den Bauch für sein Vorratsdenken. Wenn wir es gut mit einem Menschen meinen, sagen wir »Kopf hoch! Nur nicht unterkriegen lassen!« und betonen den oberen Pol. Ein dicker, voller Bauch zieht uns hinunter, und wenig hassen wir so. »Ein voller Bauch studiert nicht gern«, weiß das Sprichwort, und der Ausdruck »fauler Bauch« zeigt endgültig, wes (Un)Geistes Kind der Bauch ist. Wieder wird die gegensätzliche Interessenlage zwischen Oben und Unten deutlich. All das Blut, das der Bauch für seine genüßlichen Tätigkeiten bindet, fehlt dem studierwilligen, ehrgeizigen Kopf. Daß uns der herabziehende Bauch auch erdet, übersehen wir gern.

Am liebsten hätte der moderne Mensch statt des Bauches ein Loch, stramme Bauchdecken, die praktisch nichts zu verbergen haben, und seine Ruhe vor der unteren, per Definition unschicklichen Welt. So sind uns z.B. auch die Töne des Bauches äußerst zuwider, während wir nichts gegen die des Herzens haben und sogar schätzen, was aus dem Mund kommt, sofern es mit der geistigen und nicht der konkreten Verdauung zu tun hat. Wehe aber, der Bauch verrät knurrend seine Interessenlage oder der Darm läßt sich gar vernehmen. Es ist eben nicht sehr fein, was die untere Hälfte zu bieten hat. Dabei ist es, wenn auch nicht so ehrenwert, doch überaus ehrlich.

Der Bauchmensch ist der wenig geschätzte Gegenpol zum asketisch durchgeistigten Kopfmenschen, der Disziplin übt, zu Vernunft neigt und schlechterenfalls zu Fanatismus. Solches liegt dem körper- und genußorientierten Bauchmenschen, der aus seinen Ahnungen und Gefühlen und für seine Lüste lebt, fern.

1. Herpes zoster, die Gürtelrose

Da es sich bei der Gürtelrose um dasselbe Krankheitsbild wie bei der Gesichtsrose handelt, ist das dort Gesagte mit zu berücksichtigen. Die Zweitinfektion mit dem Varizella-Zoster-Virus kann jeden treffen, denn praktisch jeder ist mit Windpocken in Berührung gekommen. Die Erreger verlassen nach der harmlosen Kinderkrankheit den Körper nicht, sondern verschanzen sich in den hinteren Wurzeln der Rückenmarksnerven. Allein im Rumpfbereich haben sie damit beidseits 31 Nervenpaare, in deren Ausbreitungsgebiet sie zuschlagen können. Entgegen dem Namen liegt der örtliche Hauptangriffspunkt der Viren oberhalb der Gürtellinie, der zeitliche zwischen 50. und 70. Lebensjahr.

Die Entzündung beginnt meist Tage vor dem Ausbruch des typischen Ausschlages mit heftig brennenden und ziehenden Schmerzen. Die streng auf das Ausbreitungsgebiet des betroffenen Nerven beschränkten Bläschen umschlingen den Körper *gürtel*förmig. Beidseitiger Befall oder Ausbreitung über mehr als zwei Nervensegmente ist selten. Allerdings kann es im Rahmen abwehrschwächender Systemerkrankungen wie Aids oder lymphatischer Leukämie zur Ausbreitung über den ganzen Rumpf kommen (generalisierter Zoster). Normalerweise trocknen die flüssigkeitsgefüllten Bläschen bald ein, und die Krusten fallen, ohne Narben zu hinterlassen, nach zwei bis drei Wochen ab. Komplikationen wie Geschwürsbildung und Gewebsuntergang können den Abheilungsprozeß verzögern. Über solche Probleme hinaus bleibt das Virus *hinterhält*ig. Noch ein bis zwei Jahre nach Abklingen der Hauterscheinungen können die befallenen Stellen heftig schmerzen und äußerst sensibel sein. Das Krankheitsbild trifft jeden an seiner empfindlichsten Stelle zu einem Zeitpunkt darniederliegender oder sogar zusammengebrochener Abwehrkraft.

Die auf der Haut erblühenden Rosen verkünden dem Patienten, daß etwas aus ihm herausbrechen will. Das im Hinterhalt der Rückenmarkshinterhörner lauernde Virus nutzt einen schwachen Moment zum Ausbruch aus seinem selbstgewählten Exil. Sein Thema heißt Entzündung und damit Konflikt in einem doppelten Sinn. Auf der Basis der Grunderkrankungen, die meist ihrerseits einen Konflikt verkörpern, stellt der Herpes zoster nochmals ein Konfliktthema dar. Eine lange aufgeschobene Auseinandersetzung verschafft sich im Schlepptau fremder Truppen schmerzhaft Beachtung.

Es geht dabei um einen Grenzkonflikt, markieren doch Gürtel und Taille die Grenze zwischen Ober- und Unterwelt, während mit der Haut das generelle Grenzorgan angesprochen ist. Die Gürtelrose verkörpert das Aufbrechen dieser Grenze und das Ausströmen des seelischen Inhalts in Form der Bläschenflüssigkeit. Sie setzt nässende Wunden und öffnet die Grenze in beide Richtungen. So wie Flüssigkeit hinaus, können Erreger hinein. Auch hierin liegt etwas *Hinterhält*iges, denn während die Betroffenen ihre Grenze zwischen oben und unten und innen und außen strikt abriegeln, erfolgt der Überfall aus dem eigenen Hinterland. Den Zoster-Viren kommt die Rolle der fünften Kolonne zu. Durch ihre besondere Vorgehensweise wird der Zeitbombencharakter der Thematik betont. Sie kann lange aufgeschoben, aber nicht beseitigt werden.

Die Haut bringt zusätzlich die Themen Abwehr und Widerstand gegen ein zentrales Lebensthema ins Spiel. Bereits die Grunderkrankung verrät einen Widerstand, der so groß sein muß, daß er den Körper weit öffnet. Was einem vor langer Zeit *auf die Nerven* gegangen ist, geht nun *unter die Haut*. Das schmerzhafte Herausbrechen des Ausschlags macht das Aufbrechen des Widerstands schmerzlich bewußt. Das beengende Spannungsgefühl vor dem Ausbruch verkörpert einerseits die Angst und Enge der Situation, andererseits auch schon die Notwendigkeit des *Aufbruchs*. Der Ausschlag schlägt in einem Moment zu, wo man bereits anderweitig *geschlagen ist*. Er ist wie ein hinterhältiger Hieb in den Bauch bzw. vor die Brust. Seine Gürtelform malt Bilder wie eine Kette, eine quälende Fessel oder einen brennenden Rosenkranz.

Das Bild der erblühenden Rose läßt auch Möglichkeiten der

Erlösung des Krankheitsbildes anklingen. Bewaffnet mit Dornen symbolisiert die Rose neben der Bereitschaft, sich zu öffnen und der Liebe als Symbol zu dienen, auch Wehrhaftigkeit. Rot entzündete Rosen auf der Körperwand sind Symbole einer kämpferischen Öffnung. Die Röte von Wutausbrüchen kann schön sein wie heiße Flammen verzehrender Liebe, glühende Begeisterung oder heiliger lodernder Zorn.

Es gilt, wieder verwundbar zu werden, Grenzen zu öffnen, Wände zu durchbrechen und aufzublühen. Blühen bedeutet Kontakt suchen. Blumen blühen, um befruchtet zu werden. Mit ihren Blüten locken sie Insekten an. Mit jedem Aufblühen und -brechen kommt Inneres zum Vorschein, Licht- wie auch Schattenseiten. Nicht nur die *ros*igen Seiten gilt es hervorzukehren, sondern seinen wahren Kern zur Blüte zu bringen. So wie Rosen in der Mitte ihr Wesen tragen, ihren Samen, die Hagebutte, enthalten die Blüten der Gürtelrose in ihrer Mitte nicht zufällig Entzündungswasser. Im Wasser, dem Symbol des Seelischen, schwimmt hier eine Flut von aggressiven Zellen beider Seiten von weißen Blutkörperchen, Antikörpern, bis zu Erregern. Manches, was, unver*blüm*t geäußert, verletzen kann, tritt hier symbolisch zutage. Die Stacheln der eigenen Rose werden in den stechenden Schmer-

Fragen

1. Welcher geistig-seelische Konflikt steht mir ins (Körper-) Haus?
2. Was ging mir vor langer Zeit auf die Nerven und unter die Haut und ist noch unvergessen?
3. Welche Angst läßt mich so zumachen, daß ich körperlich so weit aufmachen muß?
4. Was muß körperlich blühen, weil es sich geistig-seelisch nicht entfalten darf?
5. Was traue ich mich nur *durch die Blume* zu sagen? Was könnte ich niemals unverblümt loswerden?
6. Welche Grenzen sind für mich konfliktgeladen, wo fühle ich mich begrenzt? Welche Fesseln binden mich?
7. Welche Tretminen sind in meinem Seelengarten vergraben?

zen des Krankheitsbildes aufgenommen. Wem es schier die Seite aufreißt, der muß das Innere herauslassen, auch wenn es nicht rosig, sondern zornesrot oder unsauber und abstoßend wie dieser Aus*schlag* ist. Und er sollte das Äußere hineinlassen in seine Licht- und Schattenseiten. »Auf geht's!« sagt die bayrische Mundart, wenn ein Aufbruch ansteht im Guten wie im Schlechten. Man muß durch die Mauer hindurch, und die ersten Schritte sind die schwersten und schmerzhaftesten. In einem offensiven Prozeß wollen Oben und Unten, Innen und Außen zusammengebracht werden. Solche Aufbruchstimmung entlastet den Körper von Auf- und Ausbrüchen. Allein aus dieser Haltung von Offenheit ist die Energie zu schöpfen, um der Grundsymptomatik Herr zu werden.

2. Brüche oder Hernien

Brüche treten an Grenzflächen auf, wo ganz verschiedene Körperregionen aneinanderstoßen. Durch eine sogenannte Bruchpforte kommt es zu Übergriffen, bei denen ein Teil in einen anderen eindringt, in dem er nichts zu suchen hat. Jeder Bruch ist zugleich Einbruch und Einmischung. Er verdeutlicht eine Konkurrenzsituation zwischen zwei benachbarten Bereichen unter Mißachtung der Grenz- und Eigentumsverhältnisse. Bestehende, gültige Grenzen werden ignoriert und in gefährlicher Weise verletzt. Der besetzte Bereich wird dadurch eingeengt, zur Seite gedrückt und in seinen Lebensrechten beschnitten. Aber auch dem eindringenden Gewebe nützt der Übergriff nichts, der gewonnene Lebensraum bringt keine Entlastung, im Gegenteil, häufig kommt es zur Strangulation an der zu engen Bruchpforte. Die Analogie zum kriminellen Einbruch, der in ähnlicher Weise den Täter kaum glücklich macht, wird deutlich und läßt einige weitere Parallelen aufscheinen.

Der Kriminelle wird entweder durch erheblichen Druck zum Einbruch getrieben, oder die Gelegenheit ist zu verlockend. Im Körper ergibt sich die Bruchsituation analog aus dem Zusammenspiel von Drucksteigerung auf der einen und Schwäche auf der anderen Seite. Je größer der Druck und je schwächer die Trennwand, desto leichter wird die Grenze durchbrochen. Wer sich im Übertragenen oder konkret übernimmt, hebt sich leicht einen Bruch. Er hat offensichtlich ein zu schweres Thema angepackt und ist dem daraus resultierenden Druck nicht gewachsen.

Bei jedem (Ein-)Bruch ist mit Komplikationen zu rechnen, z.B. der Entzündung des Bruchsackes. Dies entspräche einem aggressiven Konflikt um den Übergriff. Krieg ist in solch einer Situation eine angemessene Reaktion. Er lenkt die Aufmerksamkeit auf die Schwachstelle und den herrschenden Überdruck. Außerdem kann es zur Einklemmung des Bruchsackes samt Inhalt kommen. Bei dieser Inkarzeration (lat. carcer = Gefängnis) gerät der volle Bruchsack in lebensgefährliche Gefangenschaft. Das eingeklemmte Gewebe wird von der Blutzufuhr abgeschnürt und in der Fremde erdrosselt. Im Darmbereich kann es bis zum Durchbruch mit generalisierter Bauchfellentzündung und lebensbedrohlichem Zustand kommen.

Nabelbruch

Nabelbrüche sind eine Domäne der Kinderheilkunde, wobei sie immerhin noch 5 Prozent der Brüche im Erwachsenenalter ausmachen. Die erste Wunde des Menschen bricht wieder auf, die Bauchmuskeln geben dem Innendruck nach, und nur die elastische Haut hält den Darm zurück. Nachdem dieser, dem Druck in der Bauchhöhle ausweichend, in den Spalt eingedrungen ist, bleibt er *außenbords* hängen, in einer Art Rucksack aus Haut, der bis auf Kopfgröße anwachsen kann.

Bei Neugeborenen kommt es aus zweierlei Gründen häufig dazu. Zum einen ist die Nabelwunde noch frisch, zum anderen geraten sie beim Schreien oft so unter Druck, daß ihnen nicht der Kragen, sondern der zu dieser Zeit viel empfindlichere Bauch platzt. Sie wollen sich schreiend bemerkbar machen und über ihre engen Grenzen hinausreichen. Wenn sie keine Resonanz finden, kann der physische Druck unter immer wütenderem Schreien ansteigen, bis der Damm an der schwächsten Stelle bricht. Der Druck richtet sich mittels Bauchpresse gegen die eigenen Wände und hier besonders gegen die ehemalige Pforte zur Welt. Somit wird ein alter Weg, der eigentlich durch die Entwicklung verschlossen sein sollte, wieder geöffnet. Das verrät eine regressive Neigung, einen Wunsch zurückzukehren zu früheren Verhältnissen, wo sich das Kind nicht so plagen mußte, der Druck nicht so hoch und vor allem die Versorgungslage eine ungleich selbstverständlichere war.

Bricht einem Erwachsenen der Nabel, liegen die Verhältnisse grundsätzlich ähnlich. Er ist in seiner archaischen Gefühlswelt unbemerkt unter Druck geraten und kann irgendein Grundbedürfnis wie Hunger (nach Geborgenheit und Schutz, materieller Versorgung oder Macht) nicht befriedigen. In Ermangelung anderer Druckmittel versucht er seinen Überdruck mittels Bauchpresse loszuwerden und drückt dabei in eine altvertraute Richtung. Unbewußt sucht er den Ausweg im Rückzug auf die gute alte Zeit, als alles noch viel besser und vor allem von selbst *lief.*

Die Lernaufgabe fordert, sich den existenziellen Druck bewußt zu machen und ihm nachzugeben. Es geht darum, neue Räume zu öffnen, andere Wege zu gehen und sich dabei auf vertraute Erfahrungen aus der Vergangenheit zu stützen. Dem Instinkt folgend, ist ein Durchbruch in zentralen Themen der materiellen Lebensbasis zu erzielen.

Typischer Weise trifft der Nabelbruch, begünstigt durch Übergewicht und andere physische Belastungen, Frauen zwischen dem 40. und 50. Lebensjahr. In jüngeren Jahren kann auch eine Schwangerschaft wegbereitend sein. Körperliche Anstrengungen zeigen, wie sehr sich die Betroffene plagen muß, um ihren Lebensunterhalt zu sichern, Übergewicht verrät, wie schwer sie an der Last der eigenen Existenz trägt, und eine Schwangerschaft ist geeignet, Wunden im Zusammenhang mit der eigenen Geburt aufbrechen zu lassen. Außerdem werden dadurch ungeklärte Fragen der Existenzsicherung in doppelter Hinsicht aktualisiert. Ist das Problem der *mater*iellen Versorgung zur Zeit der Wechseljahre noch offen, wo eigentlich schon der seelische Heimweg in äußerlich gesichertem Terrain stattfinden sollte, liegt es nahe, auf einen Durch*bruch* zu setzen bzw. sich den drängenden Wunsch nach Versorgung bewußt zu machen. Wird diese Notwendigkeit aus dem Bewußtsein verdrängt, »gelingt« der Durchbruch im Körper.

Die Therapie besteht in der Rückverlegung des verirrten Darminhalts und dem Verschluß der illegalen Bruchpforte. Beim Neugeborenen geschieht das durch ein sogenanntes Nabelpflaster, beim Erwachsenen wird häufig operiert und das kindliche Schlupfloch und damit der Bauch definitiv zugenäht. Ist der körperliche Ausweg wieder versperrt, wäre es naheliegend, die Auseinandersetzung zurück auf die Bewußtseinsebene zu verlegen.

Die sogenannten **Bauchbrüche** direkt in der Mittellinie oder auch seitlich *drücken* eine ähnliche Problematik *aus*. Beim **Zwerchfellbruch** unterscheidet man echte Hernien von den häufigeren falschen, wenn etwa der Magen unter Benutzung des für die Speiseröhre vorgesehenen Durchschlupfes nach oben in den Brustraum rutscht, ohne einen Bruchsack zu bilden. Diese Situation des Heraufdrängens weiblicher Anteile aus dem Bauchbereich in den männlichen Oberkörper ist in »Verdauungsprobleme«[75] beschrieben.

Fragen

1. Wo bin ich erheblich unter Druck geraten? Erpreßt? Eingeklemmt? Abgeschnürt?
2. In welchem Bereich meiner Existenz habe ich mich übernommen?
3. Wo habe ich mir etwas vorgenommen, das mich überfordert, unter zu hohen Druck setzt?
4. Wo staue ich ursprüngliche, urwüchsige Gefühle? Wo mißachte ich meine Instinkte?
5. Würde ich am liebsten in die gute alte Zeit zurückfallen? Welche Schlupflöcher und Fluchtwege habe ich mir offen gelassen?
6. Wo stehe ich mit meinem Bauchgefühl kurz vor dem Durchbruch oder Zusammenbruch?

Leistenbruch

Die sogenannte Inguinalhernia gehört schon in den Beckenbereich und ist mit 80 Prozent aller Brüche die häufigste Form. Sie kann angeboren oder erworben sein und trifft vor allem Männer. Bei der direkten Form drückt sich Darm durch den äußeren Leistenring, eine kleine Öffnung in der Bauchhöhle, nach draußen unter die Haut. Bei der indirekten Form folgt der Bruchinhalt dem Samenstrang bzw. bei der Frau dem sogenannten Ligamentum rotundum (= rundes Band) und landet im Hodensack bzw. in den großen Schamlippen.

Hier wird der allen Brüchen gemeinsame Aspekt des Ausweges, der zur Sackgasse wird, besonders eklatant. Durch die Bauchpresse aufgebauter Druck entlädt sich über einen Seitenweg und landet im Geschlechtsbereich oder doch zumindest in dessen Nähe. Die natürliche Aufgabe der Bauchpresse ist, Darm*inhalt auszu*d*rücken*. Sie tut das auch in diesem Fall, allerdings auf obskuren Wegen. Zur Bruchbildung kommt es, wenn der Bauchinnendruck zu stark wird, z.B.bei körperlichen Überanstrengungen wie zu schwerem Heben, und wenn sich Schwachstellen in der Leistengegend finden.

Ausdrücke wie »sich verheben«, »sich übernehmen« und »sich einen Bruch heben« zeigen die zugrundeliegende Problematik des Überhebens bzw. der Überheblichkeit. Wer sich er*heb*lich übernimmt, verrät damit auch ein gerüttelt Maß an »Überheblichkeit«. Selbstüberschätzung bezüglich der eigenen Kräfte ist die Basis des Leistenbruchs. In der Konsequenz geraten Teile des Darms auf Nebenwege. In überheblicher Weise unter Druck gesetzt, weichen sie auf dem Weg des geringsten Widerstandes aus und gehen den Betroffenen in die Leiste, nachdem sie die muskuläre Bauchwand durchbrochen haben. Während ihnen ihre archaische Gefühlswelt in die Leiste und in Hodensack bzw. Schamlippen geht,zeigt das Symptom, daß sie nicht soviel aushalten, wie sie glaubten. Alles Zusammenreißen verstärkt noch die Bauchpresse und damit das Problem.

Auch wenn es scheinen mag, als handle es sich hauptsächlich um ein Übernehmen auf körperlicher Ebene, sind es auch hier vor allem unbewußte seelische Inhalte, die sich, nachdem sie kein Gehör fanden, im Körper niederschlagen. Es gibt Menschen, die ein Leben lang schwer heben und tragen, ohne sich Leistenbrüche zuzuziehen. Gefährlicher als die objektive, physische Belastung ist die uneingestandene seelische Tortur, die entsteht, wenn man etwas trägt oder erträgt, zu dem man nicht stehen kann.

Wie bei anderen Brüchen fordert die Lernaufgabe neue Wege, um dem inneren Druck Ventile zu schaffen und über bisherige Grenzen hinauszugehen. Bemerkenswert ist der Hinweis, daß die von der Darmwelt ausgedrückten ursprünglichen und urwüchsigen Gefühlsinhalte Zugang zum Geschlechtsbereich suchen. Die Verbindung von Bauchgefühl und Sexualität steht an. Wenn die treibende Kraft aus dem Bauchraum nicht, wie bei der Zwerchfellhernie, in die Oberwelt drängt, sondern nach unten in den geschlechtlichen Bereich, kann z.B. triebhafter Hunger nach sexueller Befriedigung gemeint sein. Archaische Gefühlsmächte drücken in die sexuelle Sphäre. Das mag bei älteren Männern, die über Jahre ihren Bruch mittels Bruchband »bändigen«, erstaunen. Sexualität ist aber wesentlich weniger an Lebensphasen gebunden, als wir gemeinhin annehmen. Besonders wenn sie in früheren Lebensphasen zu kurz gekommen ist, kann sie einen lange in dieser unerlöst nach außen drängenden Form begleiten.

Jeder Bruch vereinigt zwei vorher getrennte Bereiche. Selbst der kriminelle Einbruch vereint zwei Besitzstände, die bis dahin getrennt waren, und stellt, wenn auch auf krummen Wegen, Verbindungen her. Wer einen Einbruch erleidet, kann allopathisch denkend sich noch besser absichern und verbarrikadieren. Vom homöopathischen Standpunkt ließe sich darin die Aufforderung erkennen, freigiebiger und offener zu werden. In bewußter Großzügigkeit kann man vorwegnehmen bzw. geben, was einem das Schicksal sonst gewaltsam nimmt. Gestohlenes und Verlorenes läßt sich bejammern und beklagen oder mit dem Stoiker Epiktet als zurückgegeben betrachten.

Fragen

1. Wo bin ich bezüglich meiner urwüchsigen Gefühle unter Druck und auf den falschen Weg geraten?
2. Wo sind neue Wege zu finden und *fruchtbare* Räume zu öffnen?
3. Ist meine Sexualität abgeschnitten von anderen Energien? Wo erhebe ich mich über sexuelle Bedürfnisse?
4. Inwieweit kommt meine triebhafte Gefühlswelt zu ihrem Recht?
5. Was muß ich in meinem Leben vereinen, das bisher getrennt war?
6. Wo übernehme ich mich und traue mir zuviel zu? Wo bin ich überheblich?
7. Hat diese Selbstüberschätzung und Überheblichkeit mit Abgeschnittenheit von den sexuellen Energiequellen zu tun?

XII. Das Becken

Die Beckenschale hält den Leib und ist das Fundament des Körpers. Mit drei Chakren beherbergt sie mehr Energiewirbel als der Kopf. Die Kundalini-Schlange ruht zusammengerollt auf ihrem Boden und wartet auf ihre Erweckung, um bis zum Scheitel aufzusteigen. Als Quelle der Energie könnte man diese Schale mit der des Grals in Verbindung bringen. Abgesehen vom Geheimnis unserer Energie birgt sie die Fortpflanzungsorgane und mit Blase und Enddarm die der Ausscheidung. Sie trägt als Fundament der Wirbelsäule nicht nur die ganze Last des Oberkörpers, sondern verbindet auch unsere Fortbewegungsorgane miteinander. Aus dem Becken kommen die wirklich starken Bewegungen, wie man sie beim Tai Chi erleben kann. Es ist die *Grund*lage unseres Fortschritts, der Resonanz*boden* zur Erde. Tatsächlich ist das Becken auch ein Musikinstrument und zeigt, wie wir in Bezug zu unserer Basis schwingen.

Die Haltung des Beckens verrät, »wie es steht und geht«. Zwei Extrempositionen kristallisieren sich heraus: Das **offene Becken**, dessen Schale so weit nach vorne geneigt ist, daß ihr Inhalt bequem ausfließen kann. Diese Haltung zwingt der Wirbelsäule eine starke Krümmung auf und drückt den Po deutlich hinaus. Als typisch weibliche Haltung gilt sie als aufreizend wegen ihrer unübersehbar sinnlichen und gefühlsbetonten Ausstrahlung. Der sexuelle Bezug ist ausgeprägt, der Gang erinnert an eine Ente. Mit der Betonung des unteren weiblichen Körperpols kann dieser Mensch sich neben dem gut ausgebildeten Becken häufig auch auf stabile Beine stützen. Als Ausgleich zum betonten Po tritt der Bauch etwas vor und ist oft durch die Fülle seiner Gefühlsinhalte zusätzlich vergrößert. Es handelt sich um einen Menschen, der auf diesen unteren Ebenen *aus sich heraus-geht*. Oberkörper und Brustregion kommen dagegen leicht etwas zu kurz und zeigen an, daß die Selbstbe*haupt*ung gegenüber Boden*stän-digkeit* und Sinnlichkeit zurücktritt. Diese typisch weibliche Haltung wird von den meisten Schwarzen eingenommen und drückt sich in ihrer Art zu tanzen aus. Kaum ein Weißer ist in der Lage, sein Becken im Bluesrhythmus so natürlich schwingen zu lassen. Man könnte die ganze, aus dem schwarzen Rhythm-Blues entwickelte Rockmusik als Versuch sehen, dem vernachlässigten Becken Abbitte zu leisten. Elvis, the pelvis (= lat. für Becken), war ein typischer Vertreter dieser provokanten Richtung. Menschen mit vernachlässigtem bis leblosem Becken fühlen sich von dieser Art Bewegung und Tanz provoziert.

Im anderen Extrem paßt der typische Mann peinlich auf, daß auch nicht ein Tropfen Gefühl oder gar Sinnlichkeit aus seiner **Beckenschale** ausfließen kann, so hoch **geschlossen** trägt er sie. Dieses typische Bild der Zurück*haltung* wird durch zusammengekniffene Pobacken noch unterstrichen. Bei der gegenteiligen Haltung ist der Po entspannt und signalisiert auch rückwärtige Offenheit. Das hochgekippte Becken ist das Markenzeichen des Revolverhelden. Den Brustkasten mächtig entwickelt und aufrecht, schiebt er das verschlossen schmale, eher unterentwickelte Becken nach vorne. Nach hinten sichern angespannte Pomuskeln. Er leistet sich weder Emotion noch Gefühl, nur gespannte Aufmerksamkeit und ein eiserner Selbstbe*haupt*ungswille be*herr*schen die Haltung. Das typische Haltungannehmen der Soldaten geht in diese Richtung, wobei der preußische Soldat dabei noch die Hacken zusammenknallt und seinen Kollegen andeutet, wie weit er ihnen, was Verklemmung der Gefühle und Be*herr*schung der Sinnlichkeit angeht, voraus ist. Die sexuelle Energie kommt bei dieser Haltung zu *kurz.* Wenn sie kommt, geschieht es nicht gerade sinnlich, sondern überfallartig und oft überraschend früh. Das mit diesem Habitus einhergehende Primat der Leistungsfähigkeit bezieht sich auf den oberen männlichen Pol. Gefühle werden eingeengt und treten zurück, Sinnlichkeit wird kurz gehalten. Solch verkniffene Haltung wird oft mit Hämorrhoiden* und sexuellen Störungen bezahlt. Verspannungen in Bauch, Becken und unterem Rücken sind die Regel. Selbst der bevorzugte Kopf reagiert auf dem Boden seiner Überlastung oft mit schmerzhaften Warnungen.

Beide Extremhaltungen bringen ihre Schwierigkeiten mit sich, die Lösung liegt in der Mitte bei einer Haltung, die sowohl nach hinten wie auch nach vorne eine gewisse Offenheit hat. Die »Entenhaltung«

macht nach hinten auf und betont damit die ursprüngliche tierische Haltung beim Geschlechtsverkehr. Insofern kommen dabei unsere triebhaft animalischen Züge heraus. Nach vorne ist diese Haltung dagegen verschlossen, das Leben wird nicht konfrontiert, sondern bekommt die Rückfront geboten. Bei der »Heldenhaltung« wird der rückwärtige und auch zeitlich zurückliegende Bereich unserer tierischen Herkunft abgeschnitten, und alles läuft auf Kon*front*ation hinaus. Das männliche Glied würde bei der Entenhaltung versteckt und nach unten gerichtet. Die Heldenhaltung richtet es dagegen stolz auf, schiebt es nach vorn und betont seinen Waffencharakter. Wobei Paraden bekanntlich wenig über die wirkliche Kampfkraft aussagen.

1. Herpes genitalis

Hier handelt es sich trotz Aids* um die mit Abstand häufigste Geschlechtskrankheit. Das Herpes-simplex-Virus war bereits oberhalb der Gürtellinie als sogenannter Typ 1 aufgetaucht, das Lippen und Gesicht heimsucht und verunstaltet. Der Typ 2 hat sich auf die Geschlechtsregion spezialisiert und unterscheidet sich äußerlich gar nicht und innerlich nur wenig von seinem oberen Spießgesellen. Ähnlich gering sind die Unterschiede, was die Auslösung der Infektion und ihr äußeres Bild angeht. Lediglich im Verhalten gibt es einige Differenzen. Wesentlich aggressiver und offensiver als die Oberweltvariante, ist der Typ 2 in der Unterwelt trotzdem weniger verbreitet, da er nur durch Geschlechtsverkehr übertragen wird. Während sein Zwillingsbruder praktisch die gesamte moderne Menschheit besiedelt hat, konnte der Typ 2 nur bei etwa 15 Prozent unserer Bevölkerung heimisch werden. Im südlichen Afrika soll er es allerdings bei der schwarzen Bevölkerung auf 70 Prozent bringen. Mit diesen Zahlen ist der Herpes genitalis die moderne Lustseuche schlechthin. Auch von der Medizin wird er zu den venerischen Erkrankungen gerechnet. Als Schattenseite von Venus' Lustreich hat er Syphilis und Gonorrhoe weit überrundet. Bedenkt man die Hysterien, die er in den USA bereits auslöste, hat er seine große Zeit bei uns wahrscheinlich noch vor sich. Seinem Namen (griech. herpetos = schleichendes Übel) macht er insofern Ehre, als er, wie die anderen

Viren seiner Sippe im verborgenen lauernd, geduldig auf seine Chance wartet, um dann aus dem Hinterhalt schmerzhaft und rücksichtslos zuzuschlagen. Er gräbt sich in den hinteren Ganglien des Rückenmarks ein und schläft, bis ihn eine einschlägige Situation weckt. Der Vergleich mit einem auf Beute lauernden U-Boot liegt nahe.

Obwohl deutlich aggressiver als die Oberweltvariante, bleibt auch der Unterweltstyp bei der Ansteckung wesentlich auf seelische Muster angewiesen. Typischerweise wird die Erkrankung durch einen Seitensprung ausgelöst. Dabei kann das Virus übertragen werden, muß aber nicht. Scham und Schuldgefühl reichen häufig aus, um dem Krankheitsbild zum Durchbruch zu verhelfen. Die Tatsache des Seitensprungs kann solche Probleme machen, daß die Folgen aus dem Springer selbst kommen. Die Infektion ist dann Selbstbestrafung für das Fremdgehen, zu dem man nicht wirklich steht, und deutet unübersehbar und vor allem spürbar den Ort an, wo der Fehltritt stattgefunden hat. Die Betroffenen neigen häufig dazu, die Schuld auf die illegalen Partner zu schieben, selbst wenn diese nachweislich keine Virusträger sind. Andernfalls müßten sie sich eingestehen, daß sie selbst die Quelle der »Schmach« sind und den fremden und letztlich auch den eigenen Partner gefährdet haben.

Wie alle anderen Geschlechtskrankheiten ist der genitale Herpes mit moralischen Vorurteilen belastet. Venerische Krankheitsbilder gelten generell als besonders verunreinigend und beschämend. Nirgendwo anders ist die Dunkelziffer so hoch, und nirgendwo in der Medizin wird Schuld so mutig projiziert. Ungezählte Witze singen ein Lied davon: Sagt der brave Familienvater zum Hausarzt, nachdem dieser ihm die Diagnose Herpes genitalis eröffnet hat: »Das muß ich mir auf der Toilette geholt haben«; antwortet der erfahrene Hausarzt: »Wie unbequem.«

Die Möglichkeit, sich Viren von der WC-Brille zu holen, ist rein theoretisch und bisher nicht nachgewiesen. Möglich ist allerdings, daß bei empfindlichen Menschen eine Klo-Brille solches Grauen und entsprechend abscheuliche Assoziationen auslöst, daß das innere Ekelmuster und bereits vorhandene Viren aktiviert werden. Das sterilste WC kann so Herpes *auslösen*. Man muß heute davon ausgehen, daß die Übertragung des Virus, selbst bei gesellschaftlich besser gestellten Mitbürgern, nur durch Geschlechtsverkehr geschieht, daß viele Erkrankungen aber auf neuerlichen Ausbruch längst vorhandener Viren zurückgehen. Insofern sind freche Seitenspringer auf Grund ihres Selbst*bewußtseins* scheuen, schuldbewußten gegenüber im Vorteil. Im Erkrankungsfall finden sich Viren nicht nur in den Ganglienzellen und Nervenbahnen, sondern auch auf den Schleimhautoberflächen der Geschlechtsorgane.

Die Infektion, die sich in ihrem Aspekt nicht von den Herpesbläschen oberhalb des Gürtels unterscheidet, betrifft vorrangig genitale Schleimhäute: die Schamlippen als Pendant der oberen Lippen, aber auch die kleinen Lippen an der Eichel des männlichen Gliedes und den Vorhautbereich. Die gesamte Haut und Schleimhaut im Bereich der Scheide und der äußeren weiblichen Geschlechtsorgane kann zusätzlich entzündlich geschwollen sein. Die Leistenlymphknoten als Wachstationen für den Geschlechtsbereich sind verdickt und druckschmerzhaft. Zuweilen greifen die Bläschen auf die Penisaußenseite, Oberschenkel-, Dammbereich und bis in die Analregion über. Der sogenannte **Herpes analis** beruht meist auf entsprechenden Sexualpraktiken. Praktisch immer handelt es sich um intime Stellen, die mit erheblichem Schamgefühl belegt sind. Die Tatsache, daß Herpes genitalis bei Menschen, die früh sexuelle Beziehungen aufnehmen und häufig Partner wechseln, gehäuft vorkommt, ist bei einer Geschlechtskrankheit selbstverständlich, verstärkt aber die Vorurteile. Auch Schwangere sind überdurchschnittlich betroffen.

Mit den Herpesbläschen zeichnet sich ein Mensch selbst, oder er läßt sich zeichnen; aber nicht von Gott, sondern von einem zumeist relativ fremden Partner. Das heißt nicht, daß die Betroffenen schuldig sind, sondern daß sie sich schuldig fühlen. Wie schon der obere Herpes der Lippen jeden Kuß verhindert, verhindert der der Unterwelt jeden weiteren Geschlechtsverkehr. Die Betroffenen nehmen sich die Lust auf weitere Lust, bestrafen sich mit Unlust und Schmerz für »ihre unsaubere Lust«. Die Assoziation zur Unsauberkeit drängen die Bläschen auf, besonders, nachdem ihre Flüssigkeit durch Bakterienansammlungen eintrübt. Die Beziehung zu einem, der im trüben fischt und trübe Absichten hegt, liegt nahe.

Schließlich platzen die Blasen, und abstoßende Flüssigkeit breitet sich über die intimen Bereiche aus. Die Beziehung zu den eigentlich hierher gehörenden Säften der Lust ist deutlich. Dicken die Sekrete eitrig gelb ein, wird die bildliche Beziehung zum Samen noch direkter. Auch dieser ist ja gefährlich und könnte eine Frau infizieren mit einem Kind vom falschen Partner, weshalb er in solchen Situationen sorgfältig ausgesperrt wird. In der folgenden Phase der Infektion kann es durch das Zusammenfließen der Bläschen zu großflächigen Arealen von Wundheit kommen, die für die »gefährliche Offenheit« stehen, die man sich geleistet hat. Die Krusten im Abheilungsstadium werfen ein Schlaglicht auf die verkrusteten inneren Einstellungen bezüglich der Sexualität, mit denen man lebt.

Verunreinigung durch unreine, weil gesellschaftlich unkontrollierte Sexualität ist auch in scheinbar aufgeklärten Zeiten noch immer ein Tabuthema. Die Scham brennt darüber. Je nach Stärke der drohenden Über-Ich-Instanz kann auch schon der als unsauber eingestufte Gedanke reichen, die virale Selbstbestrafung in Marsch zu setzen. So gesehen sind die Herpesviren rächende Truppen des Über-Ich. Der Gedanke allein, die geordnete und gesetzlich vorgezeichnete Bahn zu verlassen und »neben hinaus« zu gehen, zur Seite zu springen oder in die Fremde zu schweifen, kann strafwürdig genug erscheinen. Hier dürfte auch der seelische Grund für das gehäufte Auftreten der Viren in der Schwangerschaft liegen, handelt es sich doch um eine Zeit, in der sich die Frau ganz besonders auf einen Partner verlassen muß. Rührt sie jedoch von sich aus gedanklich oder konkret an Tabus, mag in dieser sensiblen Zeit die Selbstbestrafung besonders schnell und drastisch ausfallen. Gefährdet ist ja nicht nur die eigene, sondern auch die Sicherheit des ungeborenen Kindes. Das Gefährliche und Verbotene macht einerseits besonders heiß, andererseits wird sich die werdende Mutter für alle mut*willig* eingegangenen, die Zukunft ihres Kindes bedrohenden Risiken besonders verurteilen. Eine konkrete Gefahr liegt darin, das Kind bei der Geburt oder schon vorher im Mutterleib mit Herpes zu infizieren. Eine Herpessepsis des Neugeborenen bedroht immer dessen Leben.

Die seelische Basis des Herpes genitalis ist die Ambivalenz von Lust und Schuldgefühl. Man gönnt sich etwas, was man sich im tiefsten doch nicht gönnen kann. So wird die genitale Entzündung zur Abbildung des im Innern tobenden Konfliktes zwischen genitaler Lust und der Furcht vor der Verunreinigung. Wollust auf das fremde

Fleisch und Ekel vor der fleischlichen Lust und Untreue stehen sich als Gegner gegenüber. Zuerst kommt die Wollust zum Zuge. Die Strafe aber folgt ihr auf dem Fuß bzw. auf der Scham und fällt schmerzhaft und vielfältig aus. Zur »Schande« kommt der vom Über-Ich erzwungene Verzicht auf weitere Abenteuer im Reich der Lust hinzu, und das schließt nun sogar die erlaubten Gefilde mit ein. Vergleicht man den kurzen Moment der Lust mit dem Ausmaß der anschließenden Verurteilung, ergibt sich ein Ungleichgewicht, bei dem einem wirklich alle Lust vergehen kann.

So ist es kein Wunder, wenn die Betroffenen empfänglich sind für Schuldprojektionen einer verklemmten Umwelt, die nur zu gern verurteilt, was sie sich selbst wünscht, aber nicht traut. Ein Teufelskreis zeichnet sich ab: Der Versuch, Lust nach der schlechten Erfahrung noch mehr zu unterdrücken, führt zu noch mehr Stau und macht den nächsten moralischen Dammbruch nur wahrscheinlicher. Lust und Ekstase sind menschliche Grundbedürfnisse, die sich nicht aus der Welt schaffen, sondern lediglich be*seit*igen lassen. Auf die Seite geschoben aber landen sie im Schatten.

Besser wäre es, den Betroffenen Mut zu machen, ihnen auf die Sprünge zu verhelfen, wobei Seitensprünge natürlich nicht die einzigen Möglichkeiten sind. Auf jeden Fall ist es *not*wendig, den brennenden Bedürfnissen nachzugehen, im Lustbereich wieder Feuer zu entzünden anstatt Entzündungen zu kultivieren. Wenn etwas juckt, sollte man kratzen, um herauszufinden, was dahinter steckt und gelebt werden will. Was nicht heißt, nun »nichts mehr anbrennen zu lassen« und nur noch oberflächlichen erotischen Bedürfnissen nachzujagen. Sexualität ist nicht mehr, aber auch nicht weniger als der körperliche Aspekt der Liebe. Die Gegend der Scham will mit Leben erfüllt werden und wird in ihrer Doppeldeutigkeit zum Thema. Hier geht es um mehr lebendige Offenheit sich selbst und anderen gegenüber. Sicherlich ist es sinnvoller, sich statt auf viele virale Partner auf einen Menschen einzulassen und ihn in seinen vielen Facetten kennenzulernen. Sich einem Menschen ganz zu öffnen, ist bedeutungsvoller als vielen ein bißchen. Eine/r kann einem gefährlich nahe kommen, vielen wird das kaum gelingen. Um die ganze urprinzipielle Anforderung dieses Themas zu erfüllen, ist es nötig, die im Seitensprung liegende Offenheit für das Neue, Fremde ebenso zu leben wie

Fragen

1. Wie stehe ich zu sexuellen Scham- und Schuldgefühlen?
2. Neige ich dazu, mich für Fehltritte zu bestrafen? Ist Herpes meine Strafe, die mir die Lust an illegaler Lust nimmt?
3. Habe ich ein natürliches Verhältnis zu Sex, oder überwiegt der Teil in mir, der ihn als schmutzig ablehnt?
4. Was traue ich mich, sexuell zu riskieren? In meiner eigenen Beziehung? Bezüglich fremder Partner?
5. Entdecke ich noch Neues mit meinem Partner oder nur noch neue Partner?
6. Welche sexuellen Konflikte gestehe ich mir nicht ein? Wo habe ich im Sexuellen Schwierigkeiten, meine Grenzen zu öffnen?
7. Was juckt mich, worauf brenne ich wirklich? Wie könnte ich meinen Genitalien die Zuwendung, auf die sie brennen, mit Lust und ohne Schuldgefühle geben?
8. Inwiefern lasse ich mich nicht wirklich auf meinen Partner und seine (meine) Geheimnisse ein?

die Scham, die sich in der anschließenden Selbstbestrafung ausdrückt. Eine erlöste Möglichkeit läge in »geheimnisvoller Lust«, die sowohl das Fremde als auch die Scham bzw. Scheu beinhaltet. Das große Geheimnis, das jeder Partner darstellt, ist der eigene Schatten, der genug Stoff liefern sollte.

Auch Ekel und Abscheu vor dem Fremden, Anderen sind Thema und Aufgabe. Was nicht in einem ist, kann draußen nicht schrecken, hatten wir beim Herpes der oberen Lippen festgestellt. So geht es darum, zu erforschen, was am eigenen Wesen noch so fremd ist, daß es in anderen gesucht und abgelehnt werden muß. Fernziel ist, so offen zu werden, wie es die Wundheit der Infektion andeutet.

Die Therapie der Schulmedizin hat nicht viel zu bieten, da es gegen Viren keine Antibiotika wie gegen Bakterien gibt und nur sehr begrenzt wirksame Virustatika. Ihrem Namen entsprechend halten sie die Viren in einem statischen Zustand. Die interessanteste neue Entdeckung ist die einer körpereigenen Medizin, die dem inneren

Arzt schon immer zur Verfügung steht und die die Medizin Interferon nennt. Das ist ein Stoff, den eine von Viren attackierte Zelle kurz vor ihrem Tod absondert und der in der Lage ist, andere Zellen vor Viren zu schützen. Es ist sozusagen das Vermächtnis der sterbenden Zelle für die Hinterbliebenen, das den anderen Viren Einhalt gebietet. Das Konzept ist vertraut: Die Hingabe an das Virus führt letztlich zu dessen Überwindung.

2. Die Prostata und ihre Probleme

Prostatavergrößerungen sind ein weitverbreitetes Problem der reifen Mannesjahre. Durch allmähliche Größenzunahme drückt die Vorsteherdrüse, die die männliche Harnröhre umschließt, den Urinstrom ab. Er wird gedrosselt mit zunehmender Tendenz zur Erdrosselung. Dadurch kann die Blase nur noch gegen Widerstand mit erheblichem (Druck-)Aufwand entleert werden. Das Loslassen wird anstrengend und die Blase nicht mehr völlig entleert. Das macht einerseits häufiges Wasserlassen notwendig und stört so den Schlaf, andererseits verkommt der Harnstrahl, der Stolz vieler kleiner Jungen, zu einem müden Rinnsal. Der große Bogen des Loslassens bricht kläglich in sich zusammen, öffentliche Pissoirs werden peinlich gemieden, denn die (Strahl-)Schwäche wird demütigend empfunden.

Der stolze Strahl, mit dem kleine Buben wetteifern, wer wohl am weitesten kommt (im Leben?), dient in dieser frühen Zeit auch dazu, sich auf nach*drück*liche Weise vom, in dieser Hinsicht, entschieden schwächeren Geschlecht abzusetzen. Hinzu kommt, daß die männliche Haltung beim Urinieren eine Machtposition ist. Mit breit gespreizten Beinen, wird der Strahl offensiv nach vorn gerichtet. Der deutsche Begriff »Vorsteherdrüse« für die Prostata taucht hier auf. Beim Spiel der Buben wird das Glied geradezu zum Sportgerät. Schon die Bibel verwendet den von Luther lautmalend gewählten Ausdruck »pissen« als ein Symbol männlicher Stärke. Die entsprechende weibliche Haltung wirkt dagegen eher demütig. Die Frau hockt sich hin und *läßt* in gebückter Haltung *Wasser*.

Wenn diese Unterscheidungsfähigkeit mit fortschreitendem Alter nachläßt, deutet der Körper an, daß *man* sich dem schwachen Geschlecht annähert. Er kann nun sein Wasser nicht mehr so einfach und im hohen Bogen abschlagen, eine Situation, mit der Frauen immer leben. Der Organismus macht deutlich, daß die Annäherung an den weiblichen Pol auf körperlicher Ebene stattfindet. Der Verdacht liegt nahe, daß die eigentliche Aufgabe, die Annäherung an den eigenen weiblichen Pol, die Anima, zu kurz kommt und der Körper leben muß, was die Seele meidet.

Das Symptom zeigt die Aufgabe: Es geht um die Rücknahme männlicher Größenphantasien. Der Körper macht ehrlich und zwingt dem Betroffenen die Erkenntnis auf, daß es mit seinem männlichen Strahl und der diesbezüglichen Aus*strahl*ung nicht mehr *so weit her* ist. Gleichzeitig konkretisiert sich die Aufgabe der Annäherung an den weiblichen Pol auf übertragener Ebene.

Ein gängiger therapeutischer Hinweis wirft zusätzliches Licht auf das Krankheitsbild. Aufgabe der Prostata ist es, Flüssigkeit zu produzieren, damit beim Geschlechtsverkehr alles gut rutscht und die Samen auf ihrer Reise versorgt sind. Die Größe der Prostata nimmt folglich durch Entleerung ab. Insofern ist der urologische Rat konsequent, der regelmäßige sexuelle Be(s)tätigung empfiehlt. Ist der Patient diesbezüglich unwillig oder -fähig, zwingt er den Urologen selbst Hand anzulegen. Der in den After eingeführte Finger kann Druck auf die vergrößerte Prostata ausüben und sie durch diese anale Massage auspressen. Allerdings ist die eigene sexuelle Betätigung überlegen, weil der Samenerguß entlastend hinzukommt.

Das Krankheitssymptom will den Patienten zwingen, sich mehr auf seine Sexualität einzulassen. In diesem Zusammenhang ist interessant, daß in arabischen Kulturen, wo häufige sexuelle Betätigung bis ins Alter für den wohlhabenden Scheich die Regel ist, keine vergleichbaren Prostataprobleme auftreten. Andererseits ist die Prostatahyperplasie auch häufig das Ergebnis von Impotenz. Die Drüse produziert Flüssigkeiten, die dann nicht mehr verbraucht werden. Sie stauen sich, und der Ausbau des Stauraums wird nötig.

Das Krankheitssymptom drängt auf mehr Sexualität und damit zur Anerkennung und Bearbeitung des Themas Polarität. Der Patient hat es offenbar versäumt, sich ausreichend damit zu beschäftigen. So muß ihm mehr körperlicher Kontakt zum weiblichen Geschlecht empfohlen werden und mehr seelischer Kontakt zur eigenen weiblichen Seite. Mit fortschreitendem Alter werden sich die Schwerpunkte von der sexuellen Begegnung zu jener mit der Anima verschieben. Dabei wird aber die körperliche Ebene bei diesem Symptom in dem Maße wichtig bleiben, wie sie bisher zu kurz gekommen ist. Zusätzlich kann auch der männliche Pol auf nachträgliche Bearbeitung warten. Die anschwellende Vorsteherdrüse deutet auch auf die Notwendigkeit von zusätzlichem Wachstum der Männlichkeit hin. Das große Ziel aber bleibt, den Gegenpol in sich zu verwirklichen, nicht auf der Ebene des Urinstrahls, sondern auf der geistig-seelischer Ausstrahlung.

Fragen

1. Inwieweit fühle ich meine männliche Aus*strahl*ung geschwächt? Fühle ich mich zu alt und verbraucht zum Sex?
2. Wo kämpfe ich gegen zäh wachsende Widerstände an?
3. Was stimmt mit meinem Loslassen nicht? Wo staue ich etwas an?
4. Bin ich im Leben zu kurz gekommen?
5. Wo habe ich den großen Bogen raus? Wo habe ich ihn aus den Augen verloren?
6. Welche Rolle spielt das Weibliche in meinem Leben, welche das »schwache Geschlecht«? Welche die (sexuelle) Begegnung mit ihm?
7. Inwieweit bin ich der Weiblichkeit in mir begegnet?

3. Das Hüftgelenk

Das Hüftgelenk ist die Basis unseres Ausschreitens und somit die Heimat unserer Schritte und Fortschritte im Kleinen wie im Großen, im Guten wie im Bösen. Jede Reise beginnt mit einem Schritt, und auch jede Ausschreitung. Schmerzen im Hüftgelenk, zumeist auf eine Arthrose zurückgehend, verhindern solches Ausschreiten und signalisieren den Betroffenen, daß nicht mehr mit großen Fortschritten zu rechnen ist. Sie kommen nur noch unter Schmerzen (im Leben) voran. Neben sogenannten Abnutzungserscheinungen kommen als medizinische Basis vor allem rheumatische* Probleme in Frage.

Die Aufgabe wäre, sich in die aufgezwungene Ruhe zu fügen, anzuerkennen, wie schwer Fortschritt und Bewegung fallen, und statt äußerer innere Schritte zu tun. Mit dem Eingeständnis, daß die Artikulationsfähigkeit auf dieser Ebene verloren ist, rücken äußere Ziele in weite Ferne. Zugleich kann den Betroffenen bei dieser Gelegenheit aufgehen, daß es möglich bleibt, in der erzwungenen Ruhe innere Ziele zu artikulieren und auch zu erreichen. Das verbrauchte Gelenk signalisiert in seinem zähen, wie ungeschmiert anmutenden Lauf, daß äußere Wege zu begrenzen sind. Die Situation ist festgefahren. Das legt Ruhe nahe. Ist diese tief genug, wird aus ihr schließlich wieder Bewegung folgen, und zwar innere.

Der heute gängige Ausweg ist das künstliche Hüftgelenk, ein ebenso genialer wie entwicklungsfeindlicher Trick, der einem erlaubt, weiter zu leben, als wäre nichts passiert. Auch hierin liegt noch die Chance zu Ehrlichkeit, sofern man sich eingesteht, daß der in Zukunft erzielte Fortschritt ein künstlicher ist, da man strenggenommen gar nicht mehr auf eigenen Beinen steht. Das legt wiederum nahe, sich von nun an in äußeren Dingen mehr auf fremde Hilfe zu verlassen und dafür bei inneren Dingen selbständiger zu werden. Es läßt sich auch der Hinweis daraus ableiten, daß der äußere Fortschritt ein künstlich erzwungener sein darf, solange der echte auf einer anderen Ebene stattfindet.

Fragen

1. Wie bin ich vorangekommen im Leben? Wie ging's vorwärts? Habe ich nur auf äußere Ziele geachtet? Habe ich sie erreicht?
2. Sind meine Ziele überhaupt auf äußeren Wegen erreichbar?
3. Wo habe ich mich festgefahren oder verrannt?
4. Welche Rolle spielen Ruhe und innere Einkehr für mich?
5. Wo bin ich innerlich gelandet, und wo will ich noch hin?
6. Habe ich gelernt, mich auf äußere Hilfen zu stützen, sie für meine inneren Bedürfnisse nutzbar zu machen?

XIII. Die Beine

Unsere Beine bilden mit den Füßen, den Knie- und Sprunggelenken jene funktionale Einheit, die die Frage beantwortet: Wie steht's, wie geht's?Auch wenn wir der Tatsache im allgemeinen wenig Beachtung schenken, ruht auf den Beinen unser ganzes Leben. Für die Be*weg*ung im Raum zuständig, zeigen sie, wie wir auf dem Weg sind. Der Bezug der unteren Extremität zur konkreten Realität wird durch den Bodenkontakt versinnbildlicht. Während die Arme in der Luft hängen, stehen die Beine mit beiden Füßen auf dem Boden. Sie verraten, wie wir uns durchs Leben bewegen und welche *Stellung* wir darin einnehmen, ob wir uns stellen und wie wir uns anstellen, ob wir uns verstellen und was wir darstellen, wo wir uns entstellen und was wir aufstellen. Stellung ist etwas Zentrales, und die Art, wie wir zum Leben stehen, entscheidet, wie wir uns darin fühlen. Der Personen*stand* zeigt, ob wir *ledig*lich allein im Leben unterwegs sind oder zu zweit. Jugendliche, die sich noch nicht fest*gelegt* haben und noch in Bewegung sind, *gehen miteinander.*

Wie die Arme neigen auch die Beine dazu, nicht umgesetzte Bewegungsenergie zu konservieren. Blockierte Fluchtregungen verkörpern sich in Anspannungen, abgewehrte Kampfimpulse in Verkrampfungen, eine schlaffe Ein*stell*ung in entsprechender Muskulatur. Es gibt so viele Arten von Beinen, wie es Menschen und Standpunkte gibt. Trotzdem lassen sich bestimmte wiederkehrende Muster erkennen. Nicht umsonst sprechen wir von Extremitäten, sind sie es doch, die uns mit den Extremen Nähe und Distanz in Kontakt bringen. Es ist ihre Aufgabe, die Extreme auszuloten.

Massige, muskelbepackte Beine, die auf Grund ihrer beim Gehen aneinandergeratenden Muskelmassen zu etwas breitspurigem Gang und Gehabe tendieren, verraten eine ebensolche Persönlichkeit. Bei aller Stärke sind spontane Beweglichkeit und plötzliche Veränderungen nicht ihre Stärke. Der steife, roboterhafte Gang wirkt zwanghaft bemüht. Geschmeidig fließende Beweglichkeit wird durch robuste Kraft ersetzt. Kommen noch entsprechend klobige Füße hinzu, ist der *Elefant im Porzellanladen* fertig.

Den Gegenpol stellen **schwächliche Beine** mit zu gering entwickelter Muskulatur dar, die Probleme haben, ihre Besitzer auf den Füßen zu halten, und jeden Moment wegzusacken drohen. Mit Schwierigkeiten, *auf eigenen Beinen* zu *stehen*, und ohne feste Standpunkte sind die Betreffenden ausgesprochen anlehnungsbedürftig. Sie sind mit Beinen unterwegs, die Stützung brauchen, und zu Recht um ihre Stellung und ihr Fortkommen besorgt. Entsprechend suchen sie überall nach Unterstützung und werben um jenes Vertrauen, das sich bei ihrer Lebensplattform so schlecht entwickeln will. Kompensatorisch versuchen sie oft, sich wenigstens oben Halt zu verschaffen durch besondere Betonung ihrer Arm- oder *Gehirnmuskeln.*

Drahtige Beine sind ebenfalls dünn, aber keineswegs schwach. Sie zeichnen sich durch intensive, spontane Beweglichkeit aus, die bis zu nervöser Ruhelosigkeit gehen kann. Ständig unterwegs, haben sie Probleme, anzukommen und zu bleiben. Solche Beine gelten als attraktiv, sind sie doch straff und schlank, dabei beweglich und feinnervig. Die Unbe*ständig*keit verbirgt sich diskret hinter geschäftig-bewegter Eleganz.

Den drahtigen stehen **massige, unterentwickelte Beine** gegenüber, deren Besitzer durch schlurfenden Gang auffallen, mit dem sie sich durchs Leben schleppen. Von Kindes*beinen* an bekommen sie zu hören: »Heb die Beine hoch!« oder »Du stolperst noch über deine eigenen Füße!« Oft folgen sie diesen Prophezeiungen, stehen sich im Weg, haben Schwierigkeiten, auf den Füßen zu bleiben, und erst recht, vorwärtszukommen. Die Schwäche ihrer Stellung und die ihrer Standpunkte zieht sie herunter, wie der Ballast, den sie mitschleppen. Ihr verschlafen anmutender Kriechgang ist denkbar ungeeignet, das Leben anzu*gehen.* Auf der Kriechspur unterwegs, fehlt ihnen oft die dort notwendige Beständigkeit und Durchhaltetendenz.

1. Das Kniegelenk – Meniskusverletzungen

Im Kniegelenk bearbeiten wir das Thema Demut. Knien und das Knie beugen sind Gesten der Unterwerfung. Auf diese Art begegnet man geistlichen Würdenträgern; früher trat man so dem König gegenüber. Es fällt auf, daß moderne Menschen weniger dazu neigen, ihr Knie zu beugen. Außer in der katholischen Kirche gibt es kaum noch Gelegenheit dazu, und selbst dort vollzieht sich gerade ein bezeichnender Wandel. Nach neuem »Reglement« darf man jetzt aufstehen, wo man früher kniete. Statt demütig vor dem Allmächtigen das Knie zu beugen, kon*front*iert man ihn heute. Demut und Unterwerfung stehen nicht mehr hoch im Kurs.

Der aufrechte, unbeugsame Mensch ist zum Ideal geworden – jeder sein eigener König. Selbst Arbeiten, die früher auf die Knie zwangen, wie Putzen und Scheuern, sind heute wenigstens soweit mechanisiert, daß diese Haltung überflüssig wird. So ist es nicht verwunderlich, daß Knieprobleme, vor allem in Form von Meniskusschäden, erhebliche Bedeutung erlangt haben.

Die Basis von **Meniskusverletzungen** ist Überbeanspruchung. Die beiden aus Knorpel bestehenden Menisci ermöglichen im Scharniergelenk Knie auch Drehbewegungen, jedenfalls in Beugestellung. Von der Form gleicht der eine dem halben, der andere dem vollen Mond. In ihrer Funktion entsprechen sie ebenfalls dem weiblichen Pol. Bei der einschlägigen Verletzung reißen sie, zwischen den mächtigen Ober- und Unterschenkelknochen gequetscht, ein. Die gängige Therapie ähnelt der des Bandscheibenvorfalls und schneidet das zerstörte und für die geforderte Belastung zu schwache Gewebe weg. Anschließend versuchen die Betroffenen häufig, ohne Knorpelpuffer weiter der Überlastung standzuhalten.

Das Symptom zeigt den Betroffenen ihre Hybris. Sie sollten ihre Grenzen erkennen und einsehen, daß ihr äußerer Bewegungsdrang und die dem Körper dafür abverlangte Leistung zu weit gehen. Ignorieren sie die schmerzhaften Warnsignale, werden sich die nicht gelebten, in den Schatten gedrängten Themen Bescheidenheit und Demut am dafür prädestinierten Knie niederschlagen. Statt freiwilliger Demut (er)leben sie nun erzwungene Bescheidenheit in ihrer eingeschränkten Beweglichkeit und die Demütigung der Schmer-

Fragen

1. Welche Rolle spielt Bescheidenheit in meinem Leben? Beuge ich mich Notwendigkeiten, oder lasse ich mich vom Schicksal beugen?
2. Gibt es einen Menschen oder ein Thema, das mir Demut abnötigt?
2. Versuche ich mich bei Überbelastung herauszuwinden? Neige ich dazu, mich physisch krummzulegen?
3. Wo bin ich zu extrem und lasse mich nur von »höherer Gewalt« in die Knie zwingen?
4. Wie könnte ich neben meiner äußeren Drehfreudigkeit auch den inneren *Dreh kriegen*?
5. Fließt meine äußere Bewegungsfreude aus der Ruhe, oder ist sie aus Ehrgeiz und Hektik geboren?
6. Wohin dreht mich das Schicksal? Worauf soll sich mein Blick richten?

zen.Wer seine übertriebene äußere Beweglichkeit nicht freiwillig reduziert, wird von den Menisci dazu gebracht.

Es geht darum, sich gerade zu machen und aufrichtig einzuge*stehen*, welche Leistungen wirklich von einem gefordert sind. Gerade bei extremen Sportlern liegt der Verdacht nahe, daß sie übertriebene äußere Beweglichkeit zur Kompensation innerer Unbeweglichkeit benutzen. Statt innerlich für ein gewisses Drehmoment zu sorgen und sich um alternative Gesichtspunkte zu bemühen, drehen und wenden sie sich äußerlich, bis dem Schicksal der Geduldsfaden und ihnen der Meniskus reißt. In diesem Sinne zwingt der Knieschaden in eine ehrliche, auch innerlich entsprechende Haltung der Unbeweglichkeit. Die erzwungene Ruhe gilt es zu nutzen, wieder stimmig zu werden: Um äußerlich der Größte zu sein, ist auch innere Beweglichkeit vonnöten und eine Portion Bescheidenheit, die akzeptieren kann, daß sich nicht erzwingen läßt, was nicht im Bereich der eigenen Möglichkeiten oder Aufgaben liegt.

Untersucht man die direkte Unfallauslösung etwa beim Sport, findet man eine Situation, wo geistige Unbeweglichkeit durch überzogene körperliche Verrenkungen ausgeglichen werden soll. Hätte sich der Fußballspieler mit Hilfe seines überlegen(d)en Kopfes geschickter zum Ball oder Gegner gestellt, hätte er sich nicht so zu verdrehen brauchen. Meistens handelt es sich zudem um Situationen, wo die Betroffenen innerlich mit einem zum Zerreißen gespannten Gefühl »spielten«. Bei bewußten, mit Lust an der Bewegung ausgeführten Drehungen kommt es nicht zu Verletzungen, dazu ist immer auch eine gewisse innere Verdrehtheit nötig.

2. Die Waden und ihre Krämpfe

Sie sind die Basis schöner Beine, die sich durch ein gesundes Mittelmaß an Wadenmuskulatur auszeichnen und dem Bein und dem ganzen Menschen Spannkraft und Elastizität geben. Ist jemand auf dem Sprung oder sprungbereit, zeigt es sich an seinen Waden. Den richtigen Absprung zu kriegen, ist ihre Stärke. Bekommt man ihn nicht und versäumt den Anschluß, sind es häufig die Waden, die die uneingestandene Überlastung anzeigen. Sie können als Tresor unserer emotionalen Überspanntheiten gelten und liegen entsprechend verborgen und geschützt hinter den **Schienbeinen**. Diese schienen die Beine und folglich die Be*weg*ung*en*, setzen Maßstäbe und haben mit Durchstehvermögen zu tun. Wenn man »eine vors Schienbein« bekommt, ist man in seinem Fortschritt fürs erste gebremst. Fußballer und Eishockeyspieler, bei denen Durchsetzungs- und Standvermögen entscheiden, sichern diese starken und zugleich empfindlichen Regionen durch Schienbeinschützer. Da die Schienbeine im Leben vorangehen, bekommen sie auch am meisten ab. Blaue Flekken und »*ner*vige« Schmerzen dokumentieren, wie empfindlich und nachtragend sie sind. Die weichen Waden sind es auch, aber in anderer Weise.

Was bei nächtlichen **Wadenkrämpfen** aus dem Traumgeschehen abzuleiten ist, liegt bei den in Verlängerungen von Fußballspielen auftretenden Wadenkrämpfen auf der Hand bzw. *folgt auf dem Fuß*. Verlängerungen gibt es nur bei entscheidenden Fußballspielen, von denen das »Weiterkommen« der Mannschaften abhängt. Wenn die aufgebaute emotionale Spannung bezüglich des »Aufstiegs« oder

»Weiterkommens« gegen Ende ihrem Höhepunkt zustrebt, zeigen die Wadenkrämpfe die emotionale Belastung des einzelnen. Natürlich macht sich auch die physische Anstrengung besonders bemerkbar. Diesbezüglich fällt aber auf, daß dieselben Spieler solche Belastungsproben im Training meist problemlos und ohne Wadenkrämpfe durchstehen. Auch Marathonläufer, die größere physische Belastungen durchlaufen, neigen kaum zu Wadenkrämpfen. Der Grund dürfte in der zumeist wesentlich geringeren emotionalen Belastung bei diesen langen und kaum je *spannenden* Entscheidungen liegen.

Nächtliche Wadenkrämpfe enthüllen, daß die tagsüber aufgestaute emotionale Spannung so erheblich ist, daß sie bei der nächtlichen Verarbeitung nicht ausreichend bewußt konfrontiert werden kann. So sinkt sie selbst noch im Schutz der Nacht in den Körper und macht sich in überspannter Wadenmuskulatur bemerkbar.

Die gängige Erste-Hilfe-Maßnahme, die auf die Entspannung der verhärteten Muskulatur zielt, arbeitet homöopathisch. Unter kräftigem Druck wird das Bein gegen einen Widerstand gestemmt. In dieser absichtlichen Anspannung, die die Situation der Überspannung ins Bewußtsein rückt, ergibt sich die Lösung, das Loslassen des Krampfes. Ähnlich wirken verzweifelte Sprungversuche Betroffener. Das Krankheitsbild holt sie aus dem körperlichen Kampfgeschehen heraus und zwingt sie zur bewußten Anspannung. Dieser Moment der Besinnung kann reichen, sich den überzogenen körperlichen Kampf klar zu machen und zu erkennen, welche emotionale Spannung und welcher Ehrgeiz dahintersteckt. Es geht darum, sich mit Körper und Seele bewußt gegen das emotional Bedrohliche zu stemmen, denn wenn das Bewußtsein den Kampf aufgibt, hat der Körper allein keine Chance. Er zeigt dann seine Überforderung im Krampf, der Karikatur des Kampfes. Wird die Herausforderung aber wieder bewußt angenommen, ist der Körper von der Aufgabe entlastet, sich stellvertretend gegen etwas zu stemmen, was allein mit physischen Mitteln sowieso nicht aufzuhalten ist. Mit diesem Bewußtseinsschritt und der gleichsam rituell durchgeführten Anstrengung läßt die körperliche Überspannung nach. Dann kann weitergespielt oder -geschlafen bzw. -geträumt werden. Wird der Kampf wieder emotional bewußt geführt, kann auch der Körper weiterkämpfen. Der physische

Wadenkrampf verrät so immer auch eine Portion Resignation und *Aufgabe*. Die Betroffenen signalisieren, daß sie außer Gefecht gesetzt bzw. kampfunfähig sind. Was sie sich seelisch nicht eingestehen, wird körperlich deutlich.

Fragen

1. Welche nicht eingestandene emotionale Überspanntheit könnte sich in meinen Waden gestaut haben?
2. Inwieweit fehlt der emotionale Kampf, der sich im Krampf verkörpert, in meinem Leben?
3. Wogegen stemme ich mich im übertragenen Sinn, wenn ich meinen verkrampften Unterschenkel gegen einen Widerstand stemme?
4. Wo müßte ich mich bewußter anstrengen, um einen emotional geladenen Kampf durchzustehen?
5. Was *steht* für mich im Augenblick *auf dem Spiel* und wie *gehe* ich emotional damit um?
6. Wo will ich rausspringen und aufgeben, ohne es zuzugeben?

3. Achillessehnenriß

Die kompakte Wadenmuskulatur hängt mit der Achillessehne an der Ferse. Wenn dieser Strick reißt, macht der Mensch keinen Schritt und schon gar keinen Sprung mehr. Daß die Ferse zur Achillesferse und damit zum Schwachpunkt des Menschen wurde, hat verschiedene *Gründe*. Sie ist jener Ort, der Eva bei der Vertreibung aus dem Paradies als Angriffsziel der Schlange angedroht wird. Über diesen Schwachpunkt werde sich die Schlange, als verlängerter Arm des Teufels, Symbol der Zweiheit und Entzweiung, an sie heranmachen. Der Mythos, der die Ferse als besonders gefährdeten Bezirk ausweist, geht auf Achill, den Helden des Trojanischen Krieges, zurück. Seine Mutter wollte verhindern, daß ihrem geliebten Sohn in der Welt etwas zustieße, und tauchte ihn deshalb in das Unsterblichkeit verleihende Wasser des Unterweltflusses Styx. Irgendwo mußte sie ihn aber festhalten, damit er nicht ganz unterginge. Da sie die Ferse wählte, blieb diese Achills einzig verletzliche Stelle. Hier traf ihn Hektors Pfeil und ließ ihn jung sterben.Schließlich ist die Ferse auch jener Ort, der uns am intensivsten mit Mutter Erde verbindet, die konkret und symbolisch für die Polarität, für die weibliche Welt der Gegensätze, steht.

Die Welt der Zweiheit ist als Gegenpol zur paradiesischen Einheit der Ort der Sterblichkeit und allen Leids. Die Ferse als Verbindungsstelle zur Polarität bei Eva, Achill und der übrigen Menschheit ist damit Einlaßpforte für alle mögliche Unbill. Unglück als Ausdruck der Polarität und Gegenpol zum Glück der Einheit bricht hier besonders gern ins Leben ein.

Die Achillessehne, die an dieser besonderen Stelle ansetzt, ist unsere massivste und stärkste Sehne, und man muß den Bogen extrem überspannen, damit sie reißt. In entsprechenden Situationen *überreißt* ein Mensch nicht mehr seine Möglichkeiten und überspannt und zerreißt seine Sehne. Er reißt sich buchstäblich in Stücke. Die naheliegende Frage wäre: Wofür? *Sich für eine Aufgabe zerreißen* bedeutet, alles und zur Not auch zuviel dafür zu riskieren. Das ist die Situation, die den menschlichen Schwachpunkt ins Spiel bringt. Durch den Sehnenriß werden die Betroffenen abrupt auf den Boden der Tatsachen zurückgeholt. Die nicht mehr zu hebende Achillesferse macht deutlich, daß man eben doch nur ein Mensch ist und jedenfalls in der Polarität nicht für Übermenschliches geeignet. Die Hybris, sich Übermenschliches anzumaßen, ist Sünde, in der Antike sogar die einzige. Beim Sündenfall wird sie deutlich, als die Schlange Eva damit lockt, vom Baum der Erkenntnis des Guten und des Bösen zu nehmen, um Gott gleich zu werden. Solche Erkenntnis ist Gott vorbehalten, und als Eva sich der Anmaßung schuldig macht, hetzt er ihr die Polarität auf den Hals, indem er zur Schlange sagt: »Feindschaft will ich säen zwischen dir und dem Weib. Du wirst nach ihrer Ferse trachten ...«

Bei Sportverletzungen der Achillessehne wird dieser Zusammenhang auf banaler Ebene deutlich. Es handelt sich jeweils um überzogene, den Körper überfordernde und seine stärkste Sehne überspannende Höchstleistungen. Wenn die Achillessehne nachgibt, zeigt sie, daß der anvisierte Rekord außerhalb der Reichweite liegt. Bekanntlich ist es immer der Klügere, der nachgibt. Der Körper muß häufig gegenüber dem ehrgeizigen Verstand, der sich manch Unrealistisches *in den Kopf setzt*, diese undankbare Rolle spielen. Besonders deutlich wurde das bei einigen Leichtathleten in der Zeit vor den Dopingkontrollen. Hormonell hochgezüchtete Muskelberge entwickelten Kräfte, die die überspannten Sehnen, völlig überfordert, reihenweise reißen ließen. Wenn die Sicherungen im Bewußtsein durchbrennen, ohne daß die Betroffenen es merken, ist es am Körper, den *wahnwitzigen* Ehrgeiz-Trip zu stoppen.

So ist für eine Denkpause gesorgt, und auch dem diesbezüglich Ungeübten bleibt als beste Bewegungsmöglichkeit die gedankliche. Statt sich physisch abzustrampeln und Unglaubliches zu leisten, ist plötzlich Zeit, die Gedanken umherschweifen zu lassen. Der Organismus macht deutlich, wie notwendig eine Unterbrechung ist. Die Verbindung der emotionalen Kraftakte zur inneren, im Knochen symbolisierten Struktur ist zu schwach. Die Betroffenen sind auf einem Weg, der nicht wirklich zu ihnen paßt. Das muß aufhören, sagt der Körper und sorgt gleich für Erste Hilfe, indem er die unternommenen Ehrgeizprojekte abrupt stoppt. Er will mit solchen Sprüngen nichts mehr zu *schaffen* haben und läßt die Verbindung abreißen. Entweder sind Kraft und Bewegungselement zu stark für diesen Strick oder der Strick zu schwach für soviel Kraft.

Die Lernaufgabe legt nahe, das bisherige Konzept umzupolen: physisch Ruhe zu geben und dafür seelisch *überreißen*, wo man steht und hinstrebt. Unmenschliche Ziele erfordern unmenschliche Anstrengungen, und dabei kann manches, wie eben wichtige Verbindungen, in Stücke gehen. Es gilt zu erkennen, welche Ver*bindungen* ins Unglück ziehen und aufzugeben sind. Einige sind offenbar zu verbindlich geworden und sollten gekappt werden. Bindet man sich zu stark an ehrgeizige Ziele, die zu weit oberhalb der eigenen Möglichkeiten liegen, reißt die Verbindung zur polaren Welt. Man verlöre sonst den Boden unter den Füßen und geriet in Gefahr abzuheben. Es ist der Riß durch den Körper, der zurück auf den Boden der Tatsachen holt.

Fragen

1. Wo überziehe ich meine Möglichkeiten? Wofür zerreiße ich mich?
2. Wo habe ich mich von zu hoch fliegenden Träumen fangen und binden lassen?
3. Welche Verbindlichkeiten in meinem Leben gilt es zu kappen?
4. Wo muß ich mich lösen, wo muß ich wieder Grund fassen?
5. Wo wird mir mein Ehrgeiz zum Fallstrick?
6. Was mache ich, wenn alle Stricke reißen?

XIV. Die Füße

Am weitesten vom Kopf entfernt, findet sich als Menschlichstes an unserem Körper das Fußgewölbe. Während wir alle übrigen Strukturen und Organe einschließlich des Gehirns mit anderen Geschöpfen teilen, ist unser Fußgewölbe einmaliger Garant unserer Aufrichtigkeit – und bekommt dafür wenig Zuwendung und Anerkennung. Die Art, wie wir mit unseren Füßen um*gehen*, verrät unseren Lebensstil. Während wir die längste Zeit unserer Entwicklungsgeschichte direkten Hautkontakt zur Erde hatten, vermeiden wir diesen seit einigen Jahrhunderten. Barfußgehen spielt auch in der individuellen Lebensgeschichte nur noch zu Anfang eine kurze Rolle. Die spätere Tendenz, Schuhe mit Absatz zu tragen, zeigt die unbewußte Absicht, uns soweit wie möglich von Mutter Erde zu distanzieren. In Stöckelschuhen nehmen Frauen einiges auf sich, um ihre Achillesferse aus der Gefahrenzone (der Schlange) zu bringen. Distanz zur Erde wirkt zudem elegant, der Verlust der Bodenständigkeit wird dafür gern in Kauf genommen.

Die Einzwängung der Füße in extrem enge Schuhe bis hin zur altchinesischen (Un)Sitte, die Füße mittels harter Bandagen am Wachstum zu hindern, wirft ein bezeichnendes Licht auf das Martyrium unserer »Wurzeln«. Bis heute gibt es diese Vorliebe für kleine Füße, weshalb nicht selten zu kleine Schuhe zum Zwangseinsatz kommen. Die absichtliche Verstümmelung der Wurzeln im alten China und bei uns kontrastiert zu der Vorliebe, im übertragenen Sinne gern *auf großem Fuße* zu leben. Hinter dieser Redensart steckt die Erfahrung, daß starke Wurzeln die Grundlage eines erfolgreichen Lebens sind. Mit gut entwickelten Wurzeln kann man sich einiges leisten. Sperrt man sie dagegen in zu enge Gefängnisse, muß man das auf höheren Ebenen bezahlen.

Nach dem Gesetz »Wie oben so unten« ist auf den Fußsohlen nochmals der ganze Körper in Form von Reflexzonen abgebildet, wobei die Zonen des Kopfes im Bereich der Zehen zu liegen kommen. Es ist anzunehmen, daß die Marterung des vorderen Fußes in zu engen Schuhen ihre Entsprechung in der rasanten Zunahme von Kopfschmerzen findet. In sogenannten primitiven Kulturen, wo man sich nur barfuß bewegt, sind Kopfschmerzen ebenso unbekannt wie die Sitte, sich den Kopf zu zerbrechen oder mit ihm durch die Wand zu gehen.

Die Fähigkeit, ge*gründ*et zu sein, im Leben Fuß zu fassen und auf eigenen Füßen zu stehen, zeigt, wie angewiesen wir auf unsere Wurzeln sind und wie unsinnig es ist, sie zu mißachten. Standhaftigkeit und -festigkeit, Stetigkeit und Beständigkeit gehen von ihnen aus und erlauben uns, das Leben durchzustehen. Insofern ist es bezeichnend, daß wir nach Herman Weidelener eine fußkranke Gesellschaft sind, die Gefahr läuft, den Boden unter den Füßen zu verlieren, weil sie sich nur noch mit dem Kopf be*faßt*. Dabei *fußt* jede Be*haupt*ung auf einer Be*gründ*ung, und Ver*stand* und Weltver*ständ*nis beruhen unübersehbar auf Bodenkontakt. Wo der Schuh drückt, sitzt das eigentliche Problem, weiß der Volksmund.

Der gesunde Fuß einer stabilen Persönlichkeit besteht aus einem doppelten Gewölbe mit zwei Brücken und drei Berührungspunkten zur Erde. Das kleinere vordere Gewölbe gründet in zwei Punkten auf Höhe der kleinen und großen Zehe, das große zusätzlich in der Ferse. Unser Fuß ist folglich ein Dreifuß und durch Stabilität und Elastizität ausgezeichnet. Allerdings haben nicht mehr viele moderne Menschen diesen ideal ausgewogenen Bodenkontakt. Die Stellung der meisten ist wackeliger, da sie sich anstatt auf drei nur noch auf einen oder zwei Standpunkte stellen. Wer mit beiden Füßen auf der Erde steht und diese in jeweils drei Punkten berührt, kann sich auf eine sichere Basis und einen be*gründ*eten Realitätssinn verlassen. Wer dagegen auf breiter Fläche mehr über dem Boden gleitet, schwebt auch gerne wirklichkeitsfremd über Tatsachen hinweg. Sein Leben ist etwas haltlos und ruht bzw. rutscht auf schwachen Füßen.

Das Durchtreten des kleinen Fußgewölbes (**Spreizfuß**) nimmt der vorderen Brücke einen Pfeiler und reduziert den Bodenkontakt auf zwei Punkte. Ist auch das Längsgewölbe durchgetreten, spricht der Volksmund vom **Plattfuß**. Das Federnde und die differenzierten Standpunkte gehen verloren. Auf der breiten Auflagefläche rutschen die Betroffenen fast wie Schlittschuhläufer herum, ohne Stabilität oder Halt zu finden. Oft spiegelt sich das in einem ungebundenen Leben, dem die Verwurzelung fehlt. Der breite, oberflächliche, etwas tollpatschige Standpunkt ist nicht fest, sondern frei verschiebbar. Auf Grund dieser unbe*gründ*eten und oft uner*gründ*lichen Lebensart legen sie sich ungern fest.

Menschen mit **schweren Füßen**, die geradezu am Boden kleben, stehen den »Schlittschuhläufern« gegenüber. Sie überbetonen die Sicherheit ihres Standpunktes und heben die Füße auch beim Gehen kaum hoch. Der schlurfende Gang war schon bei den dicken, aber schwachen Beinen aufgefallen. Auch im übertragenen Sinne bekommen sie die Füße kaum hoch und bringen so in den luftigen Bereichen der Gedankenwelt, wo Kreativität und Spontaneität zu Hause sind, nicht viel zu Wege. Dafür sind sie verläßlich und beständig, vernünftig und gut geerdet. Es kann ihnen so leicht nichts passieren und wenig sie umwerfen. Wo die Plattfüße etwas Haltloses haben, ist bei den schwerfälligen alles verhalten. Bodenständigkeit geht hier vor Beweglichkeit. Werden die Füße allerdings bleischwer, ziehen sie ihre Besitzer hinab und verhindern alle Ausflüge in andere Dimensionen. Ein Leben, das nur auf den Boden der Tatsachen beschränkt ist, kann ziemlich langweilig werden.

Ganz anders die Prinz(essinn)en, die auf ihren Zehenspitzen mehr durch die Welt und insbesondere die Traumwelt schweben, als sich auf die Niederungen der Erde einzu*stellen.* Im besten Ballettstil tanzen sie durchs Leben. Der **Zehenspitzengang** ist die natürliche Variante der Stöckelschuhe und zeigt, wie wenig ihre Besitzer auf Bodenkontakt oder gar Be*ständ*igkeit *stehen.* Sie schlagen nirgends Wurzeln, würden diese doch ihre leichtlebige (Künstler-)Existenz nur stören. Statt Realitätssinn kultivieren sie Phantasie. Von den beiden Seiten der polaren Welt haben sie sich für die Höhen entschieden, die Tiefe überlassen sie den Schwerfüßlern. Statt Wurzeln haben sie hochfliegende Träume, kreativen Schwung und er*heb*lichen Elan, Phantasie im Überfluß und keinen Halt. Sie sind noch weniger leicht umzuwerfen als die Schwerfüßler, denn in der Feenwelt der schwebenden Wesen ist nichts fest und alles im Fluß. Aber auch die Leichtigkeit solcher Wolkenwesen hat ihre Schattenseite in der oft weitgehenden Vernachlässigung der materiellen Existenz.

Auf dem Gegenpol sind die **Krallenfüße** angesiedelt, mit denen sich ihre Besitzer auf der Erdoberfläche festklammern. Die klauenförmig abgebogenen Zehen suchen krampfhaft Halt. Solche Füße sprechen von einer bedrohten Existenz, einem starken Verlangen, Halt zu finden und nicht zu weichen. Nicht nur die Zehen, auch die Unter- und Oberschenkelmuskeln sind oft chronisch angespannt und verraten eine ebensolche Haltung zum Leben. **Unruhige Füße** enthüllen dagegen die Tendenz, ständig zu laufen und meistenteils wegzulaufen. Ihre Besitzer sind immer *auf dem laufenden* und verbergen hinter Bewegungsdrang und Interesse sehr häufig auch Fluchttendenzen.

In eine ähnliche Richtung weist extreme Rückenlage, die zu einer fersenbetonten Gangart gehört. Der **Fersenstand** deutet Zurückweichen vor dem Leben an und sichert gegen Rück- und Nackenschläge. Von vorne sind die Ver*treter* dieses Standpunktes dafür um so leichter zu kippen. Trotz ihrer ängstlichen Absicherung *neigen* sie *zum Umfallen*. Schon leichter Gegenwind holt sie von den Füßen.

1. Das Sprunggelenk

Wer sich das Sprunggelenk verstaucht, kann wie Hephaistos, der Götterschmied, keine großen Sprünge mehr machen. Er brach sich gleich beide Sprunggelenke, als ihn seine Mutter aus dem Himmel auf die Erde hinunter warf, und war von da an lahm. Ähnlich ergeht es denjenigen, die zu große Sprünge machen und zu hart auf dem Boden der Tatsachen landen. Die Aufforderung ist deutlich: auf dem Fußboden bleiben und schön langsam und stetig Stufe für Stufe erklimmen. Die großen Sätze sind vom Schicksal gestrichen. *Lahmheit* ist für Menschen, die immer auf dem Sprung waren, eine harte Therapie. Wenn sie lernen, in den Niederungen des Lebens mühsam vorankommend, ihren Weg zu machen, erscheint der Gipsklotz am Fuß wie eine Fessel. Er kann aber auch zum Anker werden, der am Boden hält und am physischen Wegspringen und Aus-der-Reihe-Tanzen hindert. Gerade der am Boden festgehaltene Körper kann zur idealen Basis für geistige Luftsprünge und Höhenflüge werden.

Das Sprunggelenk direkt über dem Fußgewölbe ist Ur*sprung*

Fragen

1. Welche Rolle spielt Sprunghaftigkeit in meinem Leben?
2. Neige ich zu schlecht in der Realität abgesicherten Höhenflügen? Übersehe ich beim Starten oft die Notwendigkeit zur Landung? Wie ist mein Verhältnis zu Traum und Wirklichkeit?
3. Übersehe ich mein Bedürfnis nach Ruhe bei den Versuchen, mir meinen Platz zu erkämpfen?
4. Wo liege ich schief, wo daneben? Wo hat mein Leben einen Knacks, wo braucht es einen Knick, wo eine Unterbrechung?
5. Wo neige ich zu Fehltritten im Physischen, anstatt neue Wege in geistiger Hinsicht auszuprobieren?
6. Wo lehne ich mich gegen mein Schicksal auf? Wo gehört Auflehnung zu meinem Schicksal?

unserer Aufrichtung, aber auch der Möglichkeit, sich aufzulehnen. Der Sprung auf die Ebene der Götter kann nur von hier *erfolg*en. Hier rächen sich aber auch Fehltritte. Beim Fußverstauchen werden wir zusammengestaucht, beim Bruch brechen wir ein, beim Verknacksen bekommen wir einen Knacks, treten wir daneben, liegen wir daneben.

Die Lernaufgabe ergibt sich aus dem Unfallergebnis: Die Betroffenen müssen sich eingestehen, daß sie falsch bzw. daneben liegen, daß sie bei ihren Sprüngen zu unsanft landen, nach ihren Höhenflügen von der Realität zusammengestaucht werden bzw. daß der Kontakt zwischen Gedankenwelt und Wirklichkeit unharmonisch und über gefährliche Wege läuft. Sie sind aufgefordert, ihrem Körper die harte Konfrontation mit der Realität abzunehmen, ihre Aus*flüge* besser abzusichern und die Landungen abzufedern, die unklaren und gewagten Wege in Gedanken zu erproben, bevor sie sie in der Stofflichkeit ausführen. Die davongetragenen Verletzungen zwingen sie zur Ruhe und *holen* sie *von den Füßen*. Es gilt den Körper zu schonen und in dieser äußeren Ruhe mehr auf innere Beweglichkeit und geistige Sprünge zu setzen. Der lahme Hephaistos wird, am physischen Fortkommen gehindert, zum kreativen Erfinder und erobert so den Platz im Himmel, der ihm vorher streitig gemacht wurde.

2. Hühneraugen

Die unteren »Augen« bieten eine ganz andere Perspektive als die oberen. Von den knopfförmigen Augen der Hühner abgeleitet, zeigen diese chronischen Druckstellen sehr genau, wo einen der Schuh drückt.

In diesem Zusammenhang ist der Bezug von Oben und Unten, wie ihn die Reflexzonen enthüllen, besonders bezeichnend. Hühneraugen, die vor allem im Zehenbereich auftreten, signalisieren damit, daß bestimmte Kopfbereiche unter Druck geraten sind. Wenn einem jemand auf den Zehen steht, zeigt sich das auf die Dauer in schmerzhaften Druckstellen der Füße, auch wenn die dadurch entstehenden Behinderungen wesentlich gesellschaftlicher Art sind. Es kann sogar sein, daß man sich selbst auf den Zehen und damit im Weg steht und so eigene Fortschritte unterbindet. Das ist z.B. mit Sicherheit der Fall, wenn man bewußt zu enge Schuhe trägt. In dieser Situation erlaubt man bzw. meistens die Frau einem Geschmacksideal ihren konkreten Fortschritt zu behindern.

Anatomisch bestehen die Hühneraugen aus übermäßigen Hornauflagen zum Schutz gegen Druck von außen. Sie sind ein Versuch, Schwachpunkte zu panzern. Daß diese Panzerplatten mit der Zeit selbst zu Ausgangspunkten von Schmerzen werden, ist eine typische Erfahrung. Wer sich alles ersparen will, gerät gerade in Gefahr, alles zu erleiden. Es geht folglich darum, statt sich körperlich abzuschotten, mehr auf geistig-seelische Maßnahmen des Selbstschutzes zu sinnen. Was einen drückt, gilt es zu konfrontieren und dann entspre-

Fragen

1. Wer steht mir auf den Zehen? Bin ich es vielleicht selbst?
2. Wo beharre ich auf Standpunkten, obwohl die Schmerzgrenze erreicht ist und mir schon jemand auf den Füßen steht?
3. Inwiefern ist meine Angst bzw. Sicherheitspolitik schmerzhaft und für mein Fortkommen hinderlich geworden?
4. Welche Druckstellen sollte ich aus meinem Leben entfernen?
5. Wo stoße ich schmerzhaft an Grenzen?

chende lösende Maßnahmen einzuleiten. Man könnte z.B. den Standpunkt, der soviel Gegendruck erzeugt, aufgeben oder ihn mit stichhaltigeren Argumenten absichern.

3. Fußpilz

Die Pilze des Pflanzenreiches leben vor allem von abgestorbenem organischem Material, besiedeln aber auch sterbende Teile lebender Pflanzen. Sie sind ausgesprochene Schmarotzer, die sich an fremdem Leben gütlich tun und nichts dafür geben. Dieser schlechte Ruf hat sie als Nahrungsmittel auf die Verbotsliste verschiedener spiritueller Gruppen gebracht. Im Tier- und Menschenreich besiedeln Pilze zwar lebende Strukturen, diese sind aber bereits geschwächt und auf dem degenerativen Weg in Richtung Absterben. Pilze können praktisch überall einfallen, wo Gewebe den Lebenskampf aufgibt, und sind gleichsam Vorboten des Todes. Alle Kleinstlebewesen, die uns heimsuchen, brauchen dafür entsprechende Bedingungen mit reduzierter Abwehrkraft. Erst wenn der Organismus seine Energie aus einer Struktur abzieht, indem er die durch sie repräsentierte Thematik im Bewußtsein streicht, wird sie sturmreif für entsprechende Eroberer. Während die kleinsten, die Viren, meist akut die Entscheidung suchen, setzen die Bakterien auf akute und schleichende Vorgehensweisen, kennen aber auch das friedlich symbiotische Zusammenleben wie etwa die Darmbakterien. Die Pilze neigen außer bei völligen Zusammenbrüchen der Körperabwehr zu langsam vorgetragenen Attacken, bei denen sie sich Zug um Zug Territorium erobern, ohne ihren Wirt ernstlich zu bedrohen. Sie bringen den Tod nicht, kündigen ihn aber (dem befallenen Areal) an.

Der Fußpilz ist ein an sich harmloser Schmarotzer, der nicht weh tut, kaum behindert und trotzdem viele Menschen geradezu zur Verzweiflung treibt. Ausgerechnet unsere Krallen besiedeln die fremden Wesen und zeigen, wie wenig Respekt sie vor unseren Waffen haben. Ein Vergleich aus dem Makrokosmos macht das Dilemma klar. Es ist, als würde eine von ihrer Bewaffnung her harmlose Räuberbande in ein Land einfallen und sich dort ausgerechnet in den Kasernen breitmachen. Schmarotzend und nach außen ein äußerst unangenehmes Erscheinungsbild bietend, bemächtigen sie sich der Waffensysteme und wirtschaften sie langsam aber stetig herunter, so daß bald kein Feind mehr Respekt vor ihnen hat.

Die Tatsache, daß sich Pilze lediglich an Bereiche wagen, die in den letzten Zügen liegen, wirft ein bezeichnendes Licht auf die Lage entsprechender Nägel: Sie müssen dem Tode nahe oder doch im höchsten Grade avital sein, um den Schmarotzern Nährboden zu bieten. Haben Pilze einmal Wurzeln geschlagen, zeichnen sie sich durch äußerste Hartnäckigkeit aus und verweigern selbst beim Einsatz schwerster Geschütze wie chemischer Antimykotika den Abzug. Taktischer Rückzug ist dagegen leichter zu erreichen. Sobald aber die eigene Offensive nachläßt, melden sich die Störenfriede wieder, stören von neuem den seelischen Frieden und zeigen damit zugleich, wie störanfällig der Betroffene ist. Die Pilze ernähren sich von den Krallen, indem sie sie in aller Ruhe Stück für Stück zerfressen. Diese schleichend aggressive Art, der man machtlos ausgeliefert ist, bringt uns vor allem auf die Palme. Daneben spielt natürlich auch eine Rolle, daß solcherart angefressene Waffen keine Zier sind. Glanz und Glätte sind schnell dahin. Es kommt zu einer unschönen Pattsituation zwischen Nägeln und Schmarotzern. Was die letzteren stückweise wegfressen, ersetzen erstere Stück für Stück. Dadurch wird der umkämpfte Nagel dicker und unebenmäßiger und erinnert an eine unzählige Male angeschlagene und immer wieder ausgebesserte, schartenübersäte Klinge. Wenn die Pilze es übertreiben und der Nagel ausfällt oder von einem verzweifelten Besitzer gezogen wird, ist damit die Geschichte nicht ausgestanden. Solange die Grundsituation besteht, kommt auch die wuchernde, unansehnliche Herausforderung wieder.

Schließlich spielt auch der Aspekt der Unsauberkeit hinein. In vielen Religionen werden die Füße symbolisch gewaschen und stehen gereinigt für eine saubere Beziehung zum eigenen Seinsgrund, zu Herkunft und Vergangenheit. Fußpilze demonstrieren, daß der Kontakt zu Mutter Erde und damit überhaupt zur Welt kein sauberer ist. Beim klassischen Lotos-Meditationssitz werden die Fußsohlen nach oben gehalten als Symbol der vollkommenen Orientierung zur geistigen Welt. In solch einer Situation sind Fußpilze oder Warzen der Fußsohle genauso unangenehm wie ehrlich.

Die Aufgabe lautet: die Bewaffnung abbauen, die Abwehr reduzieren. Das aber sollte im Bewußtsein geschehen. Wird er von geistig-seelischer Seite entsprechend entlastet, kann der Körper seine verletzten Waffen wieder herstellen und das verlorene Territorium zurückerobern. Ein chronischer und in Vergessenheit geratener Konflikt um die eigene Wehrhaftigkeit will ins Bewußtsein zurückkehren und ausgetragen werden. Wie bei allen Infektionen, die mit dem Einfall fremder Truppen einhergehen, ist die geistig-seelische Abwehr zu hoch, wodurch die körperliche geschwächt wird. Das Prinzip der offensiven Aggression will bewußter gelebt werden, bei Pilzinfektionen insbesondere das des gutartigen, weniger akuten Übergriffs. Wie alle Erreger fordern auch Pilze auf, sich zu wehren. Fußpilze animieren besonders, sich um seine Waffen und Werkzeuge zu kümmern und sie nachwachsen zu lassen. Bildlich wird es in den verdickten groben *Klauen* deutlich. Insbesondere muß die Sorge der Verteidigung den eigenen Grenzen gelten. Wer sich über Schmarotzer und Schnorrer ärgert, hat ein Problem mit diesem Thema und selbst entsprechende Züge verdrängt. Diese gilt es wiederzufinden und bewußt zu machen. Sich ins Leben drängen und, wenn es sein muß, mit seinen Krallen festklammern heißt die Aufgabe und bis an die Grenzen lebendig bleiben.

Fragen

1. Wo liegt ein nicht eingestandener, im Unbewußten vor sich hinschwelender Konflikt der Selbstverteidigung?
2. Wo versäume ich es, die geistigen Krallen zu zeigen und mich festzukrallen? Welches körperliche Grenzland lasse ich brach liegen und verkommen?
3. Wenn ich mich meiner körperlichen, angefressenen Krallen schäme, inwieweit schäme ich mich meiner geistigen?
4. Wieso liegt die Vitalität meiner Krallen in den letzten Zügen?
5. Wer schmarotzt in und an meinem Leben? Wo schmarotze ich?

4. Warzen der Fußsohle

Warzen stellen ähnlich wie Fußpilze keine körperliche Bedrohung dar. Seelisch aber können sie äußerst bedrohlich sein. An Fuß und insbesondere Fußsohle sind sie sehr lästig. Die wesentliche Bedrohung aber erwächst aus ihrer geheimnisvollen Herkunft. Ähnlich wie Schlangen oder Spinnen in unseren Breiten keinerlei Lebensgefährdung darstellen und doch auf Grund ihrer einschlägigen Symbolik von vielen als extrem bedrohlich erlebt werden, liegt der Schrekken der Warzen in ihrer Symbolträchtigkeit. Die dicke, scheußliche, vielleicht noch behaarte Warze ist ein typisches Symbol der bösen Hexe des Märchens, ein Auswuchs der Hölle bzw. der dunklen Mächte. Selbst die rationalsten Menschen würde solch eine Warze aus der Fassung bringen, wenn sie sich auf ihrer Nase niederließe. Obwohl sie nicht bedrohlich ist und niemand sie einem verübeln kann, spürt noch der vernünftigste Zeitgenosse, daß sie auf einer tieferen Ebene, wenn schon nicht übelgenommen, so doch übel gedeutet wird, weil sie in der Welt der archetypischen Muster Übles andeutet. Dabei kann man sich nicht einmal darauf berufen, daß sie sich, von außen kommend, auf einem niederläßt. Zu eindeutig drängt sie als unansehnlicher Auswuchs aus dem eigenen Innern herauf. Wer immer mit Warzen zu tun hat, löst diese dunklen Assoziationen aus vom Warzenschwein über die Kröte bis zur bösen Hexe.

Verschiedene Therapieformen geben weiter Aufschluß über die Be-Deutung der Warzen. Schulmedizinische Versuche, die auf rohe Gewalt setzen, von Wegätzen über -brennen bis -schneiden, zeichnen sich durch hohe Mißerfolgsraten aus. Obwohl im Ganzen und restlos herausgeschnitten, taucht die Warze oft am selben Ort wieder auf mit derselben Botschaft aus dem finsteren Schattenreich. Die Methoden der Volksmedizin sind vielfältiger und erfolgreicher. Sie gleichen sich alle in ihrem magischen Ansatz. Warzen werden mit einigem Erfolg nachts bei Vollmond weggezaubert oder weggebetet, von der »Warzen*wende*rin« entschärft, mit den verschiedensten Zaubersprüchen besprochen, durch Handauflegen oder andere kleine Rituale weggehext. Kinder, die bereits einen Bezug zur magischen Qualität des Geldes haben, lassen sie sich auch manchmal für einen angemessenen Betrag abkaufen.

Warzen konfrontieren mit den eigenen dunklen Seiten, weshalb sie auch so gut auf entsprechende okkulte[77] Be*hand*lungen *ansprechen.* Wenn auch andere Krankheitsbilder auf Be*sprech*ung und Be*hand*lung *ansprechen* oder Medikamente *anschlagen*, zeigt das, wie magisch die alte Medizin im ganzen war. Fragt man sich, wobei Warzen stören oder woran sie hindern, bekommt man stichhaltige Hinweise auf die individuelle Bedeutung. Zumeist verhindern sie ein makelloses Aussehen, und es ist dieser Makel, der, ins Gesicht geschrieben, erheblich stört. Bei Warzen an der Fußsohle ist zusätzlich zu fragen, inwieweit man auf Okkultem unbewußt herumtrampelt und es nicht in seiner Bedeutung anerkennt, obwohl es sich auf Schritt und Tritt bemerkbar macht. Letztlich *steht* man auf jeden Fall darauf, ob man es sich einge*steht* oder nicht. Die Lösung liegt in der Bewußtwerdung. Die mit den magischen Ritualen einhergehende Anerkennung der Schattenseite ist daher den kämpferischen Methoden überlegen. Das Prinzip der Homöopathie, das geheimnisvoll Dunkles mit geheimnisvoll dunklen Methoden behandelt, hat mehr und vor allem anhaltenderen Erfolg als der allopathische Kampf gegen die Botschaft aus der eigenen Tiefe.

Fragen

1. Inwiefern stört oder behindert mich die Warze? Kann ich nicht schmerzfrei stehen und gehen? Oder entstellt sie mich bzw. stellt etwas von mir heraus, das ich nicht sehen will und das vor allem die anderen nicht sehen sollen?
2. Was habe ich weggesteckt, als die Warze herauskam?
3. Welche Rolle spielt für mich die Auseinandersetzung mit den dunklen Seiten meines Lebens?
4. Bin ich mir der okkulten Seite meiner Existenz bewußt?

XV. Altersprobleme

1. Das Altern in unserer Zeit

In einer Zeit, die die Jugend vergöttert, muß das Alter und der Prozeß des Alterns problematisch sein. Alfred Ziegler sagt diesbezüglich: »Je mehr eine Zeit von Hebe, der bunten Göttin der Jugend geblendet ist, um so mehr muß das lebensfeindliche Grau des Alters zur Epidemie werden. Hebe bringt Greisenvölker zur Welt.«[78] Er geht davon aus, daß die Vergreisungsepidemie der legitime Schatten unserer jugendsüchtigen Gesellschaft ist, so wie die »wildernde Renaissance-Liebe zur Welt« die Syphilis hervorgebracht und »die Reinheit und der goldene Glanz des mittelalterlichen Glaubensgewölbes den schwarzen Tod ausgebrütet« habe. Jede Zeit hat in ihren Krankheitsbildern eine Art Korrektiv, das ihr Ungleichgewicht austariert. In der Medizin herrscht seit Jahrhunderten Uneinigkeit, ob Altern unter die normalen physiologischen Gegebenheiten einzuordnen oder als Krankheitserscheinung zu behandeln sei. Georg Groddeck bemerkte dazu: »Bei den Alterserscheinungen sind nicht die Organe abgebraucht, sondern das Organ ist mit Gedanken belastet; ist einer 70 Jahre alt, so sind die Organe eben 70 Jahre lang belastet.«[79] Die Flut von bunten Pillen, mit der heutzutage dem grauen Alter vorgebeugt werden soll, zeigt andererseits, daß die moderne Medizin die Alterserscheinungen als bekämpfenswerte Krankheitszeichen auffaßt. Die meisten Menschen wollen heute zwar möglichst alt *werden*, aber niemand will alt *sein*. An diesem Paradox verdeutlicht sich unser Dilemma. Gerade weil sie das Alter so gering schätzt und die Jugend so hoch, überaltert die Gesellschaft zusehends. Wir versuchen alles Mögliche, um jung zu bleiben, und werden dabei immer älter. Letztlich sind wir bei allem Jugendkult aufs Alter hin orientiert, schon weil wir auf Fortschritt setzen und der definitionsgemäß in der Zukunft liegt. Bezogen auf das menschliche Leben, zielt der Fortschritt auf Alter und Tod. Es kostet uns Mühe zu verdrängen, daß all unsere Anstrengungen, die ausnahmslos zukunftsorientiert sind, folglich ausnahmslos auf Alter und Tod hinarbeiten und damit genau das Gegenteil unseres Traumes von ewiger Jugend und ewigem Leben erreichen.

Die Jungbrunnen früherer Zeiten mögen uns lächerlich anmuten, doch sind sie nicht allzuweit entfernt von unseren funktionalen Versuchen, das Alter zu betrügen und den Tod aus unserem Gesichtsfeld zu verbannen. Eine ganze Industrie lebt von dem Geschäft mit der Angst vor diesen beiden Schreckensthemen. Die erwähnten bunten Pillen, die die altersschwachen und -starren Gefäße stützen oder sonstwie die Mangeldurchblutung be*heben* sollen, sind die einträglichste Einnahmequelle der Pharmaindustrie, obwohl sie meist nachweislich nichts nützen. Was wir im Übertragenen nicht mehr hochkriegen, lassen wir allenthalben konkret *liften*, vom Gesicht über den Hals und die Brüste bis zu Bauch und Gesäß. Versuche, sich mit frischen Zellen von ungeborenen Tieren aufpäppeln zu lassen, erinnern an die mittelalterliche Herrscher(un)sitte, ihr müdes Blut von frischen Mädchen beleben zu lassen. Der rumänische Diktator Ceausescu versuchte noch in unserer Zeit, sein welkendes Leben durch Infusionen mit dem Blut Neugeborener zu verjüngen. Moderner, aber nicht weniger eigenartig muten Versuche an, mit Hilfe von Affirmationen[80] physische Unsterblichkeit zu erlangen. Die Jungbrunnen aller Zeiten wirken bei genauerer Betrachtung naiv. Von illusionären Hoffnungen hochgepeitscht, finden sie kurzfristig viele Anhänger, die zu allen Zeiten enttäuscht wurden. Ob plastische Chirurgen Falten »wegnehmen«, sich naive Gemüter Age-control-Cremes[81] ins Gesicht schmieren, ob graue Haare weggetönt und Altersflecken übertönt werden, es geht immer um dasselbe naive Spiel gegen die Zeit, das nur einen Sieger kennt, den Tod und, als dessen Vorboten, das Alter.

Je mehr das Alter im individuellen Leben und in der Gesellschaft siegt, neigen wir dazu, uns an jugendlichen Idealen festzuklammern. Werbung, Mode, Film und Fernsehen präsentieren jugendfrischen Charme und dynamisch aktive Menschen in der Blüte ihrer Jugend. Sie rücken die erste Lebenshälfte so weit in den Vordergrund, daß für die zweite nichts bleibt, und wenn wir ehrlich sind, wollen wir davon auch nichts hören und sehen. Wir geben uns lieber der *irren* Hoffnung hin, niemals selbst damit in Berührung zu kommen. Dabei ist mit unserem ersten Atemzug wenig so sicher wie unser letzter. Erhebliche Verdrängungskünste sind nötig, um diese Tatsache und die natürliche Rhythmik des Lebens so konsequent zu übersehen. Es gelingt nur durch ein organisiertes kollektives, bis in alle gesellschaftlichen Ebenen reichendes Blinde-Kuh-Spiel. Wir sind so stolz auf die gestiegene Lebenserwartung und übersehen krampfhaft, daß dadurch vor allem die Alterserwartung gestiegen ist. Wenn die Medizin uns von dem Verdacht befreien will, wir seien eine rechte Krebsgesellschaft geworden, argumentiert sie, das liege an der hohen Lebenserwartung. Erst dadurch erreichten wir ein Alter, in dem Krebs häufig sei. Dieses Argument läßt sich natürlich auf viele chronische Krankheitsbilder vom Rheuma bis zum Altersdiabetes übertragen. Versuche, das Leben z.B. auf Intensivstationen künstlich zu verlängern, verlängern oft nur das Leiden. Insofern ist die Schulmedizin beinahe eine Schattenmedizin, verhilft sie doch dem dunklen Reich der Schatten und Gespenster erst so richtig zu ihrem Recht. Moderne Intensivstationen sind die eigentlichen Spukorte dieser Welt, an denen Wesen zwischen Leben und Tod wandeln, weder hüben noch drüben so richtig zu Hause. Wer kann ermessen, was eine Seele durchmacht, während ihr Körper, im Koma liegend an ein Bett gefesselt, nicht sterben darf und sie ihrem Weg manchmal über Jahre nicht folgen kann?

2. Der moderne Krieg gegen das Muster des Lebens

Zu keiner Zeit gab es wohl eine Kultur, die so erfolgreich jene Entwicklungsphasen, die den Lebens- und damit auch Altersprozeß beleuchten, ignoriert und dadurch die Reifungskrisen in Katastrophen gewandelt hat. Es beginnt bei der **Geburt**, aus der wir ein eigenartiges medizinisches Drama machen. Immer mehr Geburten werden als Risikogeburten eingestuft und mittels Kaiserschnitt »gelöst«. Das heißt nichts anderes, als daß der Beginn des Lebens ständig riskanter wird. Bedenkt man, daß aller Anfang bereits die weitere Entwicklung auf kleinstem Raum verdichtet, wirft diese Tatsache ein bezeichnendes Licht auf unsere Zeit. Dem immer problematischeren Lebensbeginn begegnen wir entsprechend medizinisch gerüstet und übersehen dabei, daß wir selbst es waren, die alles so furchtbar kompliziert und gefährlich gemacht haben.

Ein relativ junger Ableger der medizinischen Wissenschaft, die Gynäkologie, hat diesbezüglich einiges geleistet. Sie konnte z.B. Frauen dazu bringen, in einer der ungünstigsten Positionen ihre Kinder zu gebären. Alle Naturvölker neigen *natürlich* dazu, in der Hocke den notwendigen Druck aufzubringen. Dafür verzichten sie auf Dammschnitt und -riß. Die auf dem Rücken liegende Position hat, abgesehen von dem Vorteil, dem Gynäkologen ein übersichtliches Arbeitsfeld zu bieten, nur Nachteile. Wer sich das nicht vorstellen kann, möge einmal versuchen, auf dem Rücken liegend Stuhlgang zu produzieren. Selbst für so dürftige Geschäfte fehlt hier jeder Druck mangels Gegendruck. Die Niederländer bevorzugen zwar dieselbe ungünstige Gebärhaltung, demonstrieren aber, daß einiges auch anders ginge. An die 90 Prozent der Kinder kommen in Holland zu Hause ohne Mitwirkung eines Gynäkologen zur Welt. Nur für Notfälle stehen sogenannte Klinomobile mit Ärzten in Reserve. *Natürlich* ist die Kindersterblichkeit in Holland geringer als bei uns, die wir es lieben, alles von Anfang zu komplizieren.

In diesem Stil geht es beim nächsten großen Reifungsschritt weiter. Wenn mit der hereinbrechenden **Pubertät** Triebe hervorbrechen, die das Erwachsenwerden ankündigen, ist sich die Gesellschaft einig, daß es noch lange nicht soweit ist, wenn es denn je soweit kommt. Ohne die *not*wendigen Rituale stehen wir den *natürlich* drängenden Bedürfnissen nach Wachstum hilflos gegenüber. Von Erwachsenenseite versuchen wir ihnen mit immer neuen Ausbildungsprogrammen zu begegnen, von seiten der Betroffenen mit ebenso gefährlichen wie erfolglosen Ersatzritualen. Fällt die Pubertät auf der seelischen Ebene aus, ist das Erwachsenwerden im ganzen bedroht, und der nächste notwendige Schritt der Abnabelung vom Elternhaus wird noch problematischer. Bezeichnenderweise haben wir den Begriff der Rabeneltern für schlechte Eltern reserviert, wobei die Raben ihre Vogelkinder klugerweise, sobald diese reif sind, aus dem Nest werfen, damit sie ihr eigenes Leben führen. Wahrscheinlich werden wir noch lange Zeit und viele wissenschaftliche Studien benötigen, um die natürliche Weisheit der Raben zu begreifen. So brauchen wir uns nicht zu wundern, wenn unsere Gesellschaft immer mehr überaltert und dabei immer weniger erwachsen wird. Ein Heer von Psychotherapeuten lebt davon, mit Menschen, die altersmäßig bereits die Krise der Lebensmitte erreicht hätten, Pubertät zu spielen. Jede unbewältigte Lebensphase liefert die Basis für das Scheitern der nächsten. Und jede spätere Bearbeitung ist viel schwieriger, weil das entwicklungsförderliche Umfeld jeweils nur in der dafür natürlicherweise vorgesehenen Zeit besteht.

Nach verkorkster Geburt und unbewältigter Pubertät wird auch die **Krise der Lebensmitte** häufig scheitern. Da dieser entscheidende Punkt im Lebensmuster jedes Menschen zusätzlich mit dem Schrekkensthema Altern belastet ist, verunglückt er selbst dann noch oft, wenn die vorhergehenden Krisen bewältigt wurden. Im Mandala, dem Urmuster des Lebens, stellt sich die Krise der Lebensmitte als Wendepunkt dar. Das Mandala ist ein allen Kulturen gemeinsames Symbol, das sich bei uns noch in den Rosenfenstern der gotischen Kathedralen erhalten hat, im Osten in vielen Formen als Grundlage der Meditation dient und in jeder Kultur seine Spuren hinterlassen hat.

Alchimistenrose von Notre-Dame in Paris[82]

Als Archetyp des menschlichen Entwicklungsweges ist es aufs engste nicht nur mit unserer, sondern auch mit der Existenz dieses Universums verbunden. Jedes Atom ist ein Mandala mit seinem energetischen Tanz um die eigene Mitte, den Atomkern. Da alles in dieser Schöpfung aus Atomen besteht, besteht auch alles aus Mandalas. Jede Zelle ist dem Urmuster des Mandalas nachgebildet, dreht sich doch auch hier alles um den Zellkern in der Mitte. Da pflanzliches, tierisches und menschliches Leben aus Zellen aufgebaut ist, beruht es auch auf dieser Ebene auf dem Mandala. Unsere Erde ist ebenfalls ein Mandala, dreht sie sich doch immer um die Mitte, in der auch die Schwerkraft angreift. Selbst das Sonnensystem entspricht einem Mandala mit der Sonne als Mittelpunkt, um den alle Planeten kreisen. Das Universum schließlich trägt wie der Spiralnebel die Signatur des Mandalas. In einer Welt aus Mandalas birgt alles dieses Urbild in sich und natürlich auch der Mensch. Unser Leben entwikkelt sich in diesem Muster, und niemals kann irgend etwas in der Schöpfung diesen universellen Rahmen verlassen.

Menschliches Leben beginnt mit der Empfängnis im Mittelpunkt des Mandalas. Der Punkt ist in der Mathematik ohne Ausdehnung im Raum definiert und folglich nur ideell denkbar. Er ist ein Symbol für eine nicht in dieser Welt existente Ebene, denn in der polaren Welt hat alles Ausdehnung. Mit der Empfängnis verlassen wir die dimensionslose Unendlichkeit und landen im Mutterleib, wo wir der Einheit aber noch recht nahe sind. Das Kind ist eins mit der Mutter. Diese Einheit wird nun auf dem Wege aus der Mitte in die Peripherie des Mandalas Schritt für Schritt verlassen.

Bei der Geburt wird das Kind unter Preßwehen mit großer Gewalt aus dem paradiesischen Schlaraffenland selbstverständlicher Versorgung ausgestoßen. Die physische Verbindung zur Mutter und zur Nahrung wird abgeschnitten, das Kind abgenabelt. Mit dem ersten Atemzug teilt sich seine *eine* große Herzkammer durch die Herz*scheide*wand in *zwei* Hälften, die beiden Lungenflügel entfalten sich, und der Atem fesselt mit seinen Polen des Ein- und Ausatems endgültig an die Polarität. Bis zum letzten Atemzug, mit dem wir diese polare Welt wieder verlassen, muß der Mensch ununterbrochen atmen und der Polarität Tribut zollen. Auch nach diesem Schritt hinaus aus der Mitte in Richtung Welt, der häufig mit Ver*zwei*flung erlebt und schreiend quittiert wird, bleibt das Kind der Mutter noch sehr nahe. Anfangs wird es gestillt, bis auch das endet und die Ernährung immer mehr in seine eigene Hand und damit auch Verantwortung gelegt wird. Anschließend muß das Kind auf seine eigenen Beine kommen, muß sich aus der stabilen Bauchlage lösen zugunsten des gefährlich labilen Gleichgewichts auf zwei Beinen. Und so sollte es nun weitergehen, bis es schließlich auch im übertragenen Sinne auf eigenen Beinen steht und sich von zu Hause abnabelt. Es wird anfangen zu sprechen und irgendwann der Welt sein erstes Nein entgegenschleudern, mit dem es sich abgrenzt und Teile der Wirklichkeit ausschließt. Mit jedem Nein und jedem Schritt entfernt es sich weiter aus der Mitte und strebt in Richtung Peripherie des Mandalas.

In der Pubertät endet dann »*das* Kind«, das auch noch grammatikalisch neutral war, und »*die* Frau« oder »*der* Mann« gehen daraus hervor. In archaischen Kulturen mußte das Kind rituell sterben, damit der Erwachsene geboren werden konnte. Es »starb« mit Schrecken und unter Qualen in einem oft blutigen Pubertätsritual, und seine Eltern trauerten entsprechend. Nur aus dem definitiven Tod des Kindes konnte der Erwachsene geboren werden. Danach gab es einen Erwachsenen mehr im Stamm, der alles Kindliche weit hinter sich in einer anderen Welt gelassen hatte.

Nach der Pubertät ist das Bewußtsein der eigenen Halbheit bzw. Unvollkommenheit so groß, daß sich die jungen Leute aufmachen, die andere, ihnen fehlende Hälfte zu suchen. Der Volksmund weiß, daß es sich dabei um die *bessere Hälfte* handelt. Ist sie gefunden, macht sie anfangs tatsächlich diesen Eindruck. Mit der Zeit zeigt sich allerdings, daß es doch eher die eigene Schattenseite ist, die man sich ausgesucht hat. Nun haben nicht mehr viele den Mut zu erkennen, daß es sich immer noch und nun erst recht um die bessere Hälfte handelt, nämlich jene, die zur Vollkommenheit fehlt.

Dem biblischen Auftrag »Macht euch die Erde untertan!« entsprechend, geht der Weg weiter hinaus aus der Mitte, und irgendwann, nachdem mehr oder weniger viel erreicht ist in der Welt der Gegensätze, kommt jeder an den Rand des Mandalas. Nun dreht sich alles um, der Weg führt nicht weiter in der gewohnten Richtung, und alle Versuche, ihn trotzdem weiterzugehen, scheitern und müssen scheitern. Wie markant dieser Wendepunkt im Leben ist, mag daran deutlich werden, daß ihn auch die Schulmedizin, die sich des zugrundeliegenden Musters gar nicht bewußt ist, gefunden hat. Bei der Frau war das Klimakterium durch das markante Ende der Periode und die deutliche Hormonumstellung nicht schwer auszumachen, aber auch beim Mann ließ sich die Midlife-Crisis auf die Dauer nicht übersehen, vor allem in dem Maße nicht, wie sie in immer unerlöstere Bereiche rutschte. Die typischen Wechselprobleme von Hitzewallungen bis zu Depressionen, die unsere Medizin erst auf die Spur brachten, kennen Völker, die bewußt im Mandalamuster leben, nicht. Der Grund dürfte in einer anderen Gewichtung und vorbehaltlosen Akzeptanz der verschiedenen Lebensphasen liegen.

Archaischen Völkern gilt die Zeit der Lebensmitte häufig sogar als Höhepunkt, was auch noch in unserem Begriff Klimax mitschwingt. Physische und damit äußere Kraft- und Machtentfaltung geht zu Ende zugunsten innerer Entfaltung. Der Wechsel von der äußeren zur inneren Entwicklung ist vom Muster vorgegeben, der Heimweg der Seele kündigt sich an. Nach einer Lebenshälfte voller *Ver*wicklung folgt nun eine der *Ent*wicklung. Auf diese Chance leben Völker, die ihre spirituellen Wurzeln bewahrt haben, bewußt hin.

Was uns als Zeichen des Alters und nachlassender Kraft gilt, ist ihnen willkommen, betrachten sie doch auch das Ziel des Heimweges, die Rückkehr in die Einheit, mit anderen Augen. Wo uns der Tod als Ende der Welt bedroht, ist er für sie natürlicher Durchgang zu einer anderen Existenzform. Folglich ist auch diese letzte Lebenskrise für sie kein Problem. Sie begrüßen den Tod, wenn er *eintritt*, manchmal erwarten sie ihn sogar und sehen jedenfalls keinen Grund, vor ihm zu fliehen. Wir dagegen sind kollektiv auf der Flucht. Theaterstücke wie »Jedermann« oder »Der Brandner Kaspar im Himmel« zeugen von diesem vergeblichen Unterfangen. Selbst wenn der Tod einen Mitmenschen ereilt hat, versuchen wir ihn noch zu ignorieren oder wegzuretuschieren. Wie anders soll man Versuche interpretieren, Tote auf jugendlich zu dekorieren? In den USA ist es in Mode, noch 80jährige Leichname auf Teenagerniveau zu schminken. Gegenüber solchen Versuchen, die Wirklichkeit auszublenden, ist es voll ergreifender Würde, wenn Indianer oder Eskimos sich auf diese letzte Begegnung vorbereiten. Sie werden weder ausgesetzt, noch läßt man sie herzlos verhungern, wie dergleichen bei uns gern mißverstanden wird. Ein alter Indianer, der seine Zeit kommen fühlt, zieht sich genauso ruhig zurück wie eine junge Indianerin, die ihre Zeit zur Niederkunft kommen fühlt. Es gibt keinen Grund für den Stamm, »verrückt zu spielen«, weil er auf dieser Ebene um ein Mitglied ärmer oder reicher wird. Das liegt in der Natur und wird selbstverständlich akzeptiert. Wir sind es, die Sterbende und besonders alte Sterbende abschieben in Kliniken und dort dann wieder in dunkle Ecken, Bäder oder irgendwohin, wo wir uns mit dem »greulichen Geschehen« nicht auseinandersetzen müssen. Dieses unwürdige Verhalten projizieren wir auf sogenannte Primitive, die diesbezüglich eher über uns stehen.

Wo wir schon keine Chance haben, gegen den Tod einen Stich zu machen, pokern wir auf den Vorstufen *auf Teufel-komm-raus*. Die Krise der Lebensmitte versuchen wir zu ignorieren, um weder daran erinnert zu werden, daß es so nicht weitergehen kann, noch daran, daß die Hälfte schon um ist. Mit solchen Erkenntnissen müßte nämlich jene andere einhergehen, daß das Leben sich wendet und dem Tod zuneigt, wir unsere Jugend endgültig verloren haben und statt dessen das Alter vor der Tür steht. Aus dem Widerstand gegen diesen Lebensabschnitt erwachsen eine Reihe medizinisch relevanter Probleme. Was wir im Bewußtsein nicht wahrhaben wollen, erfahren wir im Körper um so krasser.

3. Wechseljahre und Osteoporose

Da die typischen Symptome wie Hitzewallungen und Schweißausbrüche im ersten Band behandelt sind, sei hier nur auf das »moderne« Symptom Osteoporose eingegangen. Modern ist es insofern, als es Osteoporose zwar schon immer gab, diese Diagnose bis vor kurzem aber nicht automatisch im Zusammenhang mit der Menopause gestellt wurde. Mit dieser tritt tatsächlich verstärkt Knochenentkalkung auf. Sie ist aber kein Krankheitssymptom, sondern ein normales Zeichen der Körperumstellung in dieser Zeit. Trotzdem wird sie seit neuestem von vielen Gynäkologen mit Östrogengaben behandelt. Das hat zusätzlich den vielen Frauen angenehmen Effekt, daß sich die Menopause als Pause ignorieren läßt. Der Körper wird durch die Östrogengaben soweit getäuscht, daß er annimmt, alles sei beim Alten bzw. Jungen geblieben und der Wechsel stehe noch gar nicht an.

Wer Angst vor Knochenentkalkung und Kalkmangel hat, müßte dem Körper eigentlich Kalk zuführen. Interessanterweise haben Kalkgaben in dieser Zeit aber keinerlei Effekt. Der Körper betrachtet verabreichten Kalk als überflüssig und scheidet ihn wieder aus. Er geht davon aus, daß er sich jetzt erleichtern kann und den massiven Knochenbau nicht mehr braucht, da sich mit dem Wechsel die Lebensthemen wandeln und der Schwerpunkt von der äußeren auf innere Aktivität *wechsel*t. Es geht jetzt weniger darum, sich auf die physischen Knochen zu stützen, als darum, an der inneren Seelenstruktur Halt zu finden. Die Menopause sollte tatsächlich, auf das äußere Leben bezogen, einen Pausen- und Ruheaspekt haben. Nur die Überlistung des Körpers verleitet ihn dazu, weiterhin genausoviel Kalk wie bisher in die Knochen einzulagern.

Mit diesem hormonellen Trick kann man den Wechsel ignorieren, weiter jung spielen und seine Knochen fordern. Insofern ist beim herrschenden Jugendkult und der damit einhergehenden Ablehnung des Alters die Beliebtheit solcher Trickserei nicht verwunderlich. Es bleibt allerdings die Frage, ob man einer Lebenslüge die Chance opfern will, diese große Übergangskrise des Lebens bewußt zu meistern. Es gilt, sich im Physischen wie Seelischen zu erleichtern und für den Rückweg, den Heimweg der Seele, vorzubereiten. Dazu ist es notwendig, Ballast abzuwerfen. Je mehr dies im übertragenen Sinne geschieht, desto stabiler wird die Körperstruktur bleiben.

Der moderne Mensch ist trotz gegenteiligem Anspruch den *Wechsel*fällen des Lebens gegenüber feindlich eingestellt. Bereits der Wechsel vom Sommer zum Winter und umgekehrt reicht aus, daß Millionen Menschen gleichsam kollektiv die Nase voll haben und sich zur Darstellung des Themas ihre Frühjahrs- oder Herbstgrippe *holen*. Die notwendigen Erreger gibt's an jeder Ecke.

Es scheint so einfach, alles Unangenehme vom Körper ausbaden zu lassen. Daß die Medizin dieses Spiel noch unterstützt, gehört zu den Stilblüten ihrer wechselvollen Entwicklung. Die gynäkologischen Argumente können bei etwas Nachdenken nur Staunen auslösen. Wer Frauen Angst macht, sie würden sich die Knochen brechen, wenn sie keine Östrogene schlucken, muß sich u.a. fragen lassen, wie denn Milliarden Frauen vor der Östrogen-Mode diese gefährlichen Zeiten ohne knöcherne Einbrüche überstanden haben, ja wie es viele ältere Frauen noch heute schaffen.

Dieses Argument wird an Frechheit nur noch überboten von jenem anderen, in der *wechsel*vollen Zeit kaum weniger beliebten: »Wenn Sie sich die Gebärmutter nicht herausnehmen lassen, könnte sie bösartig entarten.« Mit der gleichen Logik könnte man zur Amputation der Arme raten. Immerhin könnten sie ja Hautkrebs bekommen und entarten. Solche Panikmache hat nicht nur zu einer beispiellosen Steigerungsrate bei Gebärmutteroperationen geführt, sondern auch eine bedenkliche Verunsicherung verbreitet. Natürlich gibt es nach wie vor Situationen, in denen eine Gebärmutter herausgenommen werden sollte. Wie soll aber die Frau wissen, ob ihr Gynäkologe am Kreuzzug gegen Gebärmütter teilnimmt oder fundierte medizinische Gründe hat? Es gehört zu meinen beschämendsten »medizinischen« Erfahrungen, daß Myome* allein dadurch schrumpfen können, daß die Frauen noch einen Gynäkologen ohne Belegbetten zuziehen, der kein persönliches Operationsinteresse hat.

Bei der Osteoporoseproblematik gibt es leider keinen entsprechenden Trick, außer vielleicht dem Rückgriff auf den gesunden Menschenverstand und einem Blick auf die Kette der weiblichen Generationen von unseren Großmüttern bis zu Eva, der ersten Frau. Sie alle mußten ohne Gynäkologen ihren Hormonhaushalt in Ordnung halten, wurden dabei durchschnittlich älter als ihre Männer und haben sich jedenfalls nicht häufiger die Knochen gebrochen.

Die sinnvollste Prophylaxe bezüglich der ganzen Problematik besteht in einem den weiblichen Pol befriedigenden und erfüllenden Leben, bevor sich der Wechsel ansagt. Wenn es soweit ist, bringt eine Verlagerung der überständigen Themen auf geistig-seelische Ebenen die tiefste Entlastung. Wer seine Hitze in passenden Situationen an den Mann gebracht hat, braucht danach nicht bei unpassenden Gelegenheiten auf *heiße Frau* zu machen. Nun läge es näher, *Feuer und Flamme* für andere Inhalte zu sein, sich für den Gegenpol, die geistige Welt, zu begeistern. Wer seine Nachwuchswünsche *ausgetragen* hat, braucht nach dem Wechsel in der Gebärmutter nichts mehr nachwachsen zu lassen. Fruchtbarkeit und Wachstum gehören nun auf geistig-seelisches Niveau. Wer im Klimakterium Ballast abwirft und das Leben umstellt von äußerer auf innere Entfaltung, braucht nicht mehr so schwere Knochen und hat genug Mumm in ihnen, um den Heimweg der Seele ohne Bruch zu überstehen.

Fragen

1. Kann ich die *Aufgabe* des Wechsels, die mit der Krise der Lebensmitte einhergeht, annehmen?
2. Habe ich mir meine Wünsche bezüglich Nachwuchs und »Leben« eingestanden und erfüllt, oder lasse ich Fehlendes in Form von Myomen nachwachsen? Habe ich genug gelebt? Bin ich satt geworden?
3. Gibt es Ebenen, auf die ich gerne wechseln möchte und mich nicht traue? Wo könnte ich im übertragenen Sinne fruchtbar werden?
4. Welchen Ballast sollte ich abwerfen? Welche Aufgabe angehen?
6. Wo fehlt mir Struktur? Wo kann ich sie finden?

4. Die Midlife-Crisis

Sie ist der männliche Wechsel bzw. die auf unerlöste Ebenen gerutschte Aufforderung zur Wandlung. Das griechische Wort Krisis heißt u.a. Entscheidung, und tatsächlich muß der Mann sich entscheiden, ob er den Weg bewußt zurückgehen oder unbewußt durchleiden will. Die Entscheidung, ob er so weitermachen will wie bisher oder umkehren, steht ihm nicht zu. Das Muster läßt sie nicht zu und erzwingt so oder so die Umkehr. Wo über dem Hinweg der Bibelsatz stand: »Macht euch die Erde untertan«, gilt für den Rückweg: »Wahrlich, ich sage euch, so ihr nicht umkehret und wieder werdet wie die Kinder, das Himmelreich Gottes könnt ihr nicht erlangen.«

Den Zug zurück spüren denn auch die meisten in dieser Zeit. Nur neigen wir wie immer dazu, die Dinge auf der körperlichen Ebene auszutragen. Da werden 50jährige, statt seelisch wieder wie die Kinder, äußerlich kindisch, kleiden sich in junge Mode, kaufen

Sportwägen und suchen sich junge Freundinnen. Beim herrschenden Jugendkult ist all das nicht schwer. Sportautos werden schon von der finanziellen Seite her hauptsächlich für alte Herren gebaut, die Mode ist sowieso auf jung ausgerichtet, und auf Grund der häufig ausfallenden seelischen Ablösung von den Eltern finden sich genug junge Mädchen, die ihr ungelöstes Vaterproblem gern mit einem älteren Herrn auskosten. Dieses etwas lächerlich anmutende Krisen-Management in der äußeren Welt ist aber immer noch besser als die völlige Weigerung, den fälligen Schritt zu tun. Wer sich im Übertragenen verweigert, zwingt den Körper einzuspringen. **Depression** wäre solch eine unerlöste Form der Umkehr. De-pression heißt wörtlich »weg vom Druck« oder »Ent-spannung«, und tatsächlich beinhaltet diese Lebenshaltung das Loslassen von aller Spannung, wenn auch auf gänzlich unerlöste Art.

Anstatt alle viere hängen zu lassen und das Problem des eigenen Lebens dem Sozialstaat zu überlassen, ginge es wohl um Entspannung, aber auf anspruchsvollere Weise. In der Peripherie des Mandalas ist die Spannung am größten. Gerade dort, wo die Macht- und Einflußentfaltung am ausgeprägtesten ist, wird die Umkehr zur Einheit, die ohne alle Spannung ist, gefordert. Das Sprichwort formuliert es auf seine Art: »Wenn es am schönsten ist, soll man aufhören.« Dahinter steht die Erfahrung, daß es ansonsten erzwungenermaßen weniger schön wird.

Der Mythos beschreibt den Heimweg der Seele in allen Varianten: Parzival muß diesen Weg zurück zur Einheit genauso suchen wie Odysseus oder die Argonauten. In der Bibel ist es der Verlorene Sohn, der für seine Heimkehr zum Vater, dem Symbol der Einheit, den gerechten Lohn empfängt. Er rangiert weit vor dem anderen, der den Weg in die Welt der *Zwei*heit, Ver*zwei*flung und Ent*zwei*ung nicht gewagt hat. Jeder Märchenheld folgt diesem archetypischen Muster. Manchmal wird ihm das Verlassen der Einheit durch eine böse Stiefmutter erleichtert, anschließend muß er sich die Welt untertan machen und schließlich seine andere Hälfte finden, d.h. seinen Schatten integrieren. Nachdem er sich mit ihm in Gestalt der Prinzessin vermählt hat, kehren die beiden heim zum Vater, und »wenn sie nicht gestorben sind, dann leben sie noch heute«.

Dieses Muster gilt auch und in gleicher Weise für den modernen

Menschen.[83] Früher war die Religion die wesentliche Stütze auf diesem Weg. Selbst in einer Zeit, wo die großen Religionen ihr Wissen veräußerlichen, kann die Religio, als Rückverbindung zum Uranfang, dieser Aufgabe noch gerecht werden. Medi-tation zielt ebenfalls auf dieselbe Mitte, und früher tat es auch die Medi-zin, wie man dem Wort noch ansehen kann. Allerdings war das eine archetypische Medizin, die sich auf Symbole als Wegweiser stützte, etwa vergleichbar jener Medizin, die Indianer meinen. Sie wird nicht in Pillenform eingenommen, sondern auf dem Herzen getragen.

Fragen

1. An welchem Punkt im Lebensmuster stehe ich jetzt?
2. Mit welchen Abschnitten meines Lebensweges stehe ich auf Kriegsfuß?
3. Wo und in welcher Form leiste ich Widerstand gegen die vom Muster geforderte Umkehr?
4. Wie gehe ich mit der Spannung in meinem Leben um?
5. Welche Wege der Entspannung stehen mir offen?
6. Habe ich meine Lebensziele verwirklicht oder bereits überlebt?
7. Was könnte mein Leben jetzt noch retten?

5. Oberschenkelhalsbruch

Mit diesem Thema kommen wir zu jener, von den Gynäkologen neuerdings an die Wand gemalten, Schreckensvision des Alters. Bricht der Oberschenkelhals, was praktisch nur im fortgeschrittenen Alter passiert, fällt der Verdacht schnell auf einen sogenannten *Ermüdungsbruch.* Die physiologische Basis der Knochenermüdung ist ihre Entkalkung im Alter, die erwähnte **Osteoporose**, die sowohl bei Frauen als auch bei Männern auftritt. Die Diagnose Ermüdungsbruch ist über die Maßen ehrlich, besagt sie doch, daß hier ein *müder Knochen* nachgegeben hat. Insofern ist es auch nicht erstaunlich, daß es oft gar keiner besonderen Krafteinwirkung bedarf, ein leichter Sturz auf die Hüfte reicht schon aus.

Im **Sturz** ist die ganze Symbolik des Fallens enthalten. Die weitaus größte Zahl aller **U*nfälle*** ist auf Sturz oder Fall zurückzuführen und damit die Aktualisierung eines bedeutungsschwangeren mythologischen Themas. »Hochmut kommt vor dem Fall« ist die sprichwörtliche Interpretation der Situation. Lucifer, den Lieblingsengel Gottes, hatte der Hochmut geritten, bevor er in die Polarität gestürzt wurde. Die ersten Menschen, Adam und Eva, hatten sich dieses Vergehens schuldig gemacht, was den Sünden*fall* und den anschließenden Sturz aus der Einheit des Paradieses nach sich zog. Und auch die letzten Menschen werden noch diesbezüglich schuldig werden. Im Alten Testament ist das Muster in der Geschichte vom Turmbau zu Babel verdichtet, der letztlich wie jede Hybris im Ein*sturz* endet. Der Antike galt die Hybris, die Auflehnung gegen die Götter, als einzige wirkliche Sünde und zugleich als einzige Chance, auf den Entwicklungsweg zu gelangen, der im Gottsein endet. Dieser Weg beinhaltet beinahe notwendig den Sturz, wie auch der *Fall* des Prometheus zeigt.

In jedem Fall somatisiert sich ein Stück Hochmut und wird zugleich therapiert. Beim Sturz, der zum Oberschenkelhalsbruch führt, trifft es einen »alten Knochen«. Dessen Hybris besteht meist darin, daß er sein Alter ignorierte und sich noch so rüstig gab wie ein Junger. Der Ermüdungsbruch, der einen Jungen in derselben Situation verschont hätte, rückt die wahren Altersverhältnisse wieder zurecht und die Knochen auseinander. Nun gibt es kein Ausschreiten mehr und auch kein Überschreiten natürlicher Grenzen.

Das Krankheitsbild hat die Dinge zurechtgebogen und zwingt den Patienten in eine, seinem Alter eher angemessene, Haltung der Ruhe und Besinnung. Diese Position der Distanz zum bewegten äußeren Leben gilt es freiwillig einzunehmen und das eigene Alter in seinen Forderungen zu respektieren. Die natürliche Müdigkeit, die, äußerlich überspielt, sich ersatzweise im Knochen verkörpert, fordert ihr Recht, auszuruhen. Fügt sich der Patient diesem Hinweis, hat er alle Chancen, innerlich noch große Entwicklungsschritte zu schaffen. Es liegt eine ähnliche Situation wie bei Sportverletzungen vor, eine Überschätzung der eigenen natürlichen Möglichkeiten.

Die Lernaufgabe hieße, die eigene Situation zu akzeptieren, sich nicht mehr zu übernehmen, sondern dem Ausruhen und der damit einhergehenden Besinnung hinzugeben. Die Kontinuität des aktiven, auf jugendlich getrimmten Lebens soll unterbrochen und über eine Ruhephase in neue, altersgerechte Bahnen gelenkt werden.

Fragen

1. Ist mein Mut bereits zum Hochmut geworden? Paßt er noch in die Zeit? *Wem* muß ich damit *was* beweisen?
2. Neige ich dazu, mein Alter zu überspielen? Habe ich übersehen, daß ich nicht nur alte Knochen habe, sondern einer geworden bin?
3. Kompensiere ich durch bewußtseinsmäßige Verknöcherung meinen schwächer werdenden Knochenbau? Überfordere ich meinen Körper, um meine Seele zu schonen?
4. Wie gehe ich mit meinen natürlichen Grenzen um? Wo respektiere ich sie zu wenig?
5. Schaffe ich es, mich für den Heimweg der Seele zu erleichtern und Ballast abzuwerfen?

6. Damenbart oder die Integration des Gegenpols

Aus dem Muster der Märchen ergibt sich, daß der Held seine andere Hälfte finden, sich mit ihr vereinigen und dann heimkehren soll. Nach C.G. Jung wächst dem Mann im Laufe seines Lebens die Aufgabe zu, seine weibliche Hälfte, die Anima, zu entdecken und zu Leben zu erwecken. Der Frau stellt sich entsprechend die Aufgabe, ihren männlichen Seelenanteil, den Animus, zu finden und ihm zu seinem Recht zu verhelfen. Die Esoterik verwendet in diesem Zusammenhang das Bild der chymischen Hochzeit, in astrologischen Darstellungen steht die Konjunktion von Sonne und Mond, in alchemistischen der Androgyn für diese Vereinigung der Gegensätze. Solche Bilder und insbesondere das des Androgyn, der beide Geschlechter in sich trägt, sollten nicht darüber hinwegtäuschen, daß diese Vereinigung geistig-seelisch gemeint ist. Im körperlichen Bereich stellt der Orgasmus beim Geschlechtsverkehr ein kurzes Aufblitzen des

Vereinigungsgefühls dar, ansonsten liegen in ihm wenig Chancen, den Gegenpol zu erlösen. Wenn der körperlich rigide Mann im Alter in Gesichtsausdruck, Haltung und Bewegung weicher wird, mag das eine Parallelerscheinung zur seelischen Annäherung an die Anima sein und wird dann gern angenommen. Das Auftauchen gegengeschlechtlicher Merkmale im Körper kann aber auch anzeigen, daß die geistig-seelische Integration zu kurz kommt und der Körper diesen Mangel kompensiert. Die Lernaufgabe ist dann klar: Es geht darum, die andere Seite in sich zum Zuge kommen zu lassen, aber auf übertragener Ebene.

Ein sich zur Menopause entwickelnder Damenbart ist ein typisches Signal, die Aufmerksamkeit auf den männlichen Pol zu lenken, aber, wie gesagt, auf anderer Ebene. An sich völlig harmlos, löst das Symptom doch einigen Ärger aus, und zeigt damit die Brisanz des Themas. Es deutet an, daß die Betroffene ihre männliche Seite auf der wenig geeigneten äußeren Ebene ausdrückt. Möglicherweise geschieht es auch auf zu männliche Art. Sie müßte ihren eigenen weiblich-mondhaften Weg suchen, um dem männlich-sonnenhaften Prinzip gerecht zu werden. Es geht nicht darum, männlich zu werden, sondern dem männlichen Pol, dem Yang-Prinzip, näherzukommen. Ein auf geistig-seelischem Niveau zu kurz gekommener Animus wird den Ausweg über die Haut wählen. Rasieren als männliche Antwort auf unerwünschten Bartwuchs kommt für die Frau schon deswegen kaum in Frage, weil der drohende Bartschatten dem Gesicht männliche Härte verleihen würde. Die anschmiegsame Weichheit der Gesichtshaut könnte sich in Kratzbürstigkeit wandeln und damit zwar etwas Ehrliches, aber gerade deshalb Unerwünschtes ausdrücken. Die Betroffenen tendieren dazu, die Haare einzeln auszureißen mit der erklärten Absicht, sie auszurotten. Daß das kaum gelingt, verdeutlicht, wie wichtig dem Organismus die solcherart hervorgebrachte Botschaft ist. Das martialische Ausreißen zwingt aber wenigstens zu marsisch-aggressivem Verhalten, wenn auch in diesem Alter auf dem männlichen Pol eher die sonnenhafte Symbolik zu entdecken wäre. Physiologisch erklärt das Nachlassen der weiblichen Hormonproduktion das relative Überwiegen des männlichen Anteils, der auch bei Frauen immer vorhanden ist. Neben dem männlichen Haarwuchsmuster können sich auch maskuline Gesichtszüge entwickeln. Auch wenn ein **Damenbart** schon früher im Leben auftritt, zeigt er, daß hier das männliche Prinzip auf einer wenig erlösten, zu materiellen Ebene gelebt wird. Das Symptom deutet dann an, daß der Animus auf subtileren Ebenen wie etwa der geistigen zu verwirklichen ist und daß er ein gewisses Übergewicht bekommen hat. Dieses ist nach dem Wechsel durchaus an der Zeit, davor *natürlich* weniger.

Ein ähnliches Phänomen zeigt sich bei alternden Männern, die die Entdeckungsarbeit an ihrer Anima vernachlässigen und statt dessen weiche, weibliche Gesichtszüge und Körperformen entwickeln. Von der Verweichlichung des Gesichtes über die Ausbildung von ganz untypischen Rundungen kann es bis zur Nachbildung eines Busens kommen. Der Volksmund kennt den respektlosen Ausdruck »weibisch« für diese Tendenz und deutet an, daß hier die Entwicklung auf die falsche Ebene geraten ist.

Alte Frauen und Männer können sich über diesen Weg körperlich zum Verwechseln ähnlich werden. Manchmal mag dies nach dem Grundsatz »wie innen so außen« Ausdruck einer parallelen inneren Entwicklung sein. Der Verdacht liegt aber nahe, daß es häufiger zur Kompensation geschieht: »statt innen außen«. Die erste Variante läßt sich daran erkennen, daß solche alten Gesichter sehr schön und harmonisch wirken. Bei alten Indianerinnen und Indianern kann man entsprechend androgyne Ausstrahlung erleben, aber auch bei all jenen Menschen, die ihr Leben gelebt und die Integration ihrer besseren Hälfte gewagt haben. Weisheit und Mitgefühl sind keine Geschlechtsfragen und drücken sich bei beiden Geschlechtern ähnlich aus. Sie werden folglich die Gesichter und Körper ähnlich prägen.

Die Tendenz der Geschlechter, sich im Alter einander anzunähern, hängt auch mit dem Thema der Rückkehr und Religio zusammen. Wird diese Umkehrtendenz im übertragenen Sinne vernachlässigt, sinkt sie in den Schatten und kommt als sogenannte Involution im Körper zum Vorschein. Normal ist die Rückbildung der Thymusdrüse nach der Pubertät und die des Uterus in der Menopause. Sie kann aber auch andere Organe betreffen und macht sich besonders beim Gehirn unangenehm bemerkbar. So werden alte Menschen nicht selten wieder kindisch in Ausdruck und Verhalten, und kindliche Einfalt feiert neue Urstände. Altersstarrsinn erinnert an kindliche Trotzphasen, beim Essen kann es wieder zum Sabbern kommen, die Sprache wird undeutlich, der Gang unsicher. Die sexuelle Energie schläft ein und nähert sich dem Stand zu Beginn des Lebens. Das Thema Aggression tritt ebenfalls zurück, und die Zähne verlassen einen einer nach dem anderen, wie sie gekommen waren. Das »Umkehren-und-wieder-Werden-wie-die-Kinder« ist in den Körper gesunken. Wenn dieser Prozeß der Rückbesinnung und Heimkehr im Bewußtsein abläuft, führt er zu dem oft auffällig guten Verständnis zwischen Großeltern und Enkeln.

Es geht auf der Heimreise um ein Loslassen des mit soviel Mühe im Laufe des Lebens aufgebauten Egos. Die körperlichen Alterserscheinungen bis zu den typischen Krankheitsbildern wie Demenz und Morbus Alzheimer zwingen über den Körper das Ego in den Untergang, indem sie ihm seine Basis, das Gehirn, entziehen. Auch dieser Prozeß kann im Bewußtsein eingelöst werden, wenn das viele Wissen losgelassen und in Weisheit gewandelt wird. Dann begegnen sich Kinder und Greise, von zwei Seiten kommend, auf derselben Ebene.

7. Von der Altersweitsichtigkeit bis zur Verrunzelung

Diese »normalen Alterserscheinungen« sind so verbreitet, daß wir in ihnen kaum noch Krankes sehen. Mit der **Weitsichtigkeit** zeigt der Organismus, daß das Nächstliegende übersehen wird. Man blickt darüber hinweg und schweift in die Ferne. Die Aufgabe lautet: sich einen Überblick verschaffen und im übertragenen Sinne weitsichtig werden. Der Lebenshorizont bleibt scharf und wird durch das Verschwimmen der Nähe sogar besonders betont. Es ist wichtig, in die Ferne zu schweifen und sich *klar* zu werden, was dort in der Zukunft wartet. Hinter dem weiten Ausblick soll das Naheliegende zurücktreten. Ist die Lebensperspektive gefunden, darf einen auch das Naheliegende wieder erreichen.

Ganz analog ist das **Nachlassen des Kurzzeitgedächtnisses** zu verstehen. Während die Ereignisse des letzten Krieges er*inner*t werden und klar vor dem inneren Auge stehen, verschwimmt die unmittelbare Vergangenheit, z.B. in Form der Dinge, die man gerade einkaufen wollte, im Nebel des Vergessens. Auch hier wird die Aufgabe deutlich, sich vom Kleinkram des Alltäglichen zu lösen und lieber den großen Lebensbogen zu entdecken. Das tägliche Einerlei soll einerlei werden, es geht darum, sich an die wichtigen Themen des Lebens zu erinnern und sie zu verinnerlichen. Ist diese Geistesarbeit geleistet, entsteht auch wieder Raum für das Näherliegende, ganz abgesehen davon, daß geistige Tätigkeit beweglich hält und ein trainiertes Gedächtnis intakt bleibt.

Die **Altersschwerhörigkeit** zeigt den Betroffenen, daß sie bestimmte Dinge *nicht mehr hören können.* Der Verdacht liegt nahe, daß sie sie schon zu oft gehört und nun *abgeschaltet* haben. In diesem Zusammenhang fällt auf, daß die meisten Altersschwerhörigen eine eigenartige Diskrepanz zeigen: Manches hören sie überhaupt nicht mehr, anderes aber wider Erwarten gut. Wer altersschwerhörige Menschen kennt, kann sich manchmal des Gefühls nicht erwehren, daß auch ein gewisses »Schummeln« mit hineinspielt. Während sich der Partner im selben Zimmer die Seele aus dem Leib schreien kann, sind die interessanteren Gespräche der Kinder im Nebenzimmer gut zu hören. So ist dieses Symptom auch eine unerlöste Form des Rückzugs in die eigene Welt, wohin andere selbst schreiend kaum noch folgen können. Das Symptom isoliert und distanziert von der Welt und macht einsam und verschlossen.

Die Tatsache, daß so viele alte Menschen damit kämpfen, besagt, daß die krankheitswertige Außenorientierung gesellschaftstypisch ist. Wieder sind es sogenannte primitive Kulturen, die uns in ihrem weitgehenden Verzicht auf diese typischen Altersbehinderungen zeigen, daß, was bei uns normal, eigentlich nicht normal und schon gar nicht natürlich ist.

Trotz einer Fülle immer raffinierter werdender Prothesen bleibt die Schwerhörigkeit ein Symptom, das viele Menschen zu Außenseitern macht. Während wir nämlich beim aktiveren Sehen durchaus *etwas machen können*, bleiben wir beim passiveren Hören trotz aller Technik recht hilflos. Durch ihre große Zahl werden die schwerhörigen Alten in ihrer Vereinsamung und Isolation zum gesellschaftlichen Schatten und wie jeder Schattenbereich ungern gesehen. Be*herr*schen und *Beherrschung* stehen bei uns an erster Stelle. Zuhören, Horchen und Gehorchen führen bei den meisten modernen Menschen ein Schattendasein. Die Alten zeigen uns, wo diese Verdrängungspolitik hinführt.

Die **Otosklerose**, die Verknöcherung der Gehörknöchelchen, drückt die Thematik des Nicht-mehr-gelenkig-Seins im Bereich des Hörens und Gehorchens körperlich aus. Man hat genug (gehört und gehorcht), versteift sich gegenüber äußeren Schwingungen und zieht sich wie eine Schnecke in sich selbst zurück. Schwerhörige schwingen im tieferen Sinne nicht mehr mit. Selbst Blinde sind weniger isoliert und verhärtet.

Die Aufgabe lautet, sich wirklich auf sich zu besinnen, die Außenkontakte zu reduzieren und, statt ständig auf andere zu hören, nach innen zu horchen und der eigenen inneren Stimme gehorchen zu lernen. Die im täglichen Leben karikierte Tendenz, nur noch das zu hören, was einen interessiert, weist den Weg: Auf das Wichtige, Wesentliche ist zu horchen. Wie die äußeren Stimmen leiser, können die inneren nun *deutlicher* werden. Die Innenwendung anzunehmen, wäre die im Symptom verborgene Chance.

Die im Alter nachlassende Beweglichkeit kann bis zur **Gelenksteife** gehen. Der Organismus demonstriert, wie eingerostet er ist und daß das Öl im Getriebe fehlt. Er will zeigen, wie schwer Bewegung fällt und daß nicht mehr viel vorwärts geht im Leben und erst recht nicht aufwärts. Die Aufgabe lautet dann auch, äußerlich Ruhe zu geben und sich auf seinen inneren ruhenden Pol zu besinnen. Aus dieser Ruhe der Mitte kann dann auch wieder innere Beweglichkeit wachsen und in deren Folge äußere.

Das »Altersschauspiel« auf der **Haut** ist eine ebenso verbreitete wie unbeliebte Variante, dabei medizinisch harmlos. Im Alter erkennt jedermann die Haut als Spiegel des Innenlebens. Und wer liebt es schon, wenn ihm die eigene Geschichte so deutlich auf die Haut und ins Gesicht geschrieben steht? Hier wird der Mythos des Dorian Gray verständlich, der seine Seele verkauft, um äußerlich jung zu bleiben. Zur Flut der Flecken, die sich im Laufe des Lebens angesammelt hat, kommen eigenartige Verfärbungen mit dem verräterischen Namen **Altersflecken** hinzu, von **Falten** und Runzeln, die die innere Vertrocknung anzeigen, ganz zu schweigen. *Krähenfüße* markieren besonders nachhaltige Ereignisspuren, Lachfalten werden zu tiefen Furchen, Zeugen einer Vergangenheit, die wie das Lachen längst vergangen ist. Spannkraft und Elastizität sind verschwunden, dafür tauchen seltsame Auswüchse aus den unergründlichen Tiefen auf, deren dunkler Thematik wir bei den Warzen bereits begegnet waren. Man ist gezeichnet wie ein Flickenteppich und dabei alles andere als bunt, mehr grau bis greulich. Ziegler spricht von Karstlandschaft, Vergreisung[84] und »Gerümpelwerdung«.

Die zum Vorschein kommende Lernaufgabe stößt die Betroffenen geradezu mit der Nase auf die eigenen Schrulligkeiten und Auswüchse, die dunklen Flecken auf der Seele und die unübersehbare Erkenntnis, daß von einer weißen Weste keine Rede sein kann. Auf der Lebensreise, die vor allem Seelenreise ist, hat der Körper viel Wasser, sprich Seelenflüssigkeit, lassen müssen. Wie eine welkende Blume sich nur noch um die Weitergabe ihres Samens, der ihre Essenz und ihr Vermächtnis enthält, kümmert und alles andere hängen läßt, geht es nun auch für den alten Menschen darum, sich um seine Essenz, sein Vermächtnis zu kümmern. Das *Wesen*tliche wird von ihm bleiben, die Hülle aber muß vergehen. Die welkende Haut kann es verdeutlichen, wenn sie sich, wie gegerbtes Leder konserviert, über die Knochen spannt und den Blick auf das konservative Element lenkt, dem es um die Bewahrung des Wesentlichen geht. In dieser Hinsicht ist es nicht erstaunlich, daß die meisten Menschen im Alter konservativ werden. Würde sich das nicht nur auf die Politik, sondern auch auf die Seele beziehen und nicht als Starre und Angst vor Neuem mißverstanden werden, ginge es Mensch und Welt besser.

8. Die Farbe Grau

Die Thematik des Alterns läßt sich auch unter den Begriffen des Ergrauens und Grauens abhandeln. Die Veränderungen der Haut sind hier ebenso einzuordnen wie das Grauwerden der Sinneswahrnehmungen bis zum **grauen Star**, der einen grauen Vorhang vor die bunte Welt zieht. Tatsächlich läßt im Alter die Farbwahrnehmung in dem Maße nach, wie die dafür zuständigen Zäpfchen zurückgehen. Ein getrübter Blick richtet sich auf trübe Aussichten. Der Grauschleier macht auch vor dem Ohr nicht halt, dessen Hörfähigkeit für hohe Töne nachläßt, und Geschmack und Geruch ignorieren die pikanteren

Duft- und Geschmacksnoten. Selbst die Seele scheint vielfach zu ergrauen, wirkt müde und ausgelaugt, lust- und farblos.

Bei den Haaren wird der Rückzug der Farbe aus dem Leben besonders deutlich und kann als Zeichen der Resignation[85] gedeutet werden. Wenn sie vor dem Ausfall als typisches Zeichen des Alterns **ergrauen**, ist das vielen ein *Graus*. Wobei sich das Grau an den Schläfen bei Männern auch einer gewissen Beliebtheit erfreut. In diesem Fall soll es die Welt- und Lebenserfahrung dokumentieren, die mit dem Altern einhergehen kann. Ziegler meint, daß das Ergrauen im Alter mit dem Grauen zu tun hat, das dieser Lebensphase zur Aufgabe wird. Er sieht die närrischen Möglichkeiten dieser Zeit positiv, ginge es doch darum, das Grauen selbst zu lernen und es auch den Jungen beizubringen. Dieser Zusammenhang tritt beim Phänomen des frühzeitigen Ergrauens besonders hervor und insbesondere beim schlagartigen Grauwerden über Nacht. Hier liegen Situationen des Schreckens, der Todesangst und des Grauens zugrunde, die die Betroffenen bewußtseinsmäßig nicht verdauen konnten. Der Körper muß stellvertretend einspringen und das Grauen in der Haarfarbe zum Ausdruck bringen.

Die Aufgabe lautet, auszuziehen, das Fürchten zu lernen und in den düsteren Pol hinabzusteigen, freiwillig dorthin zu gehen, wo das Leben alle Buntheit verliert: in die Welt der Schatten, die Nachtseite des Lebens. Hier ist man jetzt in seinem Element, in der Nacht sind alle Katzen grau. Bei der Nachtmährfahrt zählen nicht die bunten Farben der Oberwelt, ihr geht es um die Tiefen der Seele. Bei der Aufarbeitung der Lebenserfahrungen steht der große Bogen, die Abstraktion, im Mittelpunkt, denn grau ist auch alle Theorie. Die Konfrontation mit dem Schatten kann, sofern er angenommen und integriert wird, in einem tieferen Sinne *in Weisheit ergrauen* lassen. Vereinigen sich Licht und Schatten, entsteht Grau, und die Farbigkeit der Welt erscheint als Illusion. »Weise« und »weiß« liegen sich nicht so fern. Im Weiß sind alle Farben enthalten, wie in der Weisheit alles Wissen. Es ist eine Bewußtseinsfrage, ob man alt und grau wird und das Grau einen Mangel an Farbe signalisiert oder weiß und darin alles findet. Ob die Haarfarbe den inneren Zustand spiegelt oder kompensiert, läßt sich nicht von außen entscheiden, jeder kann es nur für sich klären.

Ein wesentlicher Aspekt des Alters liegt im Grauen, das, von der Farbe ausgehend, einen Seelenzustand beschreibt. In dem Maße, wie die Farbe weicht, bleibt Grau übrig. In dem Maße, wie das Leben weicht, bleibt Grauen übrig. In diesem Zusammenhang fällt auf, wie nahe diese Farbe den Gespenstern kommt, die den Bereich an den Grenzen des Lebens beleben oder besser bewesen und mit Grauen erfüllen. Gespenster kommen ohne die Farben des Lebens aus, sind sie doch auch eher Abgesandte des Totenreiches. Ihre greuliche Farbpalette besteht aus Nuancen von Grau und reicht von schwärzlichem bis zu weißlichem Grau. Wie die Haut an sehr alten Menschen, hängt ihr lappenartiges Gewand an ihnen herunter und vermittelt im Fehlen aller Struktur und Farbe den bekannt *grau*enhaften Eindruck. Wie das Gespenstische verweist das Alter auf den Tod, das Gespenst des Alterns hat über das ausgelöste Grauen eine intime Beziehung zum Jenseitigen. Mit dem Gespenstischen teilt das Alter aber nicht nur Form und Farbe, sondern auch die Örtlichkeiten, an denen es bevorzugt west. Abseits vom pulsierenden Leben, an den Rändern und in Nischen der Gesellschaft, an unheimlichen Orten gehen sie um und treiben ihr Unwesen, indem sie den Lebendigen Grauen einflößen. Die Friedhöfe waren für die Lebenden nie so recht Höfe des Friedens, wenn sie es denn für die Jenseitigen waren. Recht bald jedenfalls entwickelten sie sich zu Vorhöfen des Grauens, zu Häfen der Furcht vor der Anderwelt. Besonders auf dem Land kann man beobachten, wie sie die Alten anziehen und gleichsam magisch in ihren Bann schlagen.

Unsere aufgeklärte Zeit hat die Landschaft (die konkrete wie auch die geistige) von den Gespenstern und Spukgestalten gesäubert, dabei aber nicht bedacht, daß sich nichts endgültig aus der Welt schaffen läßt. So mußte der Spuk den Weg über den Schatten wählen, der seinem Wesen sowieso entspricht. Auf den Intensivstationen gut getarnt zwischen hochmodernen, glitzernden, aber leblosen Apparaten hat er sich ebenso eingenistet wie in Altenheimen, den geriatrischen Verwahranstalten der Psychiatrie und auf den internen Stationen unserer modernen Kliniken, wo das Durchschnittsalter steigt und steigt und die Triumphe der Medizin wie auch ihre Schattenseiten recht »greulich« illustriert.

Das ganze weite Feld des Alten und des Alters ist uns zum Spuk geworden. Wir können kaum noch so schnell einkaufen, wie die Dinge veralten. Man macht sich unmöglich mit veralteten *Klamotten*, alten Ansichten, altem Wissen, dokumentiert all das doch, daß man bereits zum alten Eisen gehört, und wenig ist schlimmer. In unserem Bestreben, alles immer auf dem neuesten Stand zu halten, bricht sich ein eindrucksvoller Abwehrzauber Bahn gegen das Alte schlechthin. Wir schlagen es in Bann wie seinerzeit die Geister- und Spukgestalten. Die Rolle der Spukschlösser und alter Burgruinen[86] ist auf die Alters- und Pflegeheime und anderen Orte der Altenverwahrung übergegangen. Diese mögen äußerlich noch so hübsch sein, wir meiden sie, als könnten sie abfärben. Mit dem Virus des Alterns wollen wir uns gar nicht erst infizieren. Man könnte besessen werden vom dort wehenden (Un)Geist. Die unmittelbare Nähe der Gegenpole wird hier wieder besonders deutlich, sind wir doch komplett besessen vom Geist des Neuen. Es ist ein Fluch, alt zu sein in einer so jugendbesessenen und erneuerungssüchtigen Gesellschaft, und so hat sich auch die früher verbreitete Unsitte des Verfluchens ihren Platz in unserer Mitte gesichert.

Wir lassen es uns nach wie vor einiges kosten, vom Schreckgespenst des Alters verschont zu bleiben. Ähnlich wie man früher versuchte, die Spukgeister mit materiellen Opfergaben milde zu stimmen, um in Ruhe gelassen zu werden, zahlt heute fast die ganze Gesellschaft hohe Beiträge in die Altersversorgung in der irren Hoffnung, dadurch dem Alter etwas von seinem Schrecken zu nehmen. Die Altersversorgung führt eher dazu, daß man, materiell gut versorgt, Schrecken und Grauen des Alters besonders deutlich erfährt. Nichts lenkt mehr ab vom eigentlichen Thema dieser Zeit.

Die Aufgabe des grauen Alters ist das Grauen. In der Gesellschaft sind es die Alten, die die Jungen das Gruseln lehren, zu Spielverderbern an ihrem Jugendkult werden, einseitig lichte und seichte Gedanken ver*grau*len. So wie sich selbst können sie auch den anderen *graue Haare wachsen lassen* und sich rechtzeitig im Dunkel des Hintergrundes *verdrücken*. Das Licht der Sonne ist nicht mehr ihre Sache, es schadet ihrer strapazierten Haut und blendet ihre schwächer werdenden Augen. Aus dem Hinterhalt zu spuken und unsichtbare Fäden zu spinnen, als Graue Eminenz den Vordergründigen in die Suppe zu spu(c)ken, ist ihr Metier. »Das Gerümpel muß rumpeln und poltern, in den Dachkammern und im Keller. Es muß rumoren und geistern. Seine Sternstunden sind die Geisterstunden . . .«[87]

Was für die Gesellschaft gilt, trifft natürlich auch auf den einzelnen betagten Menschen zu. Die Greisenzeit ist seine Chance, das Dunkle, Grauenvolle in seinem Leben zu konfrontieren, mit dem Spuk aufzuräumen, der sich bei ihm angesammelt hat.

Daneben spielt auch das närrische Element wesentlich in diese Lebensphase hinein. Der **alte Narr** handelt für die weltlich orientierten Zeitgenossen völlig unverständlich, weil er die Dinge bereits aus anderer Perspektive sieht. Im Tarot ist der Narr die höchste Stufe. Die Tatsache, daß er sogar von einigen Tarotschulen als erstes und niedrigstes Symbol eingestuft wird, zeigt, wie groß die Verwirrung bezüglich dieses Archetyps inzwischen ist. Am Bild des Hofnarren kann die klassische Rolle des Narren und die in dieser Stufe liegende Chance aufscheinen. Der Hofnarr war der einzige, der dem Herrscher ungeschminkt die Wahrheit sagen durfte, ohne dafür zur Verantwortung gezogen zu werden. Außerhalb der normalen Gerichtsbarkeit stehend, konnte er nicht mehr schuldig werden. Sein größtes Vergehen war, langweilig zu sein.

Hier zeigt sich, wie verwaist dieser Archetyp heutzutage ist. Wir haben eine Fülle von überalterten Politikern, die an der Macht kleben, sie sogar mit ins Grab nehmen. Die Hofschranzen früherer Zeiten sind ersetzt durch überalterte Heere von Beamten, die grau und spießig die adretten Mätressen höfischer Tage nur mangelhaft vertreten und nur noch das Lakaienmuster in voller Blüte erhalten. Die närrischen Alten, die es sich leisten können, einfach die Wahrheit zu sagen und das auch noch auf witzige Art und Weise, fehlen uns. Was müßten wir geben für einen alten Politiker als Hofnarren und Warner, der nichts mehr zu verlieren und deshalb alles zu gewinnen hat, der dem geschäftigen Klüngel der Macher die Wahrheit ungeschminkt ins Stammbuch schreibt.

Der alte Narr, der endlich sagen kann, was schon immer heraus wollte, wäre folglich eine Erlösung des Altersthemas. In direkter und witziger, sogar zotiger Form könnte er sich Luft verschaffen. Hatte er bisher aus seinem Herzen eine Mördergrube gemacht, wäre es nun Zeit, all die dunklen, anstößigen Gestalten im Schutze des Alters ans Tageslicht zu lassen. Sich selbst würde er damit Erleichterung verschaffen, anderen vielleicht wichtige Anstöße geben. Seine Mahnungen könnten Unheil rechtzeitig an die Wand malen. Befreit von der Last der Unterhaltssicherung und mühseliger Gesellschaftsspiele, ließe sich die kindliche Freude an allen Geheimnissen und Überraschungen des Lebens zurückgewinnen. Selten erlebt man in vereinzelt übriggebliebenen Großfamilien noch solch närrische Alte, die von den Kindern als ihresgleichen angenommen werden, weil sie die Regeln ihrer Spiele für genauso wichtig erachten wie die Spiele der Erwachsenen. Weder denken sie gering vom kindlichen Spiel, noch überziehen sie es mit Erwachsenenernst. Sie sind (biblischem Auftrag gemäß) den Kindern wieder ähnlich geworden und werden deshalb von diesen oft mehr geliebt als die Eltern. Die Verwandtschaft zwischen Kinder- und Greisenzeit kommt auch in einigen homöopathischen Mittelbildern zum Ausdruck, die diesen Archetyp des alten, *ewig* jungen Narren beschreiben. Das verrückte Närrische auf solche Art und Weise zu leben, ist die beste Prophylaxe bezüglich jener unerlösten psychiatrischen Verrücktheit, die das Alter ansonsten häufig heimsucht.

Der am meisten zitierte Archetyp des Alters ist der **alte Weise**. In unserer Gesellschaft kann er schon deswegen keine Rolle spielen, weil das Alter sich so krampfhaft ans Leben klammert und deshalb jene Gelöstheit entbehrt, die dem alten Weisen unverzichtbar ist. Er ist weise, weil er wie Sokrates weiß, daß er nichts weiß und das Leben so viel mehr ist als Wissen und Machen. Einer Machergesellschaft wären alte Weise extrem unangenehm, müßten sie doch ständig den mühsam geschlagenen Wirbel in Frage stellen.

9. Die Alzheimersche Krankheit

Das Krankheitsbild hatte früher den Namen »präsenile Demenz«, weil es Prozesse des normalen Altersabbaus früher ins Spiel des Lebens bringt. Der Erkrankungsschwerpunkt liegt zwischen dem 50. und 60. Lebensjahr, wobei Frauen bevorzugt betroffen sind. Gleichsam eine frühzeitig einsetzende Karikatur der Alterungsprozesse des Gehirns, gewinnt dieses Krankheitsbild in einer Gesellschaft, die so sehr am Alter krankt, schnell an Boden. Im Augenblick sind bei steigender Tendenz 6 Prozent der über 65jährigen betroffen. Obwohl es allein in Deutschland 600 000 Erkrankte gibt und jedes Jahr 50 000 hinzukommen, das Krankheitsbild mittlerweile zur vierthäufigsten Todesursache in den westlichen Industrienationen aufgestiegen ist, spielt es im Bewußtsein der (noch) Nicht-Betroffenen kaum eine Rolle. Das »große Vergessen« wird selbst vergessen. Ein Krankheitsbild, das darauf hinausläuft, den Verstand zu verlieren, ist eine Provokation für Menschen einer Gesellschaft, die den Verstand über alles stellt. Als der bayerische Psychiater Alois Alzheimer es vor 90 Jahren erstmals beschrieb, wollten die Ärzte schon damals nichts davon wissen. Erst in den letzten Jahren bei rasant steigenden Zahlen hat sich ein gewisses Bewußtsein für diesen schlimmsten Bewußtseinsverlust gebildet, den ein Mensch erleiden kann, die Degeneration seines Gehirns. Der Grauschleier des Alters hat hier die Form von sogenannten Amyloidablagerungen angenommen, die sich in und vor allem zwischen die Verbindungen der Nervenzellen, die Synapsen, schieben. Diese Eiweißablagerungen verklumpen mit Aluminiumverbindungen zu einer Art Mörtel, der das Innere der Nervenzellen gleichsam aus- und die Zellfortsetze einbetoniert. Damit wird die wichtigste Funktion der Nerven, Verbindungen zu schaffen, aufgehoben. Die Vernetzung wird gezielt am Verbindungsweg zwischen Großhirn, das für die logischen Funktionen verantwortlich ist, und limbischem System, dem die Gefühlswelt untersteht, blockiert. Während Gedächtnis, Intelligenz, Entscheidungsfähigkeit, Orientierung, Sprache, schlicht alles, was wir zu unserem Verstand zählen, verlorengeht, bleiben Gefühle und soziale Muster, Rhythmusempfinden und Musikalität oft lange erhalten. Nachdem das Problem in letzter Zeit intensiver untersucht wird, tun sich verschiedene Spuren auf. Einerseits geht man von genetischen Defekten aus, da bei einem Zehntel der Betroffenen Erblichkeit gesichert ist. Hinzu kommt, daß praktisch alle sogenannten Mongoloiden, sofern sie 30 Jahre alt werden, die Alzheimer Krankheit entwickeln. Insofern könnte beiden Krankheitsbildern ein Defekt am Chromosom 21 gemeinsam sein. Was diesen Defekt allerdings auslöst, ist offen. Diskutiert wird außerdem der Einfluß von aggressivem Sauerstoff, sogenannten Sauerstoffradikalen, die die Fetthüllen der Nerven attackieren, bzw. ein Mangel an Schutzstoffen, die solches verhindern.

Nicht der Sauerstoff an sich ist in Verdacht geraten, sondern einzelne besonders aggressive Moleküle, wie sie z.B. beim Zerfall von Ozon entstehen.

Die Symptomatik beginnt eher unauffällig mit leichten Gedächtnisstörungen, vor allem des Kurzzeitgedächtnisses bei intakter Funktion des Langzeitgedächtnisses. Es ist die bei alten Menschen typische Situation, wenn sie Naheliegendes vergessen, sich an weit Zurückliegendes aber gut erinnern. Im Laufe des fortschreitenden Krankheitsbildes, das mit schleichender Unerbittlichkeit bergab führt, kommen häufig Unruhe und Getriebenheit hinzu, die die Patienten zu winzigen Trippelschritten zwingen, außerdem Orientierungs- und Sprachstörungen, Probleme mit dem Erkennen, sowie Schwierigkeiten, sinnvolle Handlungen durchzuführen, schließlich Depressionen, seltener euphorische Stimmungsstörungen.

Das Krankheitsbild fällt immer in die zweite Lebenshälfte und damit die Zeit der Umkehr und inneren Einkehr. Die Deutung der Symptome verweist auf den Zusammenhang zum Entwicklungsweg und zeigt, wie die Verbindung zu diesem Weg verloren bzw. in den Körper verschoben wurde. Die christliche Aufforderung, wieder zu werden wie die Kinder, ist in den Schatten gesunken, die Betroffenen werden kindisch und entwickeln sich im konkreten Sinne zurück.

Die fortschreitenden Ausfälle des Kurzzeitgedächtnisses zeigen, wie die Verantwortung für das Nächstliegende aufgegeben wird. Die Patienten vergessen im wahrsten Sinne des Wortes ihr Leben, von der Gegenwart ausgehend immer weiter zurück in die Vergangenheit. Durch den Zusammenbruch des Gedächtnises werden sie erbarmungslos zu einem Leben in der Gegenwart gezwungen, bzw. die Vergangenheit wird eins mit der Gegenwart. Das Leben im Hier und Jetzt, das Ziel des Entwicklungsweges, bekommt in dieser unerlösten Form etwas Grauenhaftes. Beim erlösten Eintauchen in den Augenblick liegen die wesentlichen Aufgaben des Lebens in der Polarität hinter einem, bei Alzheimerpatienten verraten Unruhe und Getriebenheit, was sie noch alles vor sich hätten. Mit dem Verlust der Zeit bleibt das Verständnis für den Lebensweg und seine Aufgaben auf der Strecke. Wer sich an nichts erinnert und außerhalb der linearen Zeit lebt, kann keinerlei Verantwortung mehr tragen. Das Nachlassen der Orientierung geht in dieselbe Richtung. Am Ende des Lebens ist kein Ziel erreicht, sondern der Weg verloren. Die Patienten wissen nicht mehr, wo sie sind und wo es langgeht. Mit der *Orient*ierung haben sie im wörtlichen Sinne den Osten verloren, jene Richtung, aus der nach den heiligen Schriften das Licht kommt. Am Ende ihres Weges fehlt das Licht und damit die Hoffnung. Die häufigen Depressionen greifen diesen völligen Mangel an Aussicht und Hoffnung auf. Der Mangel an Vorsicht und Rücksicht, der den Angehörigen so unheimlich auf die Nerven gehen kann, ergibt sich beinahe zwingend. Da alle Kontrollfunktionen des Verstandes ausfallen, können sich, wie bei kleinen Kindern, Emotionen ungehindert entladen. Was immer die Patienten im Laufe ihres Lebens auf Grund ihrer Erziehung oder anderer Rücksichten aufgestaut haben, kann sich nun Bahn brechen. Das Leiden, das besonders nachts ein bedrückendes Ausmaß annimmt, wenn die Patienten in Panik laut schreiend erwachen oder im Haus herumirren, ist Pflegepersonen nur schwer verständlich. Da die Patienten ohne Orientierung und Gedächtnis sind, erwachen sie nachts in völliger Dunkelheit, ohne zu wissen, wo sie sind, und später auch, wer sie sind. Bereits das Anlassen eines kleinen, mehr symbolischen Lichtes kann sie beruhigen, wie es auch Kindern die dunkle Seite der Wirklichkeit erleichtert.

Das Krankheitsbild läßt sich überhaupt am ehesten als ein in den Körper gesunkenes Wieder-zum-Kind-Werden verstehen. Die Patienten laufen ihrer Pflegeperson häufig wie Kleinkinder nach, lieben es, an ihrem Rockzipfel zu hängen oder sich wenigstens durch akustische Signale wie Singen oder Summen ihrer Nähe zu versichern. Wie kleine Kinder hassen sie verschlossene Türen und Unsicherheit. Am liebsten sind sie in ihrer gewohnten Umgebung und reagieren u.U. auch auf gutgemeinte Überraschungen oder Veränderungen panisch. Mit Argumenten können sie nicht das geringste anfangen, reagieren aber dankbar und erfreut auf Zuwendung wie Streicheln und Lob. Will man sich Wutausbrüche ersparen, gibt man ihnen am besten recht, läßt sie beim Spielen gewinnen und nimmt alle Schuld grundsätzlich auf sich. Zum Schluß müssen sie in jeder Hinsicht wie Kinder versorgt werden, vom Füttern bis zum Wickeln. Während die Patienten zurückkehren zu den Anfängen ihres Lebens, fordern sie von ihrer Umgebung eine Demut, die um so schwerer aufzubringen ist, als die Hoffnung auf Besserung gering ist.

Die Akathisie genannte Unruhe, die die Patienten in winzigen Trippelschritten umhertreibt, zeugt vom Drang zu gehen, aber auch davon, daß die Schritte zu klein und ohne Richtung sind. Die Patienten drehen sich im Kreise. Die Unfähigkeit, stillzusitzen und bei sich zu bleiben, demonstriert das Bedürfnis nach Kommunikation, Verbindung zum Leben und Aktivität. Daß sie sich bei jeder Gelegenheit verlaufen, da sie nichts mehr erkennen und orientierungslos herumirren, macht deutlich, wie sehr sie auch im übertragenen Sinn vom Weg abgekommen sind.

Sprachstörungen deuten an, wie schwer und zunehmend unmöglich Kontakt wird. Ständig verlieren sie den Faden, so wie sie generell den roten Faden im Leben verloren haben. Der Film reißt immer häufiger, bis schließlich nur noch einzelne unzusammenhängende Bilder übrigbleiben. Die Sätze werden immer kürzer, werden zu Worten, die allmählich ihren logischen Sinn verlieren und endlich ganz versiegen. Die Patienten haben in verschiedenster Hinsicht nichts mehr zu sagen, werden sie doch auch im übertragenen Sinne meist entmündigt. Dabei können sie über nonverbale Kommunikation noch vieles ausdrücken. Die medizinische Bezeichnung für das Sprachproblem ist Dysphasie, was besagt, daß sie nicht mehr in Phasen, d.h. im selben Rhythmus mit anderen schwingen. Sie sind auch sprachlich desorientiert mit dem Ergebnis weitgehender Sprachlosigkeit.

Die Agnosie, ein weiteres Symptom, bezeichnet die Unfähigkeit zu erkennen und geht am Ende soweit, daß die Patienten sich selbst nicht mehr kennen. Selbsterkenntnis als Ziel des menschlichen Weges ist in den Schatten gesunken, wie natürlich auch die Welt nicht mehr als Aufgabe erkannt werden kann. Apraxie, die Unfähigkeit praktische Handlungen auszuführen, verhindert, daß die Hilfsmittel des Lebens sinnvoll eingesetzt werden. Die Patienten versinken in Untätigkeit und Hilflosigkeit. Mit einer Welt, die sie nicht mehr erkennen, können sie auch nicht mehr umgehen.

Die depressiven Verstimmungen bringen das Thema am deutlichsten auf einen gemeinsamen Nenner. De-pression läßt sich auch als Ent-spannung verstehen, und tatsächlich stellt sie eine der unerlösten Formen des Loslassens dar. Die Patienten lassen sich seelisch und körperlich hängen und überlassen die Sorge für ihr Leben der Umwelt. Hier zeigt sich in drastischer Form, daß die Rückkehr zu den Ursprüngen des Lebens in den Schatten gesunken ist. Statt in erlöster Hinsicht wieder zu werden wie die Kinder, entwickeln sie sich in körperlicher, seelischer und geistiger Hinsicht zurück ins Kindesalter. Statt wieder mit offenem Mund und Herzen staunend vor die Wunder des Lebens zu treten, versinken sie in Sprachlosigkeit. Statt sich in kleinen Schritten den Lebenskreis zu erobern, drehen sie sich in kleinsten Schritten im Kreise und verlaufen sich. Sie fliehen zurück in die Verantwortungslosigkeit der Kinderzeit, verlangen Aufmerksamkeit und Pflege ohne Gegenleistung, und sie üben, ohne sich dessen bewußt zu sein, Macht aus, indem sie ganzen Familien oder einzelnen Angehörigen eine Verantwortung aufhalsen, die sie selbst in keiner Weise zu übernehmen bereit sind. Das Bild der einbetonierten Nervenzelle mit ihren unterbrochenen Verbindungen, die, nutzlos geworden, langsam vor sich hinstirbt, ist der bedrückende anatomische Spiegel der Situation.

Auch wenn man De-pression nach gängigem Verständnis als Nieder-Drückung versteht, kommt der Fluchtaspekt heraus, werden doch alle Lebensimpulse niedergemacht. Das Ergebnis ist der Tod bei lebendigem Leib. Letztendlich läuft beides, völlige unerlöste Entspannung und komplette Unterdrückung der Lebenskräfte auf den Tod hinaus.

Die Symptome lassen neben ihrer deprimierenden Seite die erlöste Variante durchschimmern, in der sich die Lernaufgabe spiegelt. Der Verlust des Gedächtnisses bedeutet auch ein Sichlösen von der Vergangenheit. Man gibt Bindungen und Verbindlichkeiten auf. Die Unruhe und der Bewegungsdrang betonen die Wichtigkeit, sich aufzumachen und den Weg zu beginnen – lieber kleine Schritte als keine. Desorientierung und die Unfähigkeit zu wissen, wer man ist, lassen an mythologische Parallelen denken. Odysseus mag auftauchen, dessen Erkenntnis, daß er Niemand sei, ihm das Leben rettet angesichts des menschenfressenden Riesen Polyphem. Der hatte Odysseus und seine Gefährten in einer Höhle eingesperrt und drohte, sie zu verspeisen. Odysseus aber hatte auf seinem langen Weg schon genug gelernt. Als ihn Polyphem fragte, wer er sei, antwortete er: »Niemand.« Darauf ließ Polyphem ihn passieren und sich übertölpeln. Die Ansprüche des Egos nach Besonderheit und Außerordentlichkeit sind auf dem Heimweg der Seele, den die Odyssee beschreibt, zu durchschauen. Das kann in der Erkenntnis der eigenen Unwissenheit vor dem Mysterium der Schöpfung gipfeln. Wie sehr sich das Ego aufgebauscht hat, letztlich ist es bedeutungslos und ein Niemand. Diese Erkenntnis erzwingt das Krankheitsbild auf drastische Art. Odysseus und Sokrates zeigen die Erlösung dieser Aufgabe bei vollem Bewußtsein. Wie wichtig dieser Schritt der Relativierung und Übersteigung aller Intelligenz und die Heim- bzw. Umkehr ist, mag Immanuel Kant verdeutlichen, der zum Gipfel des damaligen Wissens vorgedrungen mit über 80 Jahren die Alzheimersche Krankheit bekam.

Sprachlosigkeit kann Stillwerden bedeuten vor einer Welt, die Staunen auslöst und über die bereits genug gesagt ist. Aus der Apraxie, der Unfähigkeit zu praktischen Dingen, läßt sich die Aufforderung lesen, das praktisch geschäftige Leben ruhen zu lassen ebenso wie den Bereich des Wissens (Gedächtnisverlust). Ziel ist eher Erkenntnis in Odysseus' Sinne, im Sinne der Religio und Philosophie als Liebe zur Weisheit. An die Sophia, die weibliche Lebensweisheit, wäre hier zu denken, die das Gefühl nicht leugnet. De-pression deutet auf Ent-spannung, die Rückbesinnung auf die eigentliche Heimat der Seele. Nach der maximalen Anspannung auf dem Höhepunkt des Lebens, im Bereich der Krise der Lebensmitte zielt der Entwicklungsweg darauf, den Bereich der Spannungen zu verlassen und in die völlige Spannungslosigkeit der Einheit zurückzukehren. Die zwischen den depressiven Phasen auftretende Euphorie mag einen Geschmack von der Glückseligkeit geben, die diesem Bereich entspricht. Das Himmelreich Gottes in sich zu verwirklichen, ist das Ziel allen Lebens. Leben in der Polarität unserer Welt der Gegensätze zielt letztlich immer auf die Einheit, das Paradies, Nirvana oder wie immer man es nennen mag.

Häufig sind zwei Menschen von diesem Krankheitsbild betroffen. Bedenkt man, daß die Eiweißablagerungen bereits 30 Jahre vor Ausbruch der Symptome beginnen und daß der Krankheitsweg bis zu 15 Jahren dauern kann, läßt sich ermessen, was das für den Partner bedeutet. Das Problem für die pflegende Person, die den ganzen Tag und oft auch nachts gefordert ist, scheint kaum lösbar. Fremdes Pflegepersonal wird durch die Schwierigkeit der Situation schnell an seine Grenzen gelangen und hilft sich in den meisten Heimen mit Beruhigungsmitteln aus der Diazepamrichtung (Valium usw.), die zwar die Patienten besser »handhabbar« machen, die Symptome aber verschlimmern. Verwandte, zumeist sind es Ehefrauen oder Töchter, haben den unschätzbaren Vorteil, die Patienten zu lieben, aber damit auch das Problem eines positiven Bildes von ihnen. Dieses Bild wird meist restlos zerstört, und ein jahrelanges, schrittweises und unwiderrufliches Abschiednehmen kommt auf sie zu, das mehr Kraft erfordert, als man von einem Menschen verlangen kann. Oft weiß man nicht, wer mehr leidet, die Kranken oder diejenigen, die freiwillig an ihrer Seite bleiben. Während die Patienten ihren unwiderruflichen Weg zurück gehen, geht die Begleitperson einen Weg der Aufopferung. Es ist eine Variante des Rückweges, den die anvertrauten Kranken verweigert haben. Während sie ihn nun unbewußt gehen bzw. durchleiden müssen, sind die Helfer an ihrer Seite gezwungen, ihn bewußt mitzuerleben. Einige Menschen, die sich diesem Weg ergeben haben, berichten, wie sehr er sie verändert und bereichert hat. Wer sich dieser übermenschlichen Aufgabe stellt, wird vieles über sich und das Kindsein, das in jedem steckt, über Mut und Demut lernen. Das Deprimierende im Gegensatz zur Erziehung eines Kindes, die bei allen Problemen immer mit der Aussicht auf Besserung verbunden ist, ist hier das Wissen um die Aussichtslosigkeit. Während Kinder heranwachsen, versinken Alzheimerpatienten. Insofern kommen alle Erziehungsversuche von Betreuern um Jahrzehnte zu spät und sind eher fehl am Platz. Wegweisung auf dem Heimweg wäre *not*wendig. Die wichtigste und schwierigste Phase des menschlichen Weges, der Abstieg ins Dunkel, hat Gestalt angenommen und ist für die freiwilligen Seelenführer nicht minder wichtig als für die Geführten. Diesen Weg zu gehen, erinnert an die Geschichte von Orpheus und Eurydike, auch wenn es in unserer Welt zumeist eine Frau ist, die den freiwilligen Abstieg ins Totenreich einer geliebten Seele zuliebe auf sich nimmt. Auf dieser Basis mag verständlich werden, wenn pflegende Partner oder Kinder von beglückenden Momenten der Liebe berichten, die oft erst heraus kann, wenn der intellektuelle Panzer zusammenbricht. Auf den späteren, dem undurchdringlichen Dunkel immer näher kommenden Stufen des Weges müssen dann allerdings auch solche Erfahrungen geopfert werden: Die individuelle Liebe zu dem individuellen Menschen wandelt sich notgedrungen in überpersönliche allumfassende Liebe, denn der Mensch, den man so gut gekannt hat, verschwindet im Dunkel, und man bleibt gleichsam allein mit seiner kindlichen Form zurück. Darin aber ist gähnende Leere.[88] Auch der erleuchtete Mensch gibt sein Ego auf, und seine Individualität verschwindet, wenn er in die große Leere eingeht. Der wesentliche Unterschied aber liegt in seiner Bewußtheit.

Insofern dieses Krankheitsbild die »normalen Abbauerscheinungen des Alters« verstärkt, hält es einer Gesellschaft, die immer mehr Alzheimerpatienten erlebt, einen *deut*lichen und erschreckenden Spiegel vor. Altern heißt bei uns sehr häufig Kindischwerden, ob auf der Basis von Gehirnsklerose[89], anderen Formen der Demenz, mehrfachen Schlaganfällen* oder »normalen« Gehirnabbaus. Die eigentliche Aufgabe aber lautet, bewußt umzukehren und »wieder zu werden wie die Kinder«.

Fragen zu Beginn des Krankheitsbildes und für die Pflegenden

1. Hab' ich *die Kurve gekriegt*, den Umkehrpunkt in meinem Leben gefunden und ihn zur Heimkehr genutzt?
2. Wie geht es dem Kind in mir? Hab' ich die Verbindung zu ihm gehalten und komme ihm im Alter bewußt wieder näher? Komme ich Kindern wieder näher?
3. Woran könnte ich mich »orientieren«? Woher müßte in meinem Leben das Licht kommen? Welche Hilfen lasse ich ungenutzt?
4. Wodurch verliere ich immer wieder den Kontakt zu anderen Menschen und zum Leben?
5. Wieso verweigere ich die Verantwortung für mein eigenes Leben?

Fazit

Zum Schluß bleibt die Frage, wie man an der Fülle der Bilder gesund werden soll. Kann man überhaupt an Bildern gesunden? Der Heilungsprozeß über Bilder ist an sich so einfach, daß er intellektuellen Menschen schon wieder schwierig erscheint. Unser Problem mit Mustern und Bildern liegt vor allem am einseitig männlich-analytisch orientierten Denken, das die Bedeutung des weiblich-symbolischen Gegenpoles gering schätzt. Dabei wäre das umgekehrte Vorgehen, die Überbetonung der bildhaften Sphäre, unserer inneren Wirklichkeit angemessener.

Ohne den männlichen Pol der Analyse können wir wochen- ja monatelang auskommen. Manche Völker verzichten ganz auf ihn und damit auf Fortschritt in unserem Sinn, ohne Schaden an ihrer leiblichen oder seelischen Gesundheit zu nehmen. Fällt aber das Erleben der inneren Bilder nur für einige Tage bzw. Nächte aus, entwickeln wir ernste Geistesstörungen. In modernen Schlaflabors kann man Versuchspersonen gezielt am Träumen hindern. Immer, wenn ihre über Augenbewegungen sichtbaren Traum- bzw. REM-Phasen[90] beginnen, werden sie geweckt. Am Ende der Nacht haben sie sieben oder acht Stunden geschlafen, ohne zu träumen. Nach spätestens neun Tagen entwickeln auch die letzten unter ihnen Halluzinationen, d.h., sie sehen und hören Dinge, die außer ihnen niemand wahrnimmt. Solche Wahnbilder bei offenen Augen nennt die Psychiatrie optische Halluzinationen, bei wahnhaftem Stimmenhören spricht sie von akustischen Halluzinationen. Jene inneren Bilder, die nun nicht mehr in Träumen verarbeitet werden konnten, werden so übermächtig, daß sie ins Tagesbewußtsein drängen und sogar bei offenen Augen sichtbar werden. Daran wird deutlich, wie essentiell für unser (Über)Leben innere Bilder sind, wobei es hier nur ums Anschauen und noch gar nicht ums Deuten geht. Diese Art innerer Bilderschau erlebt jeder geistig gesunde Mensch in jeder Nacht, auch derjenige, der seine

Träume nicht erinnert. Daß das immer mehr Menschen betrifft, ist ein Zeichen, wie wenig die weiblich bildhafte Seite der Wirklichkeit in modernen Menschen zum Zuge kommt. Innere Bilder sinken tiefer in den Schatten in dem Maße, wie Träume an Zuwendung, Märchen an Beachtung und Phantasien an Bedeutung verlieren. So ist jede Auseinandersetzung mit ihnen Schattenarbeit und heilsam, da sie Verlorenes, Verdrängtes und Fehlendes zurückbringt.

In unserer Bevorzugung des männlich-analytischen Poles und des kritischen Tagesbewußtseins gegenüber dem der Nacht fühlen wir uns selbstverständlich im Recht. Dabei ist die umgekehrte Einstellung genauso vorstellbar und existiert auch. Die Senoi sind ein Volk, das der Nacht mit ihren Träumen den Vorzug gibt. Ihr Tag dreht sich ausschließlich um die Nacht als Möglichkeit, Erfahrungen auf jenen Bilderebenen zu machen und Kontakt zum Göttlichen zu bekommen. Auch bei Indianern kann man noch erleben, wie zentral große Träume und Visionen für das *täg*liche und für das gesamte Leben sind.

Daß dieses innere Bilderschauen an sich wirkt, zeigt die Tatsache, daß es uns im seelischen Gleichgewicht hält. Intellektuelle Deutungsfähigkeit ist dafür unnötig. Hier mag sich die Frage klären, was Kinder mit Deutungen anfangen. Im allgemeinen haben sie deren intellektuelle Varianten gar nicht nötig und können sich diesen Umweg ersparen. Sie neigen dazu, Bilder spontan anzunehmen und in ihre Seelenwelt zu integrieren. Die Arbeit von Elisabeth Kübler-Ross ist besonders geeignet, mit dem Vorurteil aufzuräumen, Kinder könnten mit Symbolik und den Botschaften von Krankheitsbildern nichts anfangen. Sie sind im Gegenteil sehr oft besser dazu in der Lage als ihre intellektuellen Eltern, die alles verstehen und oft doch nichts begreifen. Bei der Psychotherapie mit Kindern kann man sich deshalb z.B. die Betrachtung von Inkarnationen sparen, weil sie die Symbolik der Märchen und Phantasien noch wichtig nehmen. Solange der Gedanke, daß das alles »nur« Phantasie sei, noch nicht um sich gegriffen hat, sind Kinder offener für innere Muster. Die Lernschritte, die sie oft anläßlich typischer Kinderkrankheiten machen, sprechen für sich. Bei Erwachsenen ist der intellektuelle Zwischenschritt dagegen unerläßlich, weil sie sonst die Bilder weder auf sich beziehen noch überhaupt wichtig nehmen.

In der Kindertherapie kann man die kleinen Patienten ein Märchen mitträumen lassen und nach einigen Minuten fragen, wo sie denn in der Geschichte seien. Der Anregung, die Geschichte selbst weiterzuerzählen, kommen sie meist freudig nach, und man erhält sogleich ein stimmiges Muster ihrer Lebenssituation in anschaulichen Bildern. Eine andere, ebenso einfache wie wirksame Möglichkeit ist, die eigene Familie in Tiergestalt träumen zu lassen. Dabei ergeben sich die Familienstrukturen und Beziehungsmuster genauso problemlos. Da Kinder diese Bilder spontan wichtig nehmen und auf sich beziehen, sind sie meist auch in der Lage, durch Veränderungen der bildlichen Muster ihre Lebenswirklichkeit zu beeinflussen. Das fällt ihnen oft leichter als Erwachsenen.

Wir geben unsere kindliche Naivität meist früh im Leben unter dem Einfluß einer an Effizienz orientierten Pädagogik auf. Bereits zu Beginn der Volksschule bekommen wir zu hören: »Schlaf nicht! Träum nicht! Phantasier nicht herum! Spinn nicht so! Konzentrier dich lieber!« Schlägt diese Erziehung an, kommen dabei recht phantasielose Erwachsene heraus, die sich an ihre Träume nicht mehr erinnern und oft nicht einmal mehr schlafen können. Nicht selten landen sie bei Psychotherapeuten, um diese urmenschlichen Fähigkeiten wieder zu erlernen. Heutige Pädagogik verwechselt nicht selten Wissensvermittlung mit Bildung. Wirkliche *Bild*ung hat das Bild nicht nur im Wort, sondern im Herzen.

Als Mikrokosmos (Mensch) sind wir ein Abbild des Makrokosmos (Welt) und tragen alle Bilder dieser Welt in uns. Vergessen wir das, sinken sie immer tiefer ins Unbewußte, und Bildung verkommt zu jener Informationsflut, der wir heute selbst mit unserem hochtrainierten Intellekt nicht mehr gerecht werden. Sogar im Wort In*forma*tion steckt noch die Form, das Muster, und zeigt, wie tief wir mit diesem Aspekt der Wirklichkeit verbunden sind. Bilder sind Seelennahrung, ohne diese Nahrung verhungert unsere Seele.

Auch Krankheitsbilder sind Seelennahrung und viel besser als keine Bilder. Dieses Buch ist ein intellektueller Ausflug in die Krankheits-Bilder-Welt, getragen von der Hoffnung, daß die Bilder nicht im Kopf steckenbleiben, sondern zu einer inneren Bildung über den Zusammenhang von Körper und Seele führen. Es wäre zu schön, wenn rationales Verstehen genügen und man durch Lesen und Begreifen von Mustern heil würde. Aller Erfahrung nach ist das die Ausnahme. Begreifen muß zu einem »Zugreifen« und Berühren der Seele führen und sich Einlaß in die Welt der Empfindungen und Gefühle verschaffen. Wenn es am Schluß von »Krankheit als Weg« heißt, Anschauen und Erkennen reiche aus, so ist damit ein Erkennen in biblischer Hinsicht gemeint, ein Sich-Einlassen im tiefsten Sinne. Abraham erkannte Sarah, und das Ergebnis war immerhin Isaak.

Intellektuelles Verständnis als erster Schritt ist deshalb nicht unwichtig, nur *reicht* es *nicht*. Das Einlassen auf die eigene Bilderwelt[91] könnte ein zweiter, weitergehender Schritt sein. Imaginationsreisen mit Hilfe von Meditationsmusik und Sprachbildern gehen tiefer als intellektuelle Ausflüge. Wo bereits das Lesen eines Buches gefährlich für alte Standpunkte und Vorurteile ist, beinhalten Ausflüge auf den Flügeln innerer Bilder entsprechend tiefere Erfahrungen und Gefahren für alte Verhaltens- und Krankheitsweisen. Reisen im Sinne des hier vertretenen Ansatzes[92] führen oft in Bereiche, die einem bisher fremd und verschlossen waren.

Man kann sicher nicht sagen, daß Reisen harmlos ist. Noch viel gefährlicher aber als Reisen ist Nicht-Reisen. Wer die äußere Welt reisend kennengelernt hat, mußte dabei auch Gefahren bestehen. Wäre er dagegen Zeit seines Lebens in seiner Heimatstadt geblieben, hätte er sich diese Gefahren erspart, dafür aber wäre er dem Unbekannten weit mehr ausgeliefert. Reisen *bild*et bekanntlich und nährt dabei die Seele mit Bildern.

Analog verhält es sich mit inneren Reisen. Die innere Welt ändert sich dadurch, daß man sie kennenlernt, genausowenig wie die äußere. Aber beide verlieren ihre Bedrohlichkeit, weil jede bekannte Gefahr weniger ängstigt. Letztlich geht es auch bei Krankheitsbildern nicht um eine Änderung der Dinge an sich, d.h. der Krankheitsthemen und -inhalte, sondern um die Wandlung der Sichtweise. Die Lernaufgabe bzw. das Muster bleibt immer erhalten, aber es macht einen großen Unterschied, ob man diesem Muster in einem Teufelskreis auf körperlicher Ebene ausgeliefert ist oder es auf einer erlösten Ebene freiwillig lebt. Wer seiner inneren Stimme lauscht, mag dabei auch wenig schmeichelhafte Dinge über sich erfahren. So gesehen ist es kurzfristig angenehmer, ihr nicht zuzuhören. Langfristig aber ist dieses Ignorieren gefährlich, denn wenn die innere Stimme nach langer Vernachlässigung plötzlich laut wird, ist es schon recht spät. Der zugezogene Psychiater wird ihr meist nicht zuhören und kaum Bedeutung beimessen, sondern versuchen, sie mit chemischen Waffen abzublocken. Es ist erfahrungsgemäß sinnvoller, die innere Welt rechtzeitig und in Ruhe kennenzulernen als unter dem Druck lange aufgebauten Staus. Der Umgang mit dem Körper entspricht dem mit der Seele. Ignorieren und Unterdrücken ist kurzfristig bequemer, langfristig ist es heilsamer, die Konfrontation mit den inneren Bildern zu wagen und zu wachsen, statt sich zu drücken. Beide Arten von Medizin bzw. Psychologie haben ihre Vorteile, Schulmedizin und -psychologie zielen auf das kurzfristige Wohlergehen unter Hintanstellung des Heils, die deutende Medizin und Therapie stellt das Wohl zurück und setzt langfristig auf das Heil.

Früher hat man wenig Reisen in die äußere Welt gemacht und wenn, waren es zumeist Pilgerreisen, die den äußeren mit dem inneren Weg verbanden. Die Tendenz, äußere Reisen ohne Bezug zur inneren Seelenreise zu unternehmen, ist relativ neu und mutet bei genauerem Hinsehen eigenartig an. *Kult*urreisen, die gar nicht am Kult interessiert sind, hängen ebenso seltsam in der Luft wie *Bild*ungsreisen, die es versäumen, den Kontakt zu inneren Bildern herzustellen. Sie wären durch Kulturfilme bequem zu ersetzen. Sogenannte Erholungsreisen sind, medizinisch betrachtet, in der Mehrzahl ein Hohn auf die Gesundheit. Diese Reisemisere hat sich bis zu den Veranstaltern herumgesprochen, und so werden ständig neue Konzepte entworfen und, sofern ihnen der Bezug zur inneren Reise fehlt, auch bald wieder verworfen. Abenteuerreisen mögen spannender sein als solche zum Sonnenbaden, die wahren Abenteuer aber sind immer innen; bestenfalls sind sie *auch* außen.

In alten Zeiten war die Heldenreise ein innerer Weg, der sich lediglich im Außen spiegelte. Reisen zu den eigenen Lernaufgaben, wie sie sich in den inneren Landschaften der Krankheitsbilder spiegeln, sind die wirklichen Heldenreisen. Sie sind oft nicht besonders angenehm und nicht nur schön, manchmal erfordern sie viel Mut, immer aber sind sie lohnend. Wie im ersten Band beschrieben, ist dazu bei weiten Reisen ein Reiseführer hilfreich und hin und wieder auch *not*wendig. In unserer Zeit nennen sich solche Führer Psychotherapeuten. Es gab sie zu allen Zeiten, nur hatten sie früher, als die

Menschen noch von sich aus in den Bilderwelten ihrer Mythen und Märchen lebten und ihrer Phantasie vertrauten, andere Namen und weniger Arbeit. Diese bezog sich nicht so sehr auf akute Krisenintervention als auf Wegweisung und Begleitung in jene andere innere Welt, die immer da ist und auf uns wartet. Wenn wir überhaupt keine Anstalten machen, uns ihr zu nähern, kommt sie uns sogar entgegen und gibt uns Zeichen in Form von Symptomen und ganzen Krankheitsbildern.

Erblicken und nutzen wir die Chancen in Krankheitsbildern, wird unser Leben nicht unbedingt leichter, aber wir werden verantwortungsbewußter und reicher. Jeder Fehler wird zur Möglichkeit, daran zu wachsen, fügt er doch unserem Leben etwas hinzu, das bisher gefehlt hat. So mag sich die Wertung völlig umdrehen, statt Problemen auszuweichen oder sich davor zu drücken, macht es Freude, auf sie zuzugehen und die in ihnen verborgenen Möglichkeiten zu entdecken. In diesem Sinne lassen sich die mit jedem Kapitel aufgeworfenen Fragen zur Grundlage einer persönlichen Meditation machen, einer Reise in die Symbolwelt der eigenen Problematik. Was haben wir zu verlieren, die Lebensspanne liegt wie ein weites Feld von Möglichkeiten vor uns. Alles ist möglich, wenn wir die Herausforderung des Lebens annehmen, nicht nur im äußeren, sondern auch im inneren Sinne. Ein offensives äußeres Leben mit Mut zu den eigenen Möglichkeiten kann zur Entwicklung beitragen, ein mutiges inneres Leben kann die Entwicklung zum Ziel bringen.

Der Weg durch die innere Welt ist von den verschiedensten Religionen vorgezeichnet, und auch in unserem Kulturbereich gibt die christliche Lehre diesbezüglich unmißverständliche Hinweise. Mit dem schon zitierten Ausspruch »Sei heiß oder kalt, die Lauwarmen will ich ausspeien!« rät Christus, sich in die Extreme hineinzuwagen, und warnt gleichzeitig vor den lauwarmen und faulen Kompromissen. Ist dieser Weg, die Heldenreise, bewältigt, gilt schließlich jener andere Ausspruch: »So dich jemand auf die linke Wange schlägt, halte ihm auch die rechte hin.« Der selbstverwirklichte Mensch, der in der Mitte steht zwischen den Polen und die Mitte in sich gefunden hat, wertet nicht mehr und weiß in seinem Herzen, daß alles, was er austeilt, zu ihm zurückkommt.

Letztlich läßt sich alle Therapie, die diesen Namen verdient, in jenem vielleicht wichtigsten Christussatz zusammenfassen: »Liebet eure Feinde.« Mehr wird man über Therapie nie sagen, sie kürzer und prägnanter nie beschreiben können. Heute neigen wir dazu, dasselbe moderner und komplizierter auszudrücken: »Nehmt eure Projektionen zurück.« Denn alles, was uns zum Heil fehlt, ist in unserem Schatten, und da wir den nicht sehen können und wollen, projizieren wir ihn auf Projektionsflächen. Unsere Feinde sind äußere Projektionsflächen, die uns spiegeln, was wir an uns nicht ausstehen können und deshalb in anderen verabscheuen. Krankheitssymptome sind für die meisten Menschen innere Feinde. Der eigene Körper wird zur Projektionsfläche der ungeliebten Seiten. Gelingt es, die äußeren und inneren Feinde zu lieben, entsteht Heil. Und es gelingt um so leichter, je besser wir in der Lage sind, *Krankheit als Sprache der Seele* zu erkennen. Dann wird *Krankheit zum Weg*. Dieser ist nicht neu und nicht kompliziert, er ist so zeitlos, so einfach und so anspruchsvoll wie die zeitlosen Worte: LIEBET EURE FEINDE.

”

Anmerkungen

1 Laut Statistik macht der durchschnittliche Deutsche in 10 Jahren eine lebensbedrohliche, 10 schwere und eine Fülle leichterer Krankheiten durch. Holt man 1000 Menschen in einer Großstadt von der Straße und unterzieht sie moderner medizinischer Diagnostik und intensiver Befragung, bleibt kein völlig gesunder übrig.

2 WHO = World Health Organisation = Weltgesundheitsorganisation der UNO.

3 In der Chemie wird ein Stoff als Katalysator bezeichnet, wenn er eine Reaktion in Gang bringt, ohne sich dabei zu verändern. Ohne den Katalysator kann die Reaktion nicht stattfinden, er nimmt daran teil, bleibt aber selbst davon unbeeinflußt. Insofern hinkt der Vergleich etwas, da solche Heilungsprozesse oft auch ohne Arzt ablaufen können und dieser nicht unbeeinflußt bleibt durch die Therapie.

4 Seit neuestem wird der Ausdruck PCP für eine vor allem bei Aidspatienten auftretende Lungenentzündung benutzt und bedeutet dann Pneumocystis carinii pneumonia. Der alten PCP wurde das erste sowieso nichtssagende P gestrichen.

5 Soweit Homöopathie oder chinesische Medizin als Naturheilkunde verstanden werden, trifft sie diese Einschätzung nicht. Auch gibt es im Rahmen einer Ganzheitsmedizin zumindest Versuche, zu einer umfassenderen Krankheitsphilosophie zu kommen.

6 Ein wichtiger, wenn auch nur gradueller Unterschied besteht sicherlich in der Gefährlichkeit der Nebenwirkungen bei den ins Feld geführten Waffen. Wenn allopathisches Vorgehen nicht zu umgehen ist, sind nebenwirkungsfreie oder -arme Mittel natürlich vorzuziehen. Als *Heil*mittel im eigentlichen Sinn sind sie allerdings nicht anzusprechen, da sie nicht auf das Heil oder die Vollkommenheit zielen, sondern auf Symptomfreiheit.

7 Herman Weidelener: *Lebensdeutung aus der Weisheit der Sprache.* S. 19

8 Paracelsus wies darauf hin, daß letztlich alles in dieser Welt Gift ist. Allein die Dosis entscheidet, wie giftig etwas ist.

9 Lachesis muta, der Buschmeister, ist auch ganz konkret eine Giftschlange.

10 Es handelt sich um Alkohol und Wasser, von dem eine Wiener Forschergruppe zeigen konnte, daß es die entscheidende Rolle bei der Aufnahme des Arzneistoff-Musters spielt.

11 Das ist für die Esoterik nicht besonders erstaunlich, geht sie doch schon immer davon aus, daß alles in dieser polaren Welt einen Gegenpol hat und wir die

Welt überhaupt nur über diese Gegensätze begreifen können. Um »klein« verstehen zu können, brauchen wir »groß«, »gut« bekommt seinen Sinn erst durch »böse« usw.

12 Einige sogenannte primitive Kulturen funktionieren fast ohne Kausalverständnis, sind aber ganz offenbar keine Alternative für uns.

13 Siehe hierzu R. Dahlke: *Der Mensch und die Welt sind eins – Analogien zwischen Mikrokosmos und Makrokomos.* München 1987.

14 Das Wort »Kontemplation« bringt den analogen Zusammenhang schon in sich zum Ausdruck. Die Vorsilbe »kon« heißt »zusammen, vereinigt«, »templum« war ursprünglich ein Bezirk des Himmels, den ein Augur zu beobachten hatte, um aus dem Oben seine Schlüsse auf das Unten zu ziehen. Den oberen Tempel am Himmel und den unteren auf Erden »zusammenzutempeln« war die ursprüngliche Bedeutung von Kon-Templation.

15 Siehe Dahlke: *Der Mensch und die Welt sind eins.* München 1987.

16 Das Rezept gilt rechtlich tatsächlich als Urkunde. Würde jemand Unbefugter es wagen, Veränderungen vorzunehmen, machte er sich der Urkundenfälschung strafbar.

17 Müssen sich Ärzte selbst dem Ausfüllen der Krankenkassenformulare widmen, finden sie das, gemessen an ihrer eigentlichen Aufgabe, zumeist demütigend oder doch nervtötend.

18 Unter Placeboeffekt versteht man jene wesentliche arzneiliche Wirkung, die nicht auf dem verabreichten Stoff, sondern auf dem Suggestionseffekt bzw. auf dem ganzen Ritual der Arzneiausgabe durch den Arzt beruht. Selbst bei starken chemischen Mitteln ist dieser Effekt nachweislich vorhanden. Sogar Drogen wie Morphium lassen sich streckenweise durch geschickt verabreichte Placebos ersetzen.

19 Hier mag auch die erhebliche Bandbreite bei aller Prophetie ihre Erklärung finden. Wahrscheinlich ist es bestenfalls möglich, das Muster bzw. den Rahmen zu *sehen*, seine konkrete Ausfüllung aber bleibt der Zeit vorbehalten. Vorsehung existiert folglich, doch ist nichts exakt vorherzusehen.

20 Wer vor 100 Jahren behauptet hätte, jede Zelle, die sich etwa von der Hornhaut des Daumens löst, enthalte die gesamte Information über den Menschen, wäre sicherlich ausgelacht worden.

21 Als Urprinzipien liegen sie natürlich nicht nur der Astrologie, sondern allem zugrunde. Die Astrologie benutzt diese Urbilder lediglich bewußt. Auch die Archetypen liegen allem zugrunde, in Mythos und Märchen werden sie nur besonders deutlich.

22 Die 7 beziehen sich auf die klassischen 7 Planeten, bei den 10 sind noch die drei transsaturnischen Planeten hinzugenommen.

23 Eine ausführliche Einführung in dieses Denken bringt das Buch von N. Klein u. R. Dahlke: *Das senkrechte Weltbild.* München 1985.

24 Die Tatsache, daß sich so viele Menschen nicht mehr offen zu ihrem Hang zum alten analogen Weltbild bekennen, hat zwar nicht zum Verschwinden seiner Botschaften geführt, aber zu einer bedenklichen Verflachung und Banalisierung, wie sie sich etwa in vielen Illustriertenhoroskopen zeigt.

25 Die Ausnahme bilden Kinder, die durch ihren intuitiveren Zugang zu den Bildern und Symbolen ihrer Seele die typischen Kinderkrankheiten zu eindrucksvollen Entwicklungsschüben nutzen können.

26 Die chymische Hochzeit bezeichnet in der Esoterik die Vereinigung der Gegensätze und wird oft durch die Konjunktion von Sonne (für das männliche Prinzip) und Mond (für das weibliche Prinzip) dargestellt.

27 Mit diesem Ausdruck ist hier der kämpferische Alkoholgegner gemeint, der trinkenden Menschen ihre »Lasterhaftigkeit« vorhält und von seiner Mission nicht abzubringen ist, nicht aber derjenige, der keinen Alkohol trinkt, andere aber so lange in Ruhe läßt, wie sein eigenes Leben nicht tangiert wird.

28 Tastsinn und erst recht Intuition, die vom Kopf aus nicht unter Kontrolle zu bringen sind, wurden im Laufe seiner Diktatur zunehmend in den Hintergrund gedrängt.

29 Nachdem der Lungenkrebs als häufigster Krebs bei Männern, im Zusammenhang mit dem Rauchen* angedeutet wurde, Magen- und Darmkrebs, die über die Hälfte aller Karzinome ausmachen, in »Verdauungsprobleme« ausführlich bearbeitet sind, wird in diesem Band Brustkrebs als häufigster Krebs der Frauen an Ort und Stelle gedeutet. Das folgende, dem in »Verdauungsprobleme« weitgehend entsprechende allgemeine Kapitel kann in Verbindung mit den Beschreibungen der Regionen die Basis liefern für Deutungen spezieller Krebserkrankungen, die nicht eigens bearbeitet sind.

30 Zumindest von einem Karzinom der Retina weiß man inzwischen, daß es vererbt wird. Hat ein Neugeborenes von beiden Eltern diese Krebsanlage geerbt, erkrankt es mit Sicherheit. Hat das Neugeborene nur von einem Elternteil das »Krebsgen« geerbt, hängt alles von den Umfeldeinflüssen ab. Das Risiko ist dann größer, aber nicht zwingend.

31 Allerdings wäre hier zu bedenken, daß der Name Krebs älter ist als das Mikroskop, mit dem man diese scherenförmigen Brustkrebszellen frühestens gefunden haben könnte.

32 Bei einigen Leukämieformen glaubt man allerdings mehr an virusbedingte Entstehung.

33 Siehe hierzu die Veröffentlichungen von Elisabeth Kübler-Ross

34 Im englischen »responsibility« wird die Fähigkeit (ability) zu antworten (to respond), die in der Verantwortung liegt, noch deutlicher.

35 Da Offenheit in unserem Sprachgebrauch eine positive Wertung, hingegen Verschlossenheit eine negative hat, ergeben sich hier leicht Mißverständnisse. Ein Mensch, der in seiner Mitte ruht, hat eine weite Offenheit für das Leben bei einer weitgehenden *Geschlossenheit* seiner Persönlichkeit. Seine

körperliche Grenze ist geschlossen, wobei sein Immunsystem die Offenheit hat, Erfahrungen zu machen, allerdings dabei die Oberhand gegenüber feindlichen Erregern behält.

36 Um keine Mißverständnisse aufkommen zu lassen, sei ausdrücklich gesagt, daß Früherkennung natürlich wesentlich besser ist als Späterkennung, nur mit Vorbeugung hat sie nichts zu tun.

37 Unter den einheimischen Pflanzen gleicht die Mistel am ehesten dem Krebs. Sie befällt die verschiedensten Bäume, wächst entgegen allen Regeln nicht nach oben, sondern in alle Richtungen, sie schmarotzt auf ihrem Wirt, ihr Wachstums- und Saftdruck ist dem des Wirtes überlegen. Die Grenzen liegen in ihrer relativen Gutartigkeit, bringt sie doch kaum einen Baum um. Von der Signatur her könnte z.B. die asiatische Würgefeige noch mehr bieten.

38 Carl Simonton: *Wieder gesund werden.* Hamburg 1982.

39 Auch meine eigene aus der Arbeit mit Krebspatienten entstandene Kassette wäre hier zu erwähnen. Sie bringt auf der 1. und für den Anfang wichtigeren Seite eine Aggressionsanleitung gegen das Krebswachstum, während sich die 2. Seite den Fragen der Rück- und Umkehr zuwendet. R. Dahlke: *Krebs.* Edition Neptun, München 1990.

40 Man kann in den Augen auch Symbole der Ganzheit sehen. Die Kreisform spricht dafür und die Beziehung zum Licht, das ja ein Symbol der Vollkommenheit ist. So wie aber in der polaren Welt dem Licht Schatten gegenüber steht, tendiert das Auge mehr zum Männlichen. Grundsätzlich behält das Auge wie das Licht seinen ganzheitlichen Charakter, auch wenn unsere Kultur es vor allem unter dem männlichen Aspekt benutzt. Es ist auch Spiegel der Seele und kann nicht nur strahlen, sondern auch glänzen, nicht nur scharf sehen, sondern auch schauen. Für uns ist es aber vor allem auf Grund seiner berechenbaren Optik zum dominierenden Sinn geworden.

41 Vgl. das gleichnamige Werk von Joachim-Ernst Behrendt.

42 Auf jeden Tag folgt eine Nacht, auf jeden Sommer ein Winter usw. in immerwährendem Rhythmus.

43 Eine sogenannte Doppelbindung liegt z.B. in ausweglosen Situationen wie folgender vor: Jemand bekommt eine gelbe und eine rote Jacke geschenkt. Zieht er die gelbe an, heißt es: »Aha, die rote gefällt dir wohl nicht.« Zieht er die rote an, läuft es umgekehrt.

44 Siehe hierzu: R.Dahlke: *Bewußt Fasten.* München 1980.

45 Die Alchemie unterteilt wie alles andere auch die Pflanzen in die Bereiche Körper, Seele und Geist. Dem Körper entspricht der feste stoffliche Teil der Pflanze, der Seele ihr jeweiliges ätherisches Öl, das für die Individualität und damit auch den besonderen Geschmack steht. Dem Geist entspricht der Alkohol, der bei der Gärung frei wird, wie z.B. der Weingeist.

46 Neben diesen von der ganzen Medizin anerkannten gibt es allerdings noch die bisher nur von der Naturheilkunde akzeptierten Informationswege der

Meridiane und die Bioresonanzphänomene. Darüber hinaus sind auch die eingangs erwähnten morphogenetischen Felder eine Art übergreifendes Informationssystem.

47 Selbstverständlich richten sich die hier angegebenen Fragen an Erwachsene. Bei den häufig betroffenen Säuglingen und Kleinkindern geht es zwar sinngemäß um die angedeuteten Themen, allerdings naturgemäß auf anderen Ebenen.

48 Neuroleptika sind die in der Psychiatrie gebräuchlichen Mittel, um psychotisches Geschehen zu unterdrücken.

49 Oliver Sacks: *Der Mann, der seine Frau mit einem Hut verwechselte.* Hamburg, 1987. S.136.

50 Hans Bankl: *Viele Wege führten in die Ewigkeit.* Wien 1990.

51 Das Gen für die Chorea liegt auf einem der 22 normalen Chromosomenpaare (=autosomal) und setzt sich gegenüber gesunden Erbanlagen des korrespondierenden Chromosoms durch (=dominant).

52 Eine aus den USA stammende Richtung der Bewußtseinsarbeit, von Robert Hoffman begründet und bei uns unter dem Namen »Quadrinity-Prozeß« bekannt geworden, bearbeitet eine Woche sehr intensiv die Elternbeziehungen. Nach dieser Woche ist keines der eigenen Muster übrig, das nicht von dem einen oder anderen Elternteil stammt und direkt übernommen oder in sein Gegenteil verkehrt wurde.

53 »Dies Land ist dein Land«: der weitere Text des Liedes besteht im wesentlichen aus einer Beschreibung der nordamerikanischen Landschaften.

54 Siehe hierzu das Kapitel Bluthochdruck in: R. Dahlke: *Herz(ens)probleme – Be-Deutung und Chance der Herz-Kreislauf-Probleme.* München 1990.

55 Luther übersetzte an dieser Stelle freizügig »Rippe« für Seite.

56 Außer Cortison im Schub mit ziemlich umstrittenem Effekt gibt es derzeit kein schulmedizinisches Mittel bei MS.

57 Als Aura werden in diesem Zusammenhang dem eigentlichen Anfall vorausgehende kurze Vorwarnungen bezeichnet. Es gibt Lichtauren, aber auch solche besonders ausgeprägten Hörens, Schmeckens oder Riechens.

58 Vergleiche die Arbeiten von Elisabeth Kübler-Ross und Raymond Moody.

59 Oliver Sacks: *Der Mann, der seine Frau mit einem Hut verwechselte.* Hamburg 1987.

60 Akustische Halluzinationen konfrontieren mit wahnhaftem Hören, olfaktorische mit ebensolchem Riechen, taktile mit Fühlen, und schließlich gibt es noch geschmackliche Halluzinationen.

61 Allerdings muß man das Fasten vom Hungern unterscheiden. Fasten kann man wochenlang, sofern es bewußt und unter den richtigen Bedingungen geschieht.

62 Im Traum denkt übrigens in Wahrheit jeder daran, Organfunktionen Be-Deutung zu geben, denn die Sprache des Unbewußten ist ja eine der Symbole. In

der Welt der Symbole hat natürlich jede Form Inhalt. Das Unbewußte sieht diese Zusammenhänge spontan, während das Tagesbewußtsein hier größere Probleme hat.

63 Es handelt sich um eine gutartig wachsende Drüsengeschwulst, die oft ohne Kropf vorkommt. Das Wort »autonom« nimmt Bezug darauf, daß der Knoten unabhängig vom Bedarf Hormon produziert.

64 Die Hyperthyreose mit Hervortreten der Augäpfel (Exophthalmus) wird auch Morbus Basedow genannt.

65 Franz Alexander: *Psychosomatische Medizin.* Berlin 1971, S. 136.

66 Beim letzten Abendmahl spricht Christus den Teufel ausdrücklich als Herrn dieser Welt an.

67 Die Lordose bezeichnet eine Vorwölbung nach vorne, die Kyphose eine nach hinten.

68 Chorda dorsalis bedeutet rückwärtige Saite

69 Laune hat mit Luna (= der Mond im Lateinischen) zu tun (vergl. auch im Franz. les lunes = die Launen).

70 Siehe hierzu den Abschnitt über Durchblutungsstörungen im Rahmen des niedrigen Blutdrucks in R. Dahlke: *Herz(ens)probleme – Be-Deutung und Chance der Herz-Kreislauf-Probleme.* München 1990.

71 Siehe zu den Brust- und anderen Formtypen des Körpers auch: Ken Dycktwald: *Körperbewußtsein.* Essen 1981.

72 Solche Aussagen lassen sich aus vielen übereinstimmenden Erfahrungen bei der Reinkarnationstherapie machen.

73 Mit dem Hals ist, wie weiter oben angedeutet, das Thema Besitz angesprochen. Wer sich jemandem an den Hals wirft, zielt folglich auf dessen Besitz(-Bereich).

74 Diese Früherkennung ist weit besser als die früher übliche Späterkennung, andererseits hat sie überhaupt nichts mit Vorbeugung zu tun. Prophylaxe, mit der sie häufig verwechselt wird, müßte einen großen Schritt weitergehen und den Ausbruch der Symptomatik verhindern bzw. eigentlich sogar überflüssig machen.

75 R. Hößl u. R. Dahlke: *Verdauungsprobleme.* München 1991.

76 Zum Thema Gewichtsverteilung von Bauchformen über das Reithosenphänomen bis zur Durchsetzungsfähigkeit eines entsprechend voluminösen Gesäßes siehe R. Dahlke: *Gewichtsprobleme.* München 1989.

77 okkult = dunkel, verborgen.

78 Alfred Ziegler: *Bilder einer Schattenmedizin*, Zürich 1987.

79 Georg Groddeck: Werke Band I S. 64.

80 Affirmationen sind die von Anhängern des »positiven Denkens« eingesetzten Sinnsprüche, mit denen sie gegen alles mögliche Negative (wie z.B. Krankheitsbilder) zu Felde ziehen.

81 Aus dem Englischen für »Alters-Kontroll-Creme« steht dieser Begriff würdig neben so altehrwürdigen wie »Lebensversicherung«, mit deren Hilfe auch noch kein einziges Leben sicherer gemacht werden konnte.

82 Siehe hierzu R.Dahlke: *Mandalas der Welt,* München 1985.

83 In dem Hollywoodfilm »Auf der Suche nach dem goldenen Kind« geht es z.B. um genau dieses Muster.

84 Die beiden Worte »grau« und »greis« haben dieselbe Wurzel.

85 Re-signation = das Zurücknehmen der Zeichen (des farbigen Lebens), wörtlich (lateinisch) entsiegeln, zurückgeben, ungültig machen.

86 Daß sich solch gruselige Plätze einer gewissen touristischen Beliebtheit erfreuen, hat sein Gutes, kommt so doch der verdrängte Geisterschatten zurück ins Leben. Diese Art von Spukplätzen, Gruselkabinetten, Geisterbahnen und auch entsprechende Horrorfilme haben gegenüber den Verwahranstalten für gebrechliche und altersschwache Mitbürger den Vorteil der Distanz. Man wird nicht so unmittelbar an die eigene Zukunft erinnert.

87 Alfred Ziegler: *Bilder einer Schattenmedizin.* Zürich 1987, S. 62.

88 Die große Leere ist ebenso wie der christliche Begriff Paradies lediglich eine unvollkommene Beschreibung des Vollkommenen, nämlich der Einheit. Wenn auch in den verschiedenen Kulturen unterschiedliche Definitionen für diesen Bereich jenseits unserer polaren Welt gebraucht werden, kann es prinzipiell nur die eine Einheit geben, die je nach Blickwinkel alles umfaßt oder die absolute Leere ist, in der alles in der Potenz liegt.

89 Auch die sogenannte Verkalkung, die neben dem Gehirn auch die Gefäße aller anderen Organe betreffen kann, ist eigentlich wie die Alzheimersche Krankheit mehr eine »Vereiweißung«. Lange vor Kalk- kommt es zu Eiweißeinlagerungen. Diese geschehen auch noch vor Cholesterin-* und Fetteinlagerungen, die zu Unrecht zu einer Hysterie gegenüber einem lebenswichtigen Stoff geführt haben, dem Cholesterin.

90 REM von englisch: rapid eye movement; Traumphasen sind von schnellen Bewegungen der Augen begleitet.

91 Spezielle Kassetten existieren zu den Themen: Krebs, Allergie, Bluthochdruck, Niedriger Blutddruck, Verdauungsprobleme, Gewichtsprobleme, Rauchen, Leberprobleme, Rückenprobleme und Angst. Die geführten Meditationen »Innerer Arzt« und »Tiefenentspannung« sind darüber hinaus geeignet, mit beliebigen Krankheitsbildern auf tieferen Ebenen weiterzukommen; alle Kassetten bei Edition Neptun, München.

92 Von Produktionen aus dem Dunstkreis des »Positiven Denkens«, die mit Affirmationen Leiden zudecken und damit neuen Schatten schaffen, ist abzuraten. Die Deutungen dieses Buches für solches Verdrängungswerk zu benutzen, ähnelt dem Versuch, einen Organismus mit Fasten zu sensibilisieren, um ihn empfänglicher für Psychopharmaka zu machen.

Möglichkeiten zur Erweiterung und Vertiefung des Themas

Bücher:

Krankheit als Weg - Deutung und Bedeutung der Krankheitsbilder, C. Bertelsmann (gemeinsam mit T. Dethlefsen)

Bewußt Fasten – ein Wegweiser zu neuen Erfahrungen, Urania

Das Senkrechte Weltbild – symbolisches Denken in astrologischen Urprinzipien (gemeinsam mit N. Klein) Hugendubel

Der Mensch und die Welt sind Eins – Analogien zwischen Mikrokosmos und Makrokosmos, Hugendubel

In der Knaur-Taschenbuchreihe »Alternativ Heilen«:

Herz(ens)probleme – Be-Deutung und Chance von Herz-Kreislauf-Symptomen

Verdauungsprobleme – Be-Deutung und Chance von Magen-Darm-Symptomen (gemeinsam mit R.Hößl)

Gewichtsprobleme – Be-Deutung und Chance von Über- und Untergewicht

Die Psychologie des Blauen Dunstes – Be-Deutung und Chance des Rauchens (gemeinsam mit Margit Dahlke)

Vortragskassetten:

»Krankheit als Sprache der Seele«; »Krankheit als Weg«; »Krankheitsbilder unserer Zeit«; »Der Mensch und die Welt sind eins«; »Heilung durch Fasten – Gesund durch Verzicht«; »Sucht und Suche«.
(Kassetten im Buchhandel oder über Audiotex K. Hammerle, A-6020 Innsbruck, Gramartstr. 46d, Telefon: (0043) (0)512/293685 Fax: 294101)

Übungskassetten zu medizinischen Themen:

Gewichtsprobleme, **Rauchen**, **Hoher Blutdruck**, **Niedriger Blutdruck**, **Verdauungsprobleme**, **Leber**, **Allergien**, **Krebs**, **Rückenprobleme**, **Ängste** und **Tiefenentspannung** und **Der Innere Arzt**
(Kassetten ebenfalls im Buchhandel oder bei:
Edition Neptun, München, Telefon: 089/339222)

Informationen zu Psychotherapien, Beratungen, Seminaren:

Dr. med. Rüdiger Dahlke, Heil-Kunde-Zentrum Johanniskirchen
D-8349 Johanniskirchen Telefon: 08564/819 Fax.: 1429

REGISTER

Symptome, die im Buch vorkommen, sind lediglich mit der Seitenzahl vermerkt. Fettgedruckte Zahlen bezeichnen Stellen ausführlicher Bearbeitung. Symptome aus »Krankheit als Weg« sind mit einem K vor der Seitenzahl gekennzeichnet, aus »Herz(ens)probleme« mit einem H, aus »Verdauungsprobleme« mit V, aus »Gewichtsprobleme« mit G und aus »Psychologie des blauen Dunstes« mit P.